Billar tres bandas: Haut et bas modèles de colline

De tournois de championnat professionnel

Testez-vous contre les joueurs professionnels

Allan P. Sand
PBIA Instructeur de billard certifié

ISBN 978-1-62505-290-2
PRINT 7x10

ISBN 978-1-62505-444-9
PRINT 8.5x11

First edition

Copyright © 2019 Allan P. Sand

All rights reserved under International and Pan-American Copyright Conventions.

Published by Billiard Gods Productions.
Santa Clara, CA 95051
U.S.A.

For the latest information about books and videos, go to: http://www.billiardgods.com

Acknowledgements
Wei Chao created the software that was used to create these graphics.

Contenu du livre

Introduction 1
   À propos des dispositions de table 1
   Instructions de configuration de la table 2
   But de la disposition des tables 2

A: En bas de la colline, petit crochet d'angle **3**
   A: Groupe 1 3
   A: Groupe 2 8
   A: Groupe 3 13
   A: Groupe 4 18

B: En bas de la colline, grand crochet d'angle **23**
   B: Groupe 1 23
   B: Groupe 2 28
   B: Groupe 3 34
   B: Groupe 4 39

C: Table complète (bandas court) **44**
   C: Groupe 1 44
   C: Groupe 2 49
   C: Groupe 3 54

D: Retour de coin basique (bandas long) **59**
   D: Groupe 1 59
   D: Groupe 2 64
   D: Groupe 3 69
   D: Groupe 4 74

E: Renvoi d'angle étendu (bandas long) **79**
   E: Groupe 1 79
   E: Groupe 2 84
   E: Groupe 3 89

F: Jambe d'angle peu profonde, en bas de la colline **94**
   F: Groupe 1 94
   F: Groupe 2 99
   F: Groupe 3 104
   F: Groupe 4 109

G: Dans le coin (bandas court) **114**
   G: Groupe 1 114
   G: Groupe 2 119
   G: Groupe 3 124

H: Crochet double basique **129**
   H: Groupe 1 129
   H: Groupe 2 134
   H: Groupe 3 139

I: Crochet double étendu **144**
   I: Groupe 1 144

I: Groupe 2 149
I: Groupe 3 154
I: Groupe 4 159
J: Double crochet (avec diagonale de retour) **164**
J: Groupe 1 164
J: Groupe 2 169
J: Groupe 3 174
J: Groupe 4 179
K: Double sommet de la colline **184**
K: Groupe 1 184
L: Crochet de retour extérieur **189**
L: Groupe 1 189
L: Groupe 2 194
M: Retour d'angle extérieur (bandas court) **199**
M: Groupe 1 199

Other books by the author …

    3 Cushion Billiards Championship Shots (a series)

    Carom Billiards: Some Riddles & Puzzles

    Carom Billiards: MORE Riddles & Puzzles

    Why Pool Hustlers Win

    Table Map Library

    Safety Toolbox

    Cue Ball Control Cheat Sheets

    Advanced Cue Ball Control Self-Testing Program

    Drills & Exercises for Pool & Pocket Billiards

    The Art of War versus The Art of Pool

    The Psychology of Losing – Tricks, Traps & Sharks

    The Art of Team Coaching

    The Art of Personal Competition

    The Art of Politics & Campaigning

    The Art of Marketing & Promotion

    Kitchen God's Guide for Single Guys

Introduction

Ceci est l'une des séries de livres de billar tres bandas qui montrent comment les joueurs professionnels prennent des décisions, en fonction de la disposition des tables. Toutes ces mises en page proviennent de compétitions internationales.

Ces dispositions vous placent dans la tête du joueur, en commençant par les positions des boules (indiquées dans le premier tableau). La deuxième disposition du tableau montre ce que le joueur a décidé de faire.

À propos des dispositions de table

Ce sont les trois balles sur la table:

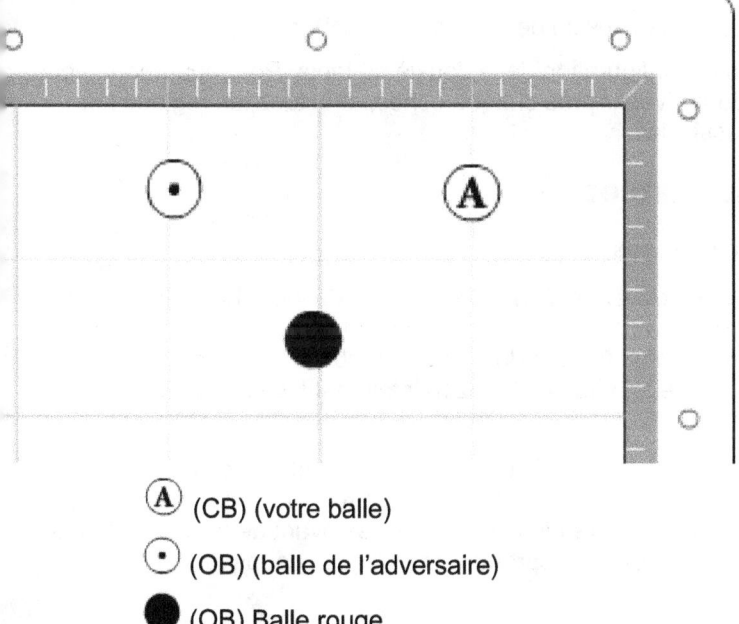

Ⓐ (CB) (votre balle)

⊙ (OB) (balle de l'adversaire)

● (OB) Balle rouge

Chaque configuration a deux dispositions de table. Le premier tableau est la position de la balle. La deuxième table est la façon dont les balles se déplacent sur la table.

Instructions de configuration de la table

Utilisez des anneaux de reliure en papier pour marquer les positions de la balle (achetez dans n'importe quel magasin de fournitures de bureau).

Placez une pièce de monnaie sur chaque coussin de table que le (CB) touchera.

Comparez votre chemin (CB) avec la configuration de la deuxième table. Pour apprendre, vous pouvez avoir besoin de plusieurs tentatives. Après chaque échec, effectuez les réglages et réessayez jusqu'à ce que vous réussissiez.

But de la disposition des tables

Ces mises en page sont fournies à deux fins.

- Votre analyse - À la maison, vous pouvez réfléchir à la manière de jouer la configuration sur la première table. Comparez vos idées au modèle actuel de la deuxième table. Pensez à votre solution et envisagez des options. À partir du deuxième tableau, vous pouvez également analyser comment suivre le modèle. Jouez mentalement le coup et décidez comment vous pouvez réussir.

- Entraînez-vous à la configuration de la table - Placez les balles en place, conformément à la configuration du premier tableau. Essayez de tirer de la même manière que le motif de la deuxième table. Vous devrez peut-être faire plusieurs tentatives avant de trouver la bonne façon de jouer. C'est ainsi que vous pouvez apprendre et jouer ces coups lors des compétitions et des tournois.

La combinaison de l'analyse mentale et de la pratique pratique fera de vous un joueur plus intelligent.

A: En bas de la colline, petit crochet d'angle

Le (CB) se détache du premier (OB) et se dirige vers le milieu du bandas long. Le (CB) va vers le coin le plus éloigné - dans le bandas court et le long bandas.

Ⓐ (CB) (votre balle) - ⊙ (OB) (balle de l'adversaire) – ● (OB) Balle rouge

A: Groupe 1

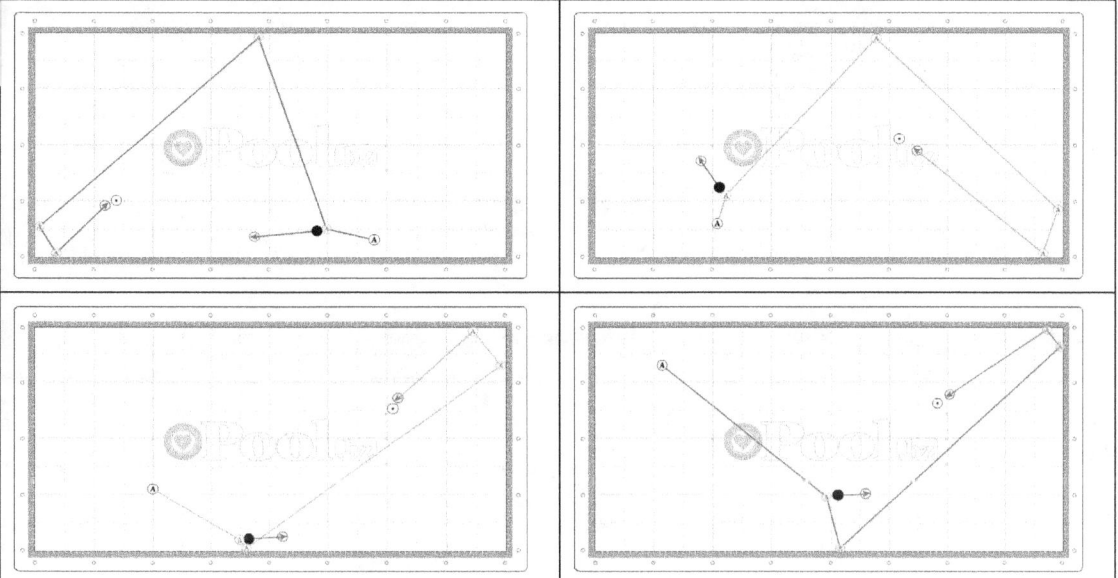

Une analyse:

A:1a. _____

A:1b. _____

A:1c. _____

A:1d. _____

A:1a – Installer

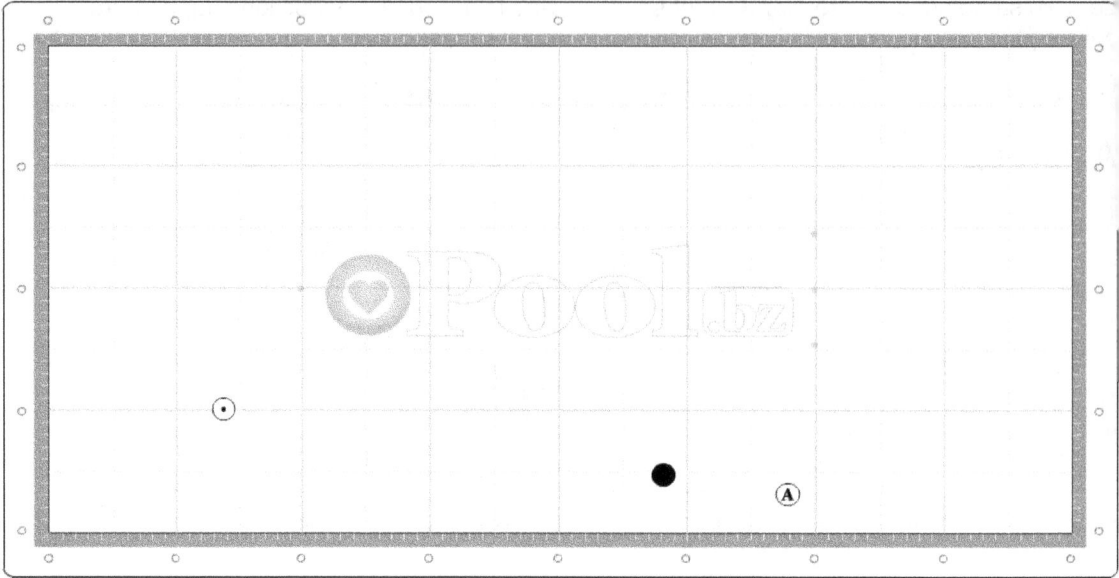

Notes et idées:

Modèle de balle

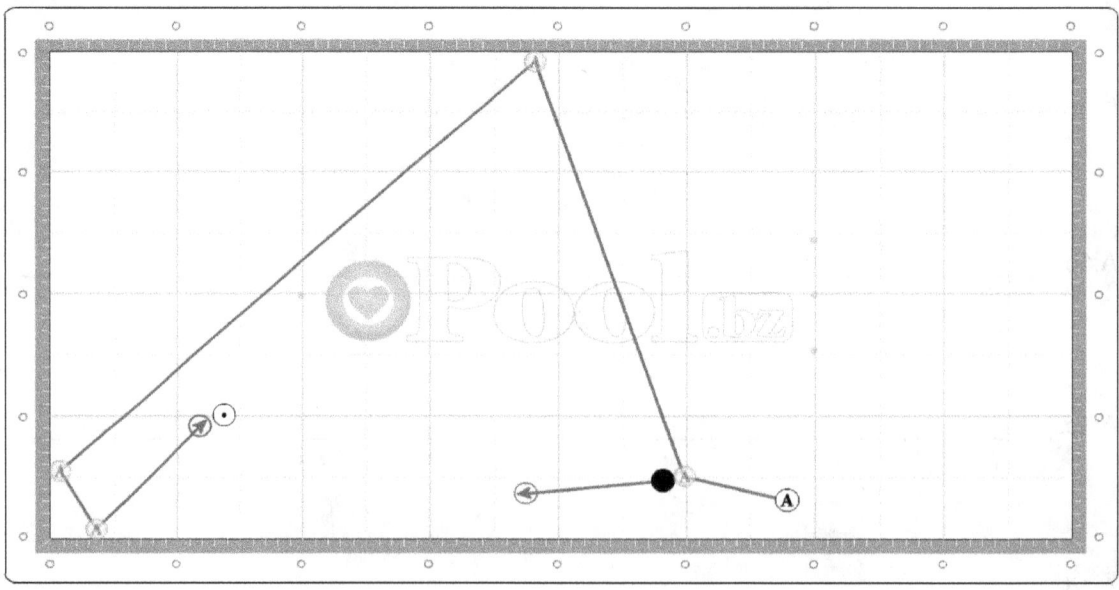

A:1b – Installer

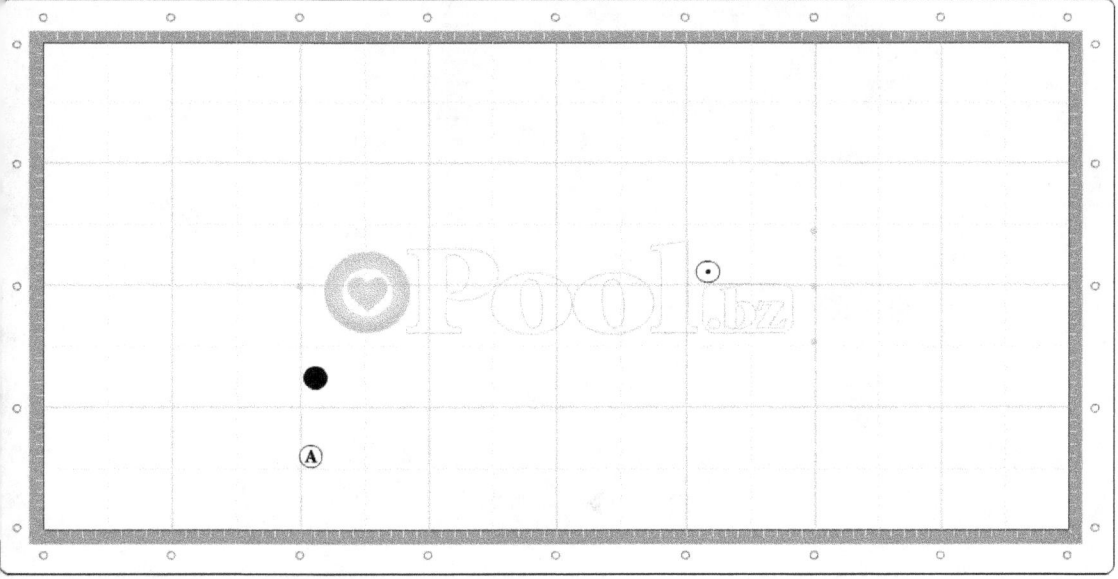

Notes et idées:

Modèle de balle

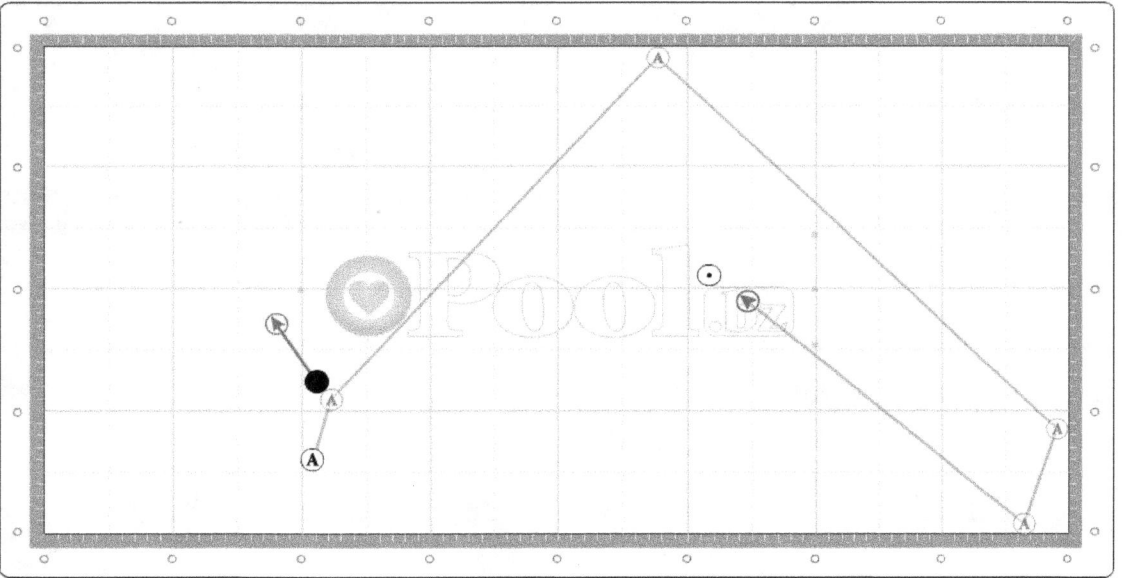

A:1c – Installer

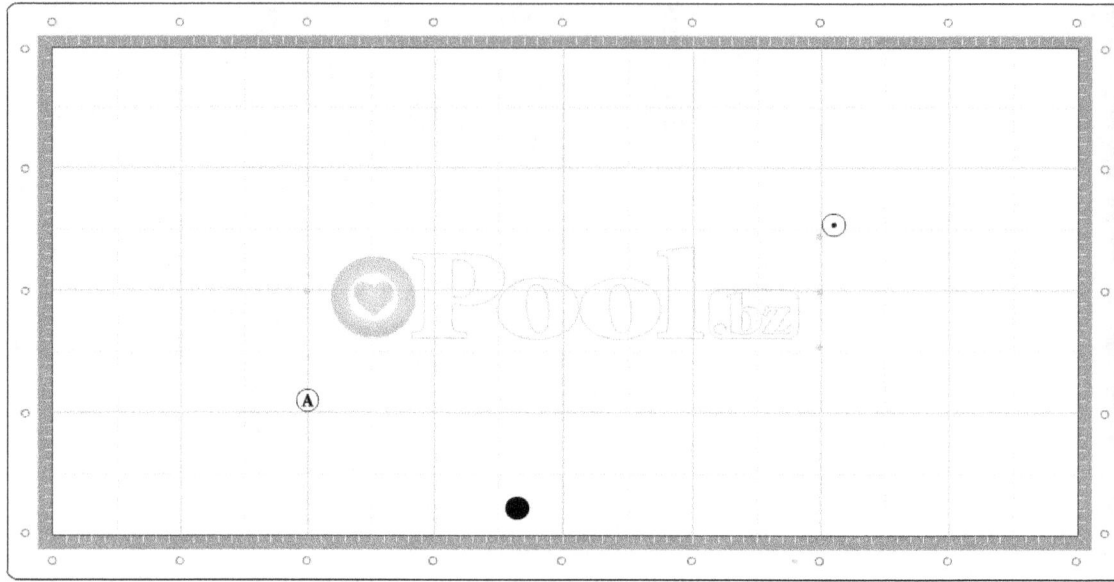

Notes et idées:

Modèle de balle

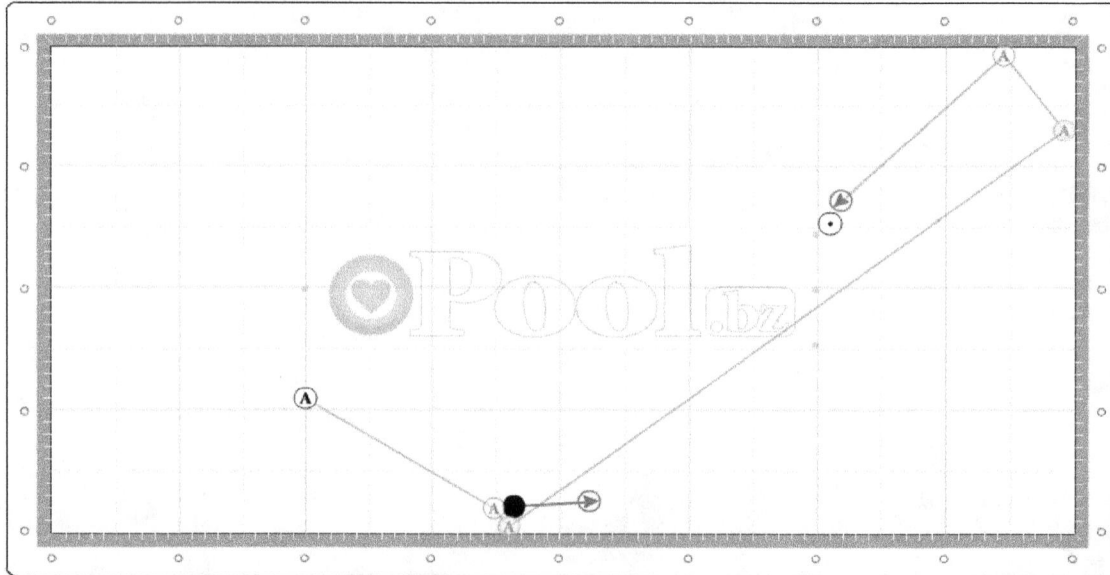

A:1d – Installer

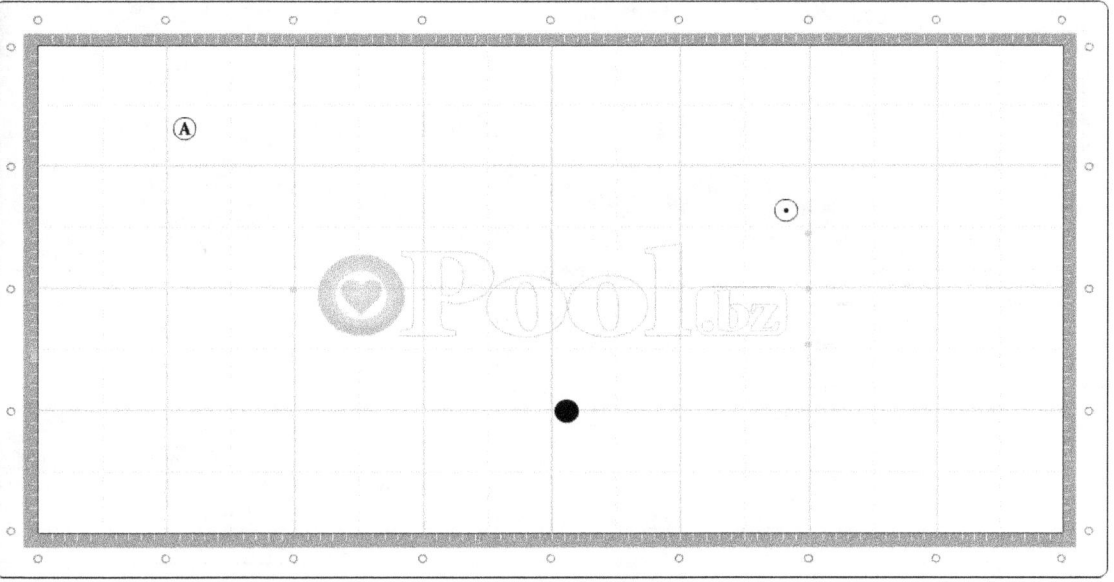

Notes et idées:

Modèle de balle

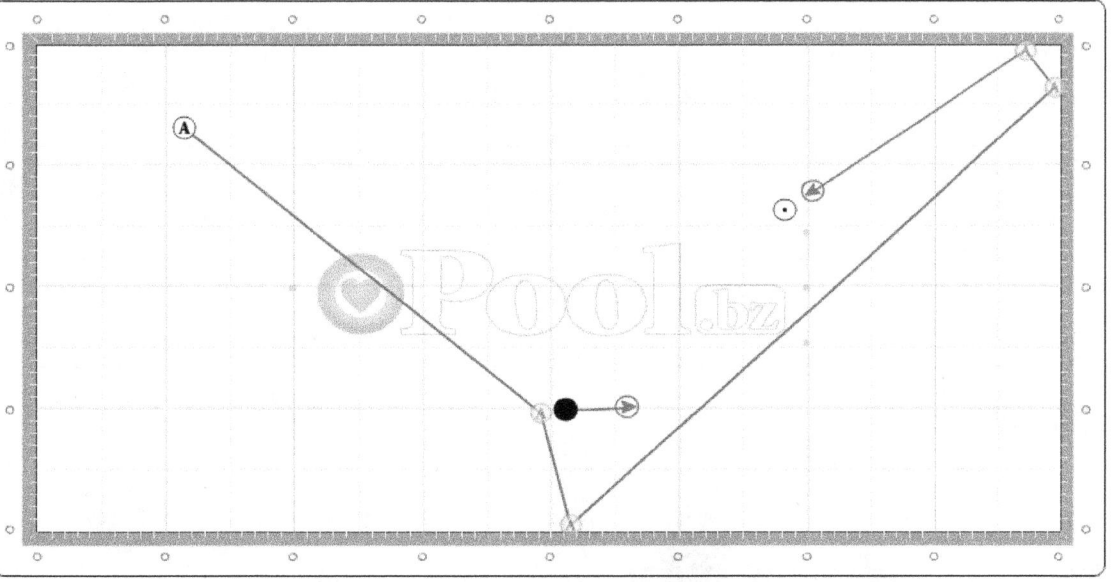

A: Groupe 2

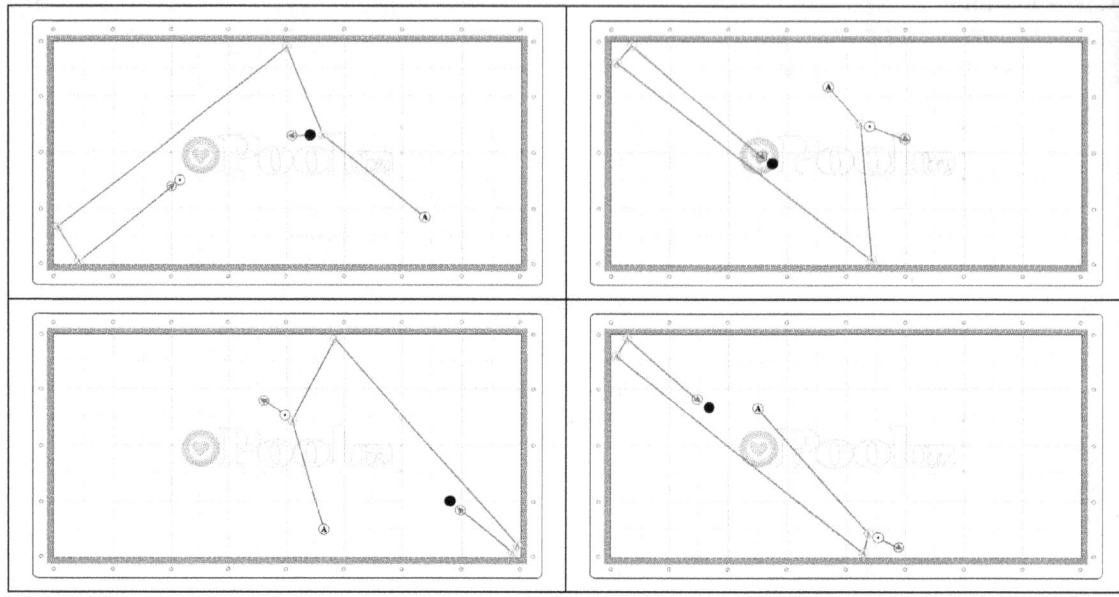

Une analyse:

A:2a. _____

A:2b. _____

A:2c. _____

A:2d. _____

A:2a – Installer

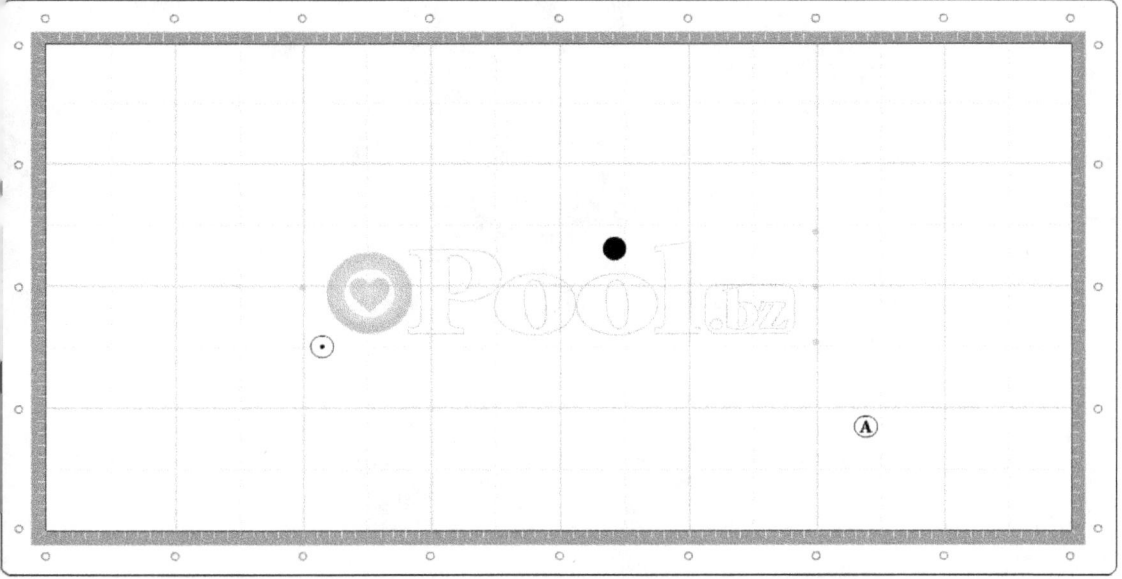

Notes et idées:

Modèle de balle

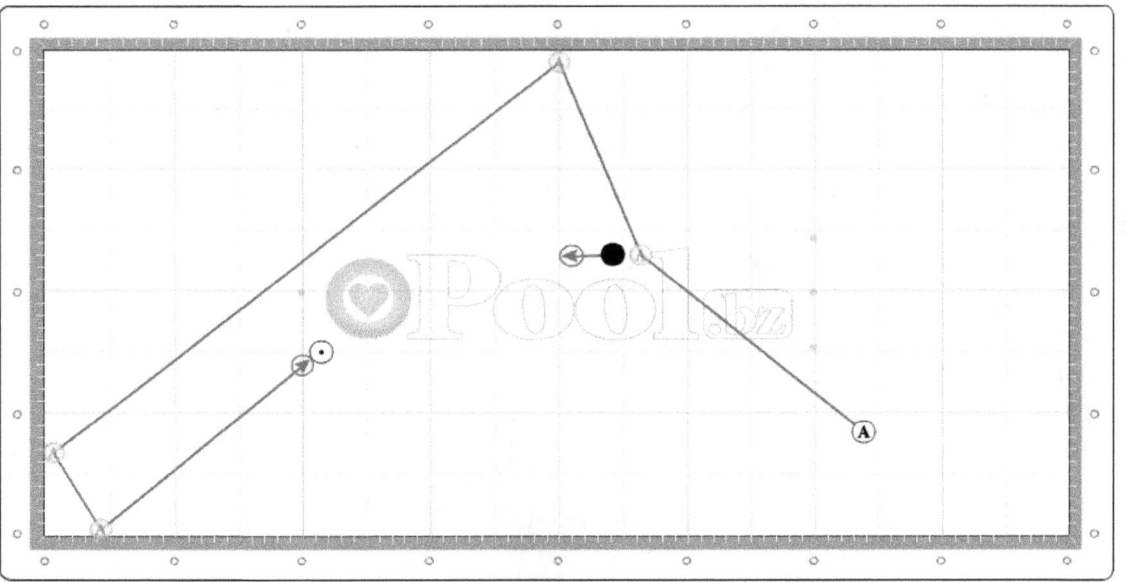

A:2b – Installer

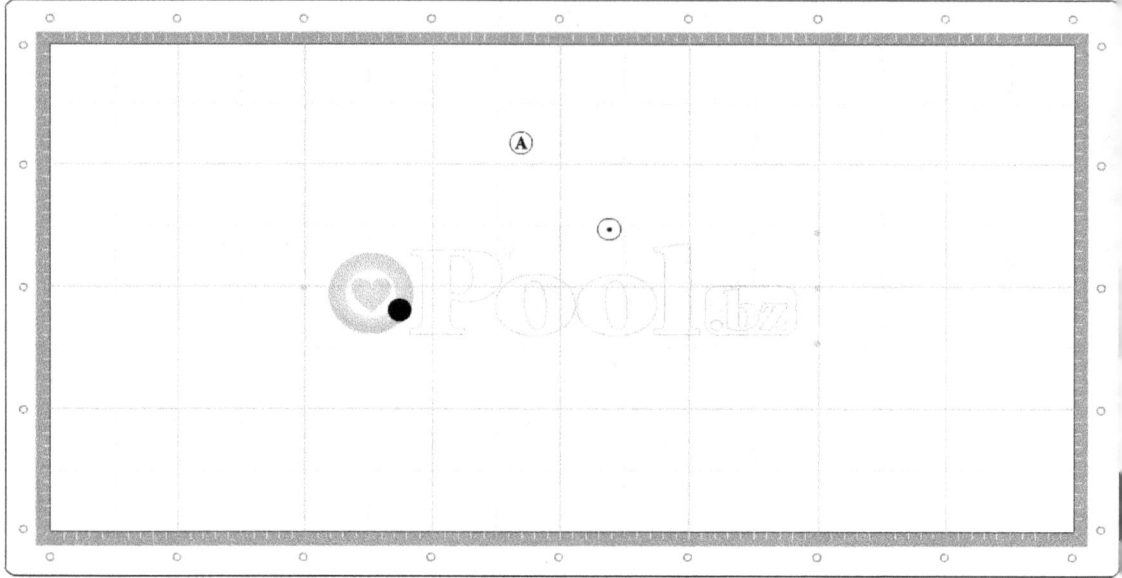

Notes et idées:

Modèle de balle

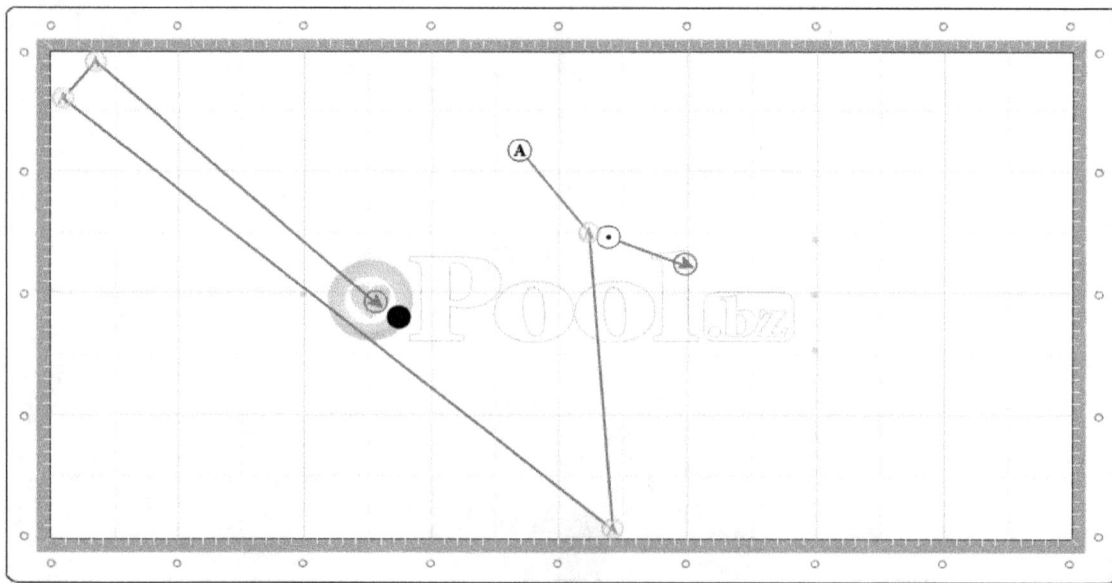

A:2c – Installer

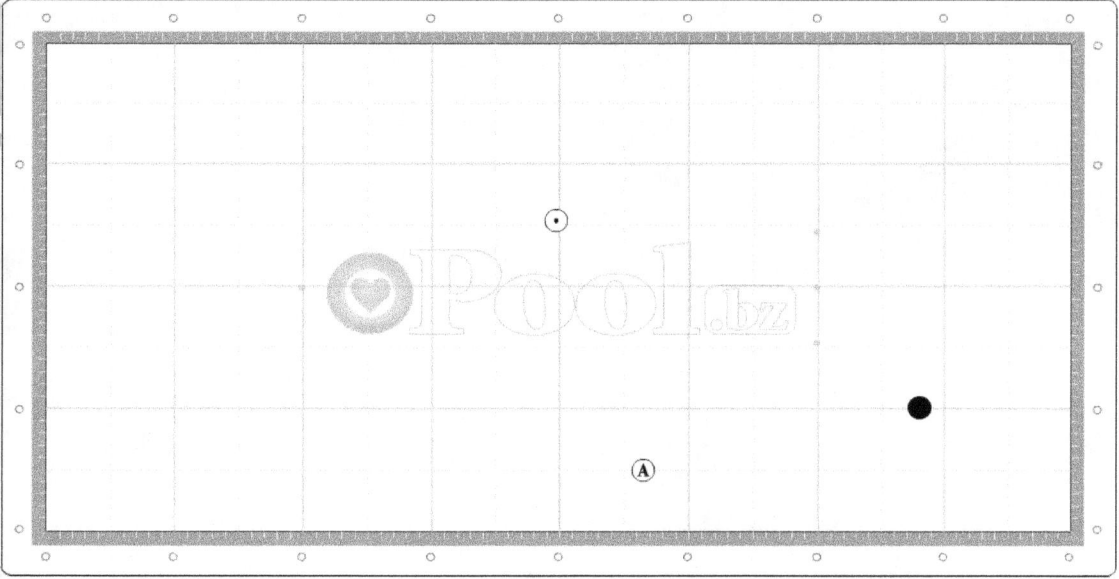

Notes et idées:

Modèle de balle

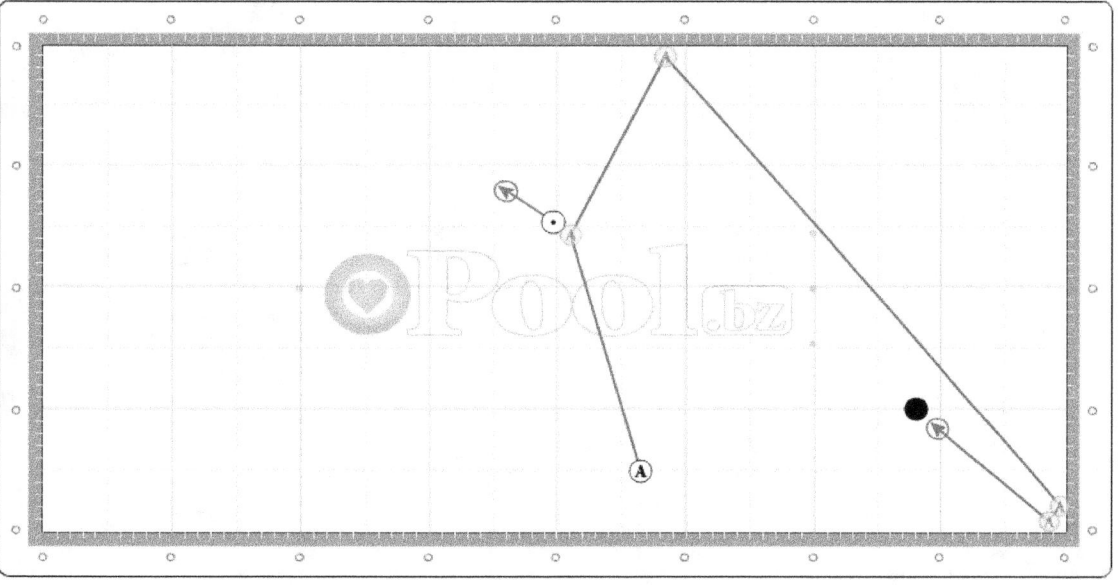

A:2d – Installer

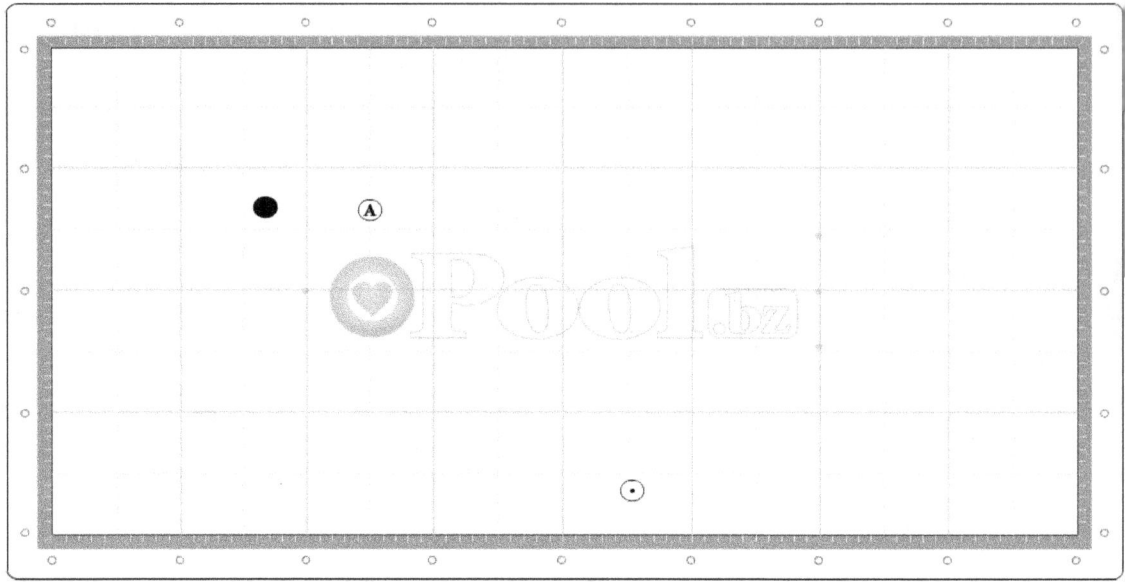

Notes et idées:

Modèle de balle

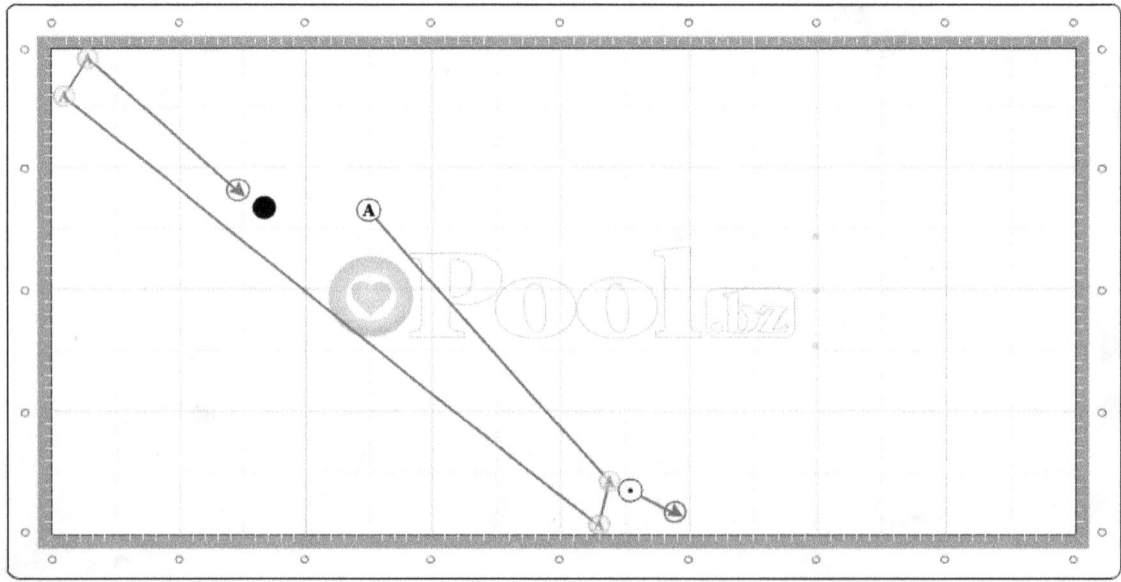

A: Groupe 3

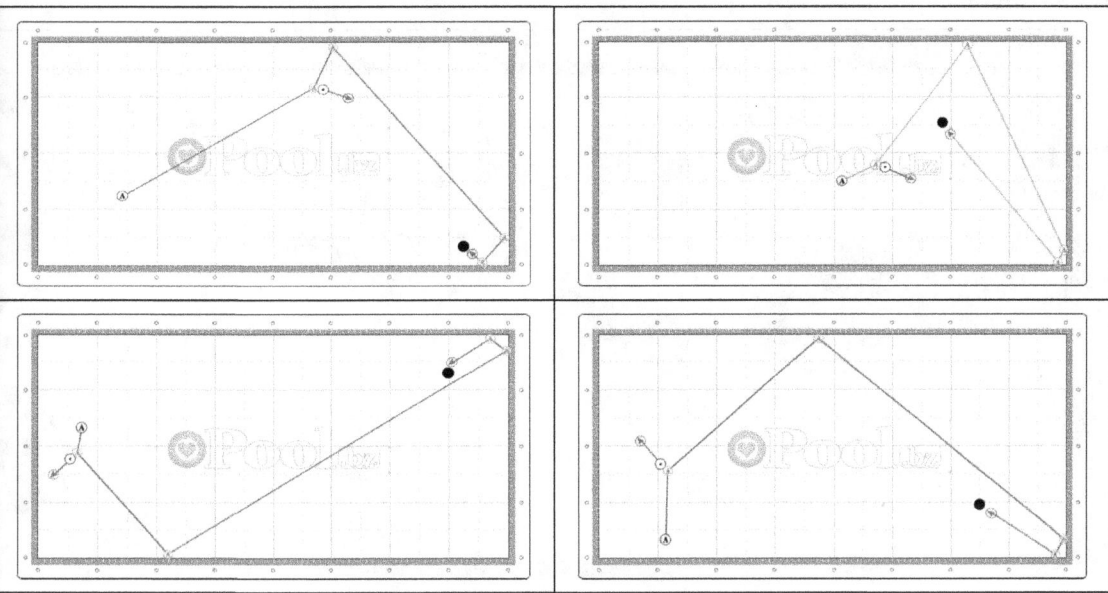

Une analyse:

A:3a. _____

A:3b. _____

A:3c. _____

A:3d. _____

A:3a – Installer

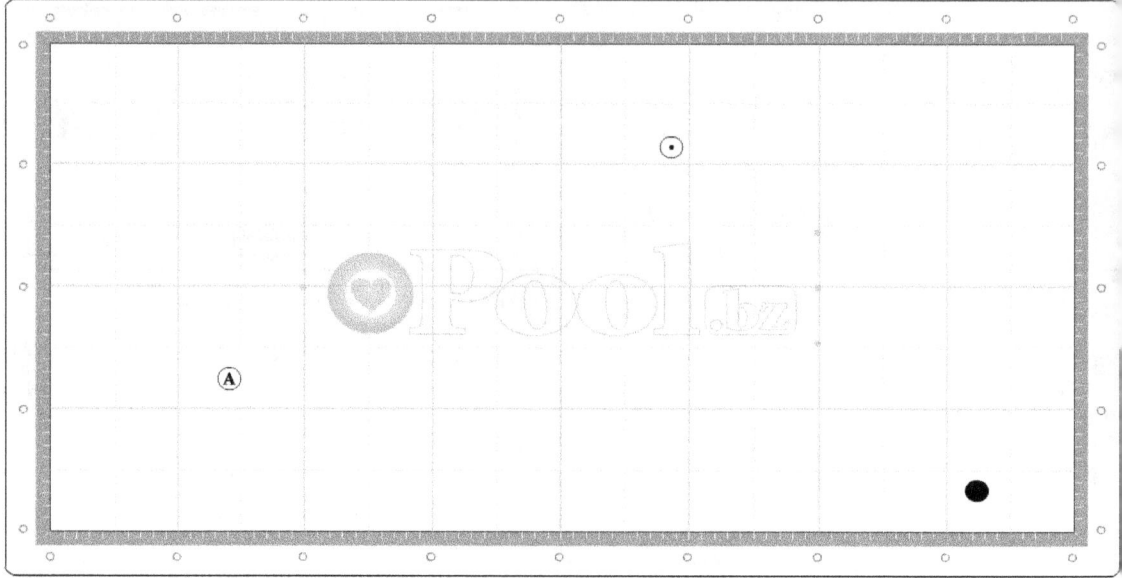

Notes et idées:

Modèle de balle

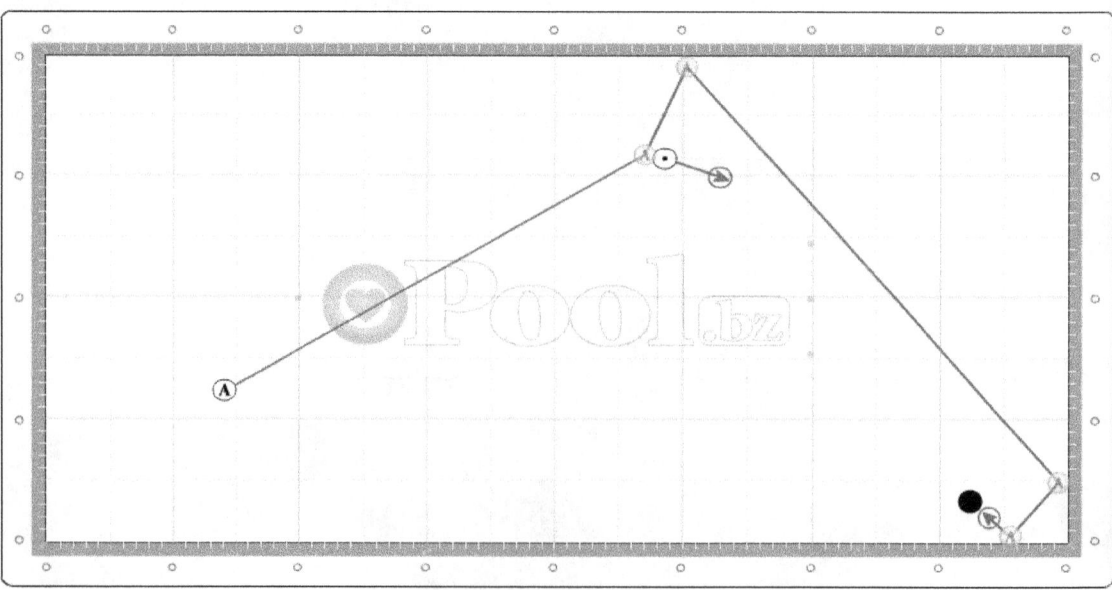

A:3b – Installer

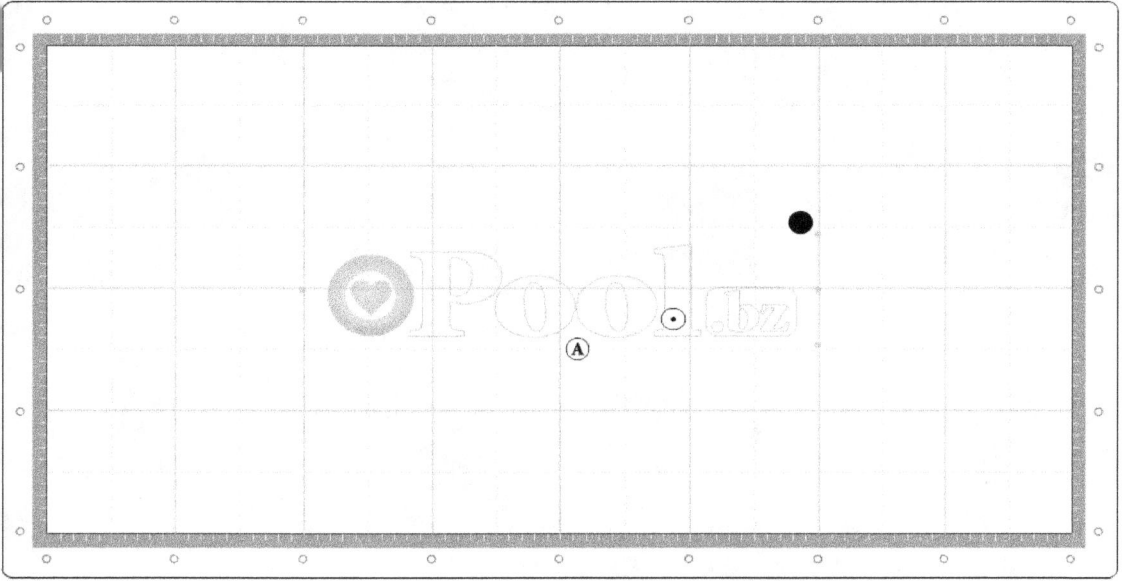

Notes et idées:

Modèle de balle

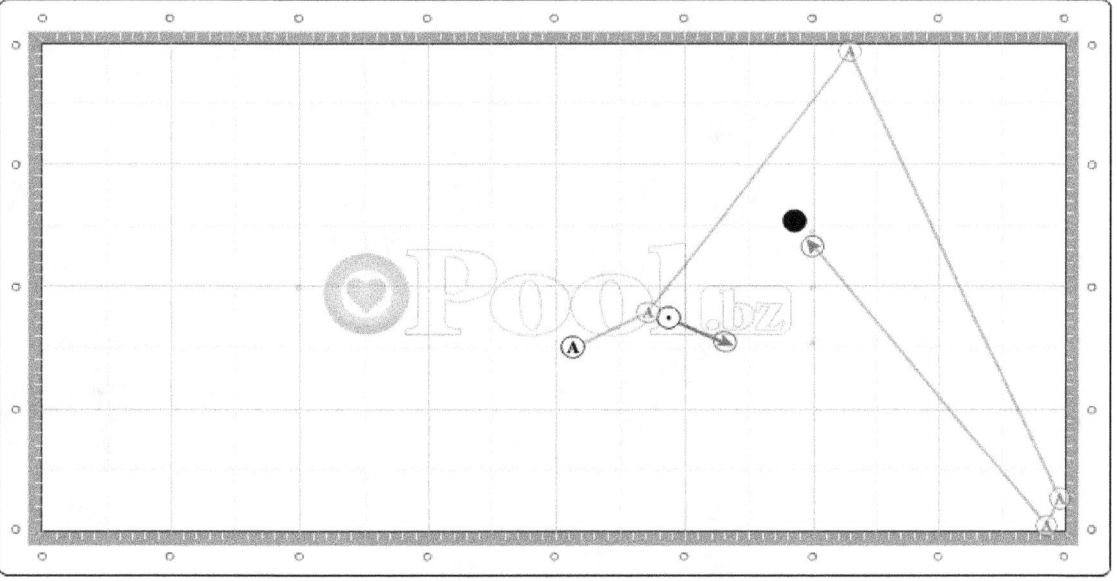

A:3c – Installer

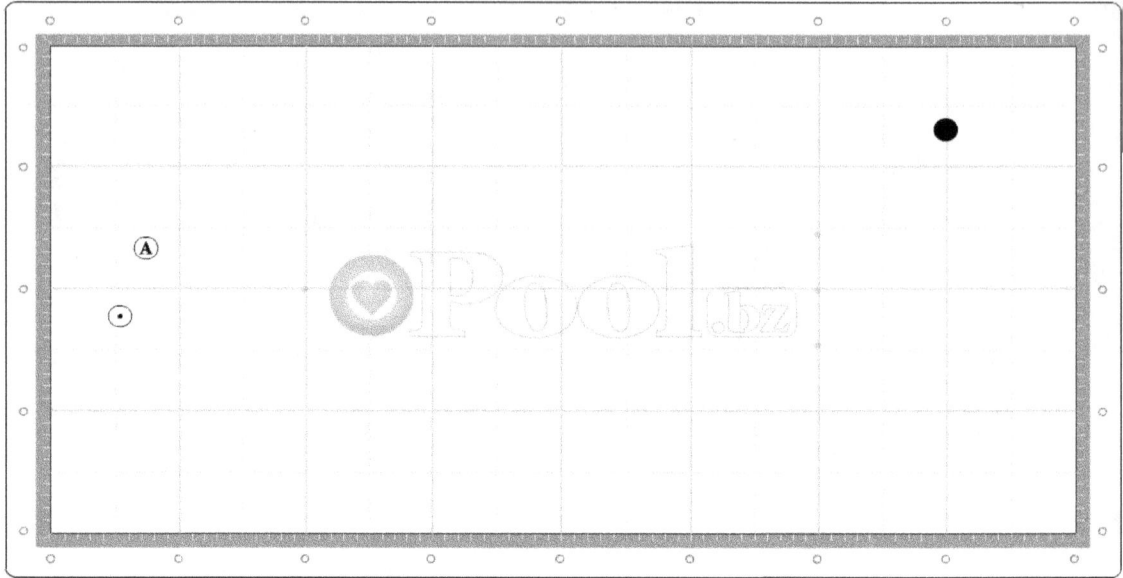

Notes et idées:

Modèle de balle

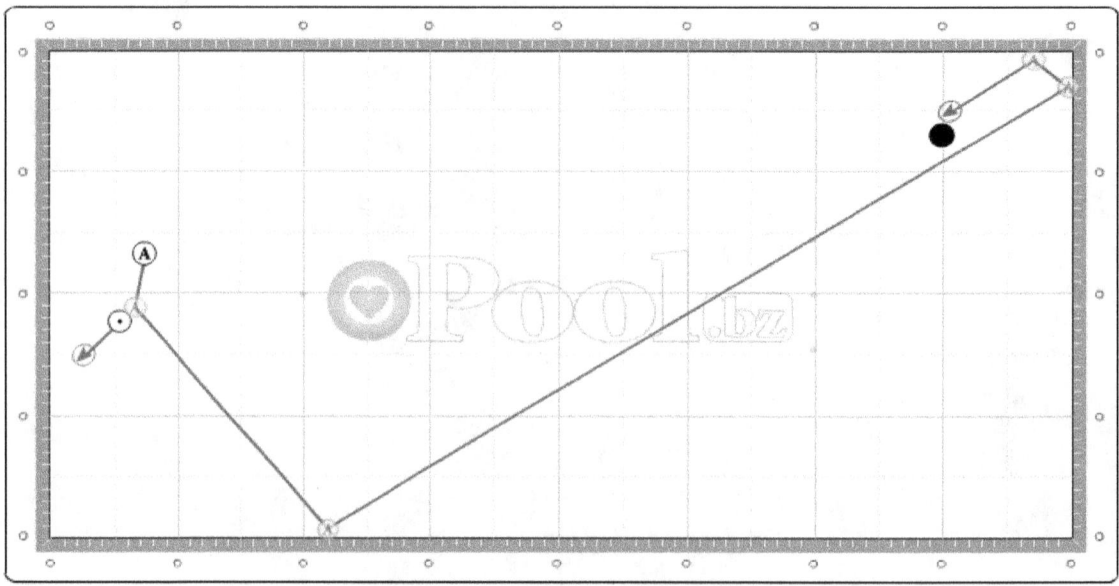

A:3d– Installer

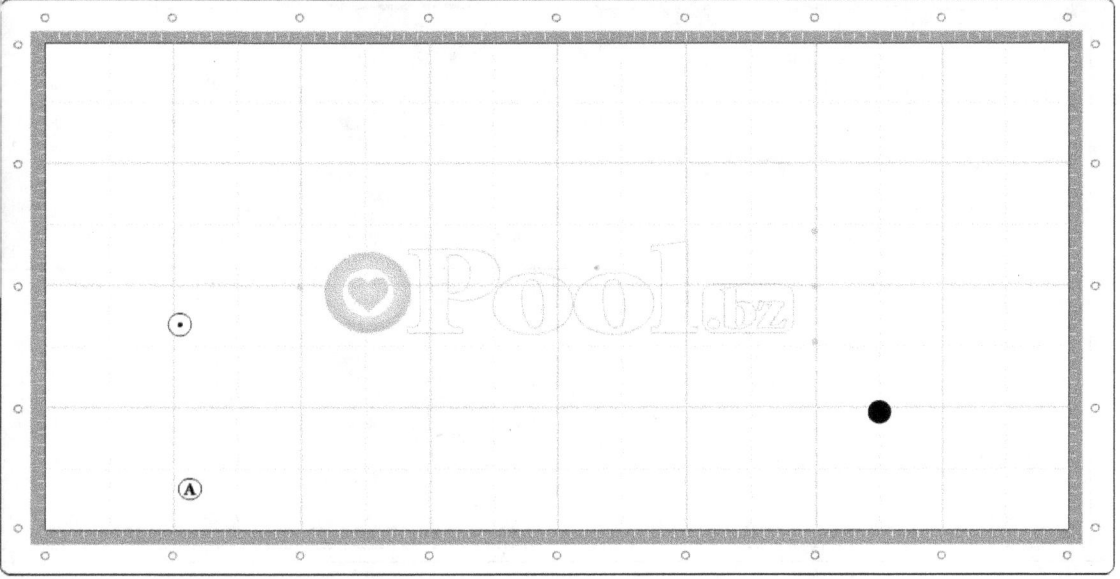

Notes et idées:

Modèle de balle

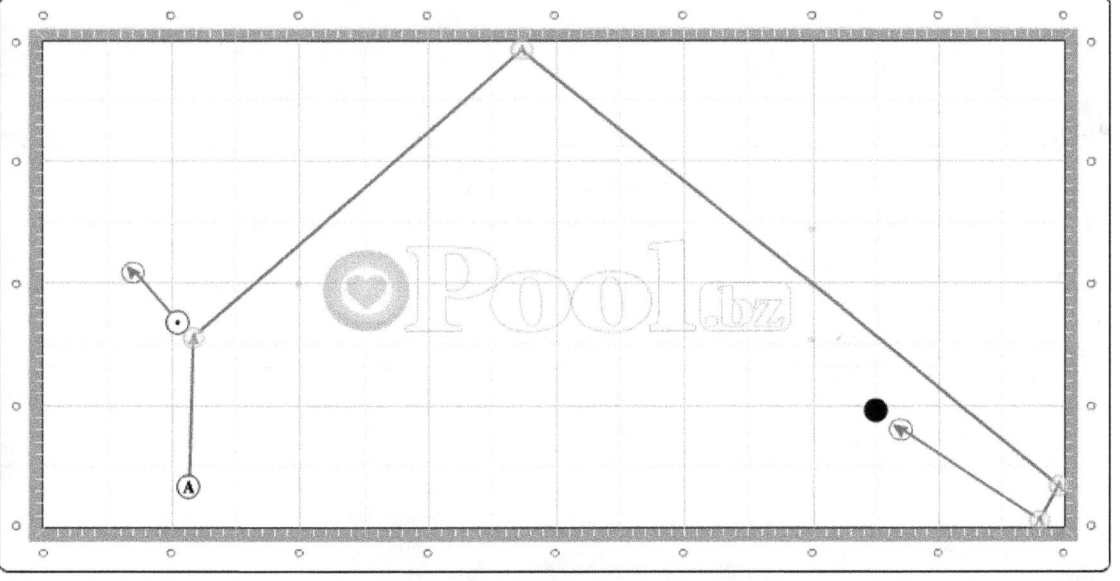

A: Groupe 4

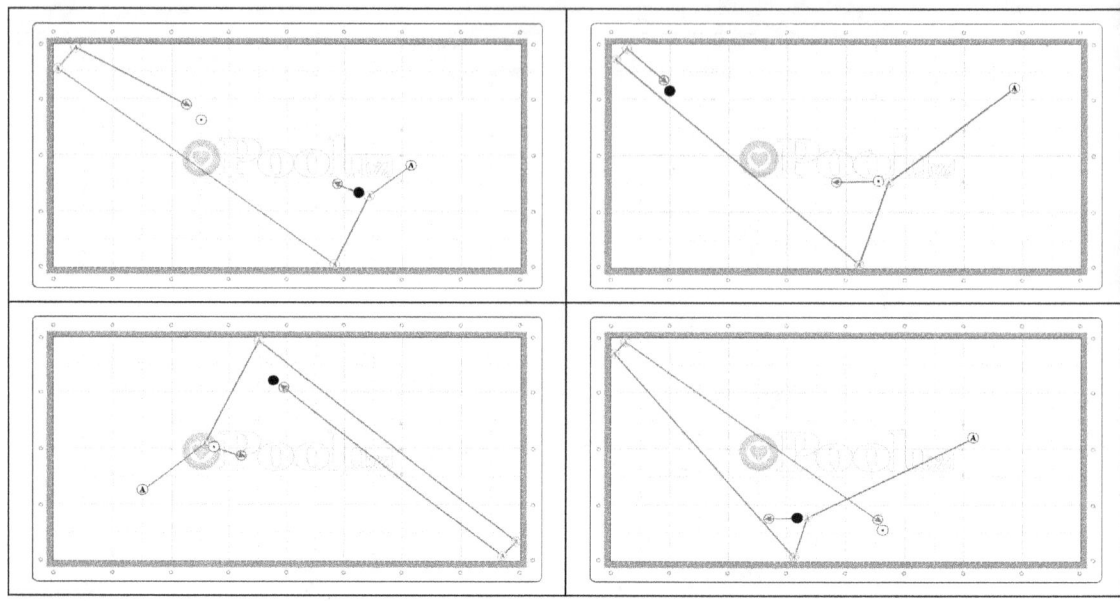

Une analyse:

A:4a. _____

A:4b. _____

A:4c. _____

A:4d. _____

A:4a – Installer

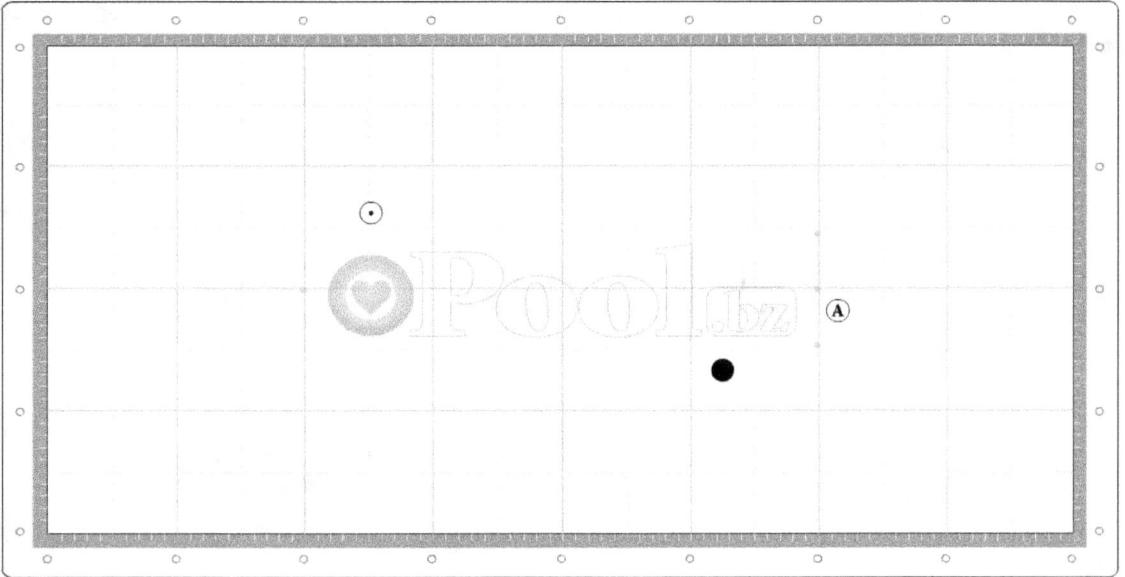

Notes et idées:

Modèle de balle

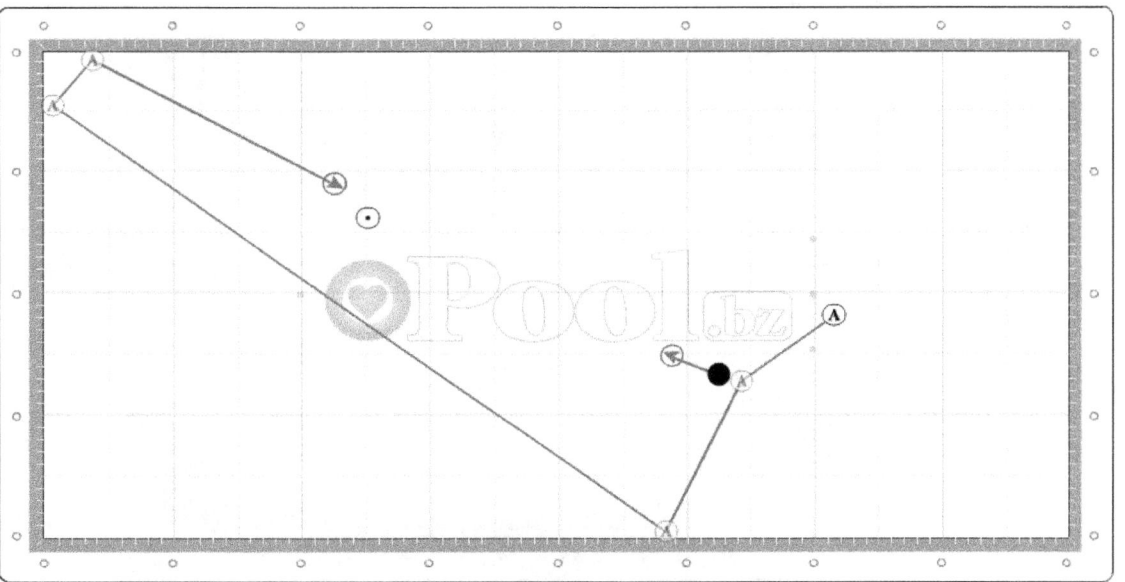

A:4b – Installer

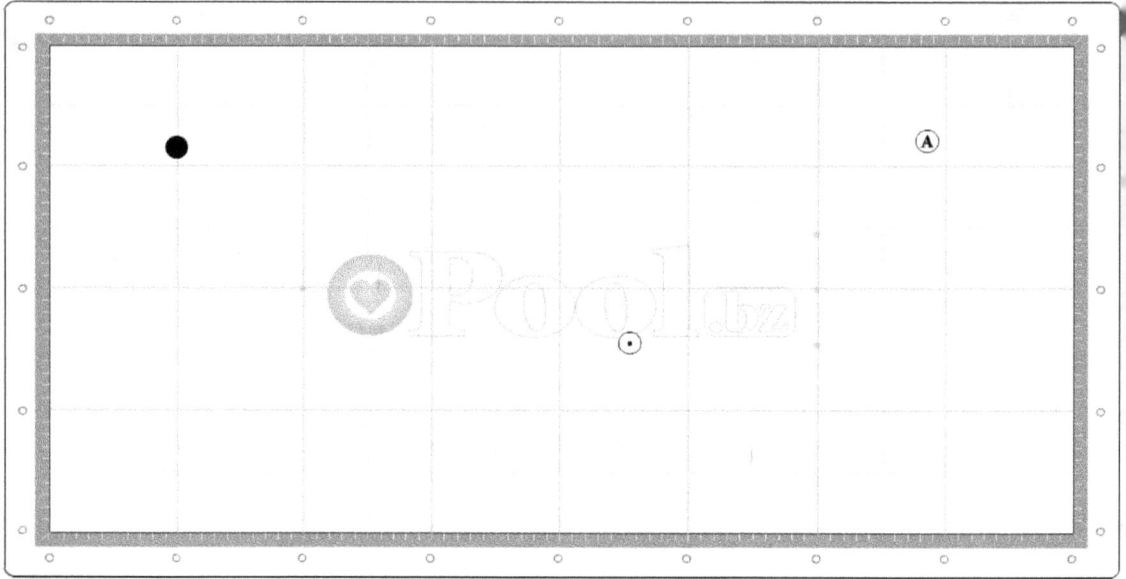

Notes et idées:

Modèle de balle

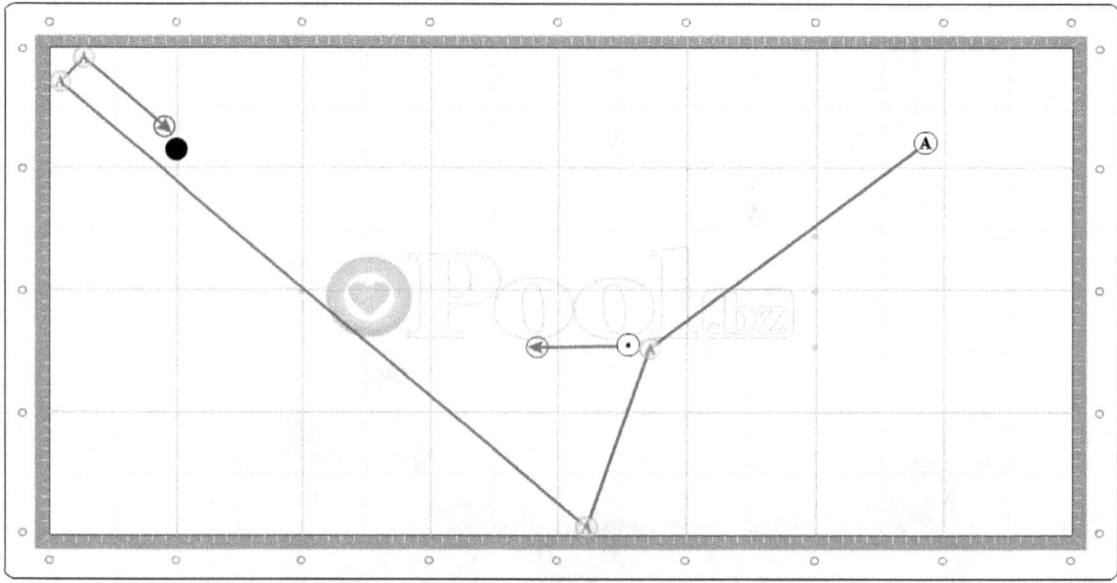

A:4c – Installer

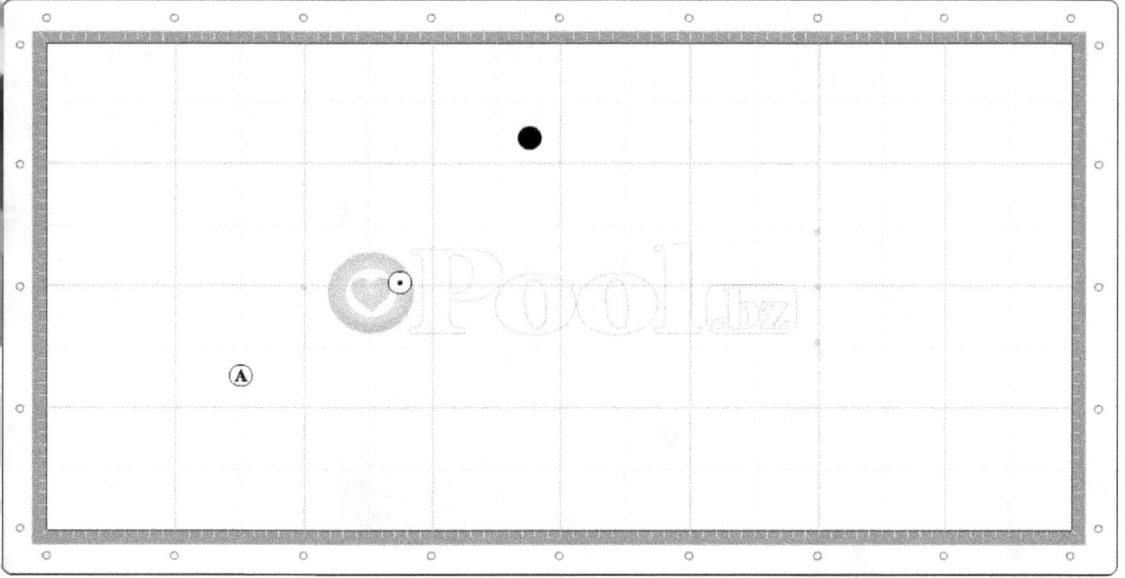

Notes et idées:

Modèle de balle

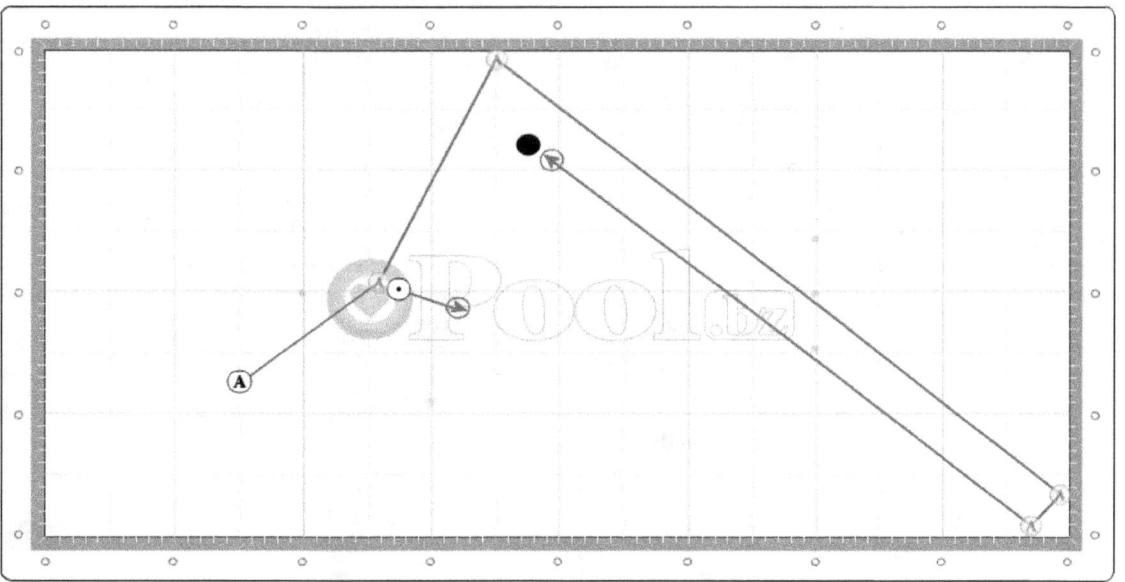

A:4d – Installer

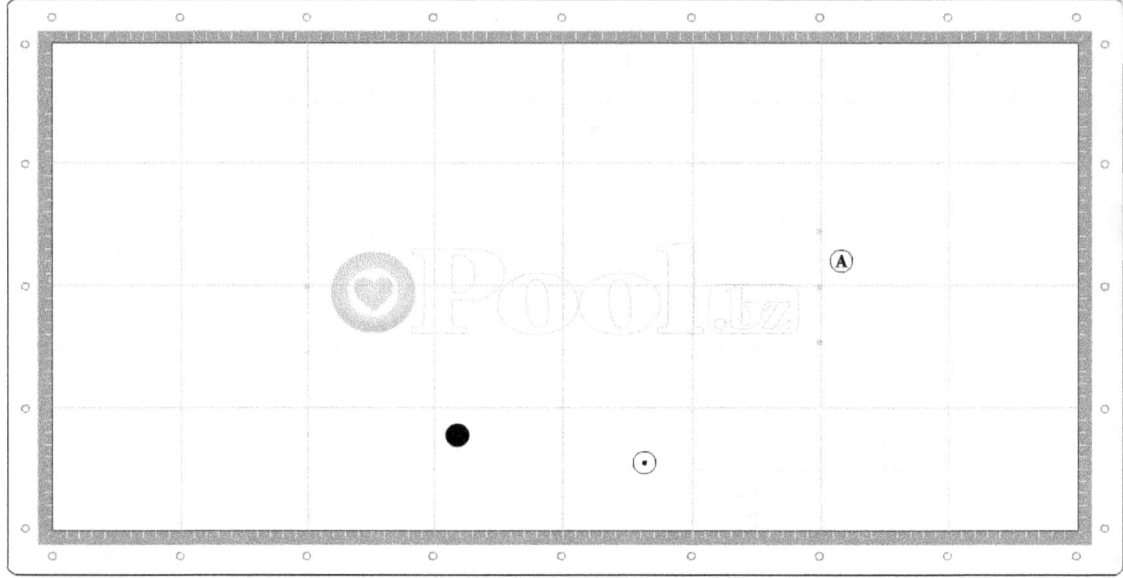

Notes et idées:

Modèle de balle

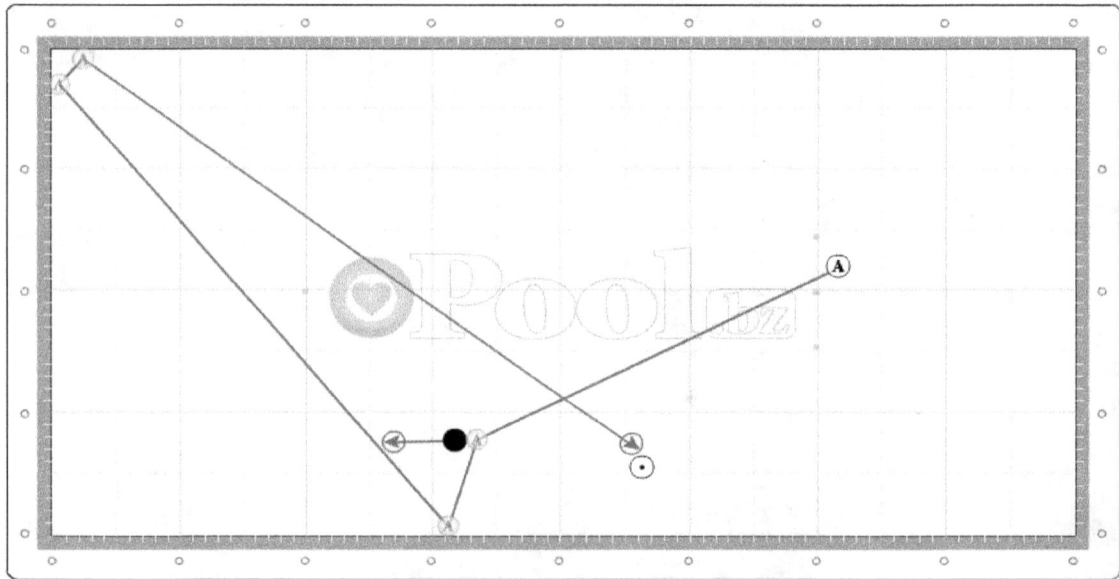

B: En bas de la colline, grand crochet d'angle

Le (CB) se détache du premier (OB) et passe du côté du centre du long bandas. Ensuite, il va dans l'autre coin. Ici, il entre en contact avec le bandas court et le bandas long, puis contacte l'autre (OB).

Ⓐ (CB) (votre balle) - ⊙ (OB) (balle de l'adversaire) – ● (OB) Balle rouge

B: Groupe 1

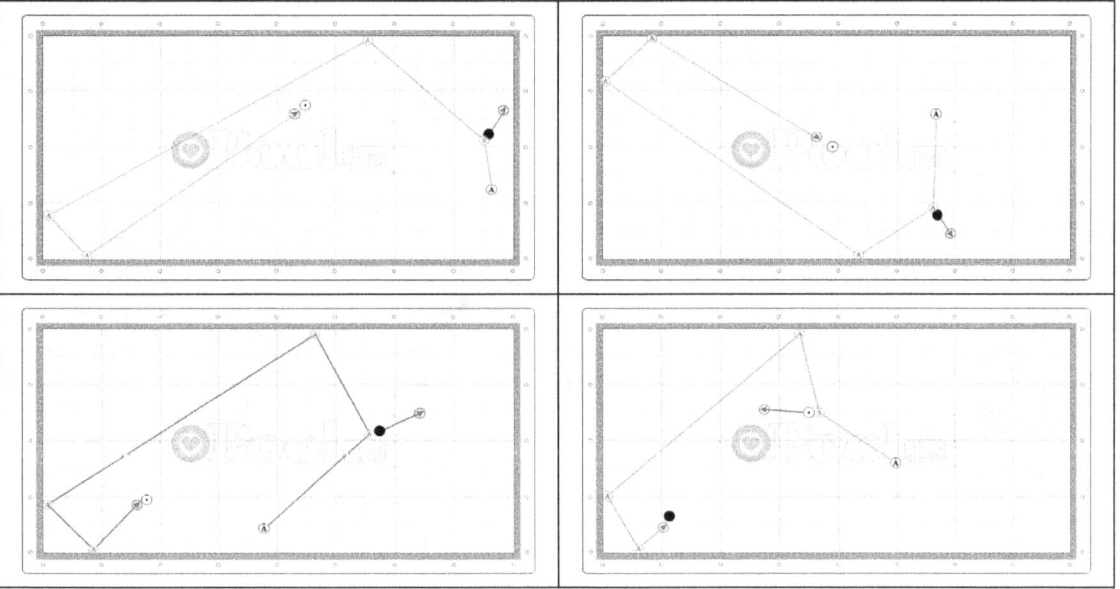

Une analyse:

B:1a. _____

B:1b. _____

B:1c. _____

B:1d. _____

B:1a – Installer

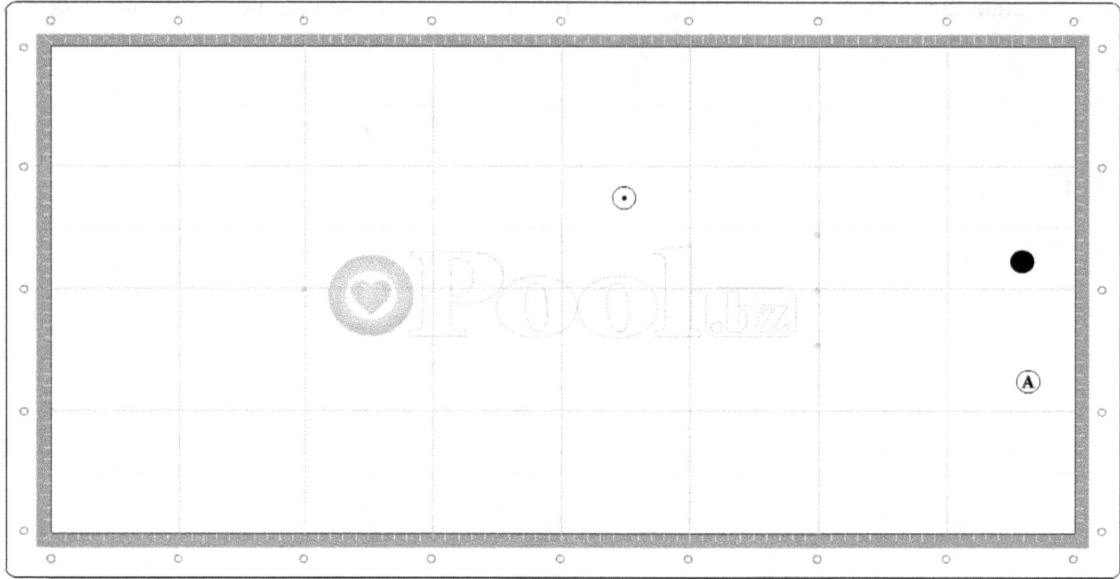

Notes et idées:

Modèle de balle

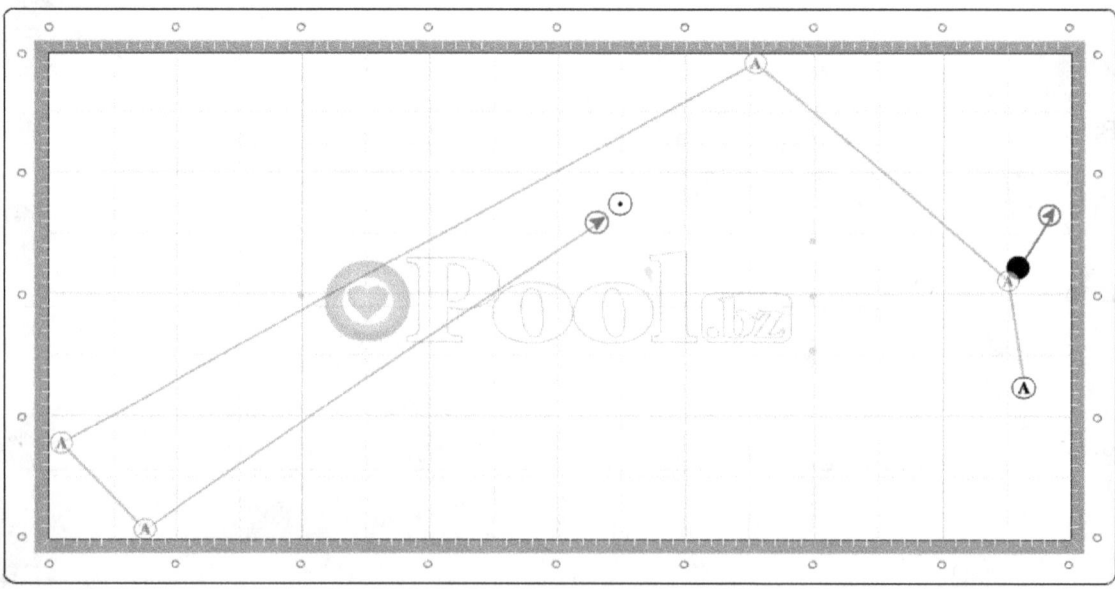

B:1b – Installer

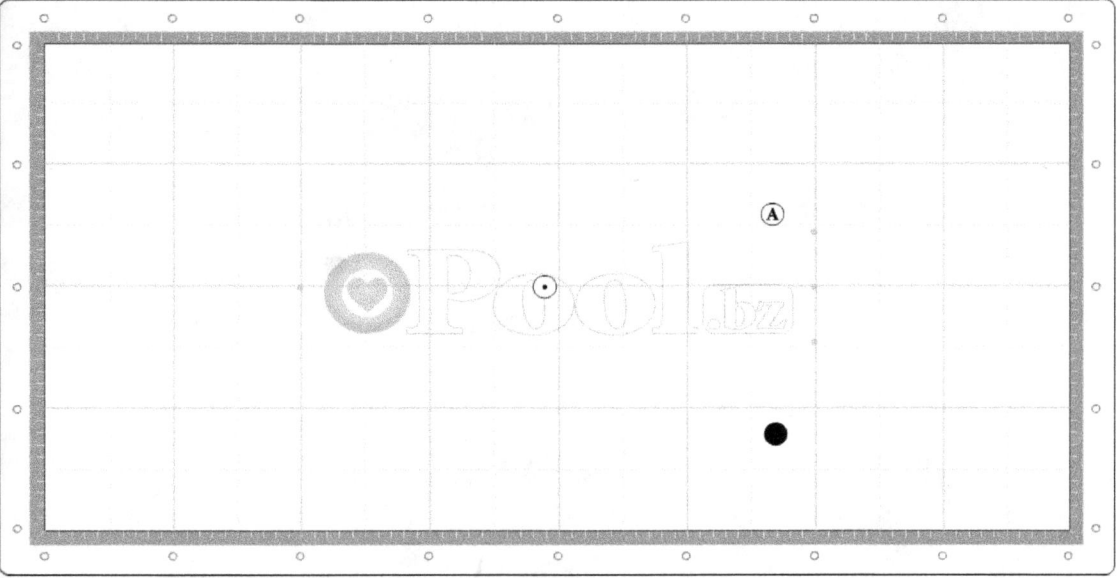

Notes et idées:

Modèle de balle

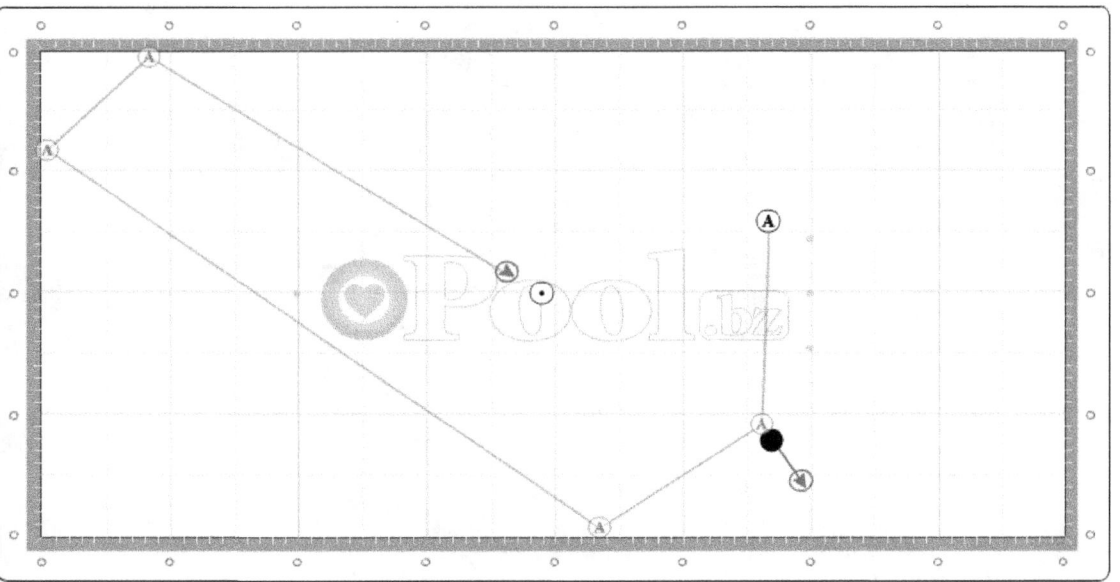

B:1c – Installer

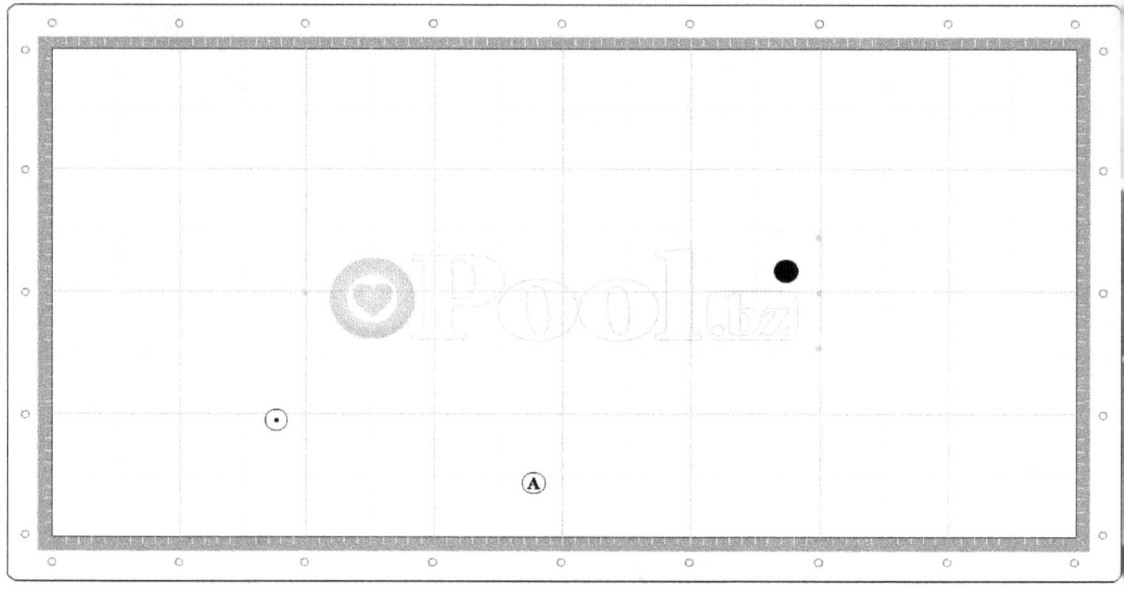

Notes et idées:

Modèle de balle

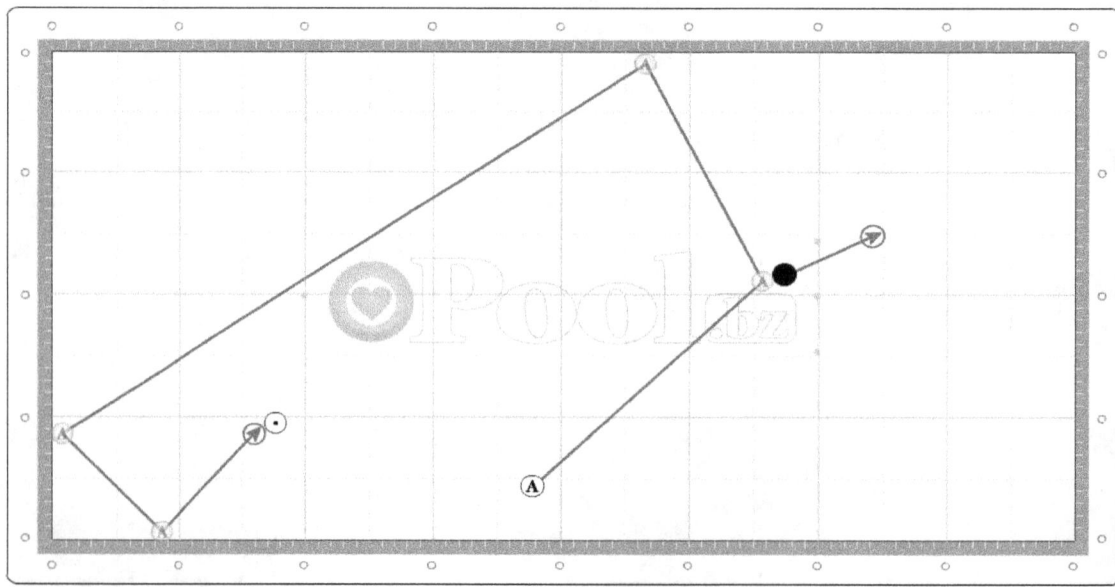

B:1d – Installer

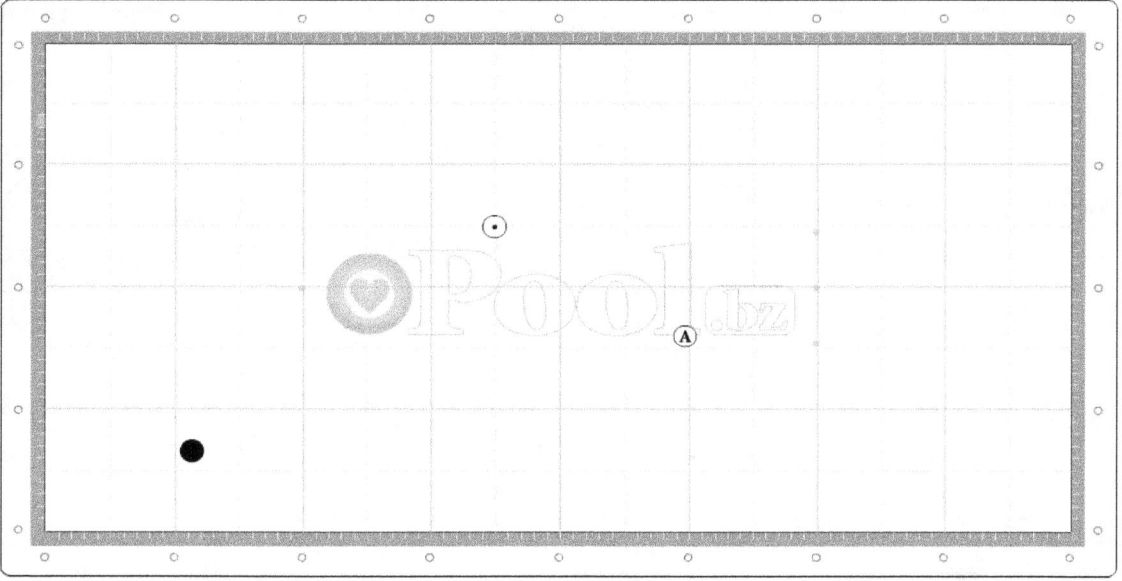

Notes et idées:

Modèle de balle

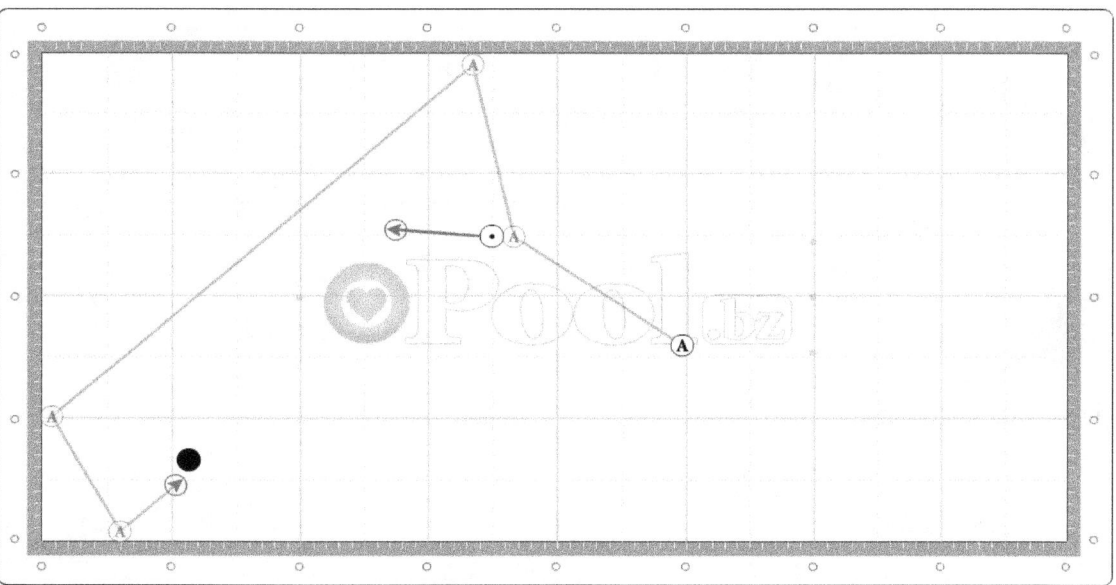

B: Groupe 2

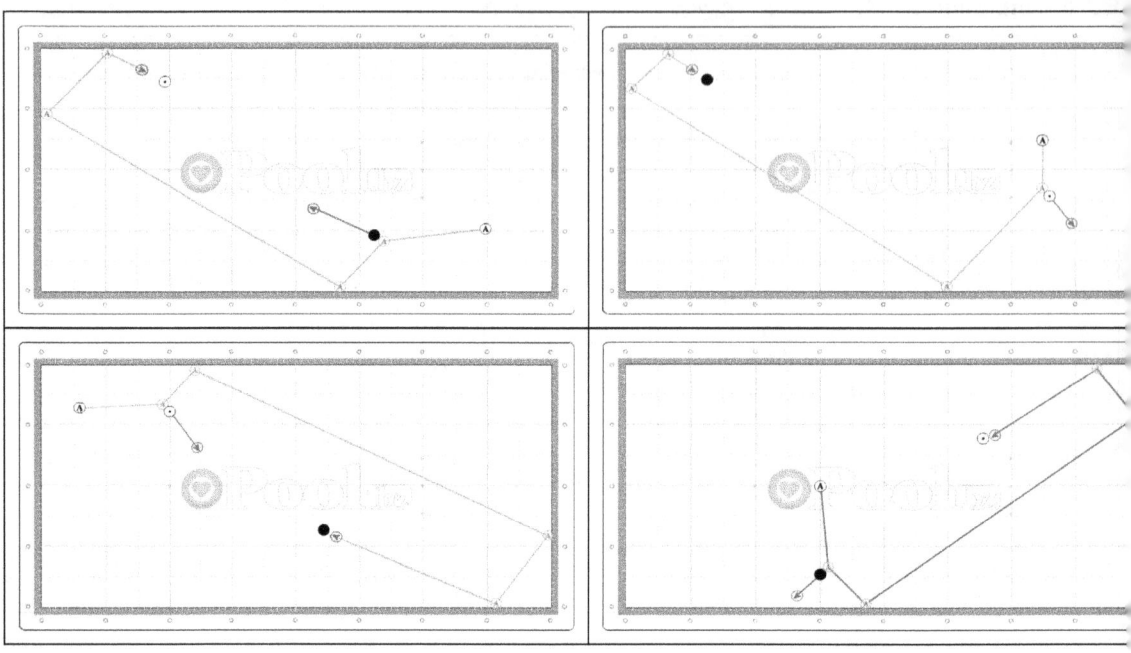

Une analyse:

B:2a. _____

B:2b. _____

B:2c. _____

B:2d. _____

B:2a – Installer

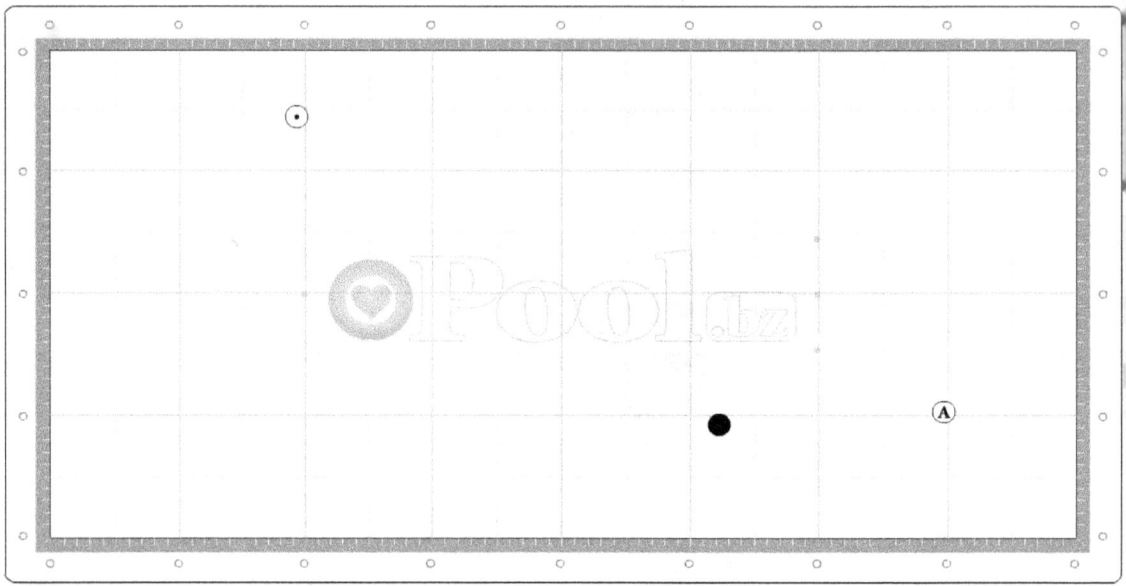

Notes et idées:

Modèle de balle

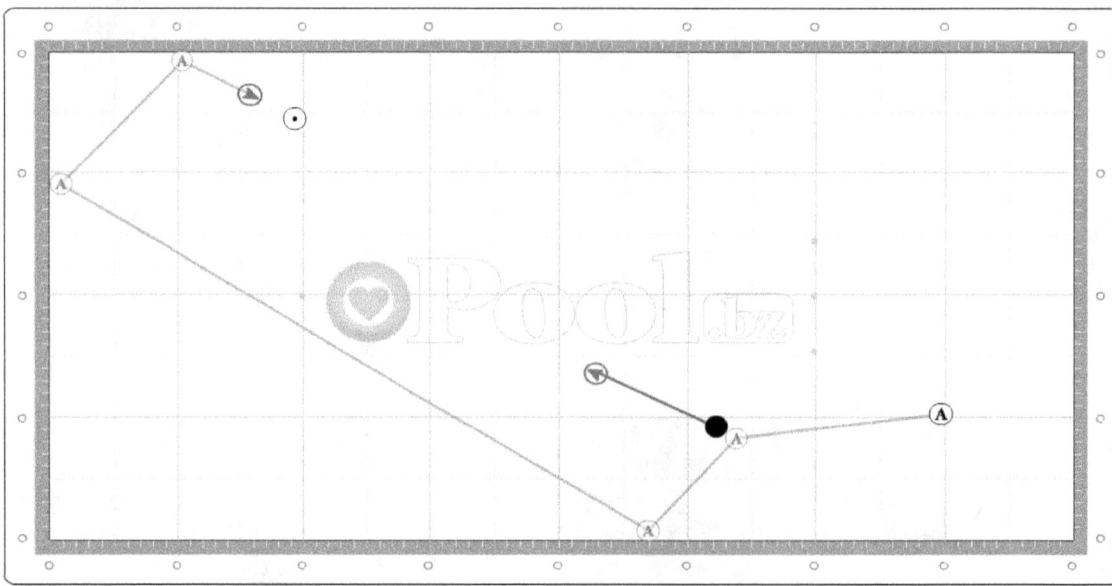

B:2b – Installer

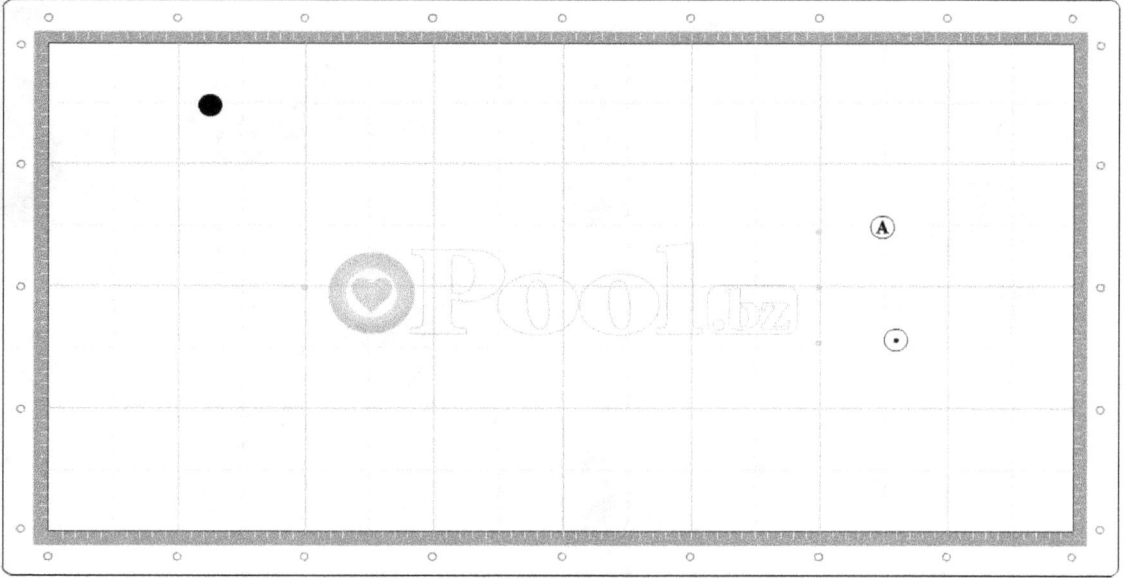

Notes et idées:

Modèle de balle

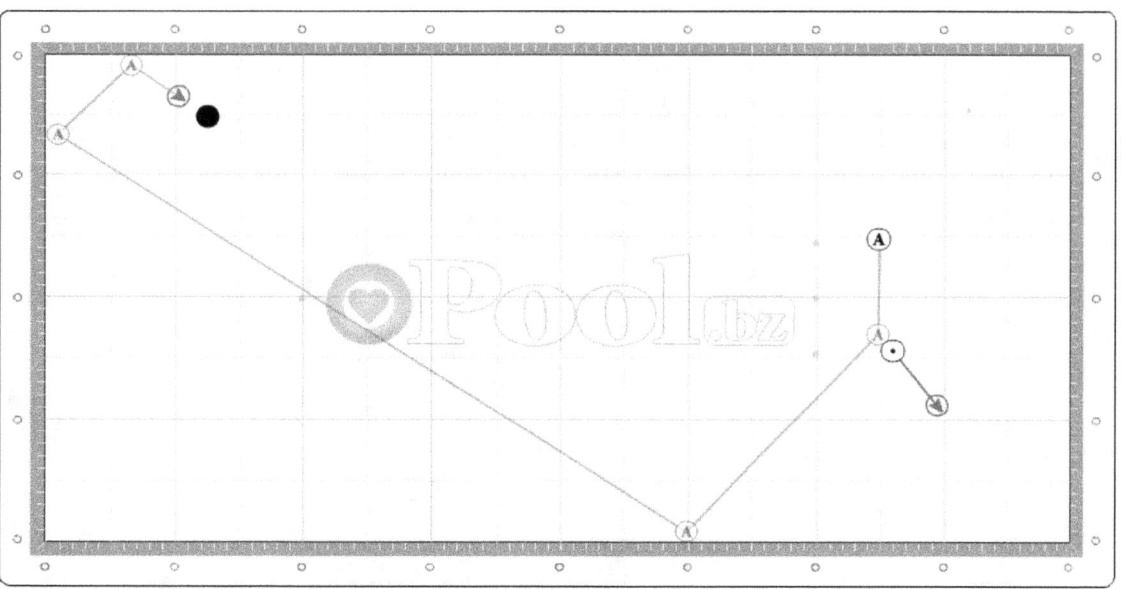

B:2c – Installer

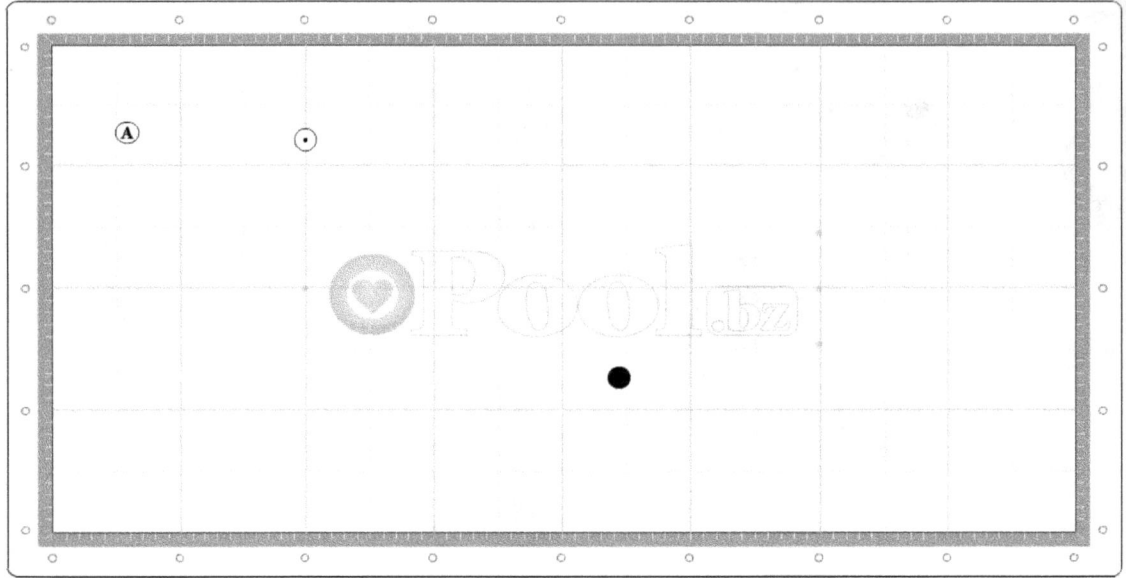

Notes et idées:

Modèle de balle

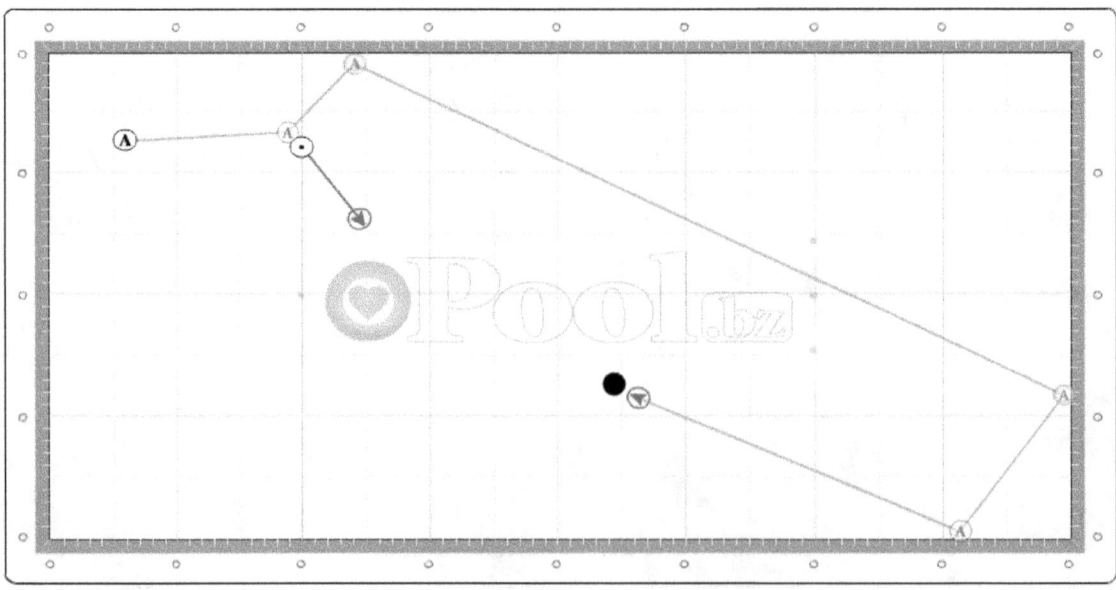

B:2d – Installer

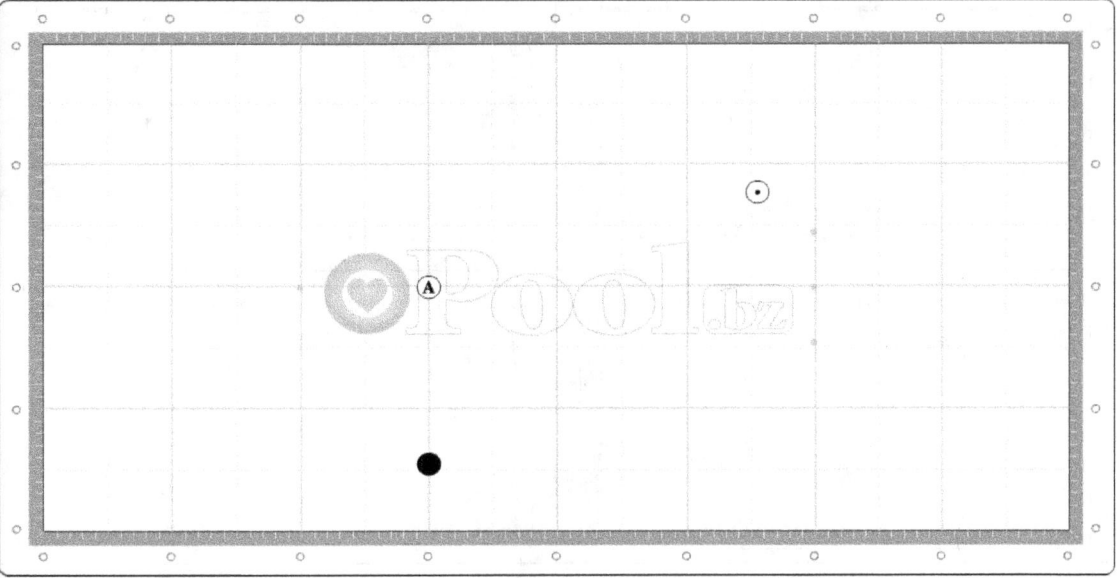

Notes et idées:

Modèle de balle

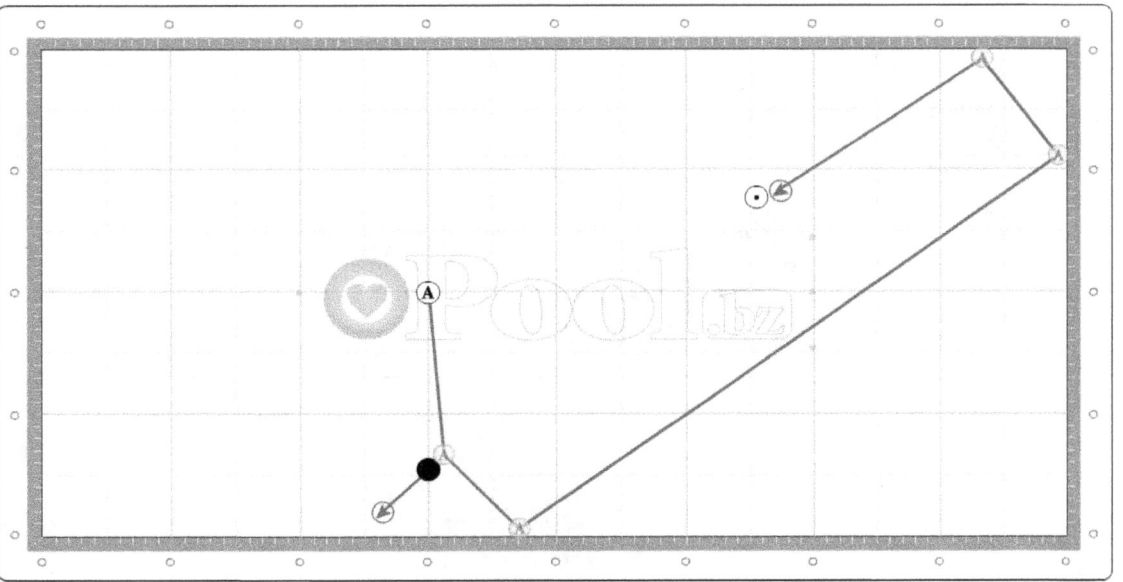

B: Groupe 3

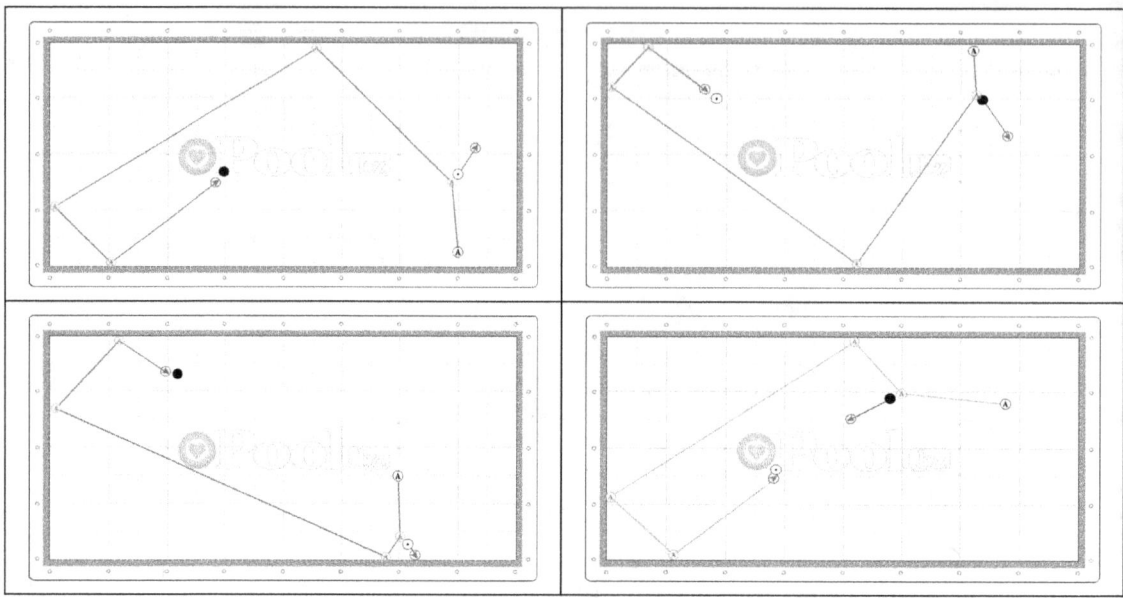

Une analyse:

B:3a. _____

B:3b. _____

B:3c. _____

B:3d. _____

B:3a – Installer

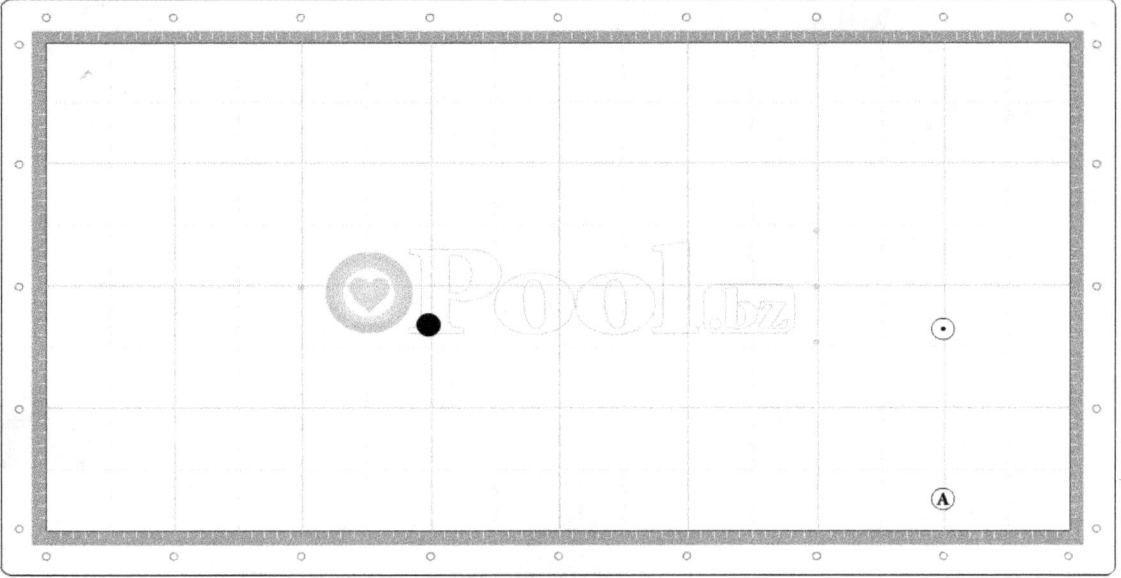

Notes et idées:

Modèle de balle

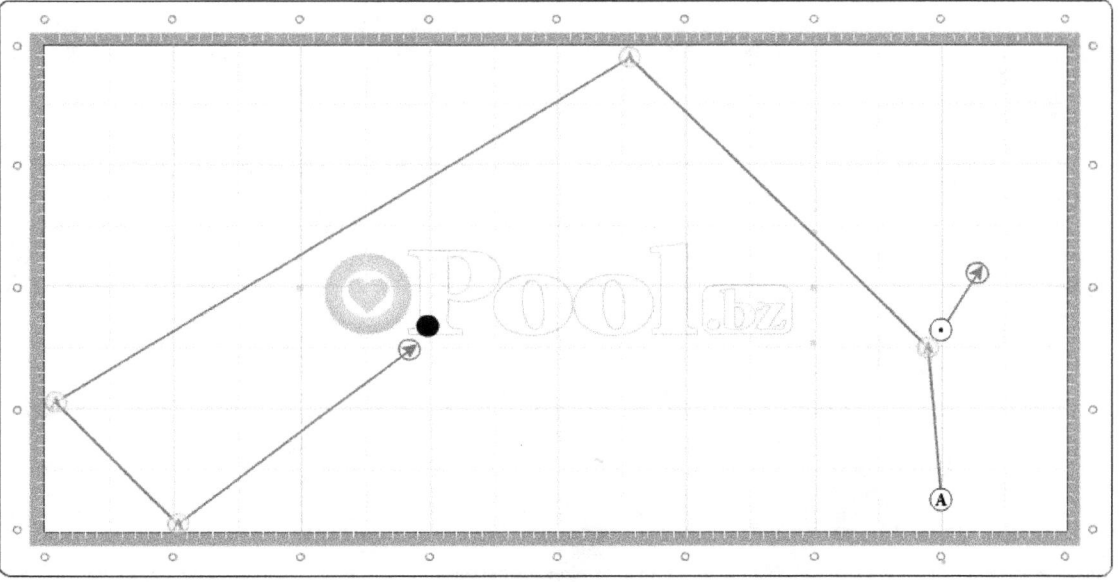

B:3b – Installer

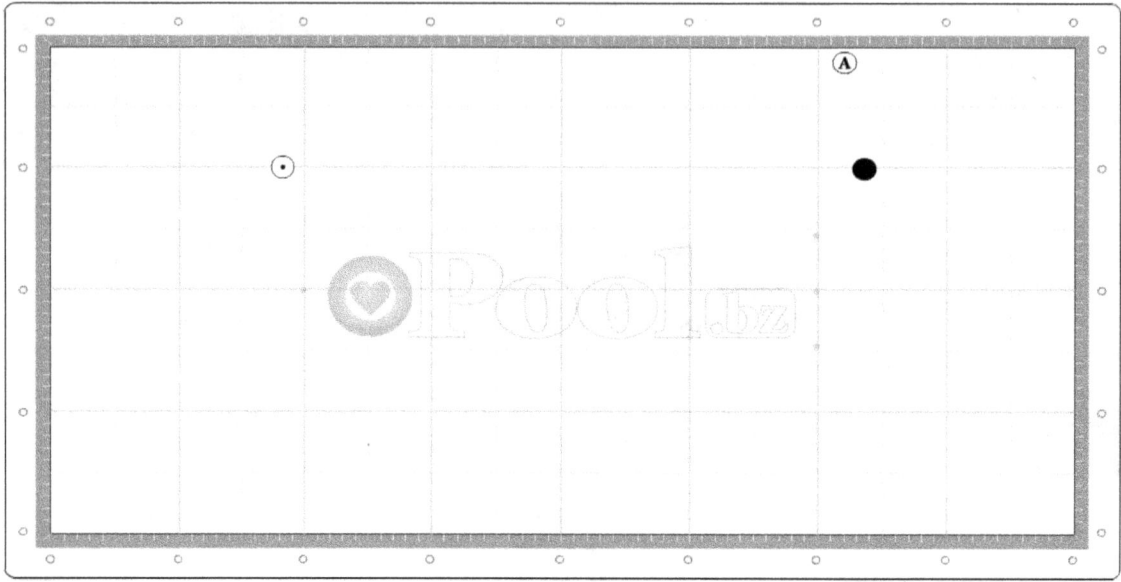

Notes et idées:

Modèle de balle

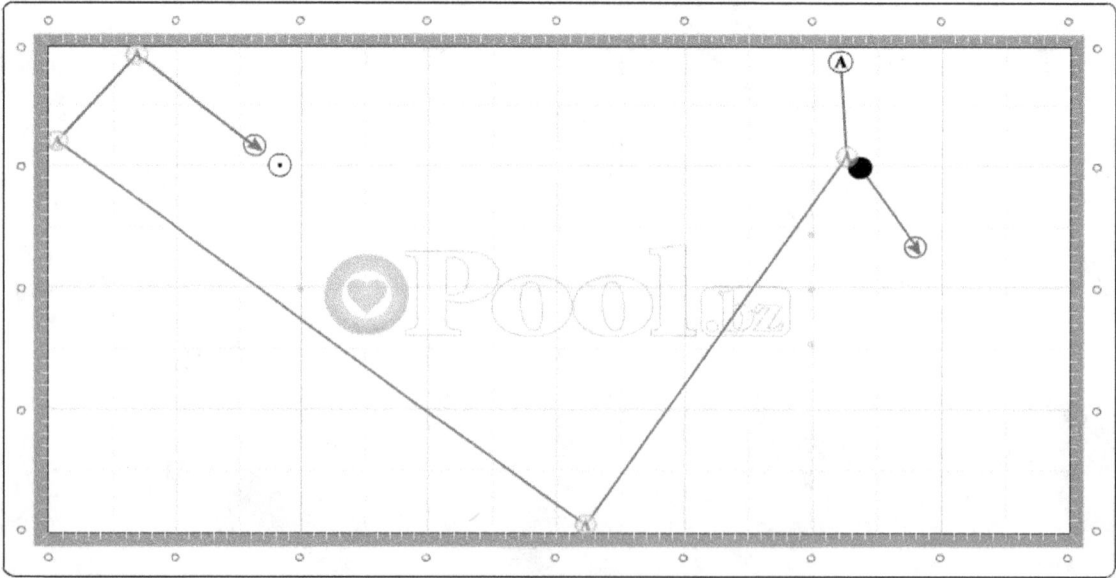

B:3c – Installer

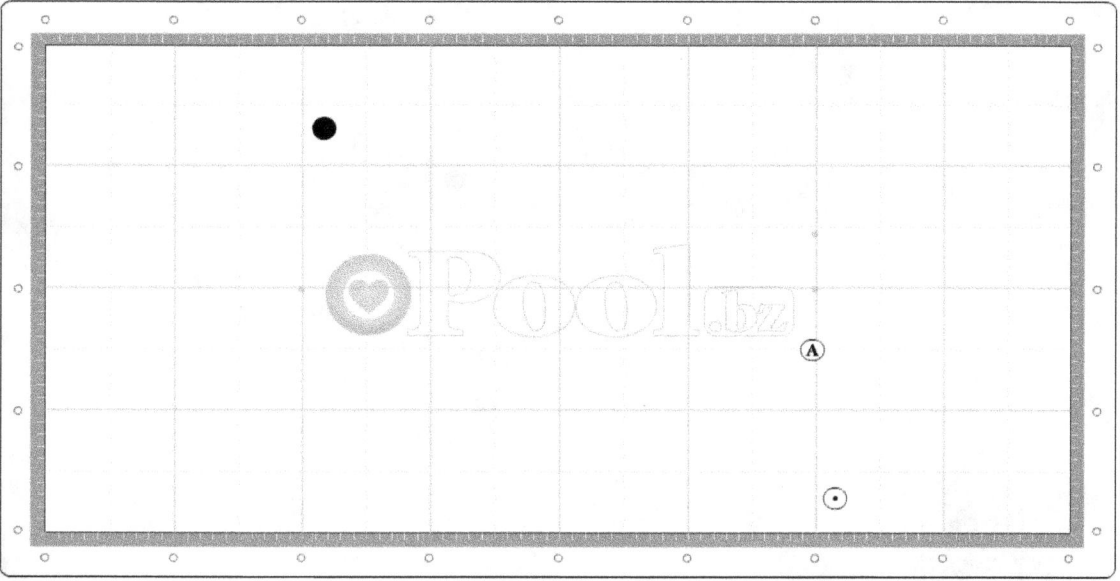

Notes et idées:

Modèle de balle

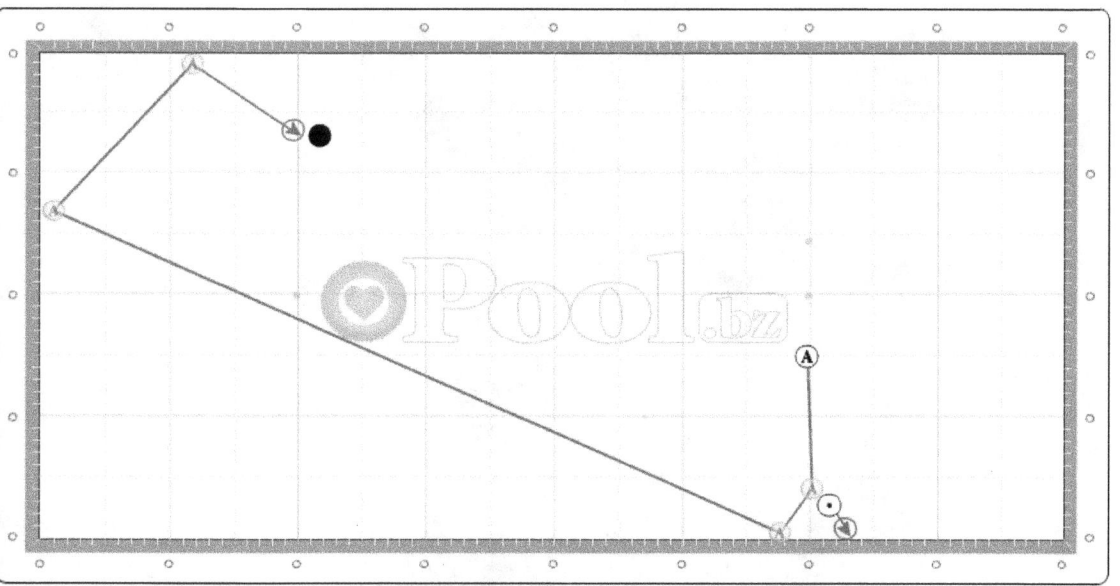

B:3d – Installer

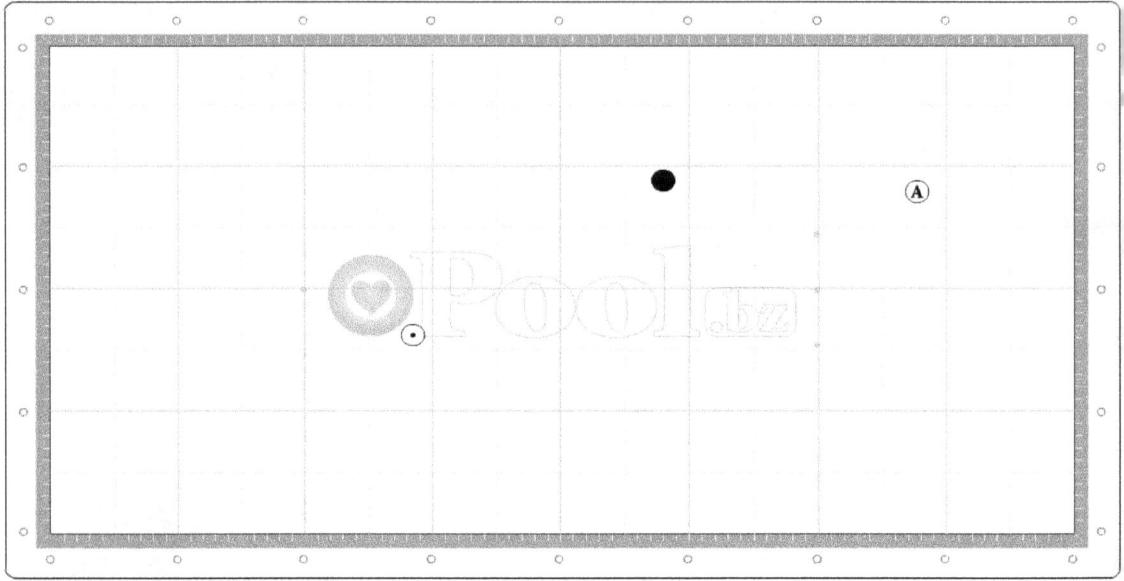

Notes et idées:

Modèle de balle

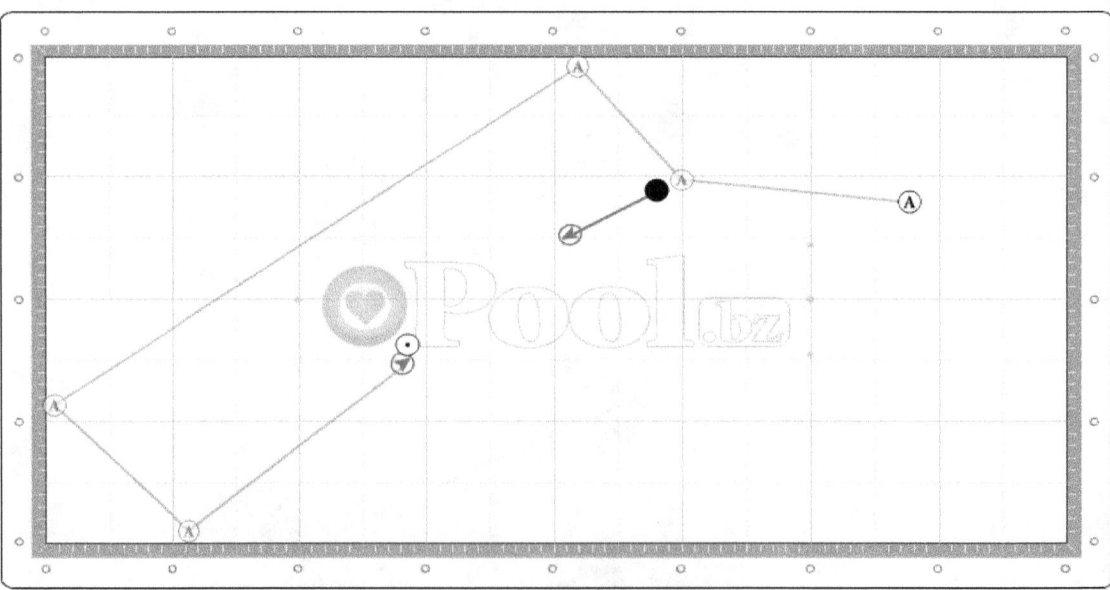

B: Groupe 4

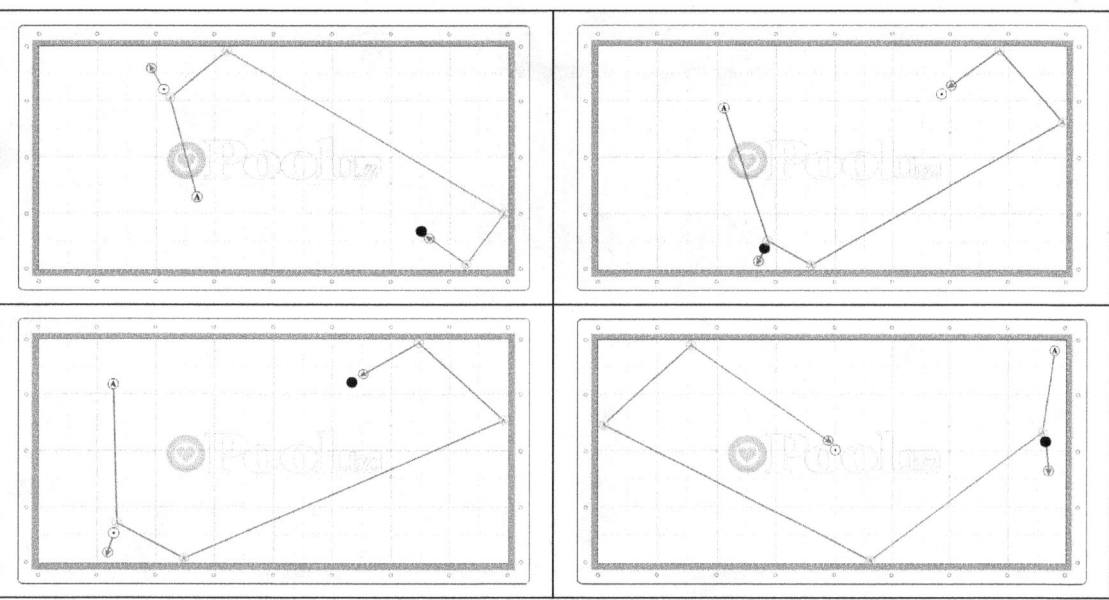

Une analyse:

B:4a. _____

B:4b. _____

B:4c. _____

B:4d. _____

B:4a – Installer

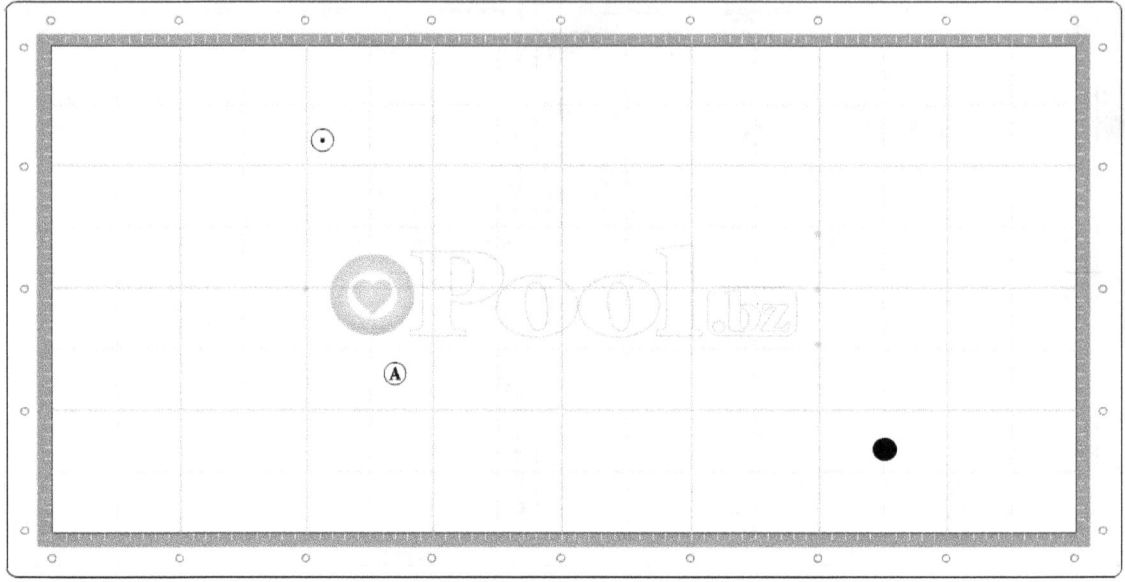

Notes et idées:

Modèle de balle

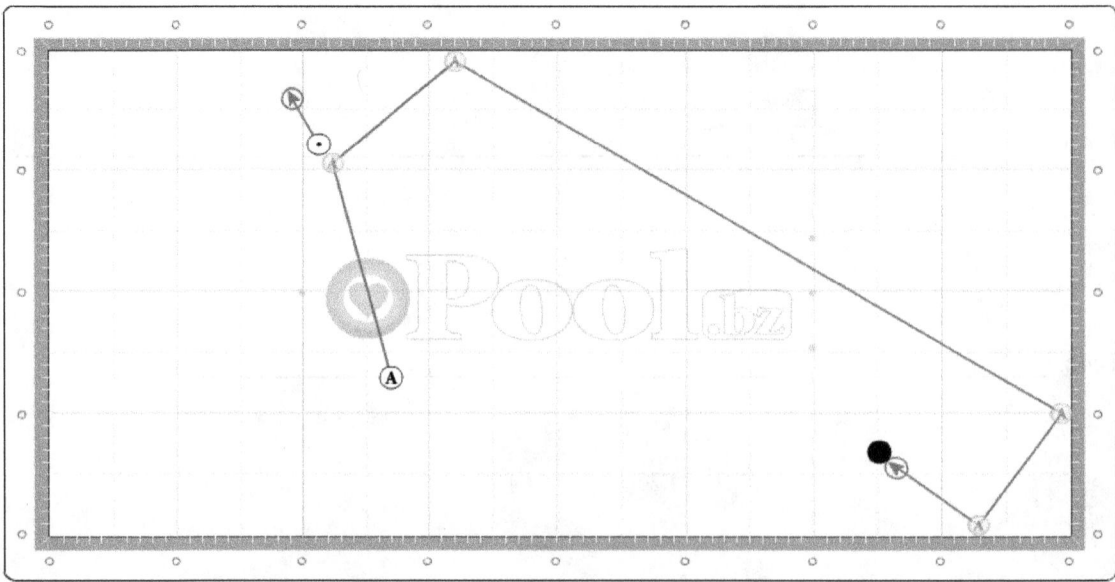

B:4b – Installer

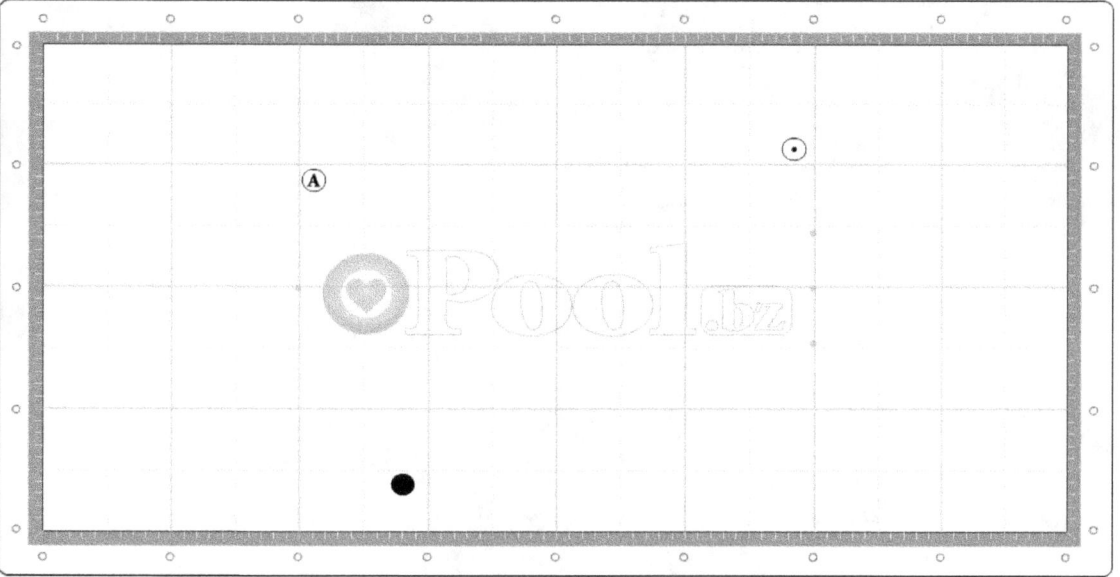

Notes et idées:

Modèle de balle

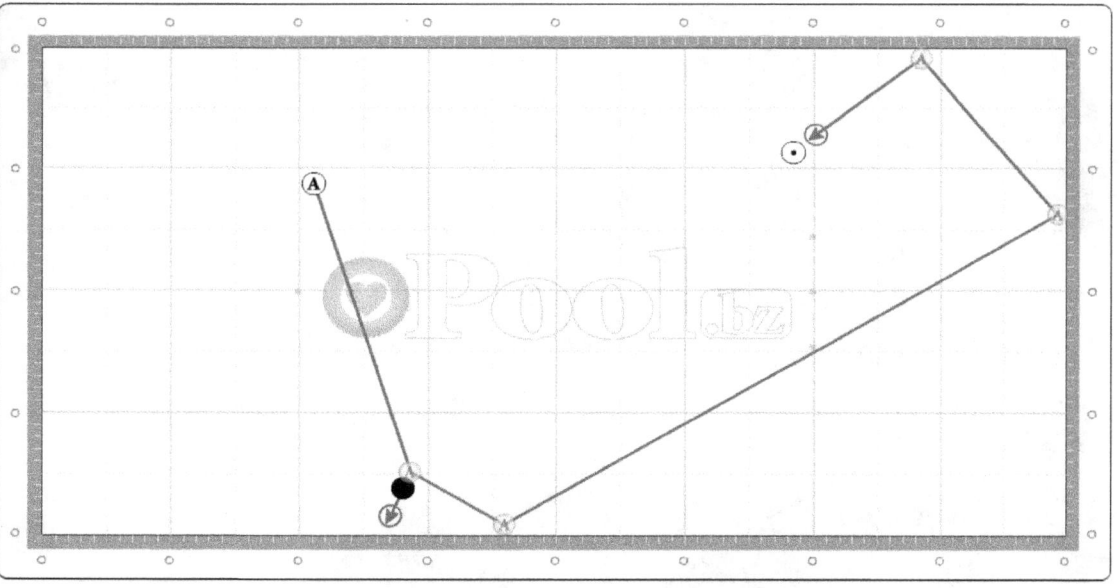

B:4c – Installer

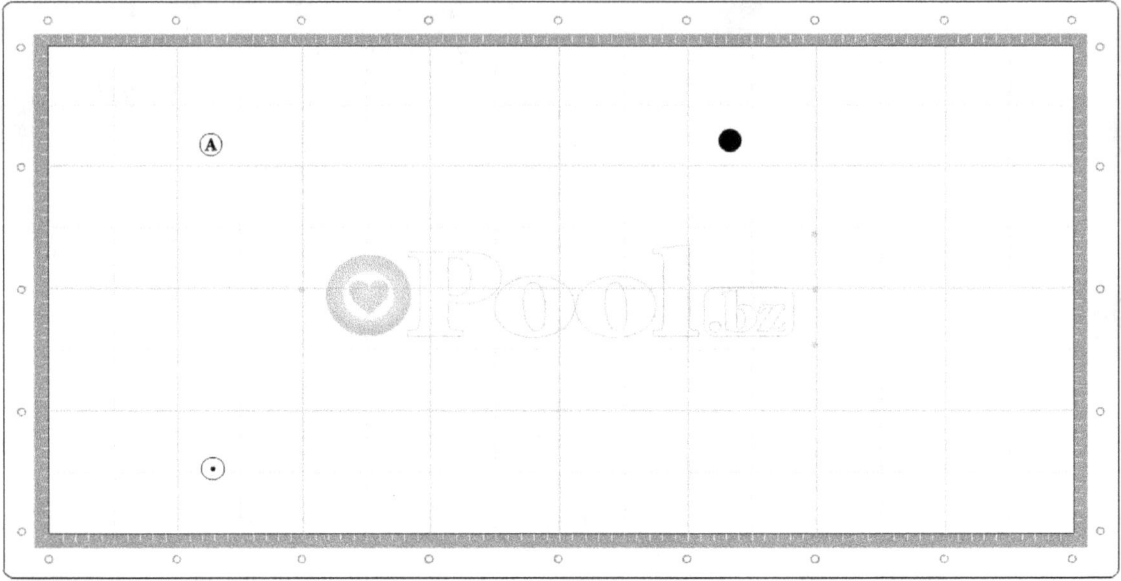

Notes et idées:

Modèle de balle

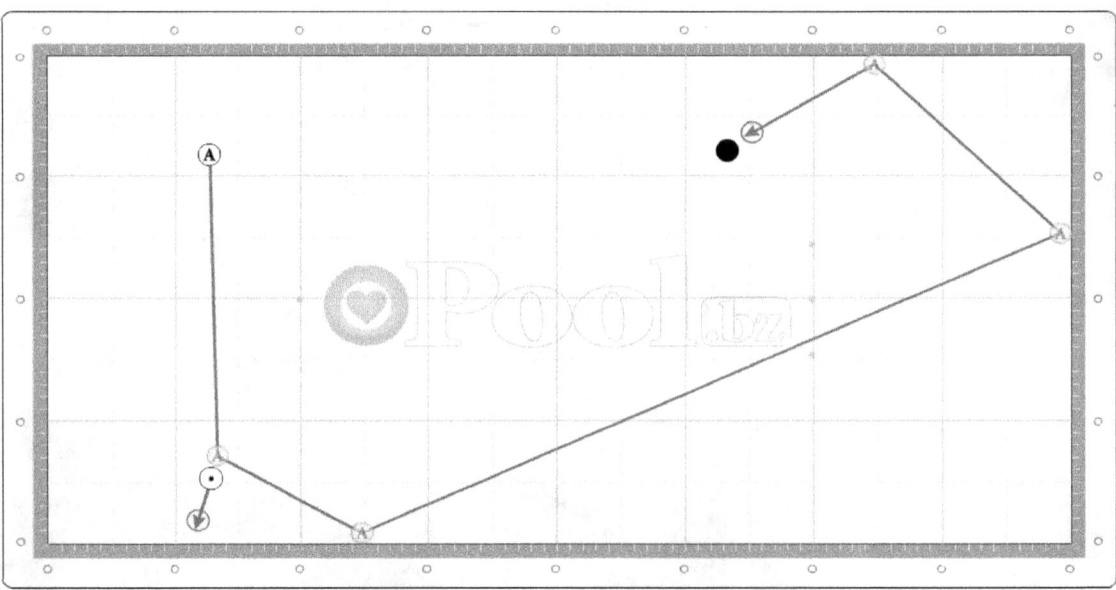

B:4d – Installer

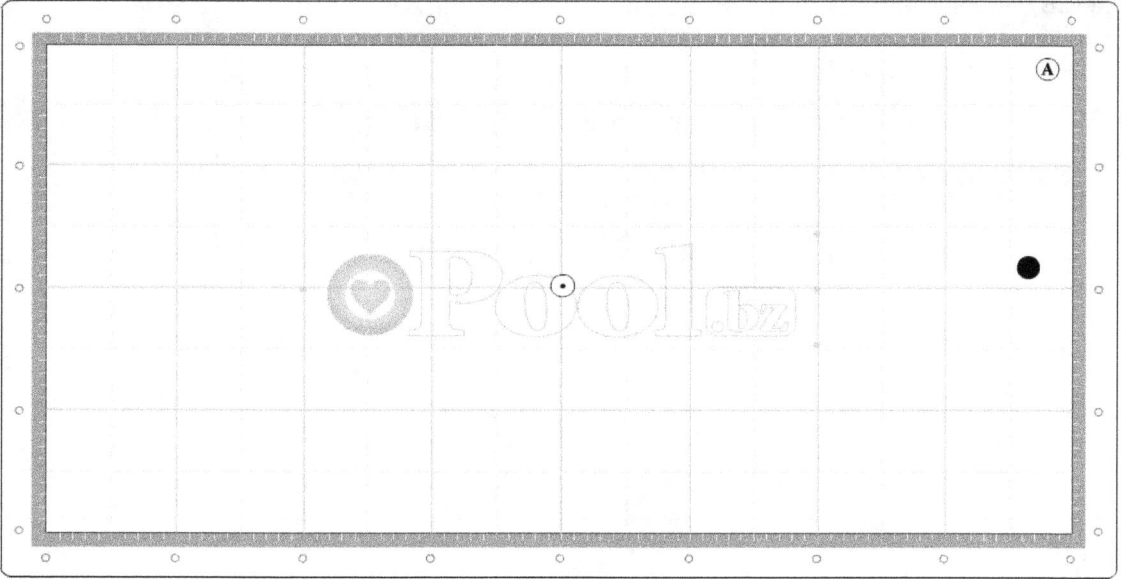

Notes et idées:

Modèle de balle

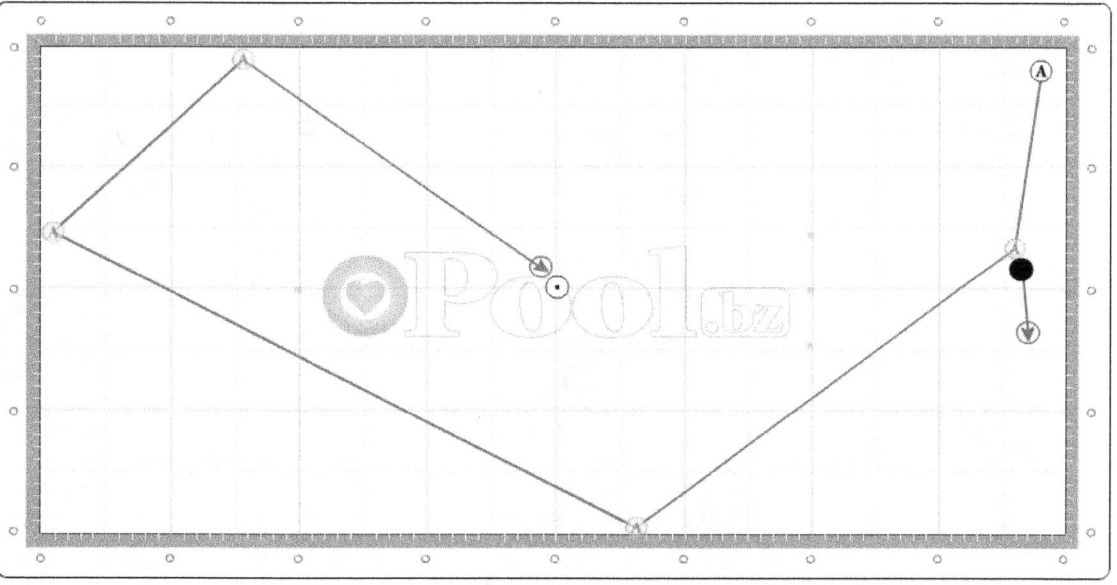

C: Table complète (bandas court)

Le (CB) se détache en premier (OB) et dans le bandas court. De là, le (CB) traverse la zone médiane du bandas long opposé. Le (CB) se déplace dans l'autre coin, le premier bandas court. En sortant, le (CB) frappe l'autre (OB).

(A) (CB) (votre balle) - ⊙ (OB) (balle de l'adversaire) – ● (OB) Balle rouge

C: Groupe 1

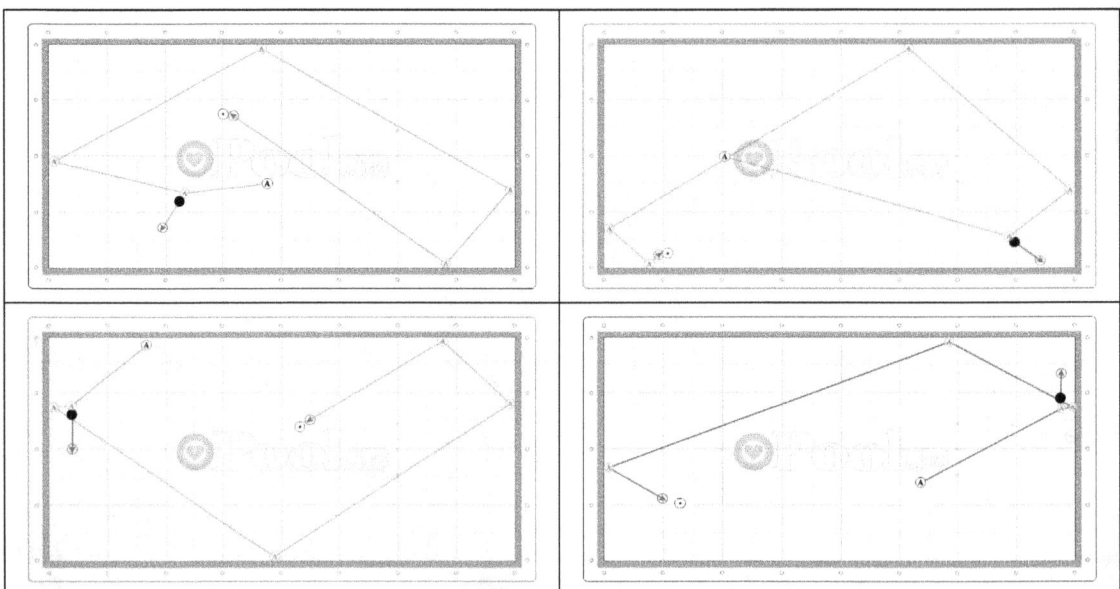

Une analyse:

C:1a. _____

C:1b. _____

C:1c. _____

C:1d. _____

C:1a – Installer

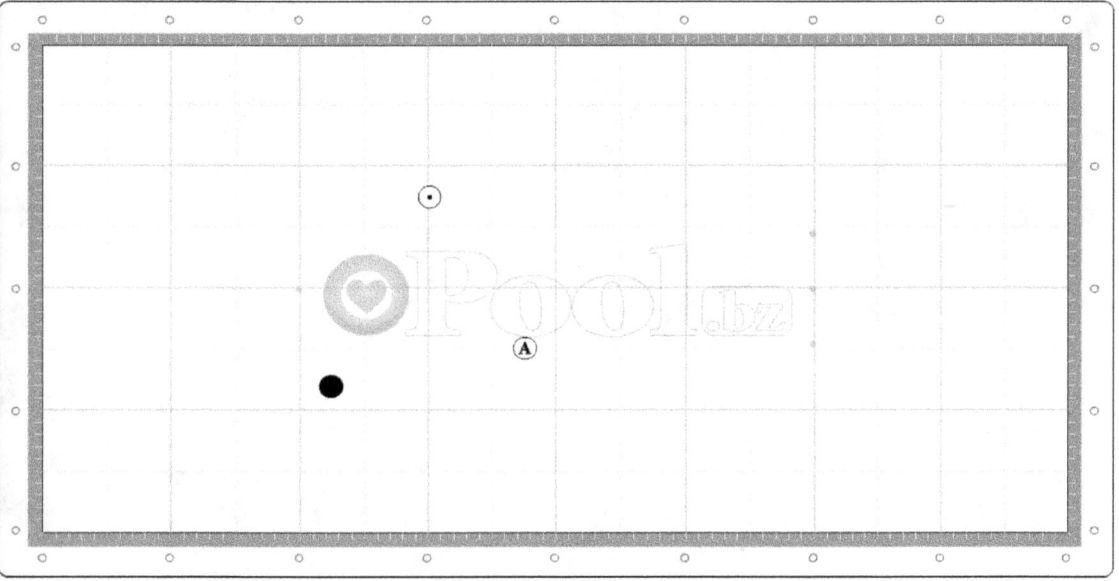

Notes et idées:

Modèle de balle

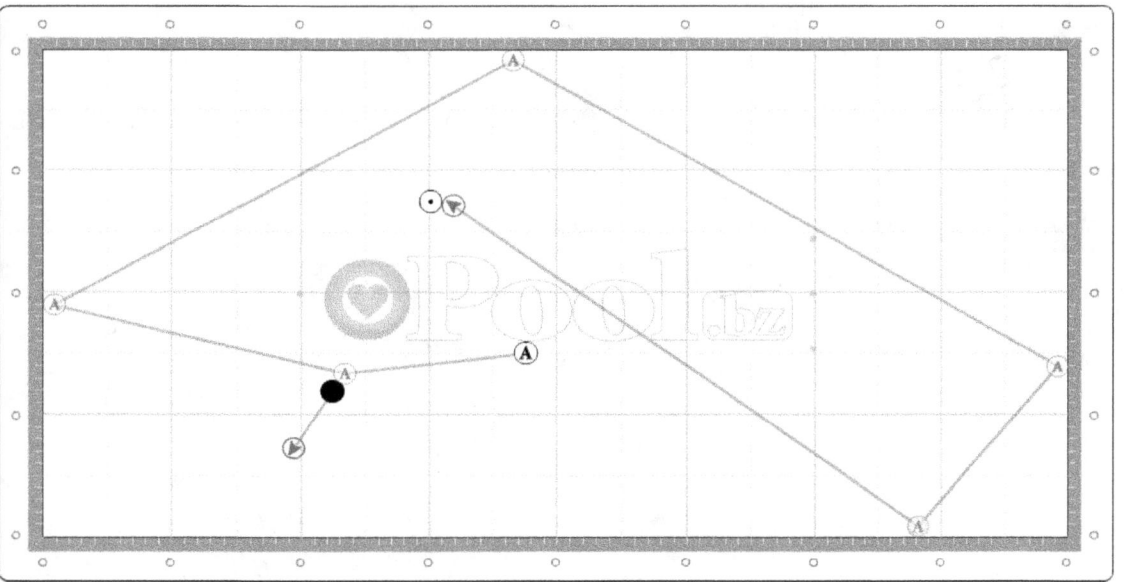

C:1b – Installer

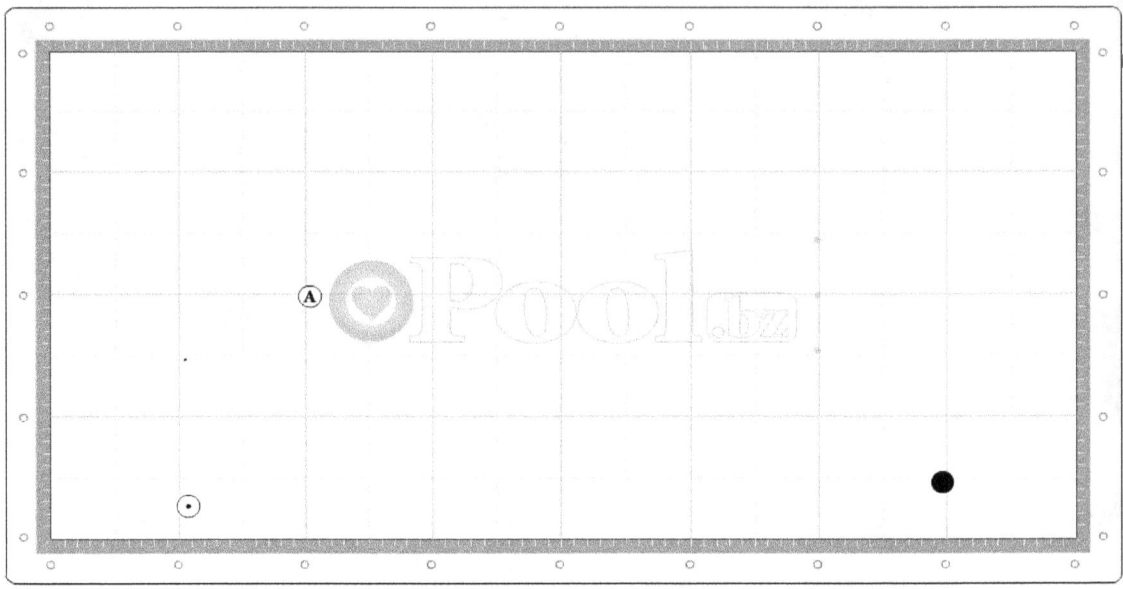

Notes et idées:

Modèle de balle

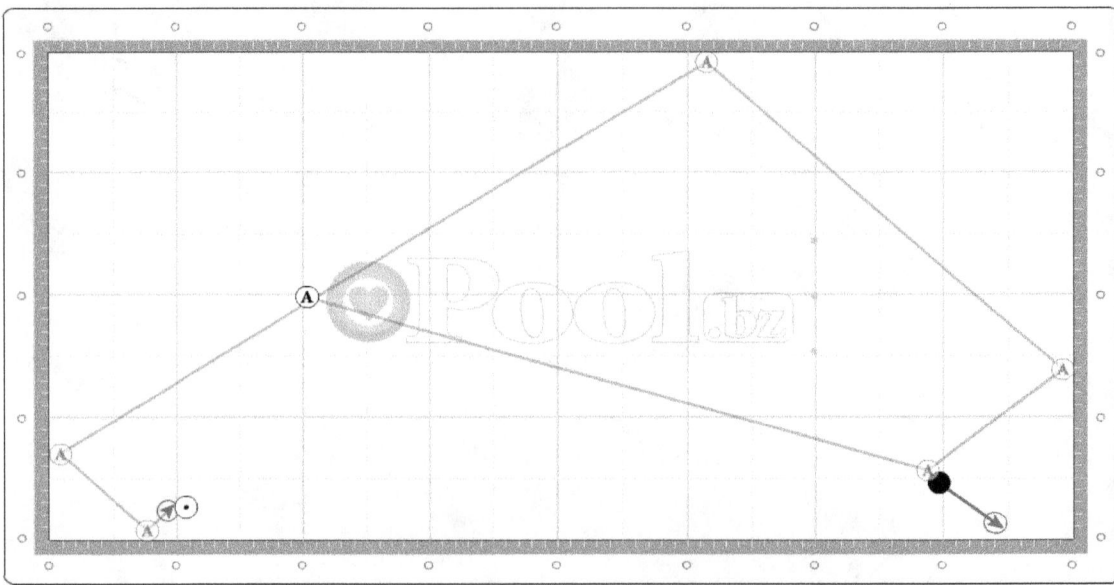

C:1c – Installer

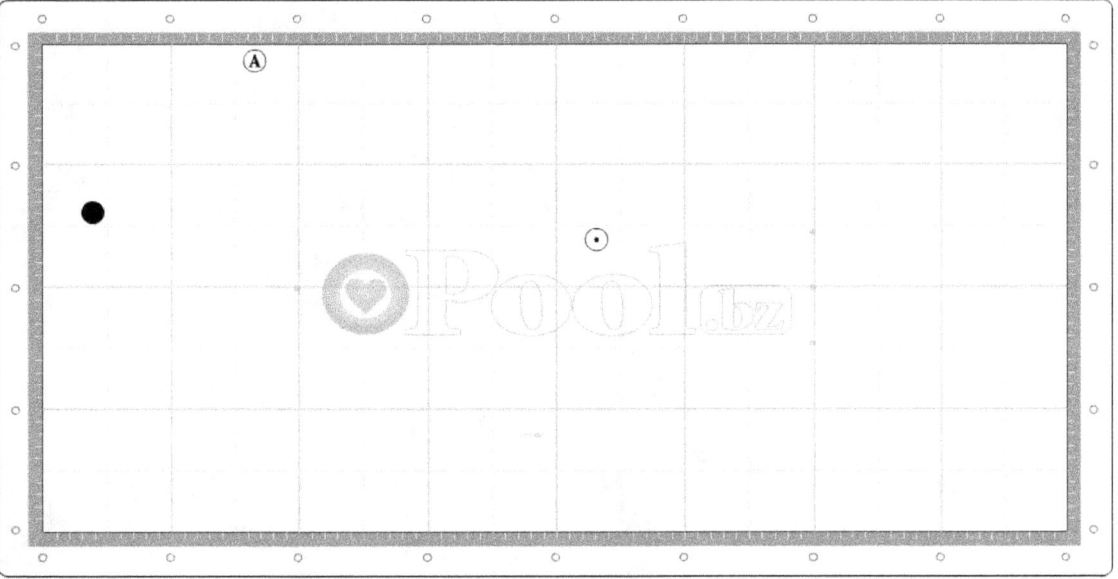

Notes et idées:

Modèle de balle

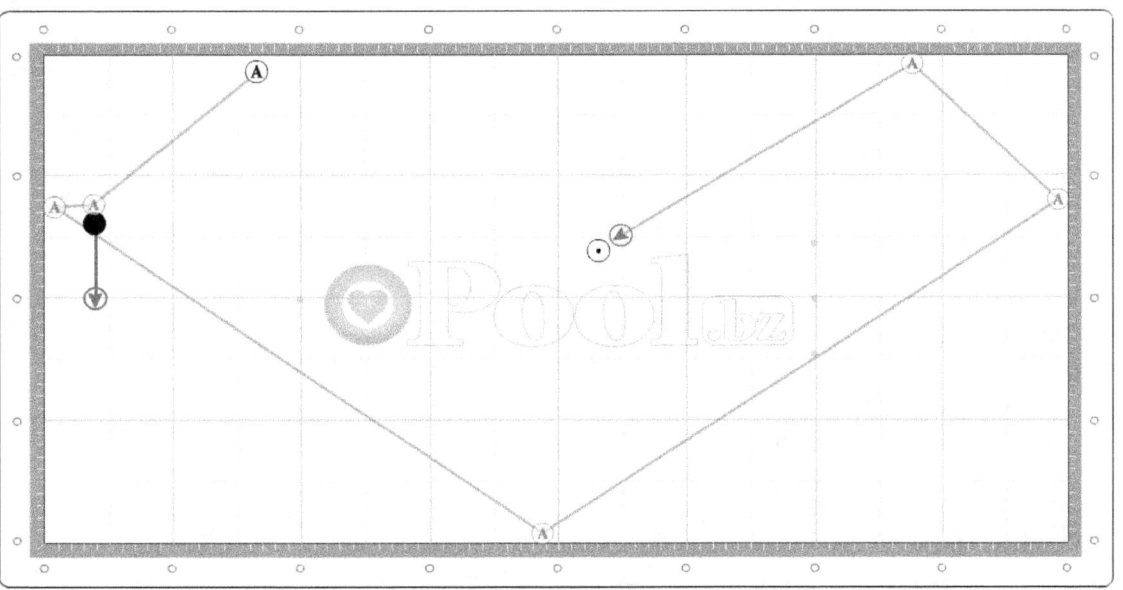

C:1d – Installer

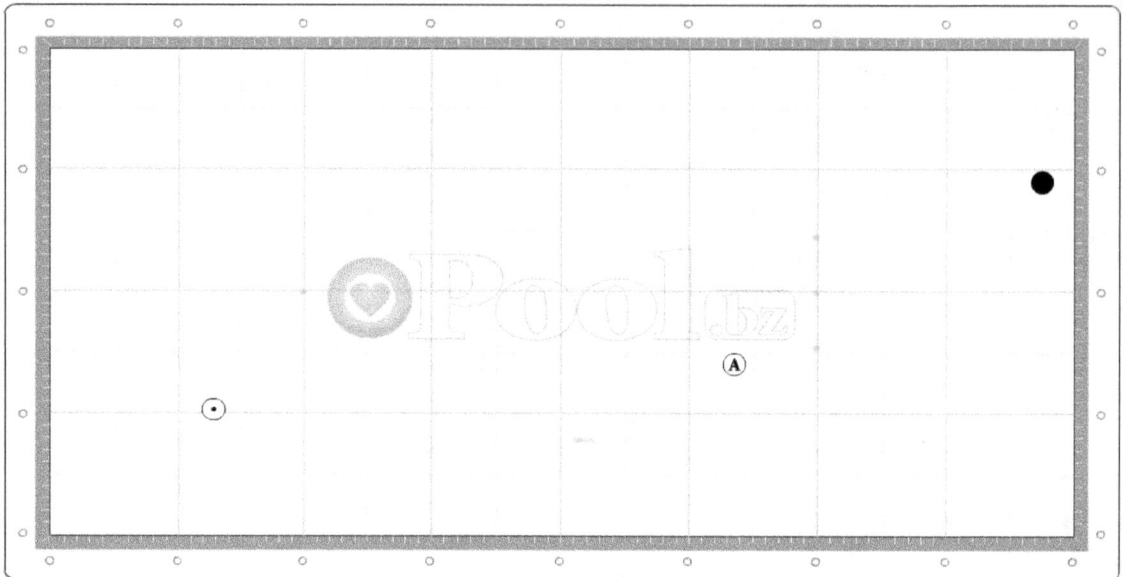

Notes et idées:

Modèle de balle

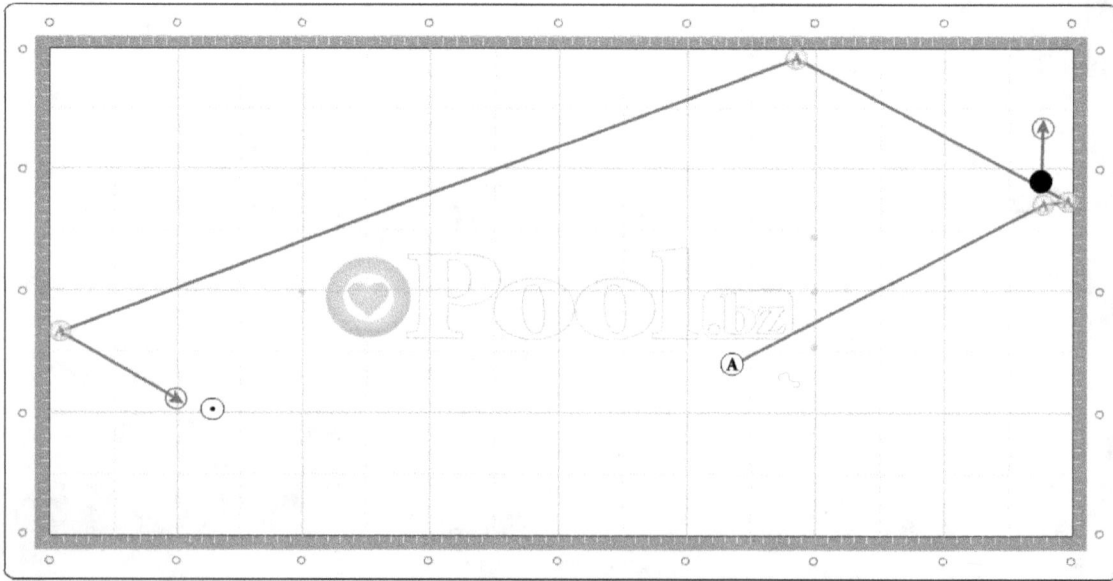

C: Groupe 2

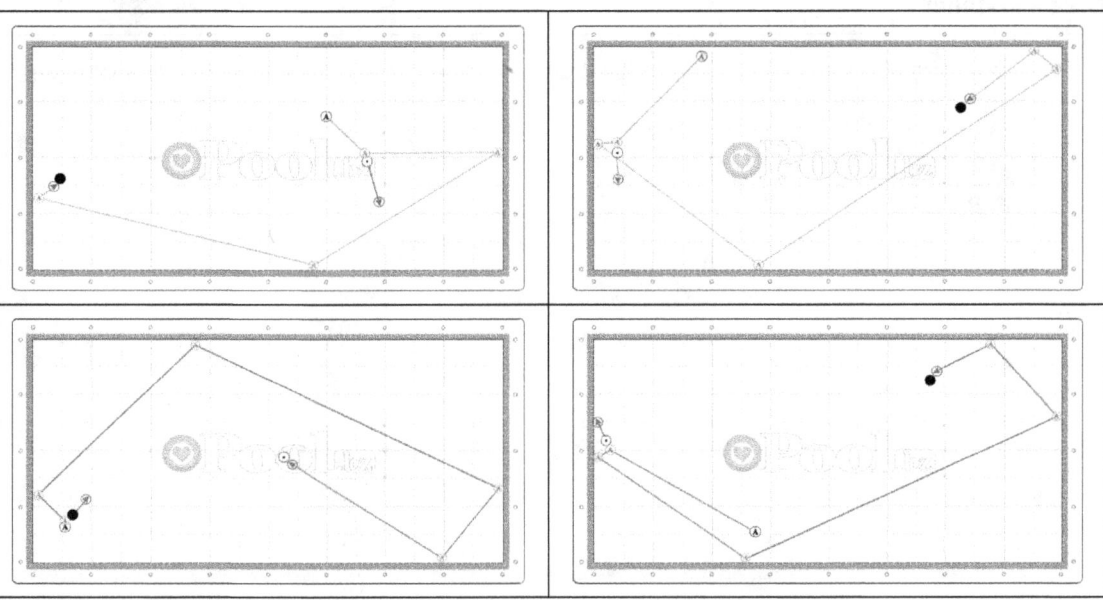

Une analyse:

C:2a. _____

C:2b. _____

C:2c. _____

C:2d. _____

C:2a – Installer

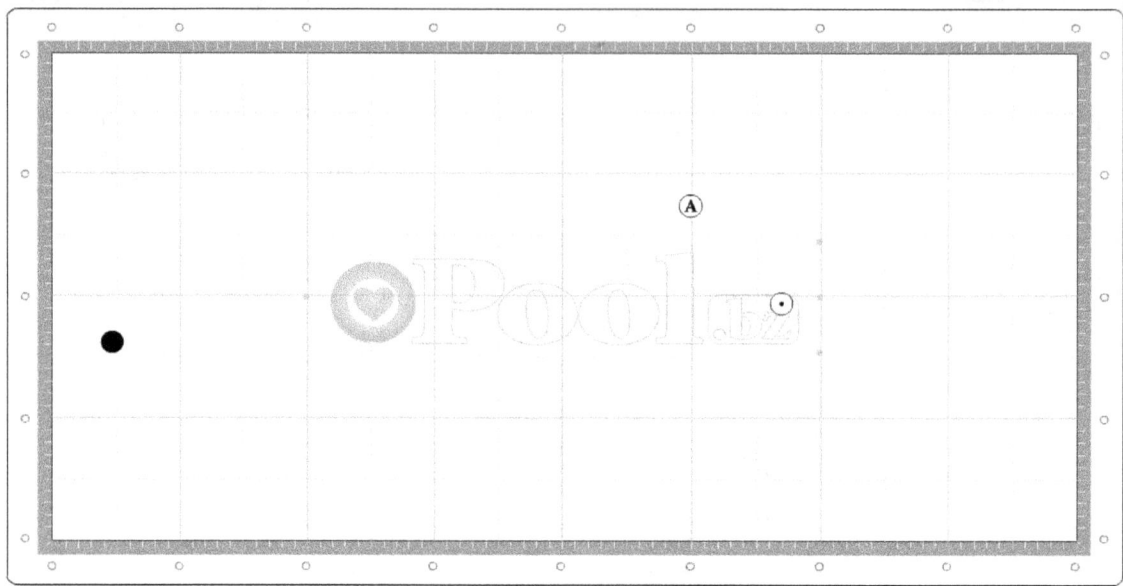

Notes et idées:

Modèle de balle

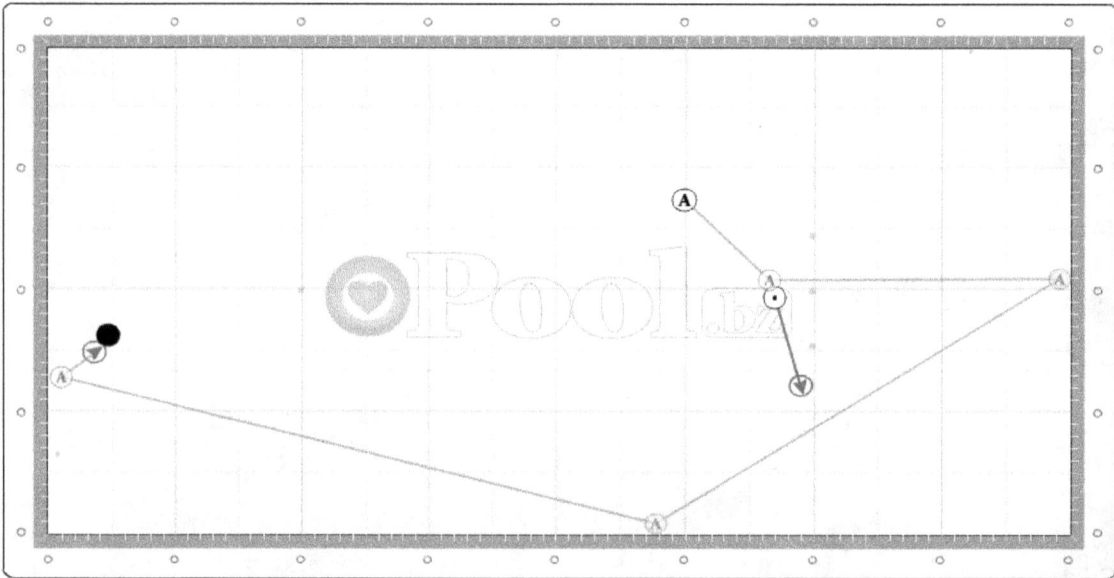

C:2b – Installer

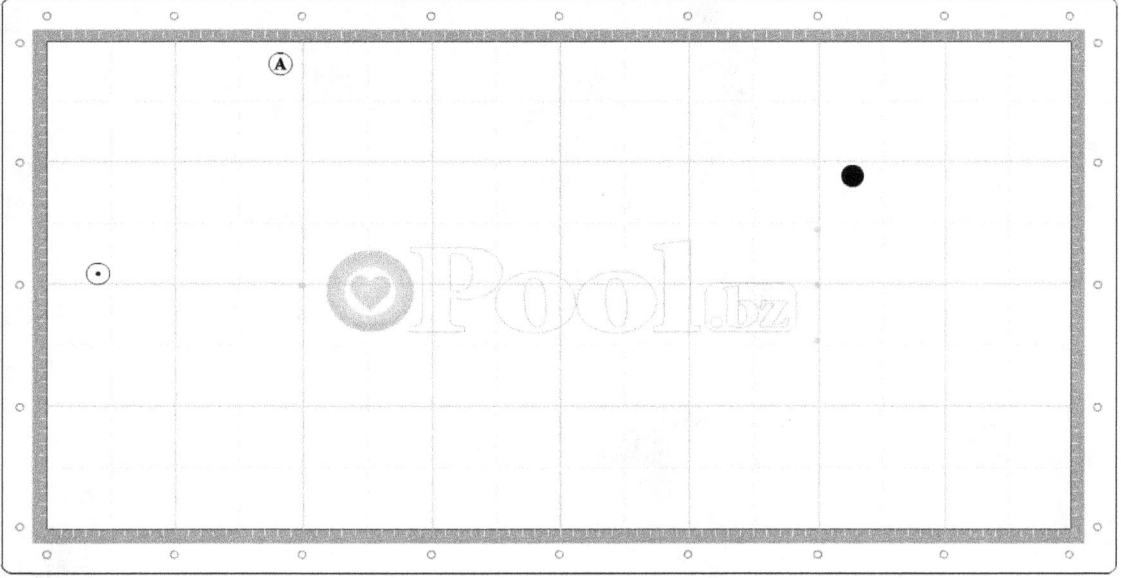

Notes et idées:

Modèle de balle

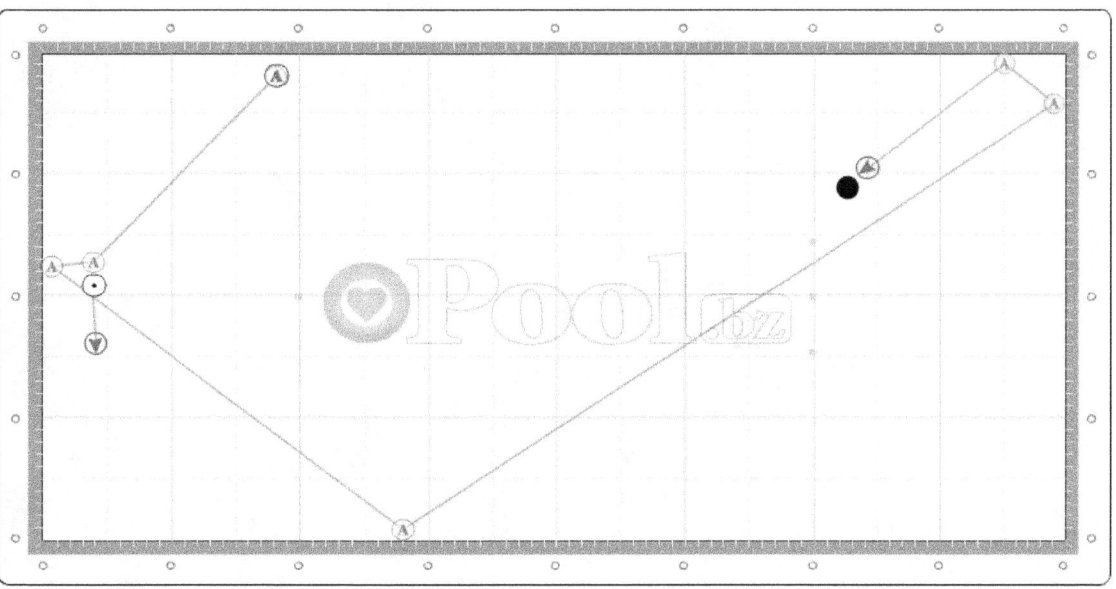

C:2c – Installer

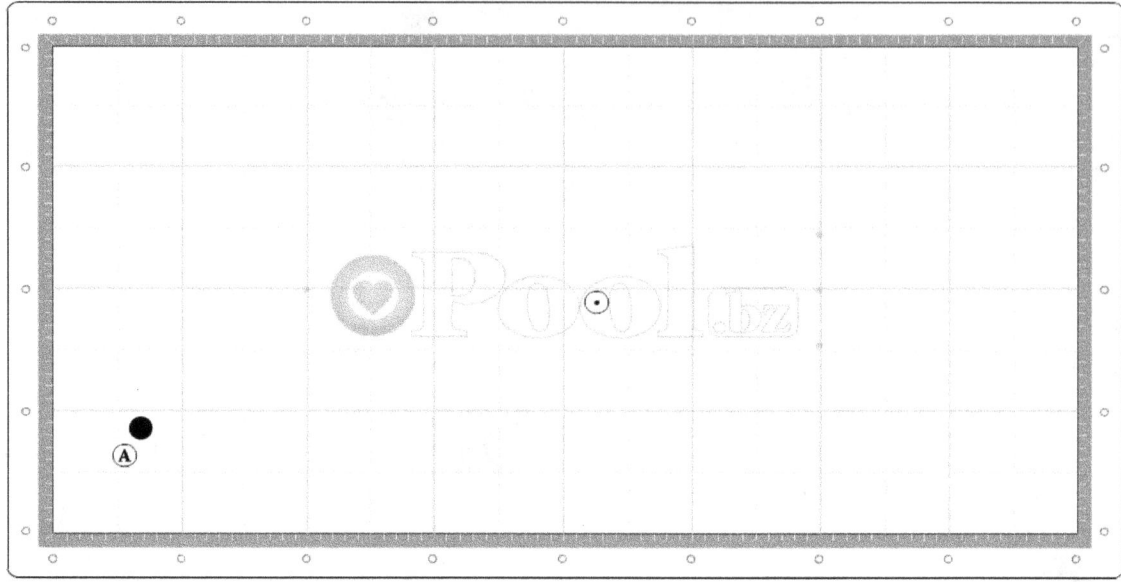

Notes et idées:

Modèle de balle

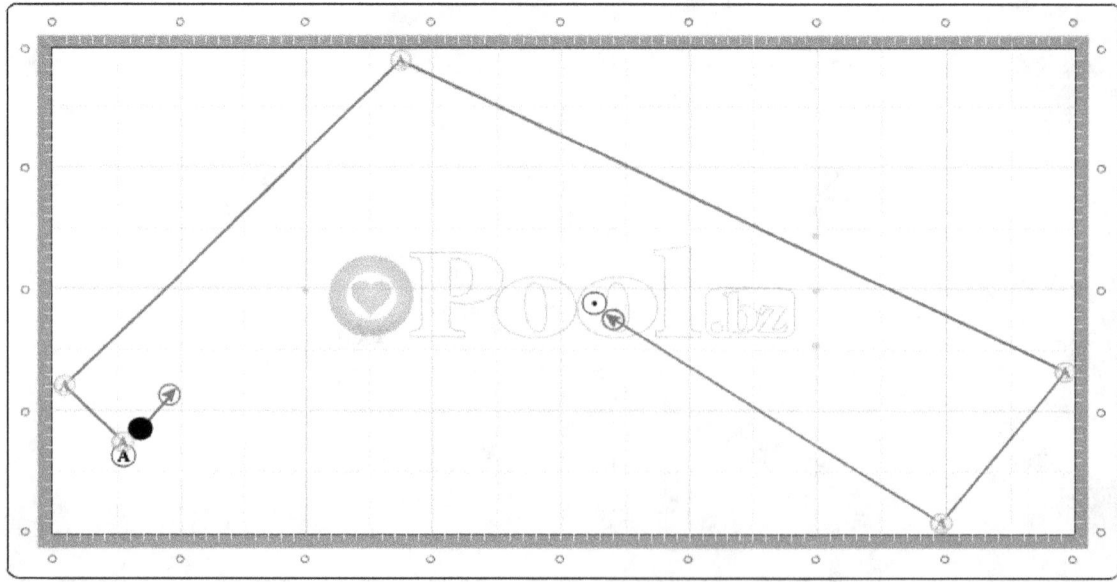

C:2d – Installer

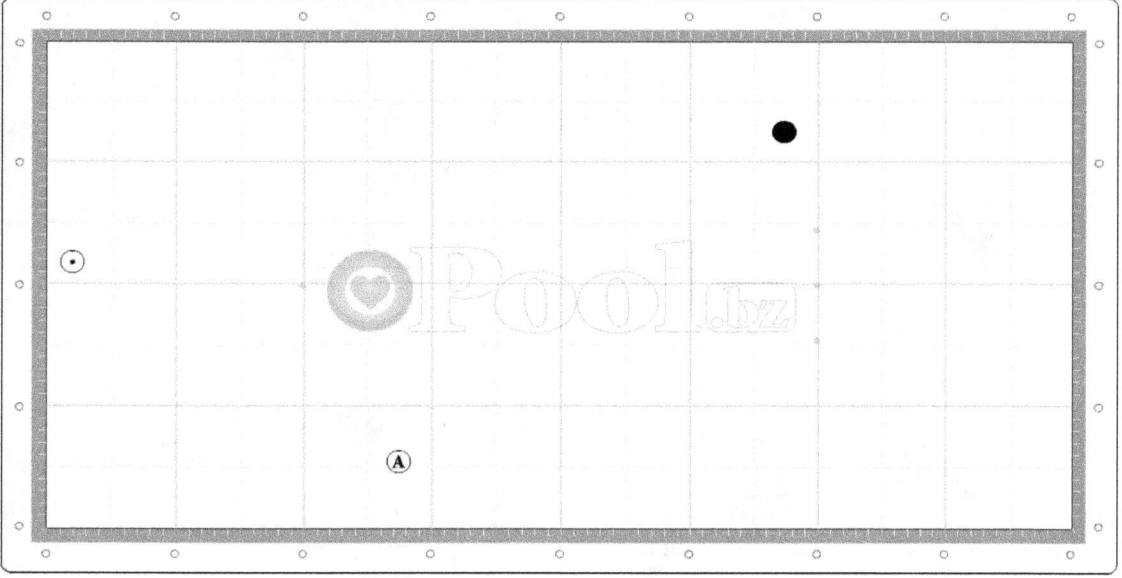

Notes et idées:

Modèle de balle

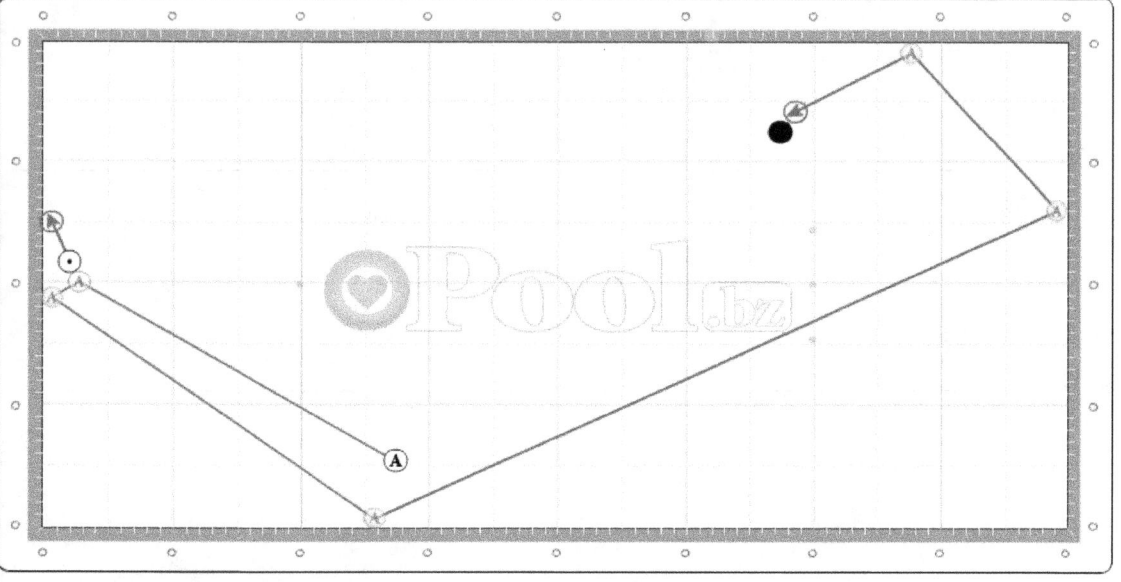

C: Groupe 3

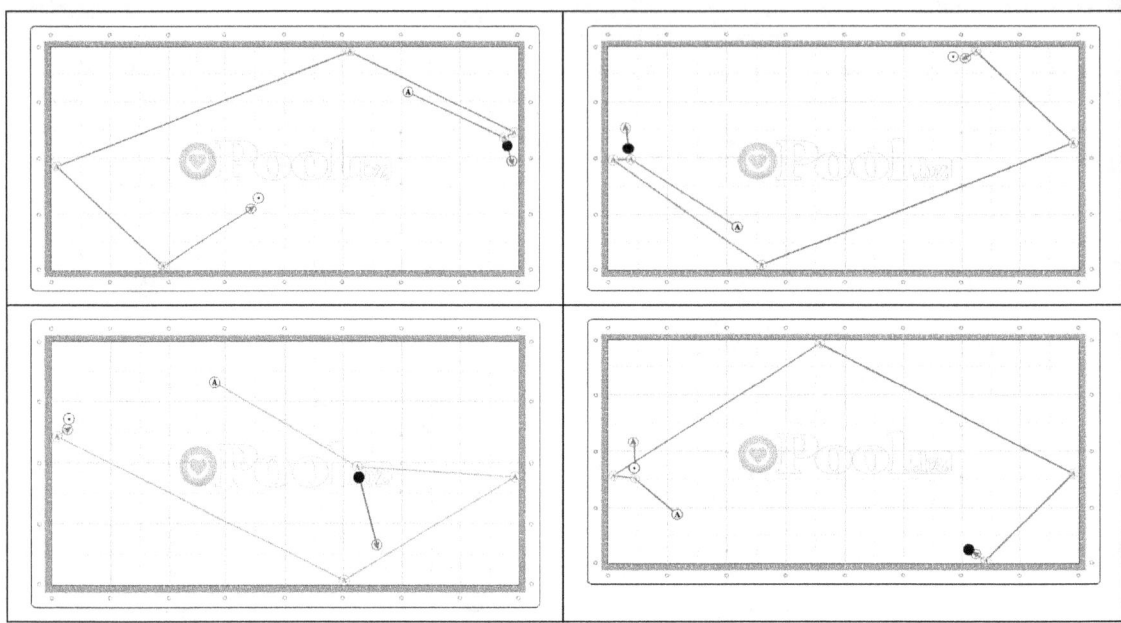

Une analyse:

C:3a. _____

C:3b. _____

C:3c. _____

C:3d. _____

C:3a – Installer

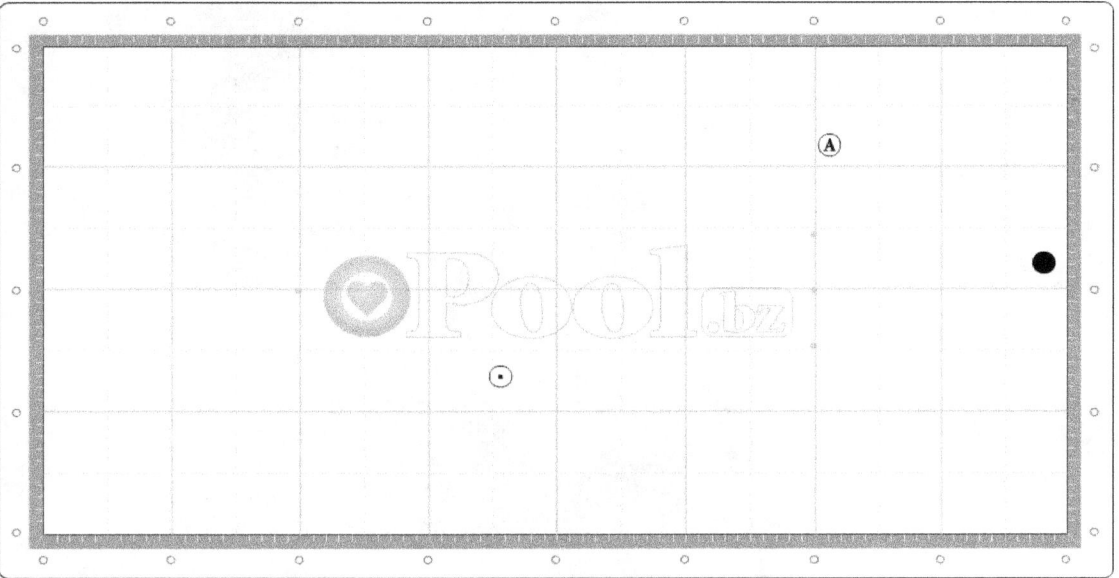

Notes et idées:

Modèle de balle

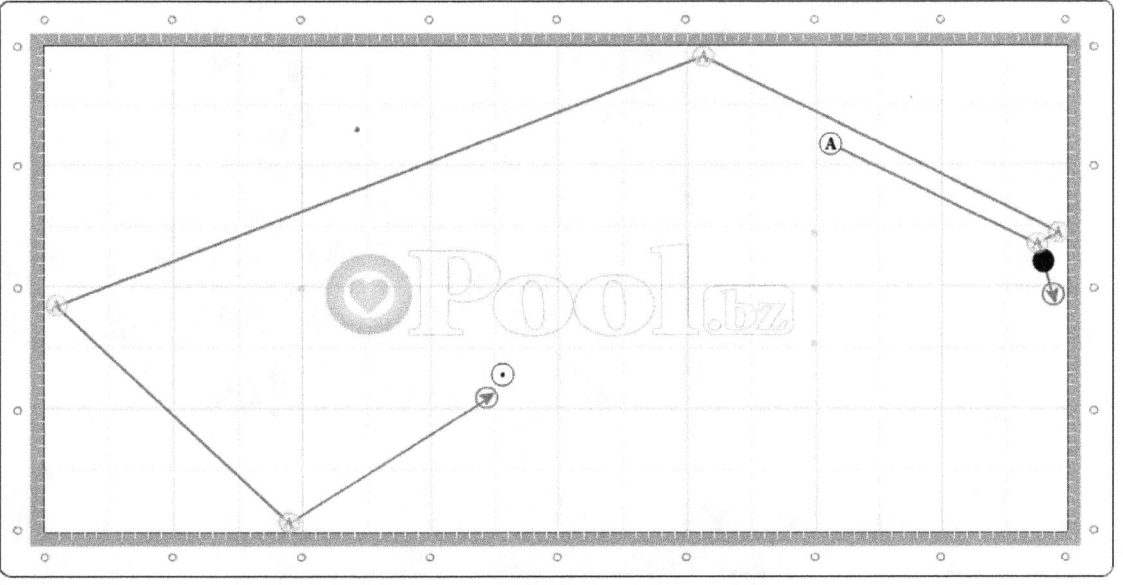

C:3b – Installer

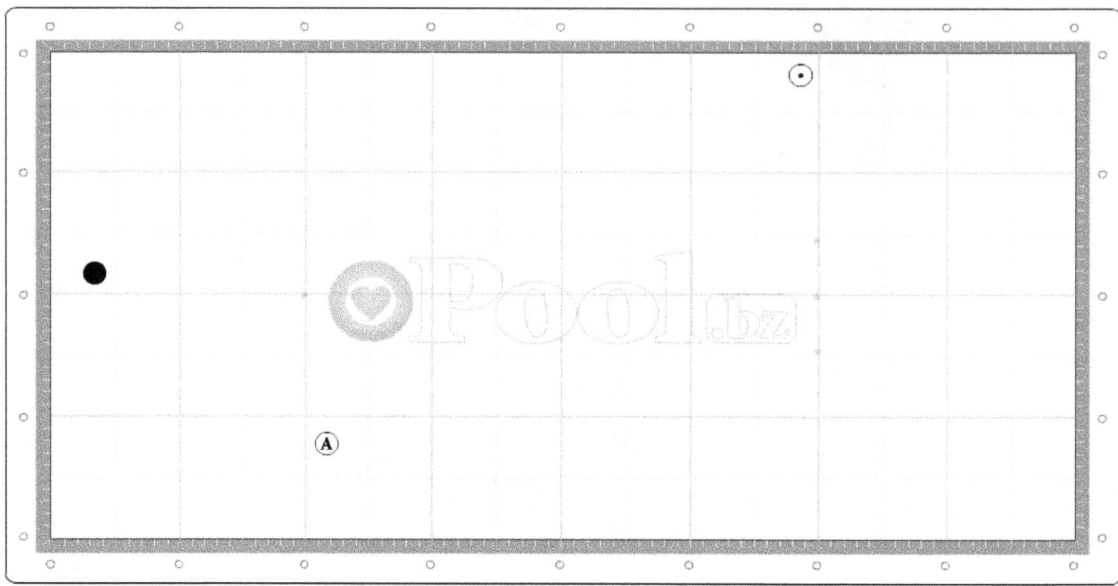

Notes et idées:

Modèle de balle

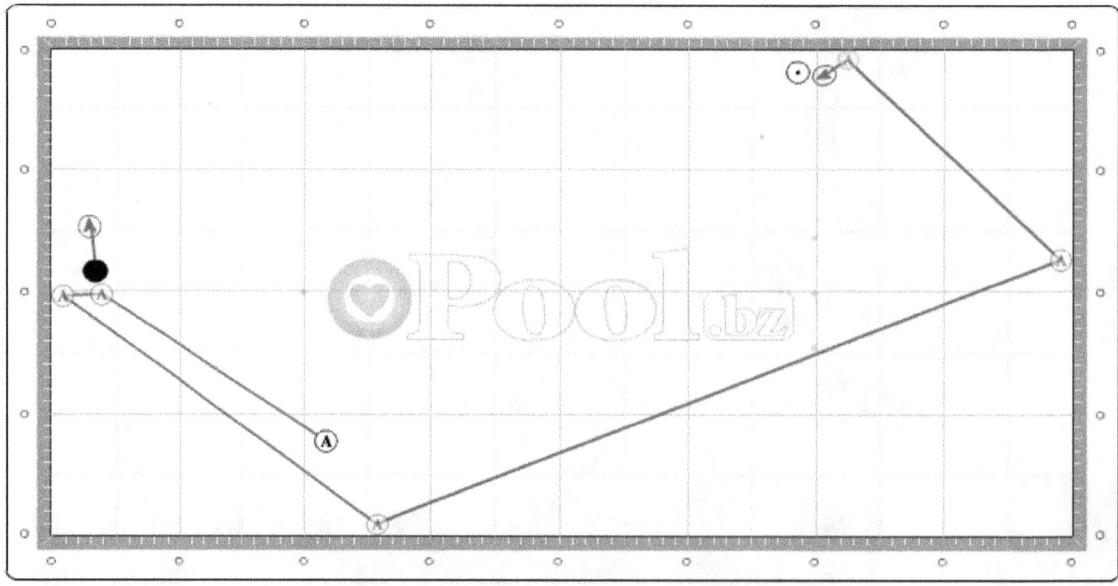

C:3c – Installer

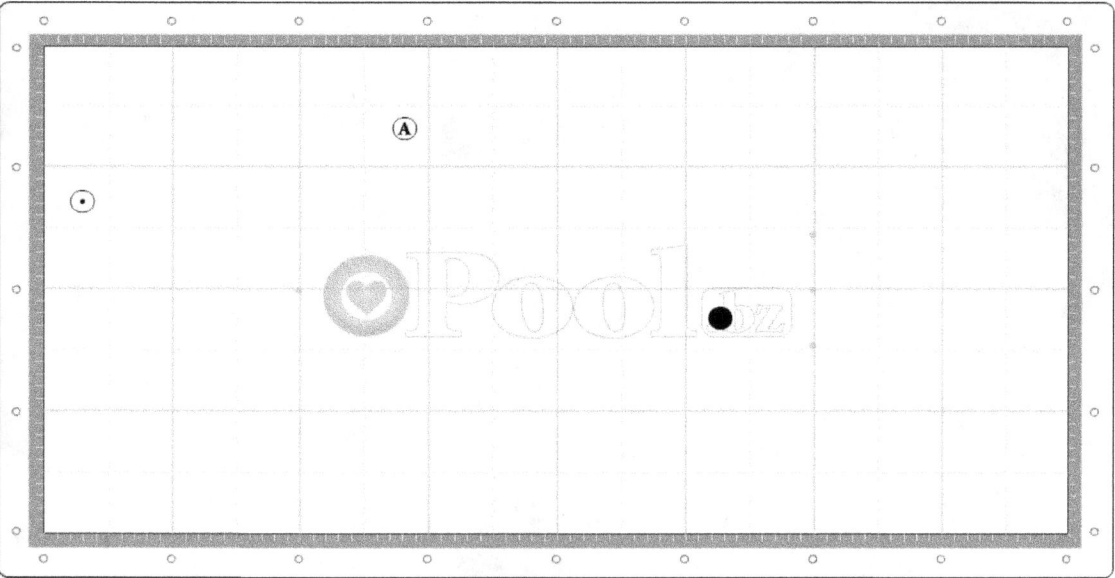

Notes et idées:

Modèle de balle

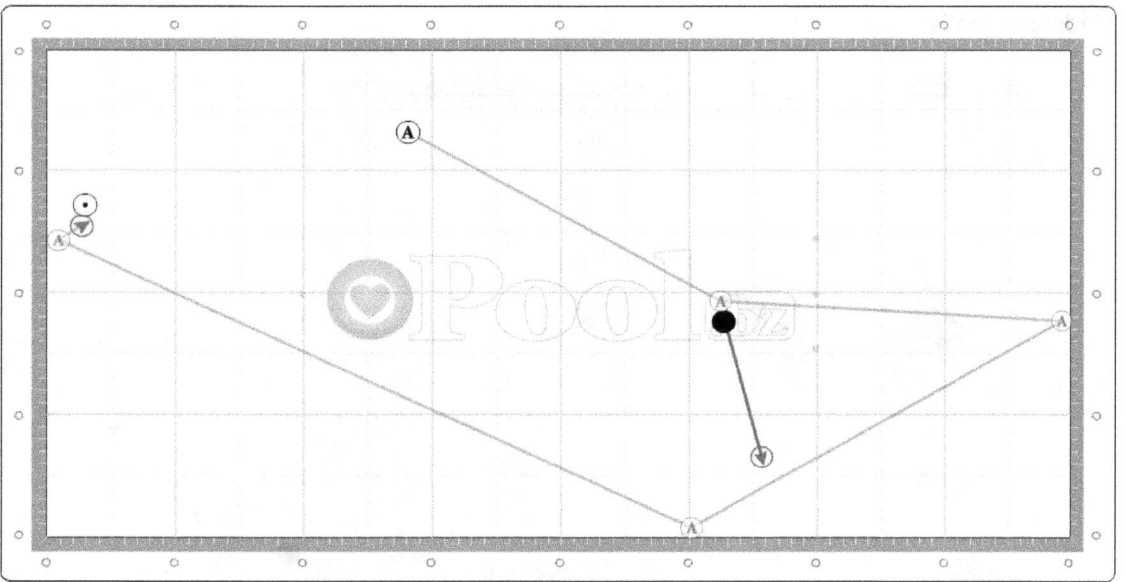

C:3d – Installer

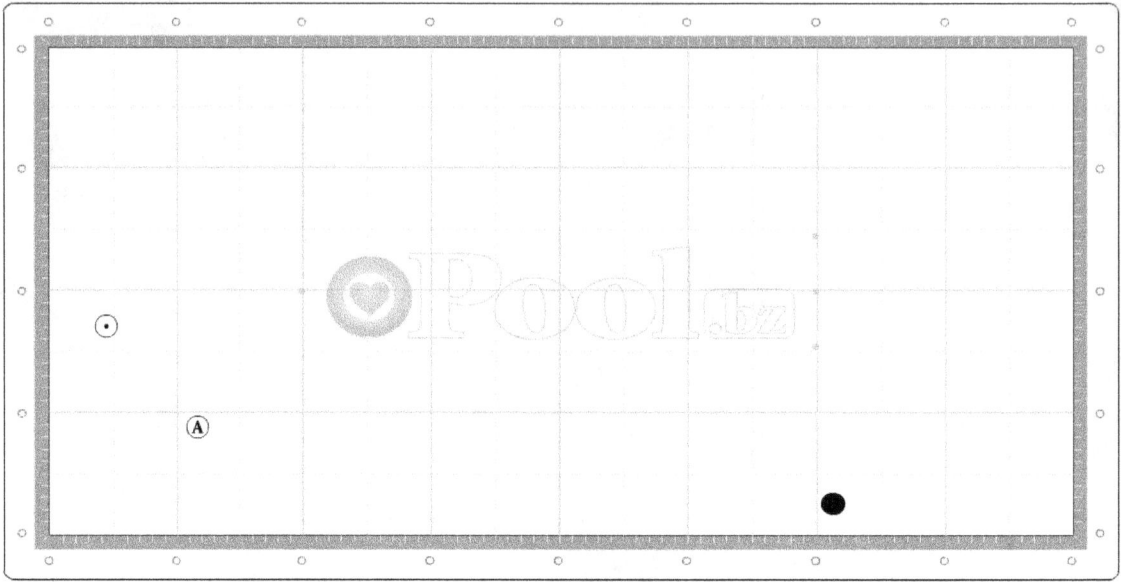

Notes et idées:

Modèle de balle

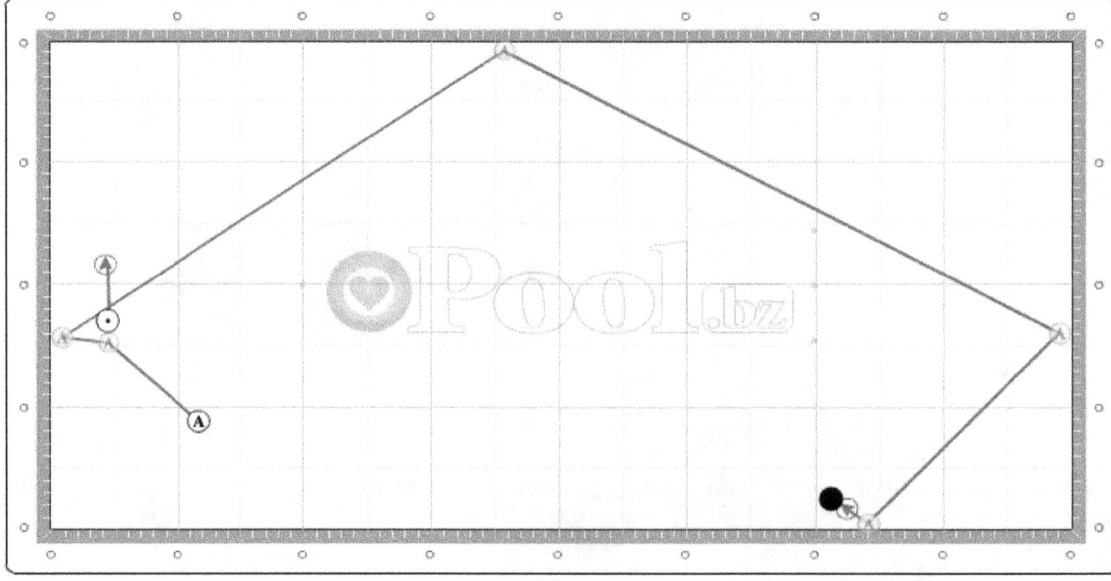

D: Retour de coin basique (bandas long)

Le (CB) se détache du premier (OB) et va dans le coin. Il sort du coin du bandas court. Le (CB) entre alors dans la zone médiane du bandas long opposé. De là, le (CB) contacte l'autre (OB).

Ⓐ (CB) (votre balle) - ⊙ (OB) (balle de l'adversaire) – ● (OB) Balle rouge

D: Groupe 1

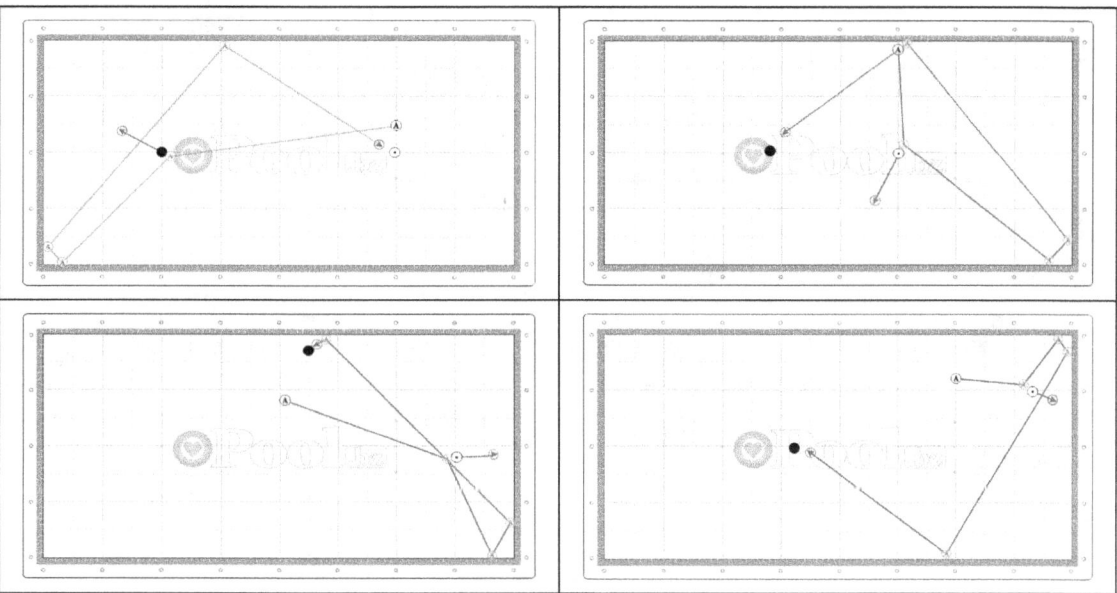

Une analyse:

D:1a. _____

D:1b. _____

D:1c. _____

D:1d. _____

D:1a – Installer

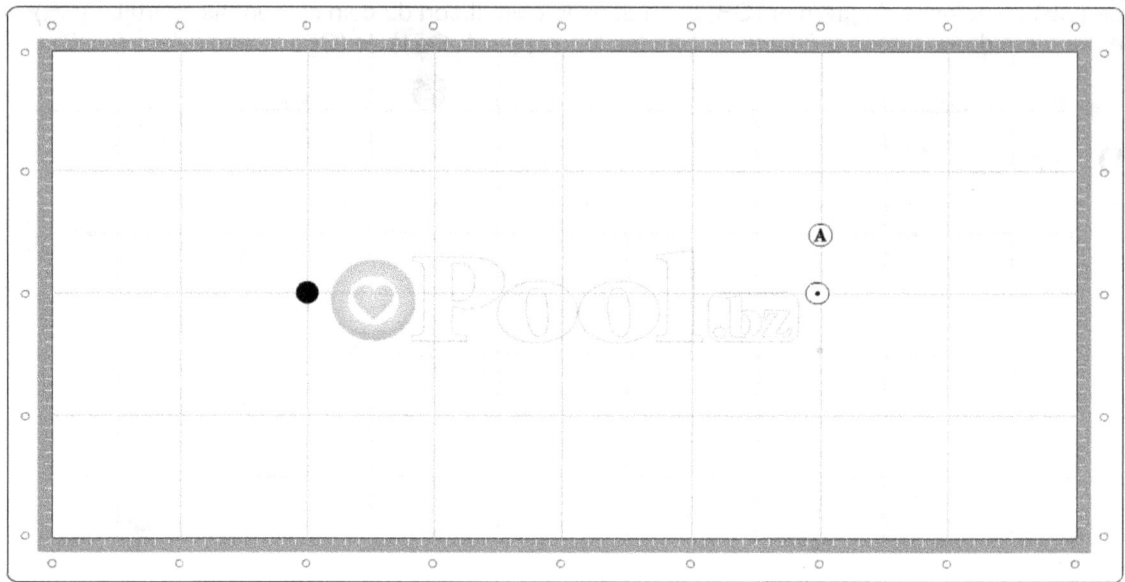

Notes et idées:

Modèle de balle

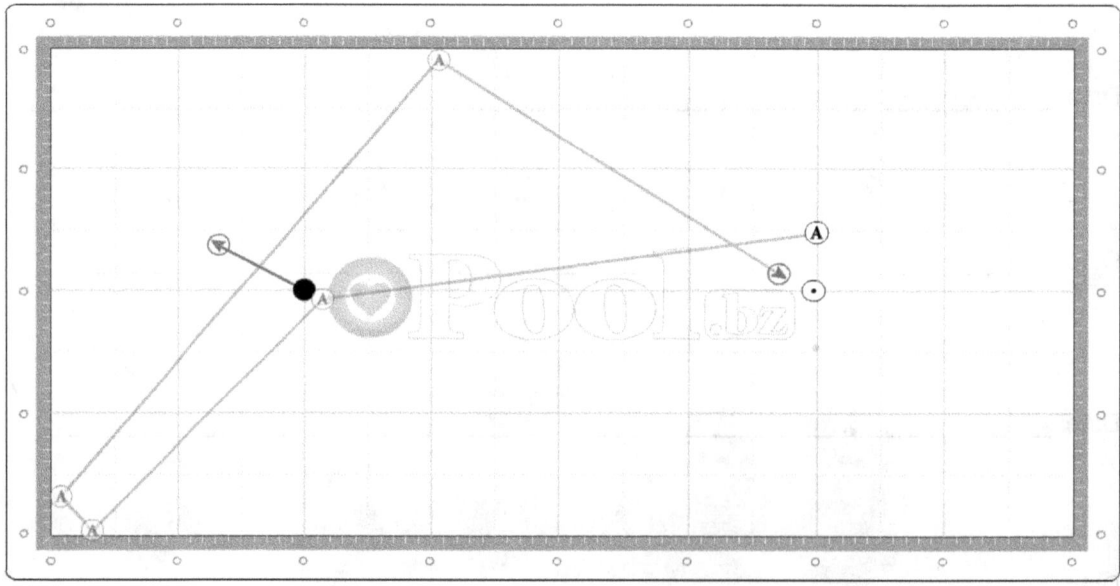

D:1b – Installer

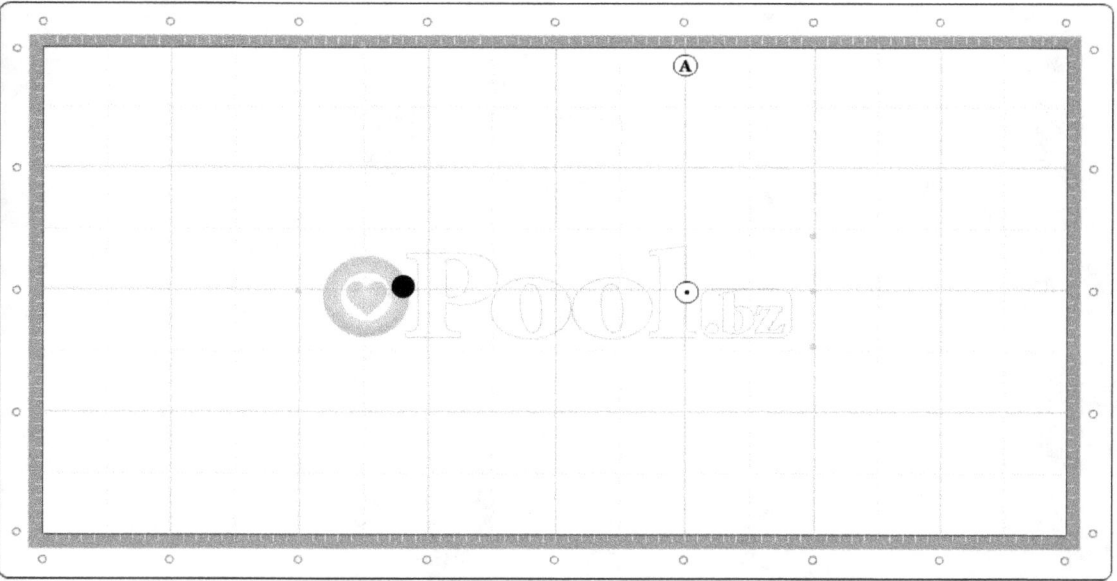

Notes et idées:

Modèle de balle

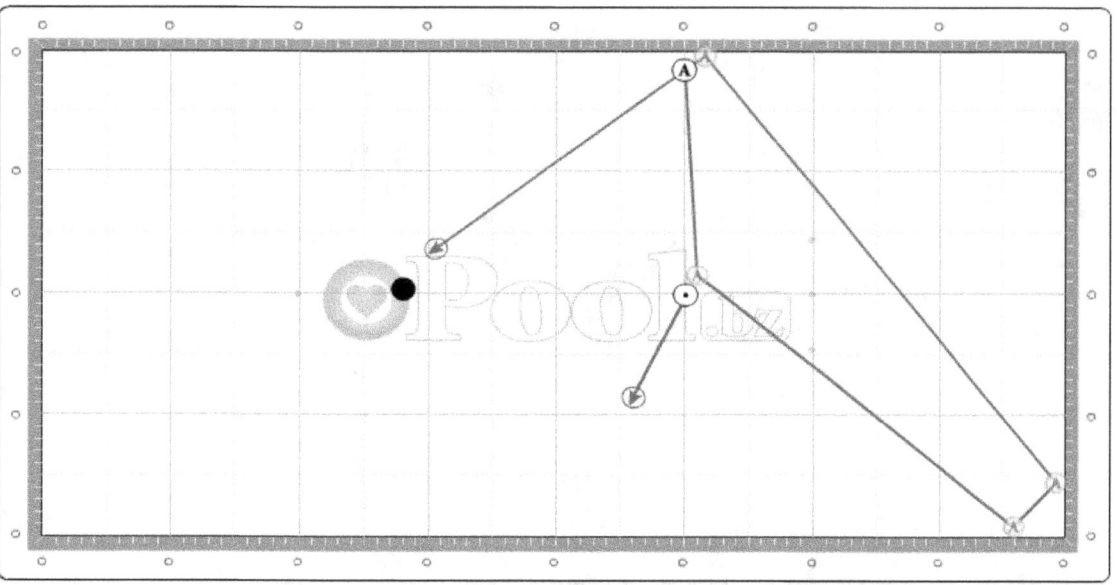

D:1c – Installer

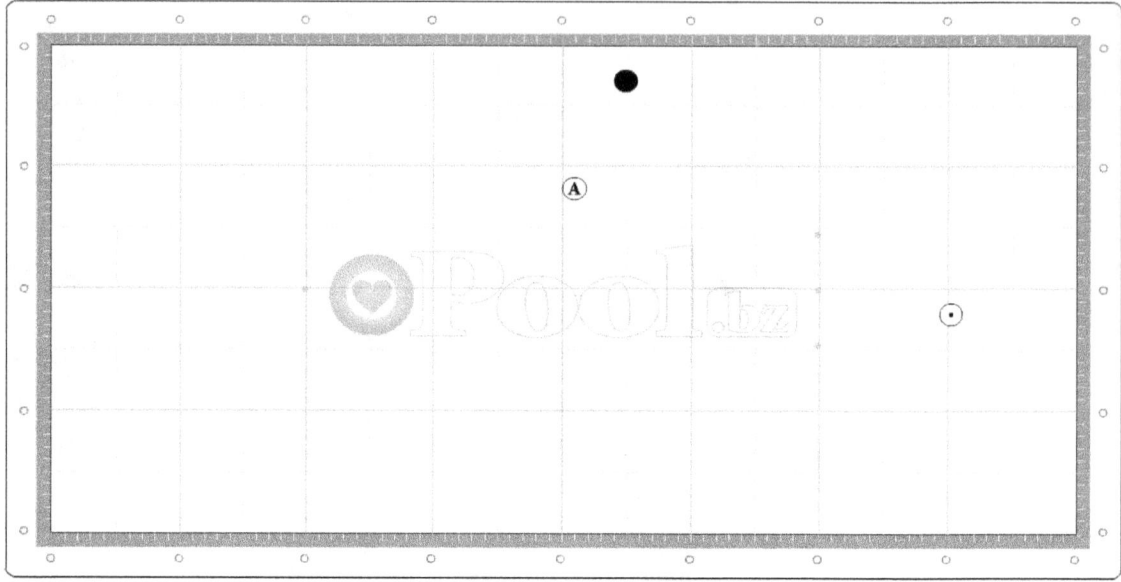

Notes et idées:

Modèle de balle

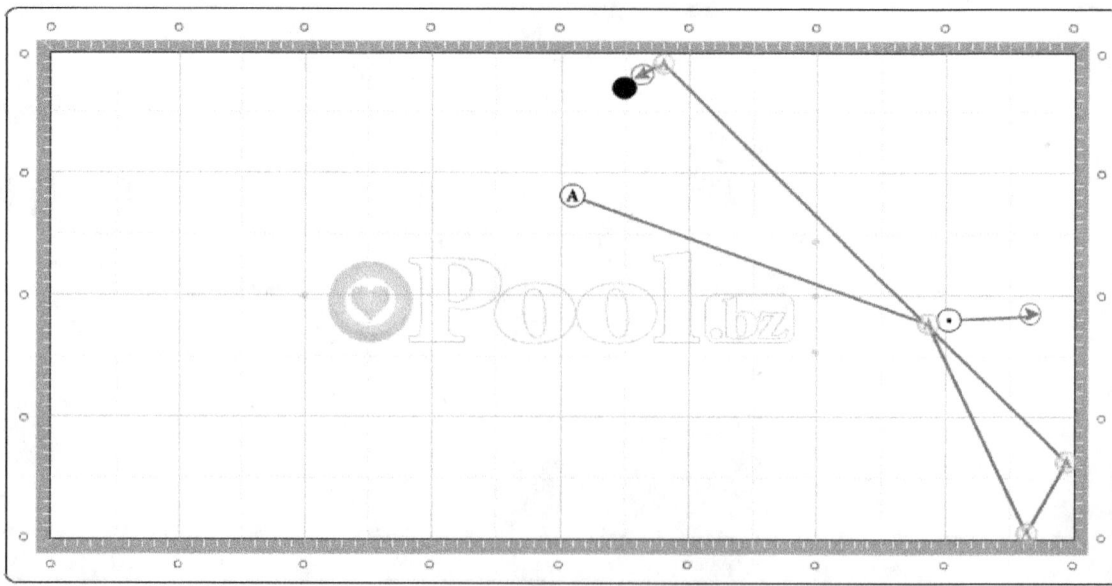

D:1d – Installer

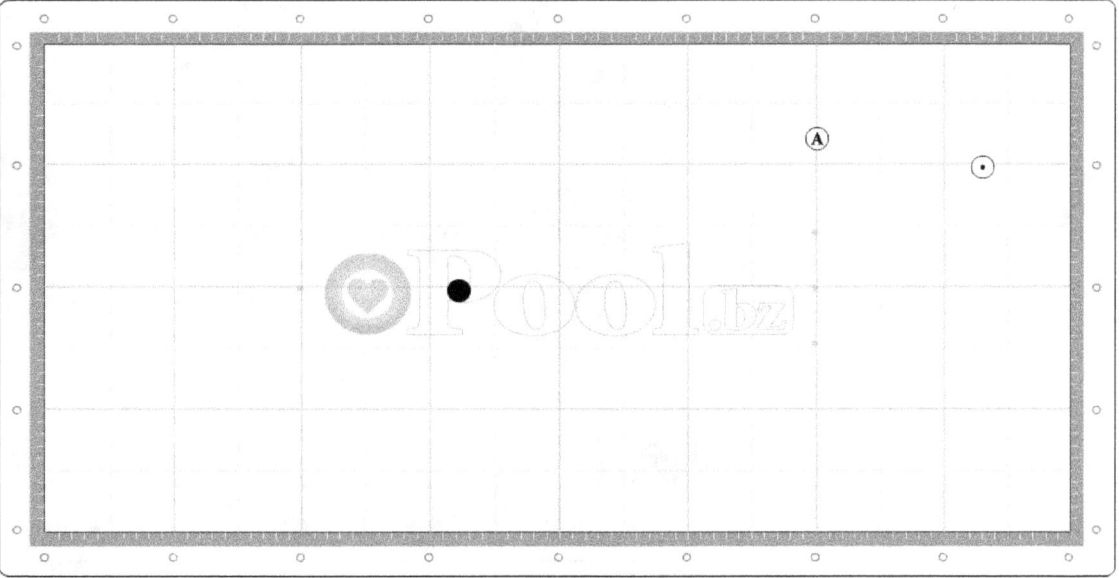

Notes et idées:

Modèle de balle

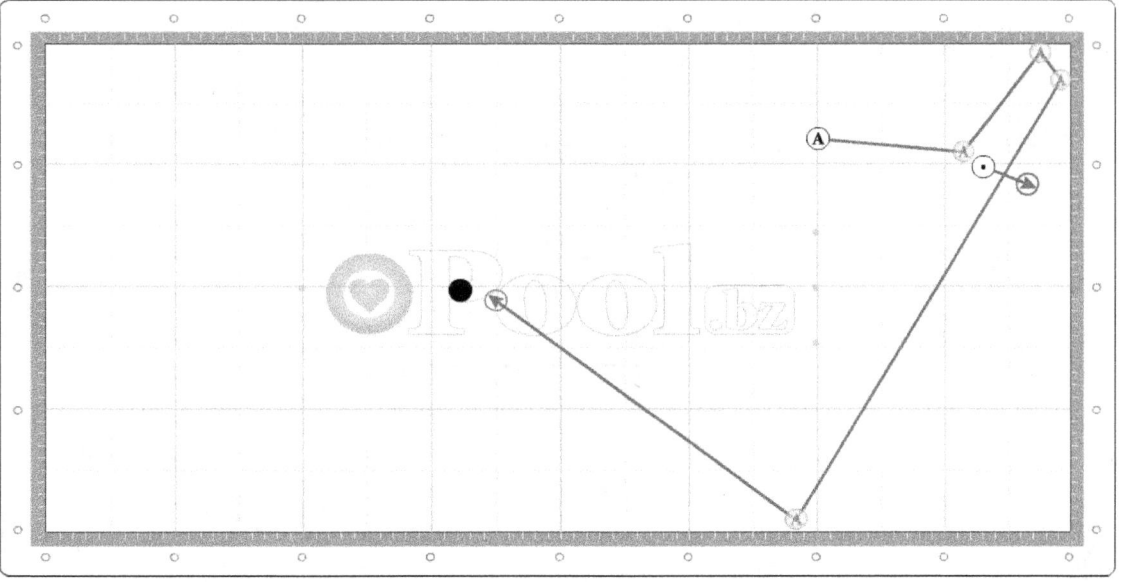

D: Groupe 2

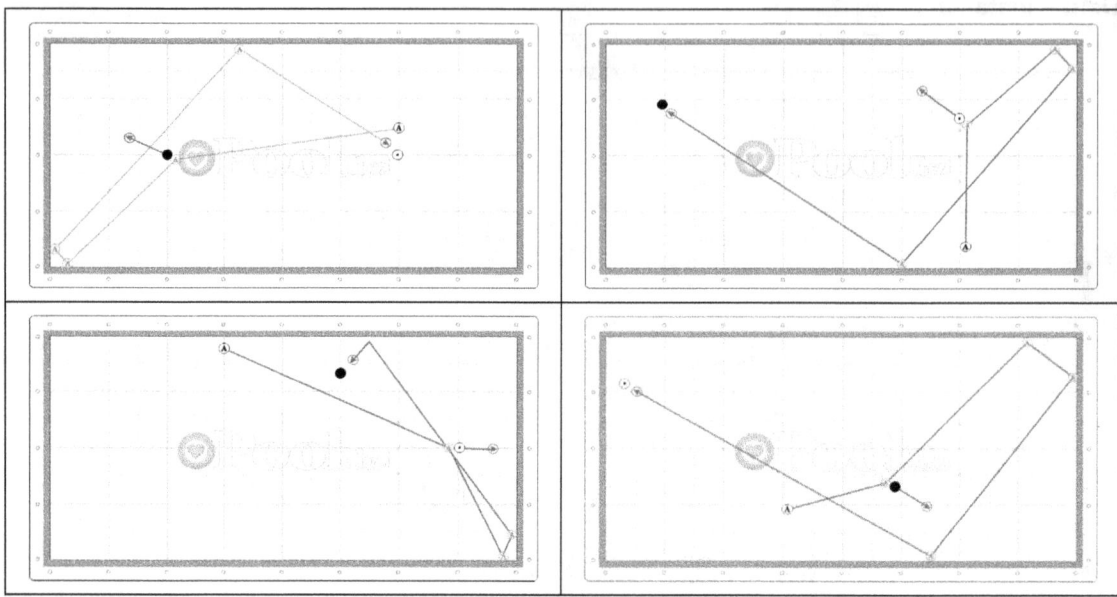

Une analyse:

D:2a. _____

D:2b. _____

D:2c. _____

D:2d. _____

D:2a – Installer

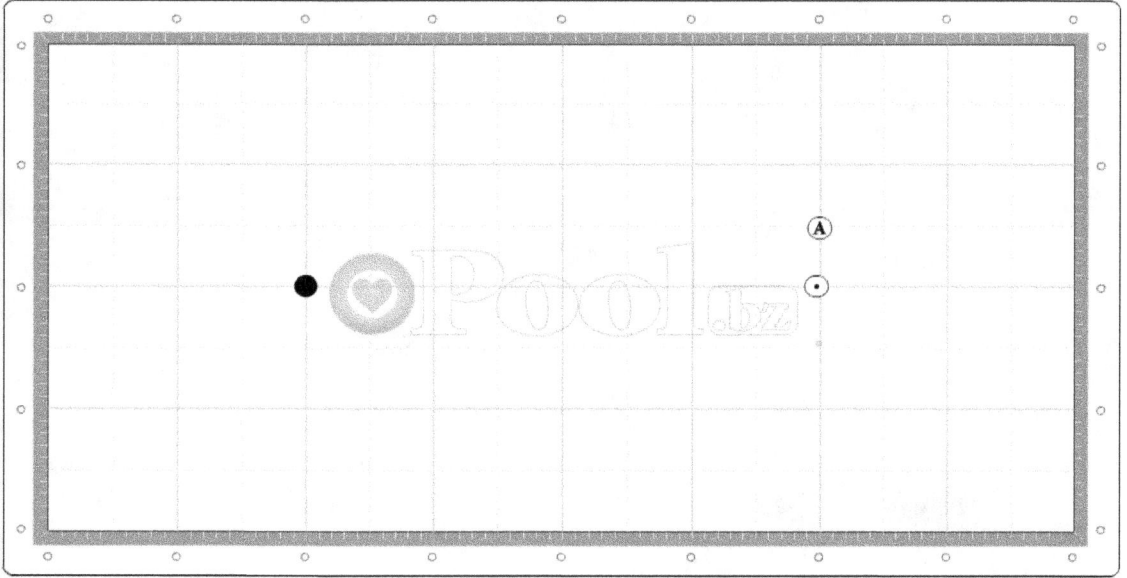

Notes et idées:

Modèle de balle

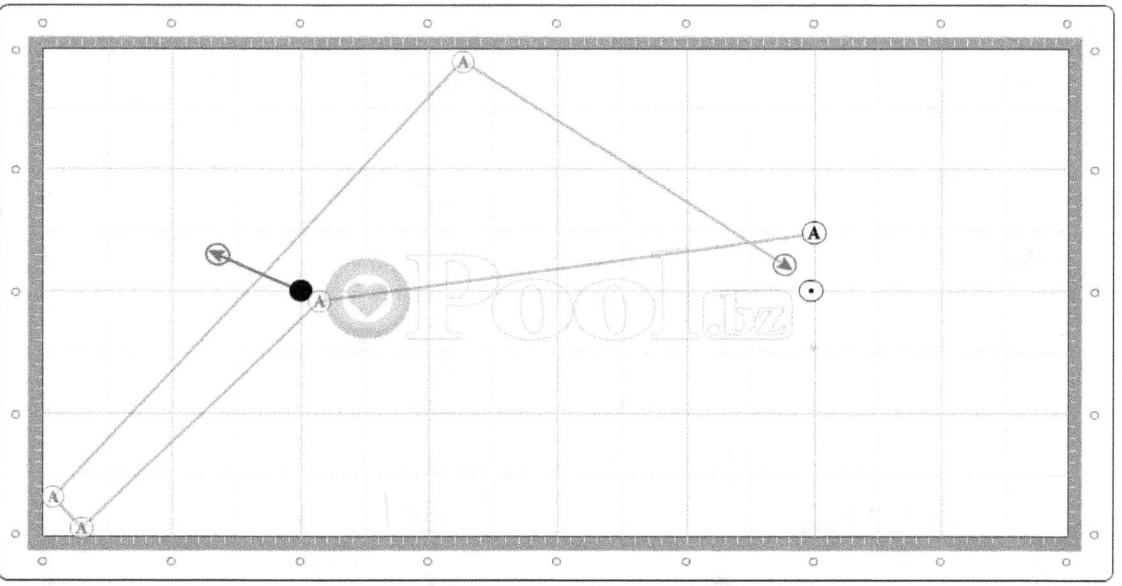

D:2b – Installer

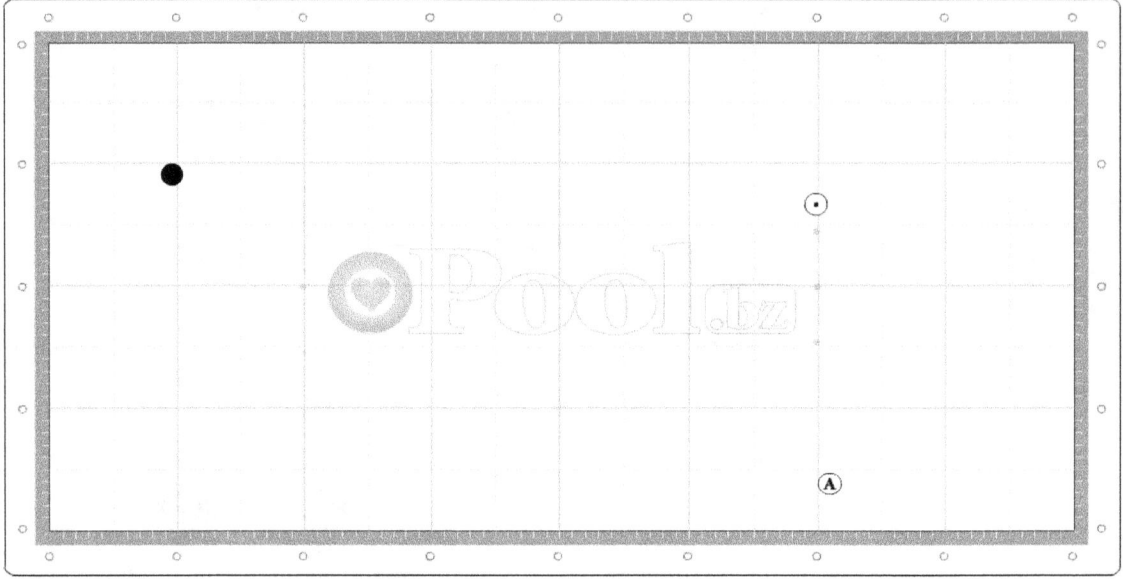

Notes et idées:

Modèle de balle

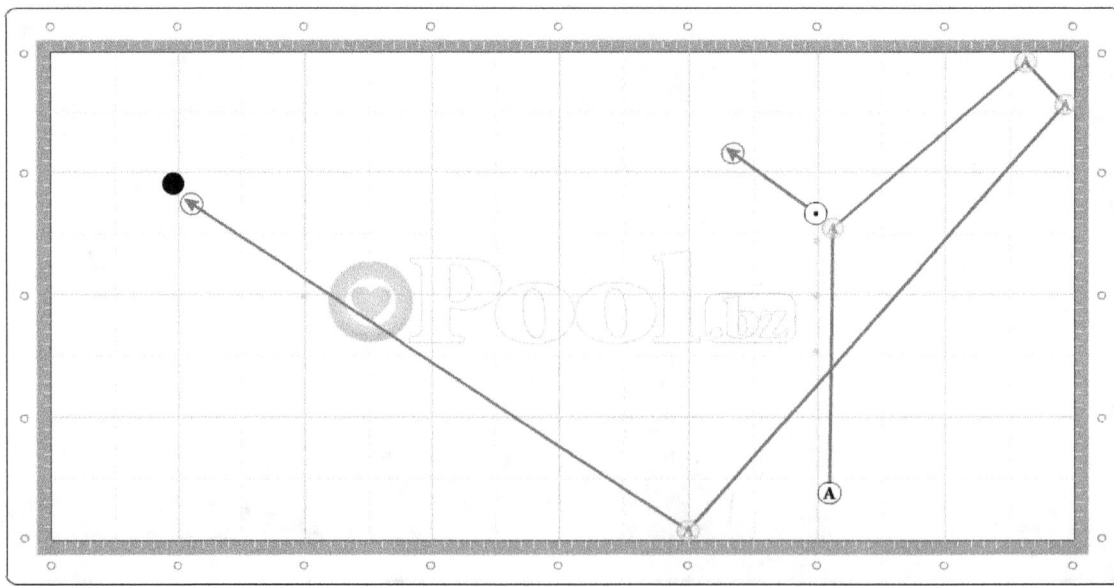

D:2c – Installer

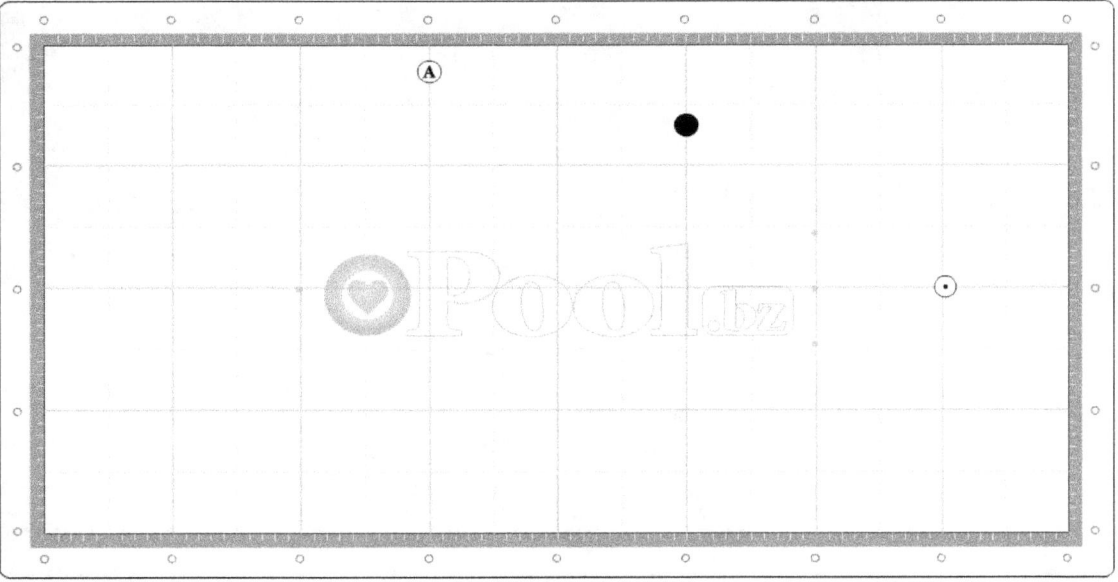

Notes et idées:

Modèle de balle

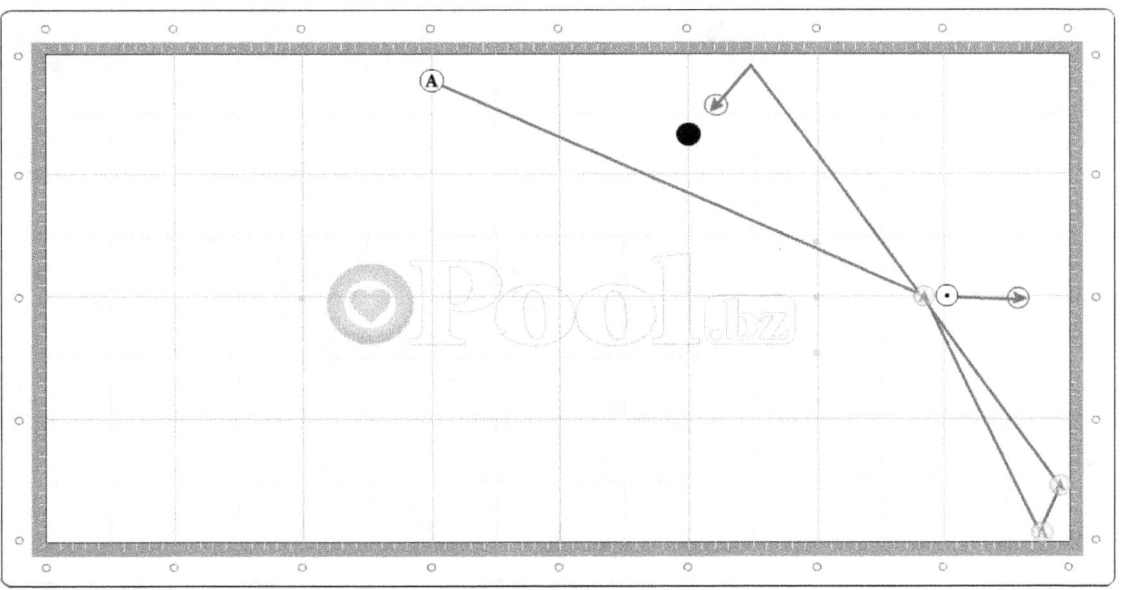

D:2d – Installer

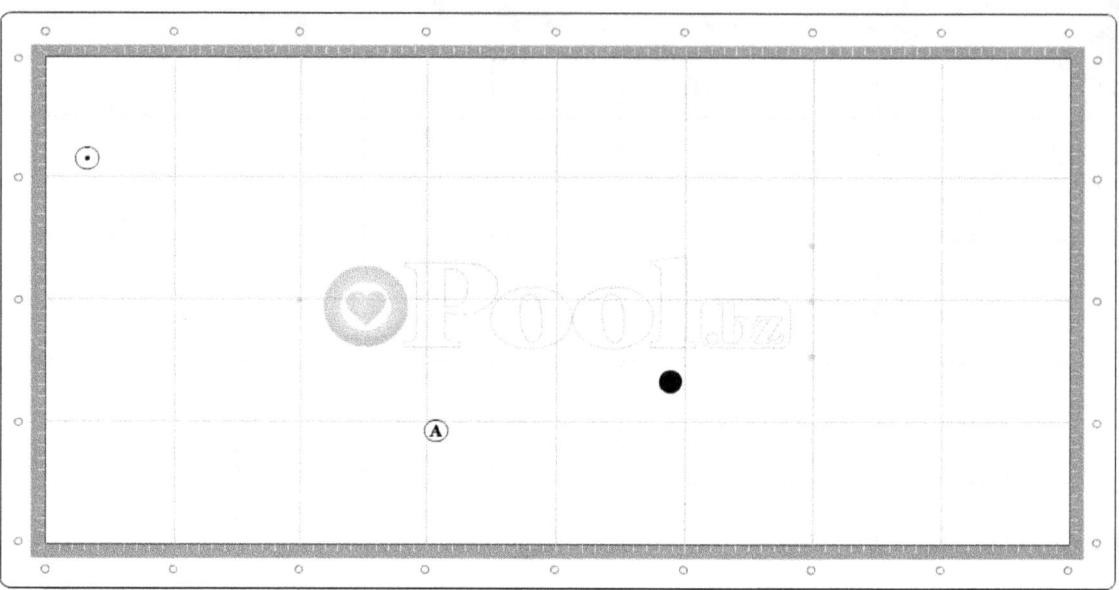

Notes et idées:

Modèle de balle

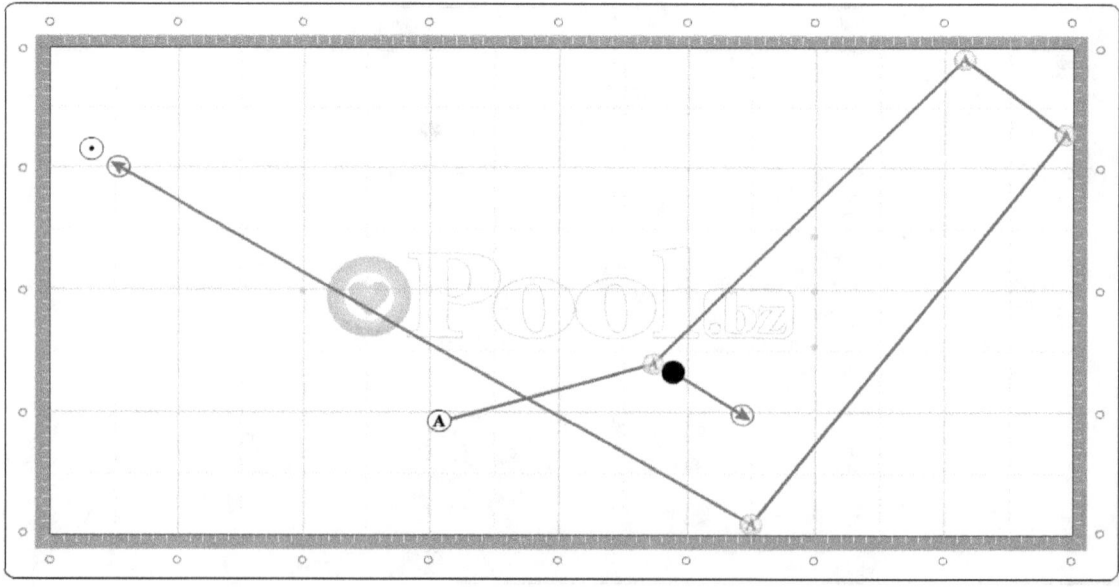

D: Groupe 3

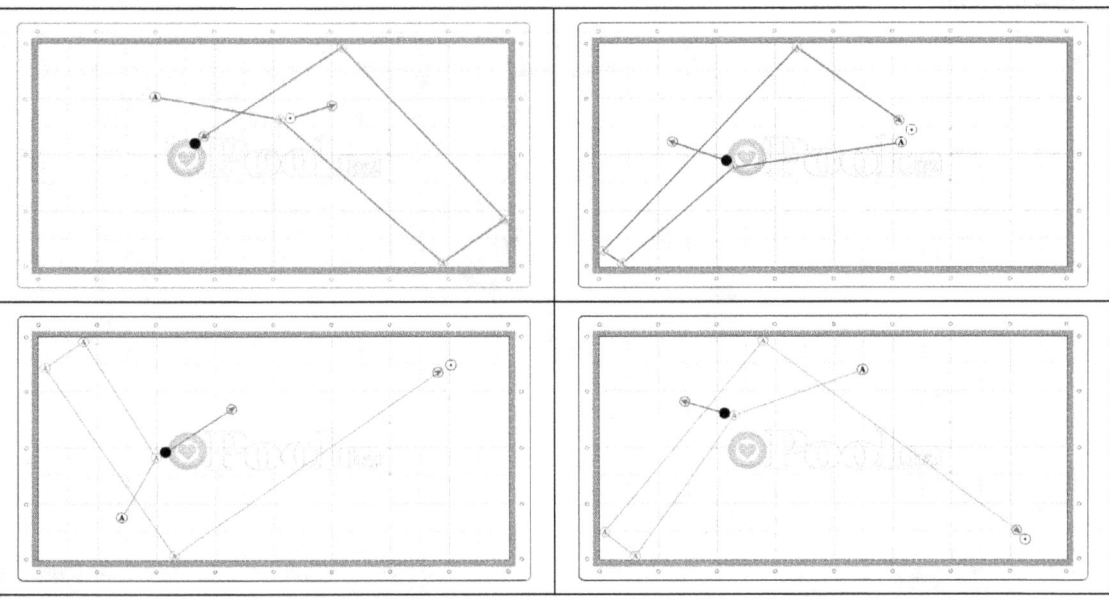

Une analyse:

D:3a. _____

D:3b. _____

D:3c. _____

D:3d. _____

D:3a – Installer

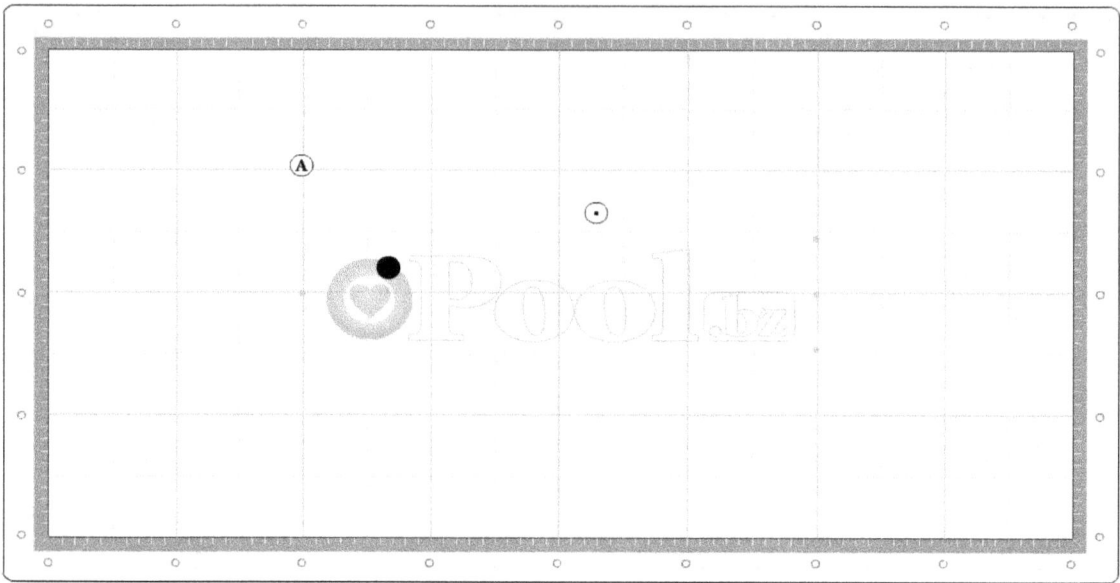

Notes et idées:

Modèle de balle

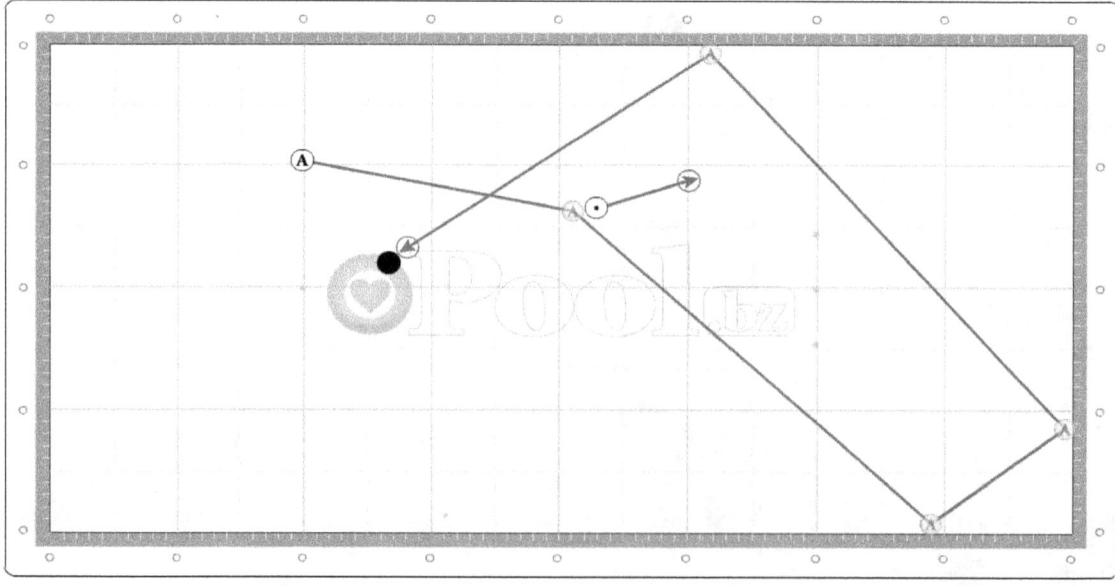

D:3b – Installer

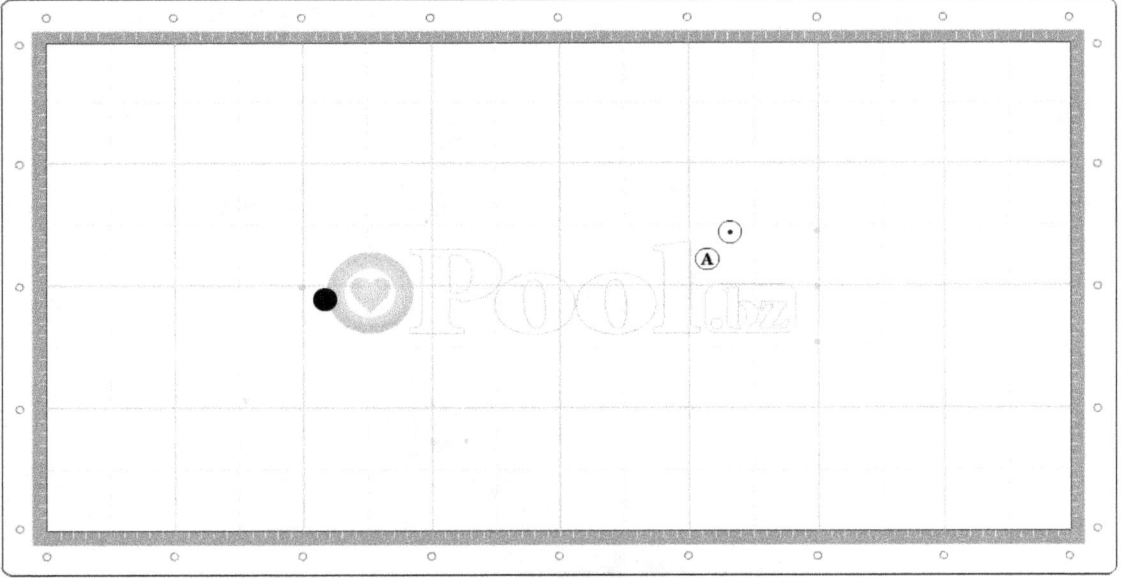

Notes et idées:

Modèle de balle

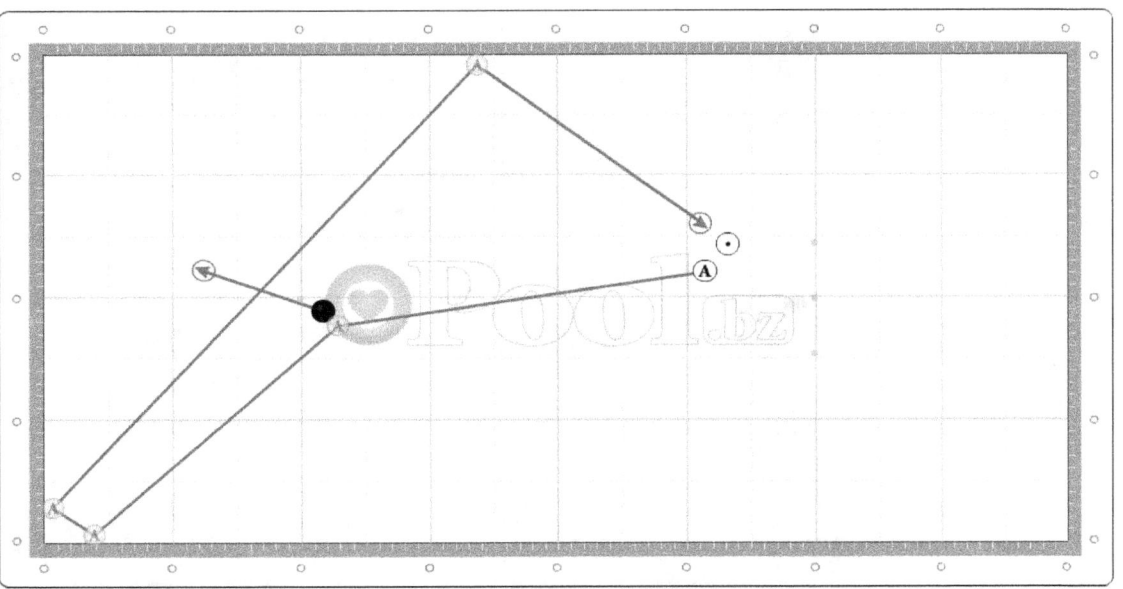

D:3c – Installer

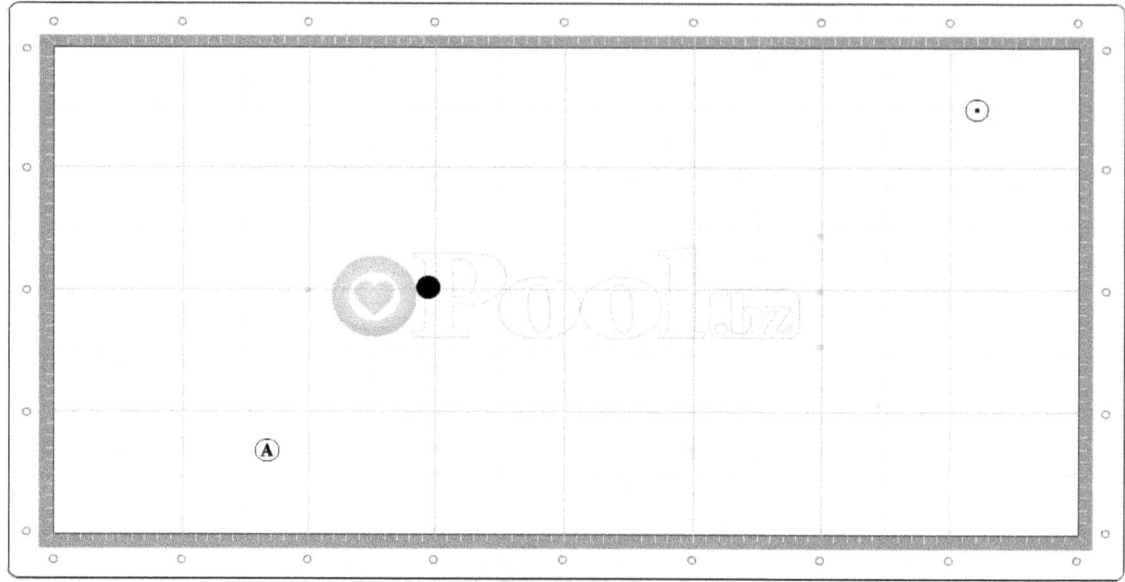

Notes et idées:

Modèle de balle

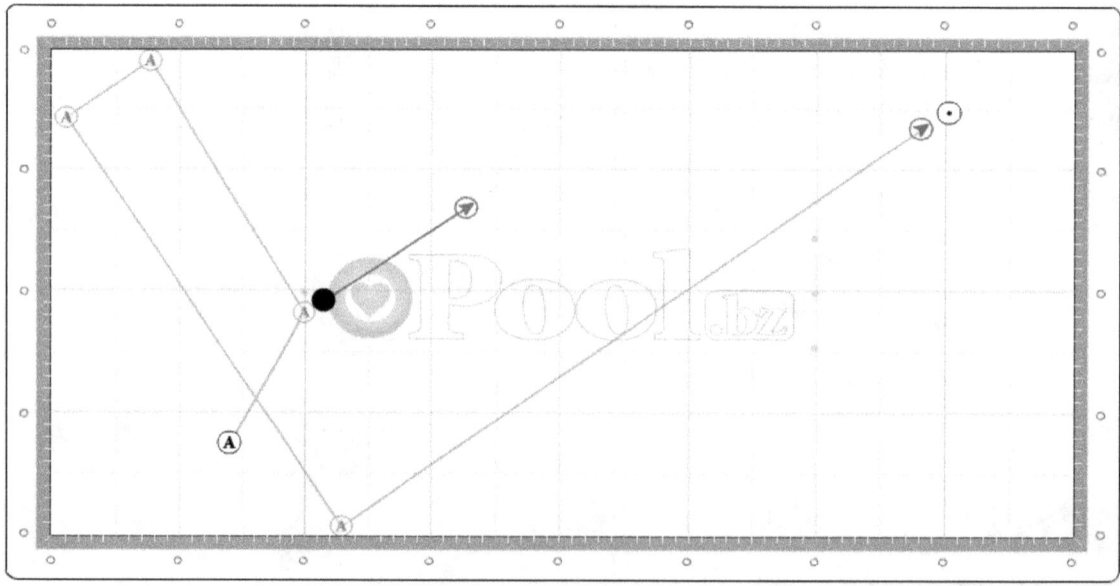

D:3d – Installer

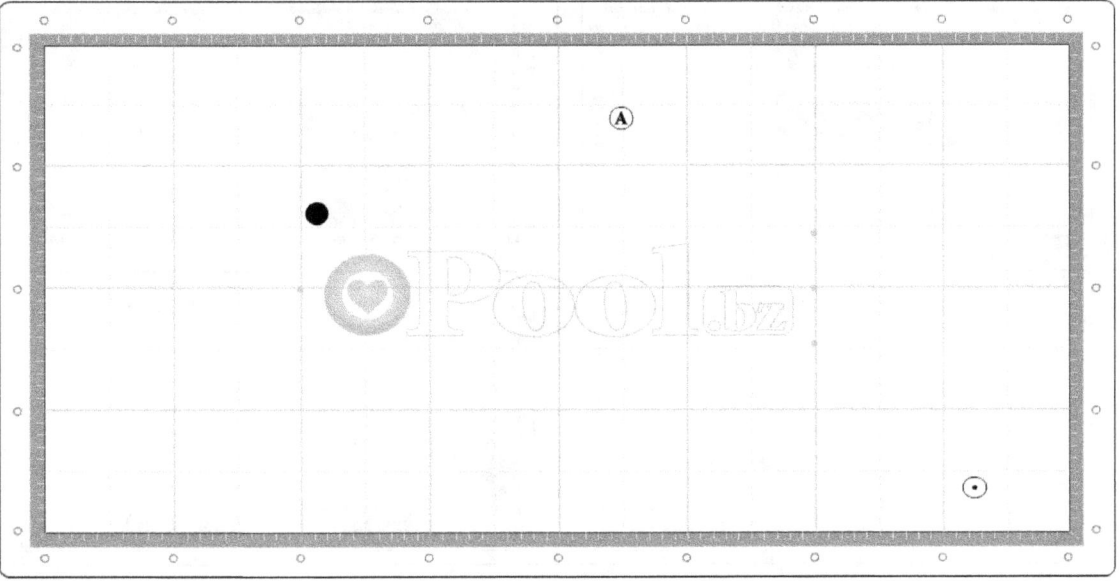

Notes et idées:

Modèle de balle

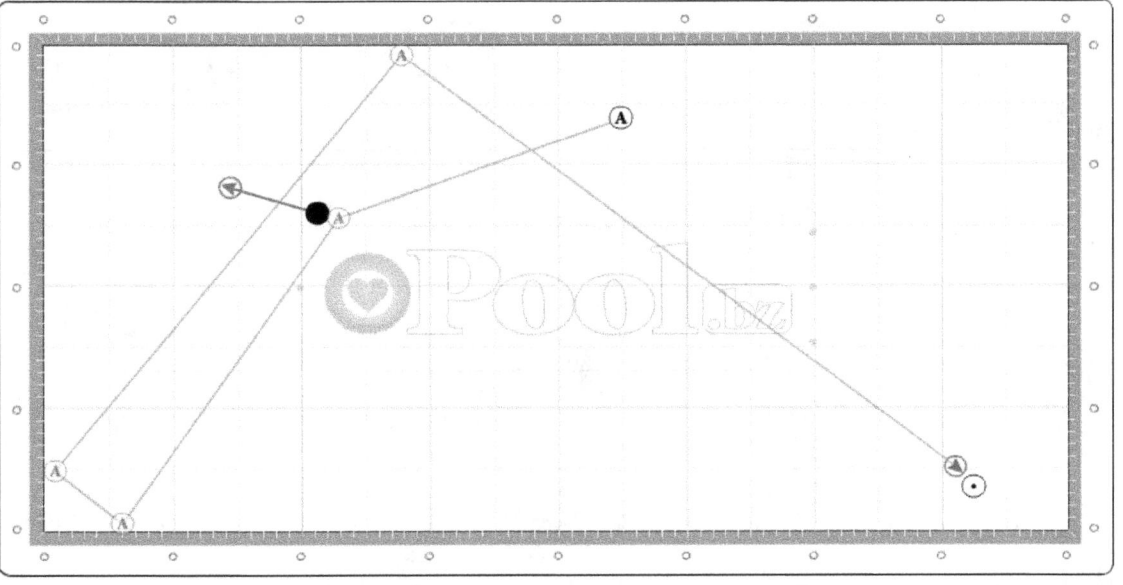

D: Groupe 4

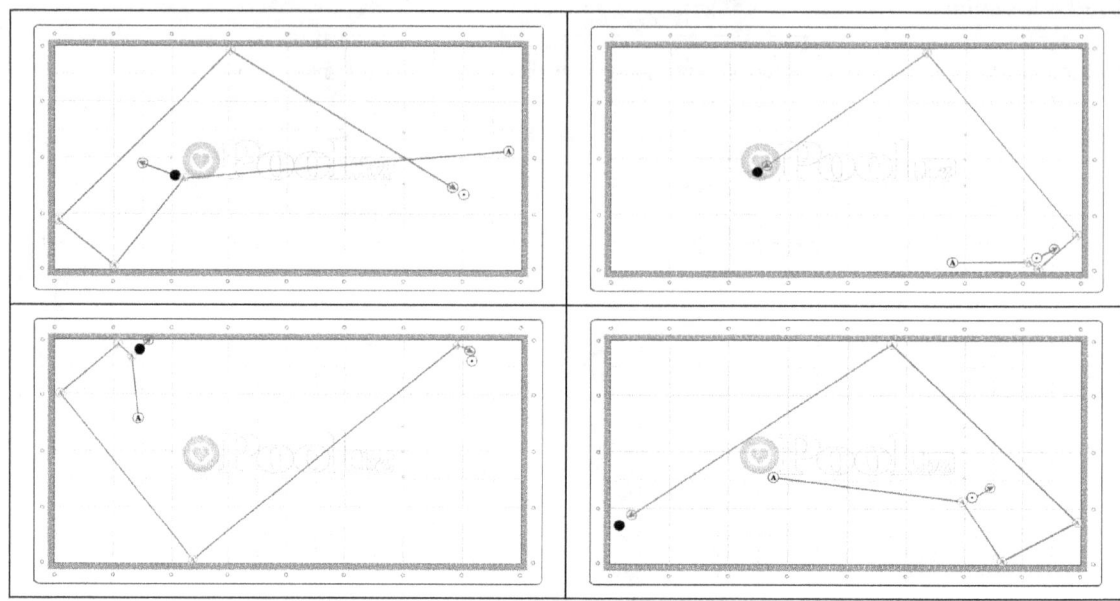

Une analyse:

D:4a. _____

D:4b. _____

D:4c. _____

D:4d. _____

D:4a – Installer

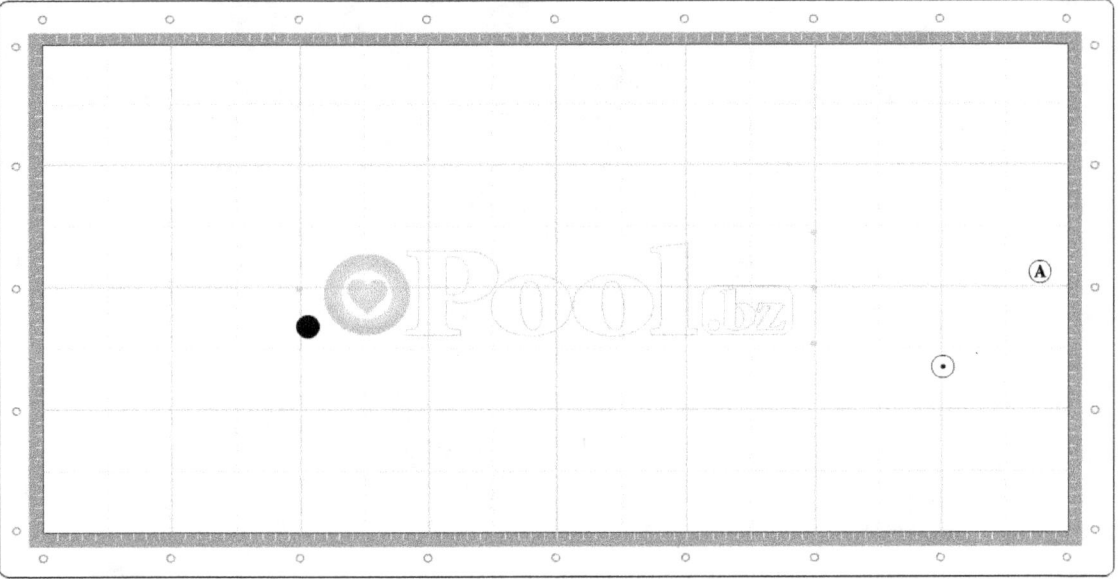

Notes et idées:

Modèle de balle

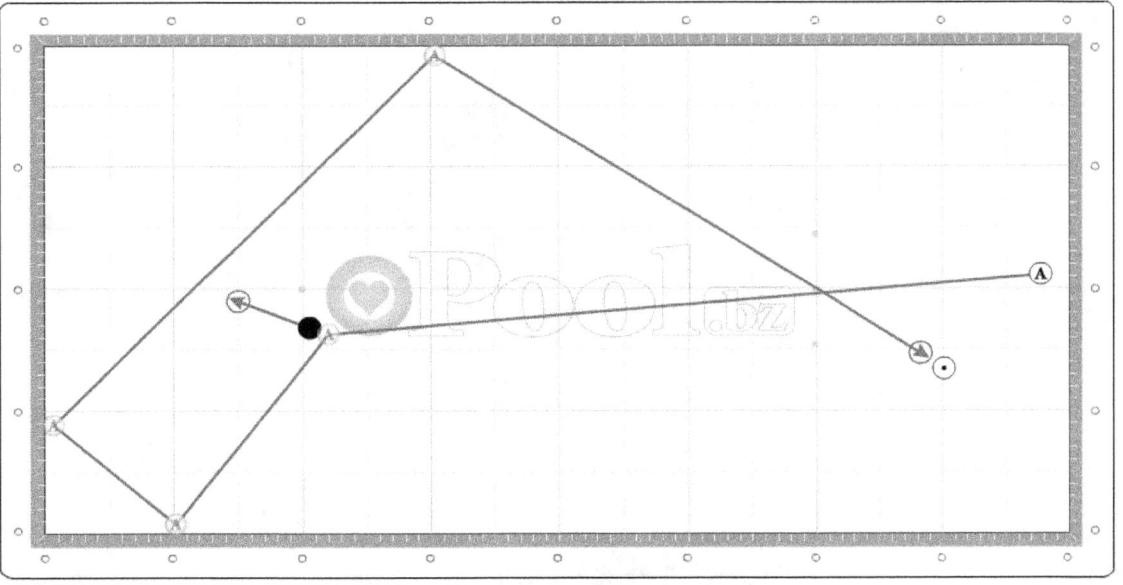

D:4b – Installer

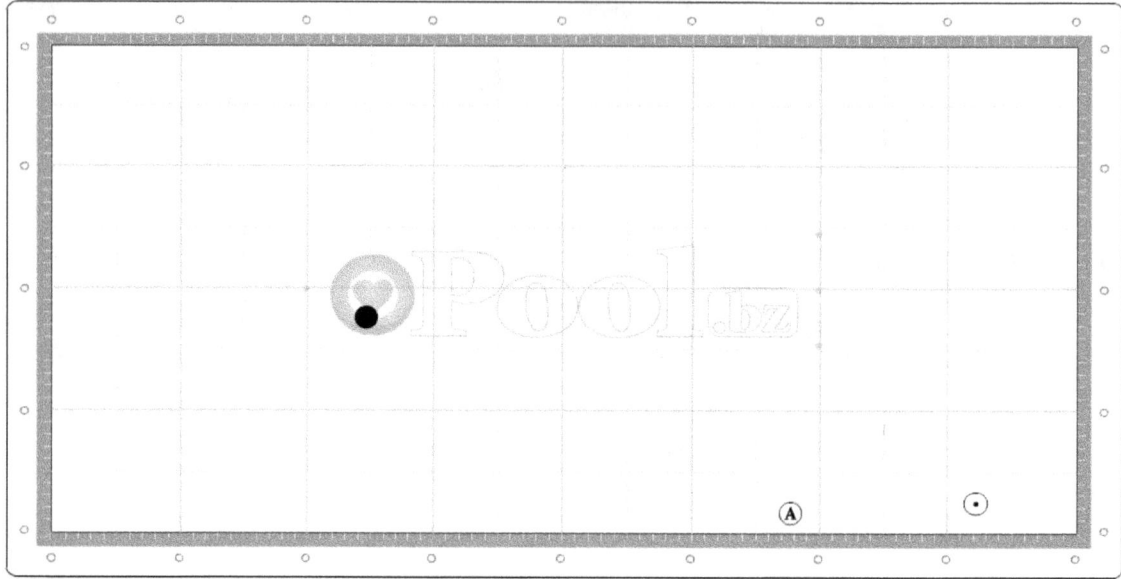

Notes et idées:

Modèle de balle

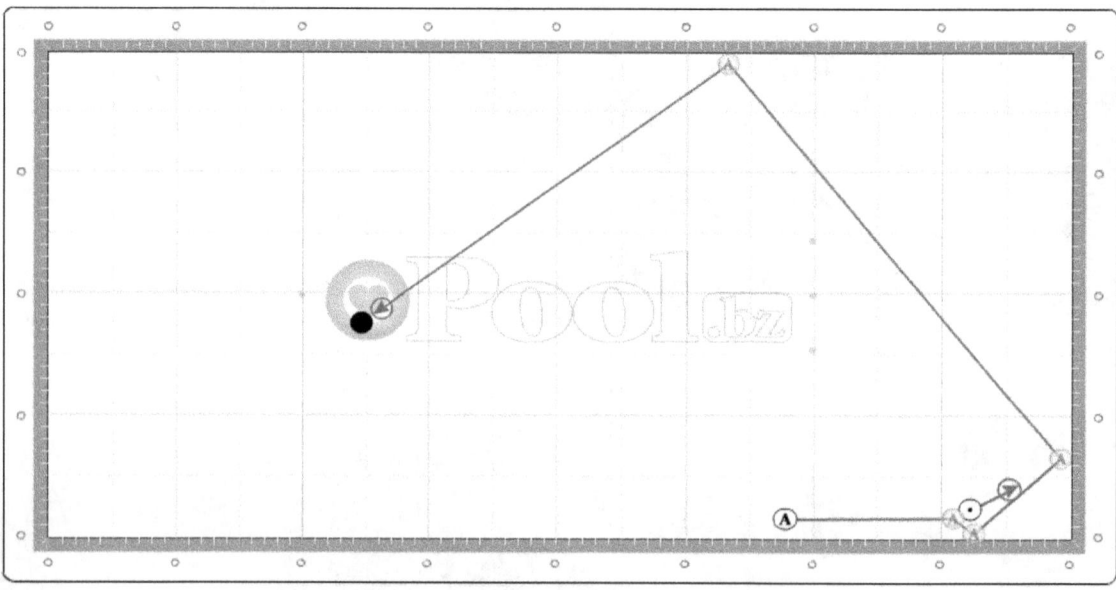

D:4c – Installer

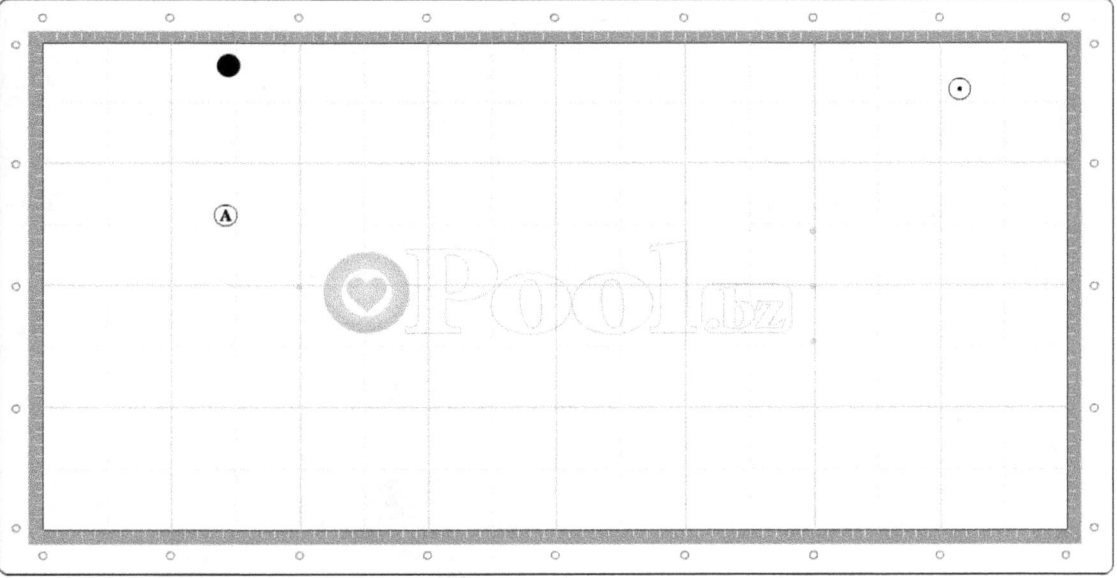

Notes et idées:

Modèle de balle

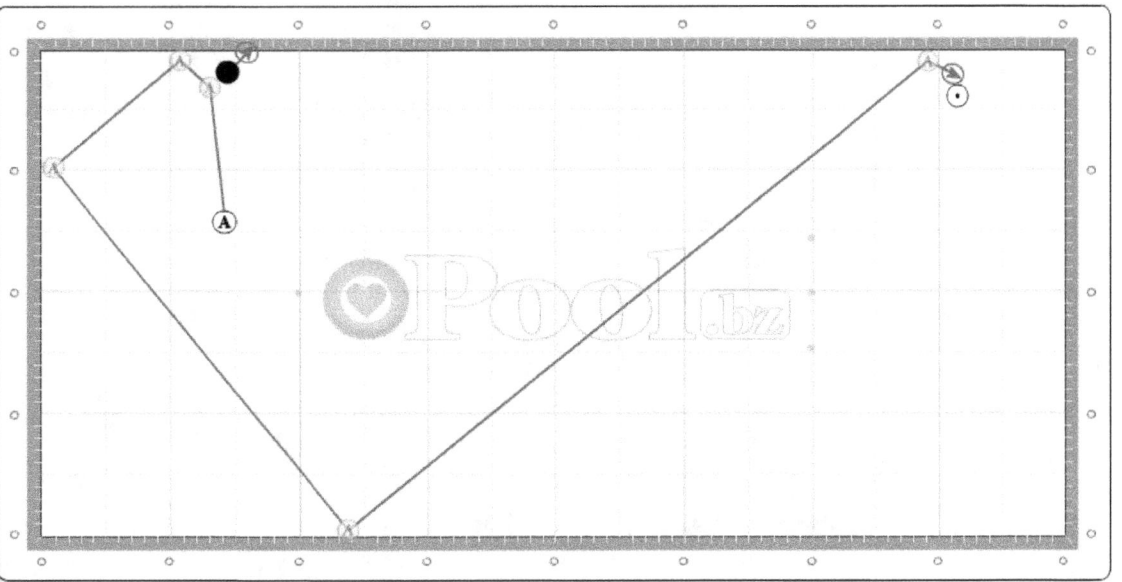

D:4d – Installer

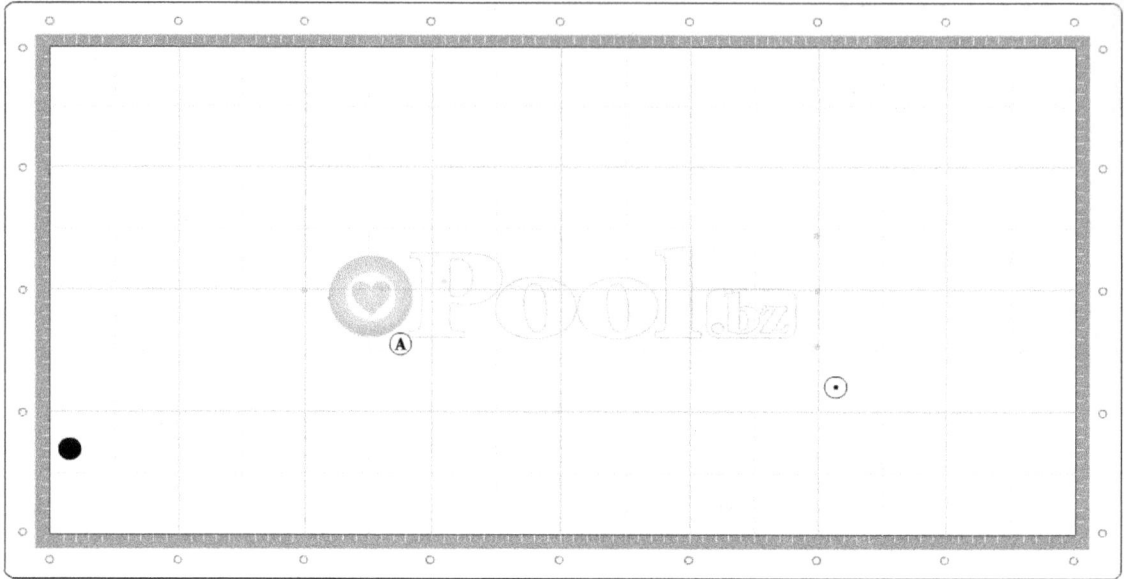

Notes et idées:

Modèle de balle

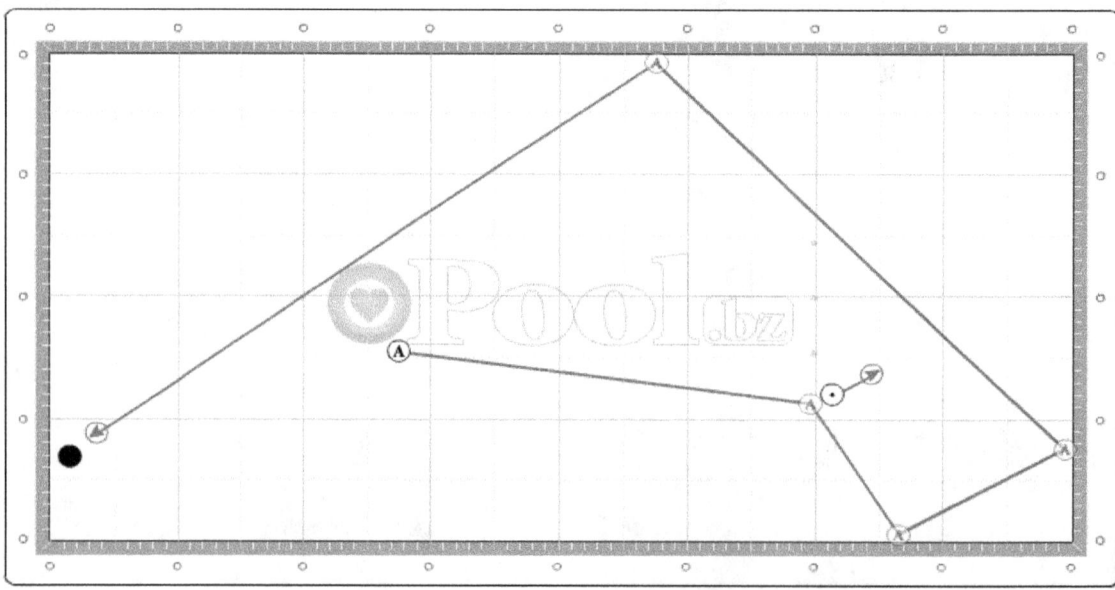

E: Renvoi d'angle étendu (bandas long)

Le (CB) parcourt une longue distance vers le premier (OB). Ensuite, le (CB) va dans le coin, long bandas en premier. Le (CB) traverse la table au milieu du long bandas. Enfin, le (CB) contacte l'autre (OB).

Ⓐ (CB) (votre balle) - ⊙ (OB) (balle de l'adversaire) – ● (OB) Balle rouge

E: Groupe 1

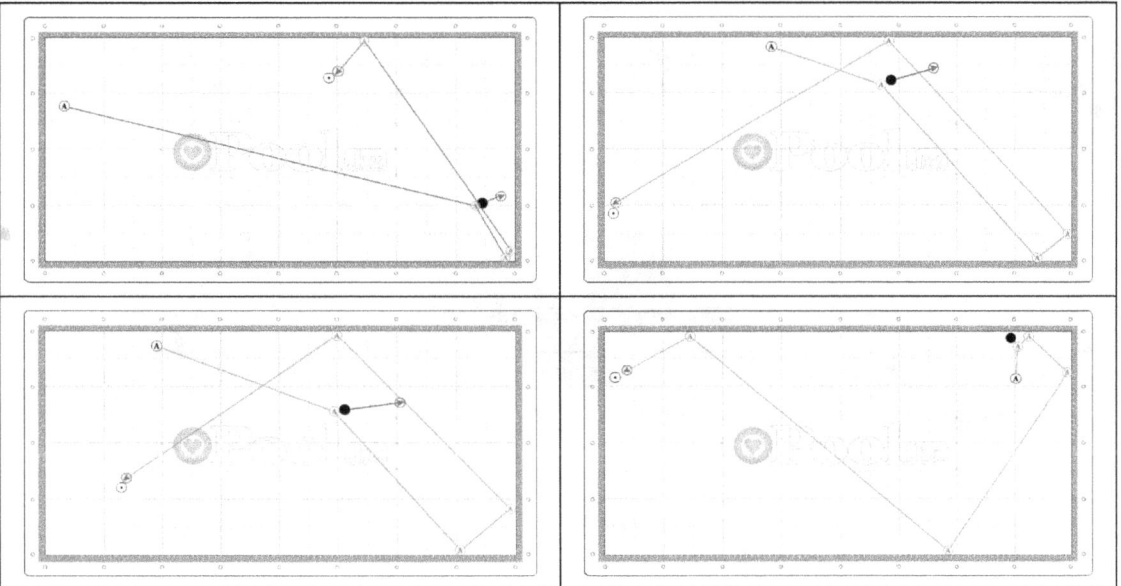

Une analyse:

E:1a. _____

E:1b. _____

E:1c. _____

E:1d. _____

E:1a – Installer

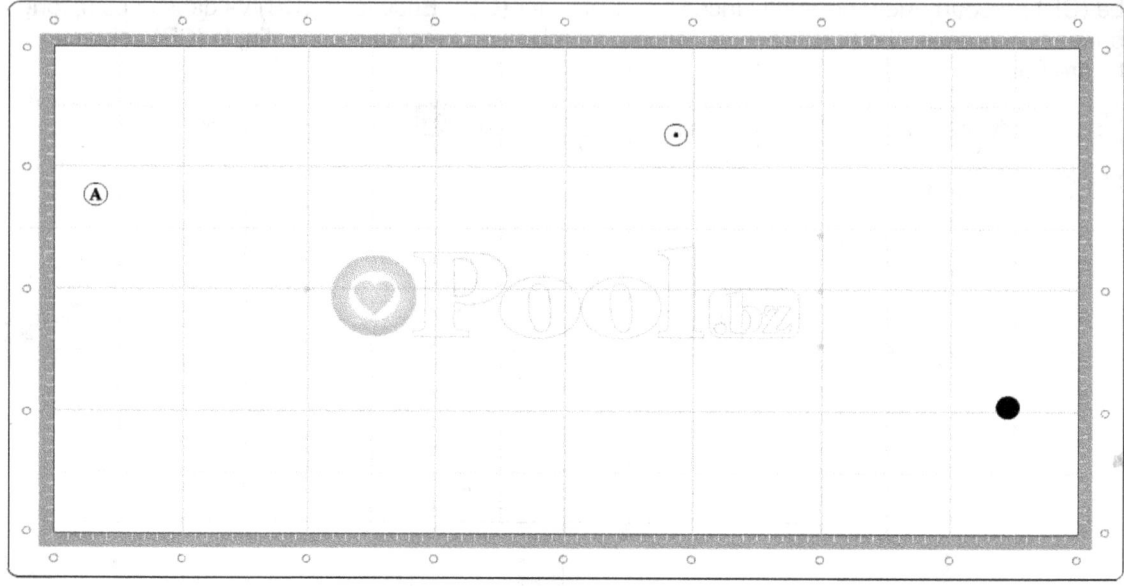

Notes et idées:

Modèle de balle

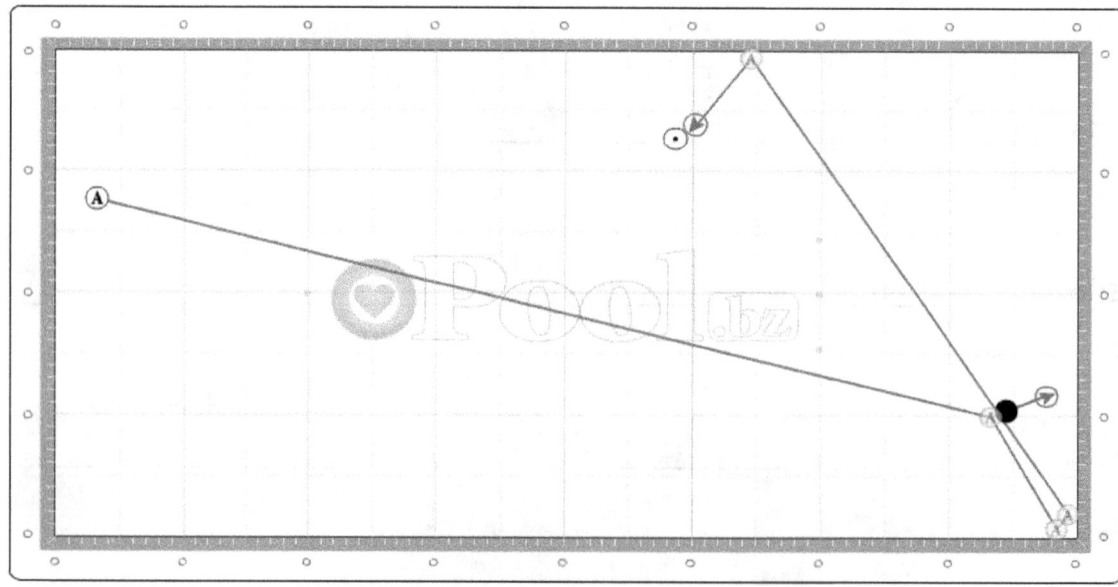

E:1b – Installer

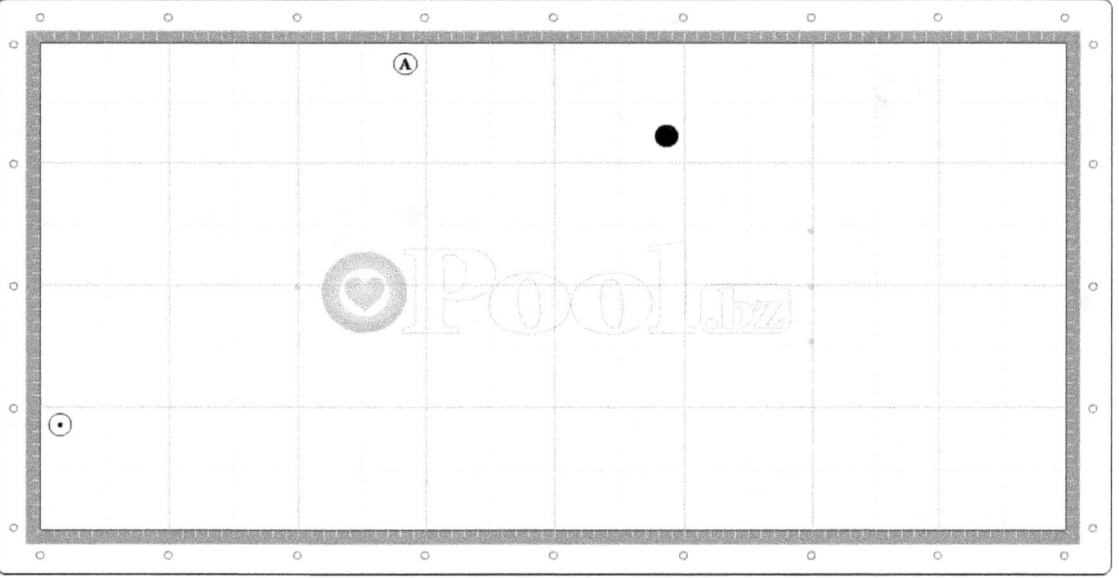

Notes et idées:

Modèle de balle

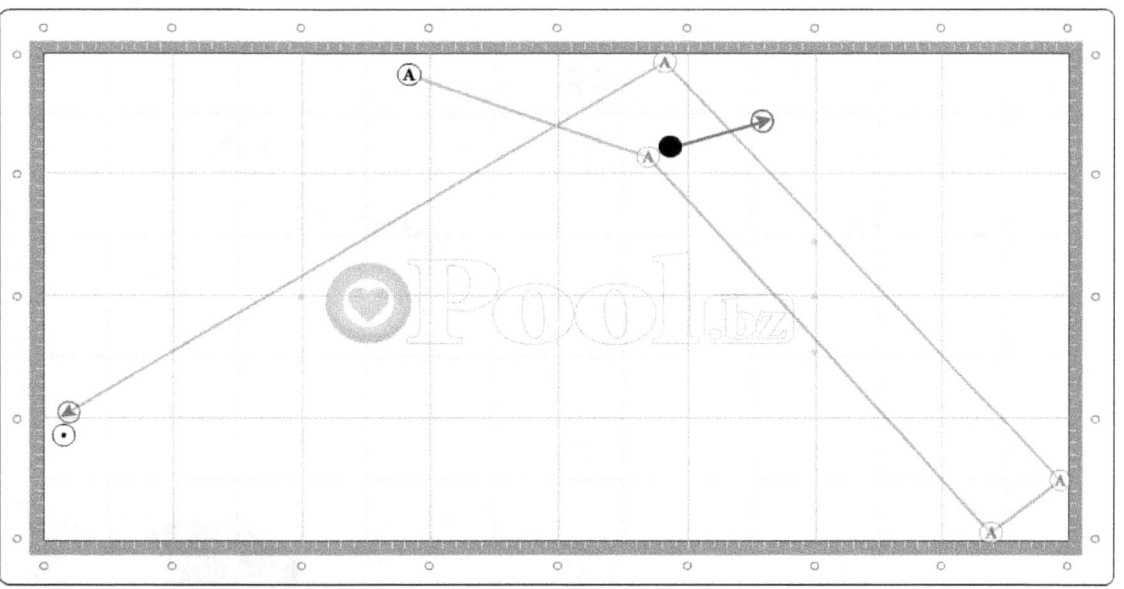

E:1c – Installer

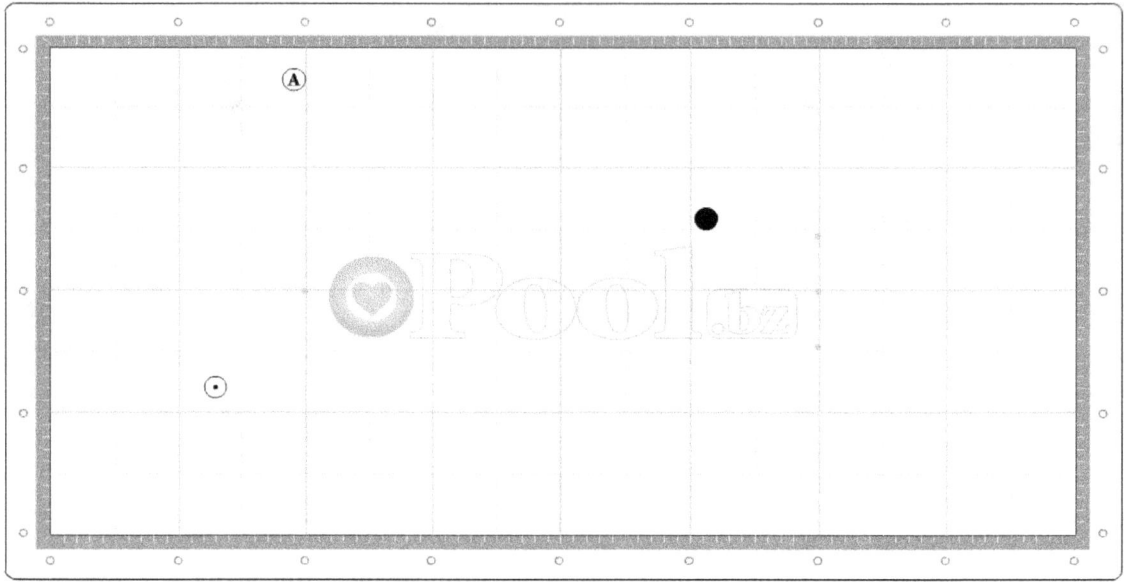

Notes et idées:

Modèle de balle

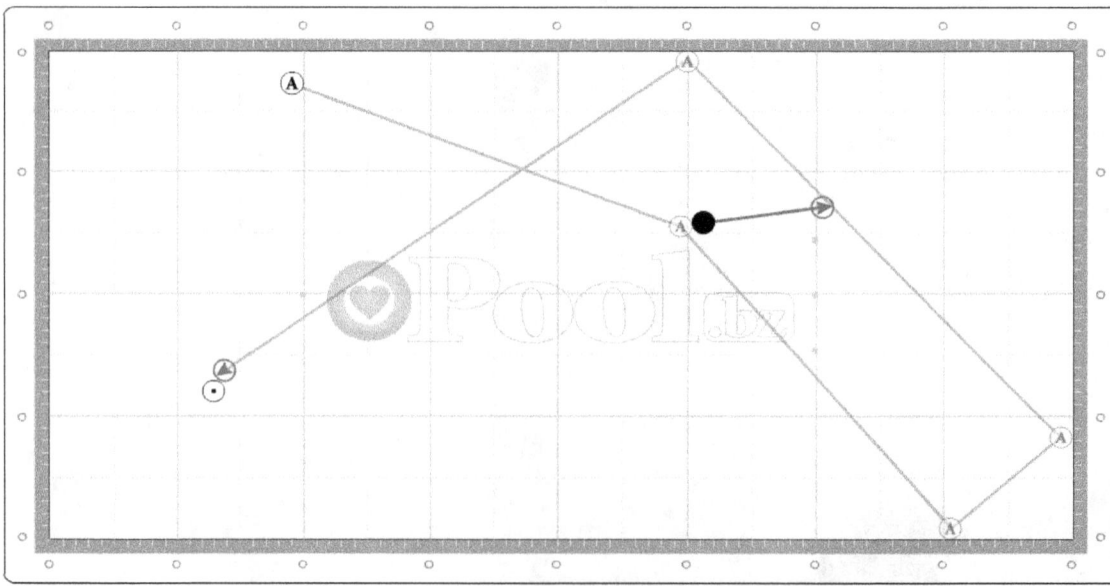

E:1d – Installer

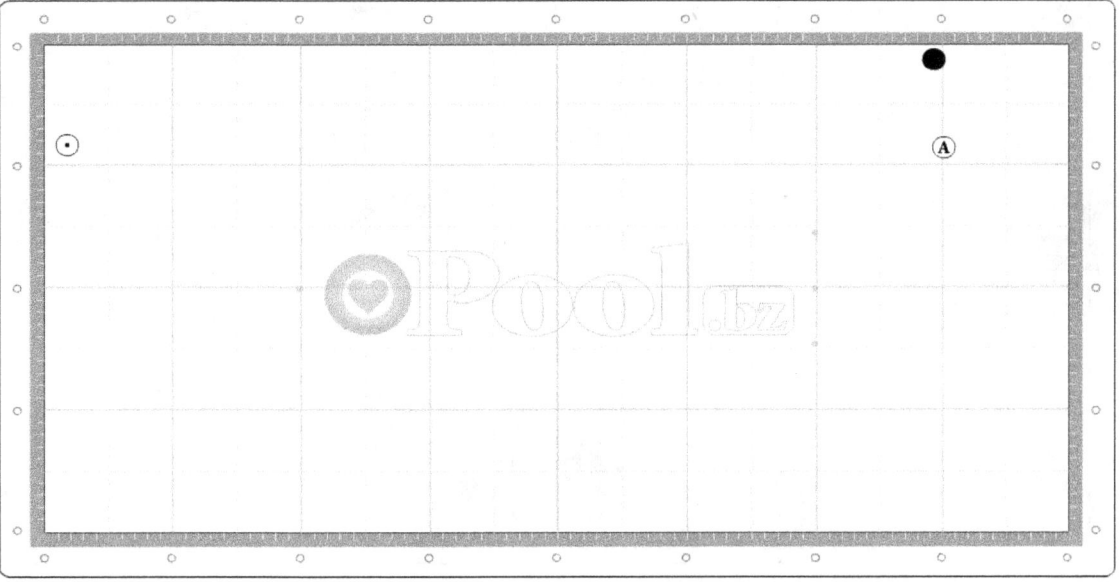

Notes et idées:

Modèle de balle

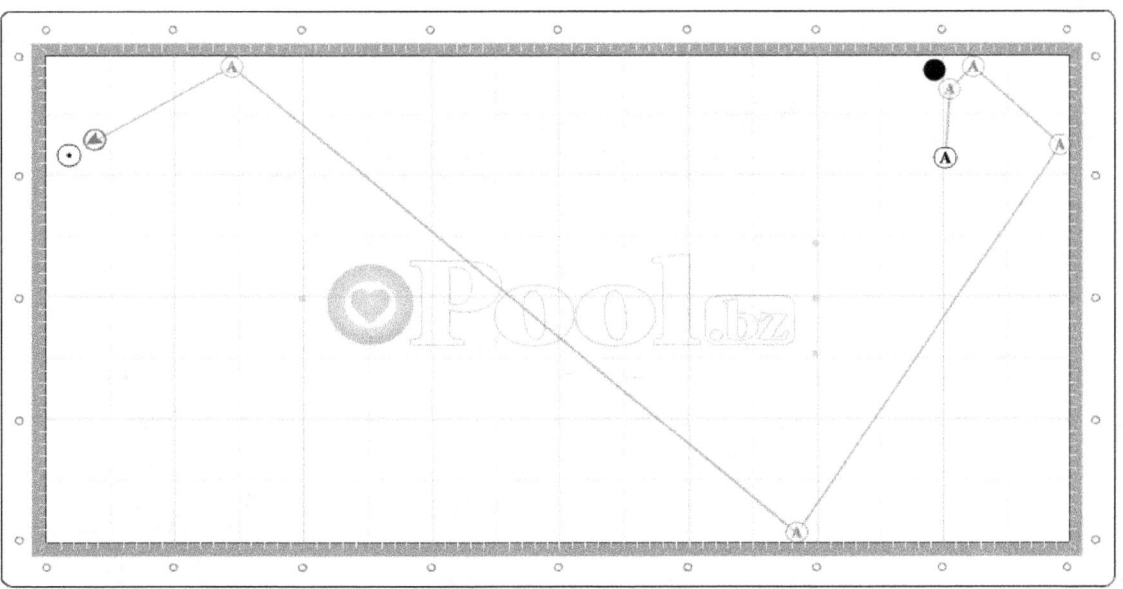

E: Groupe 2

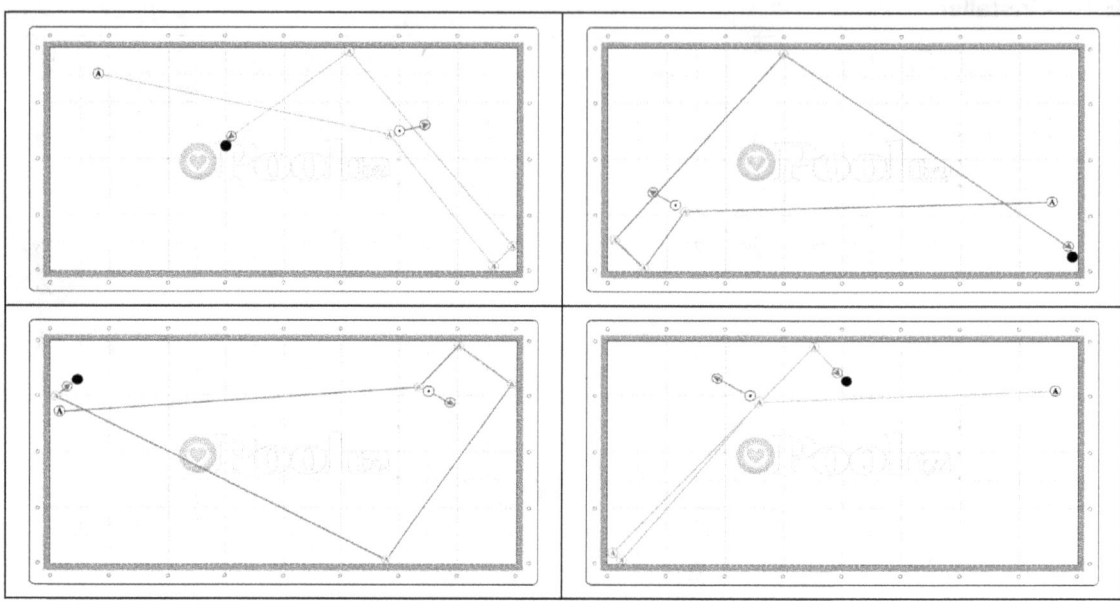

Une analyse:

E:2a. _____

E:2b. _____

E:2c. _____

E:2d. _____

E:2a – Installer

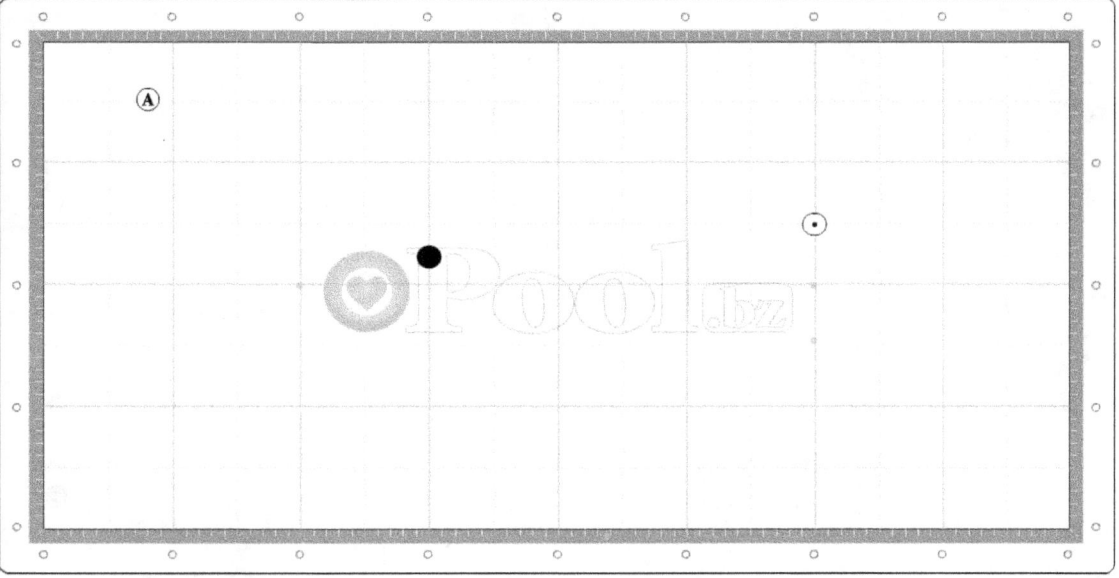

Notes et idées:

Modèle de balle

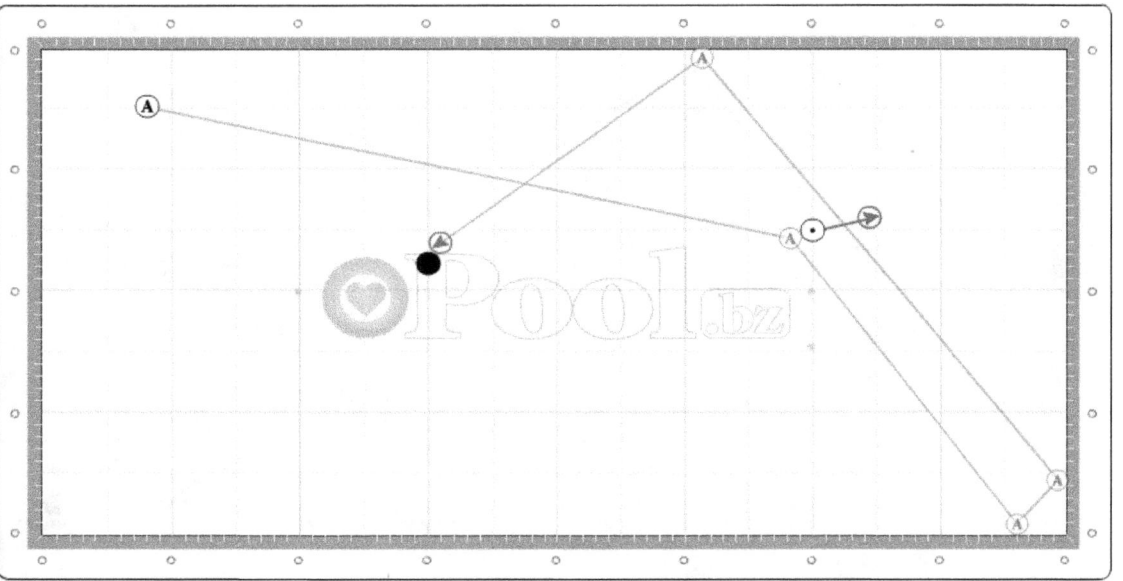

E:2b – Installer

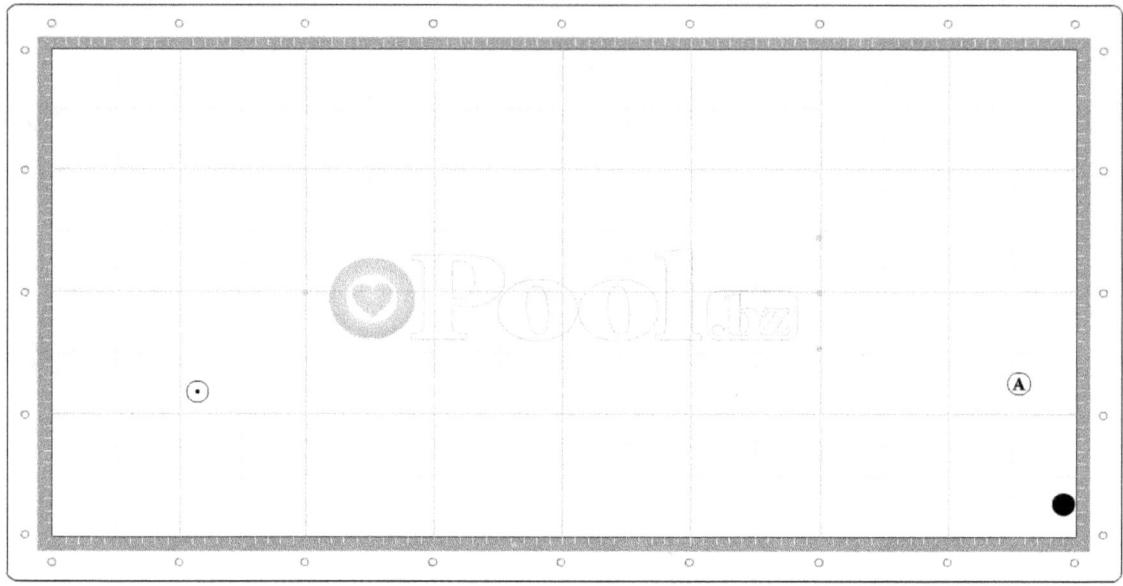

Notes et idées:

Modèle de balle

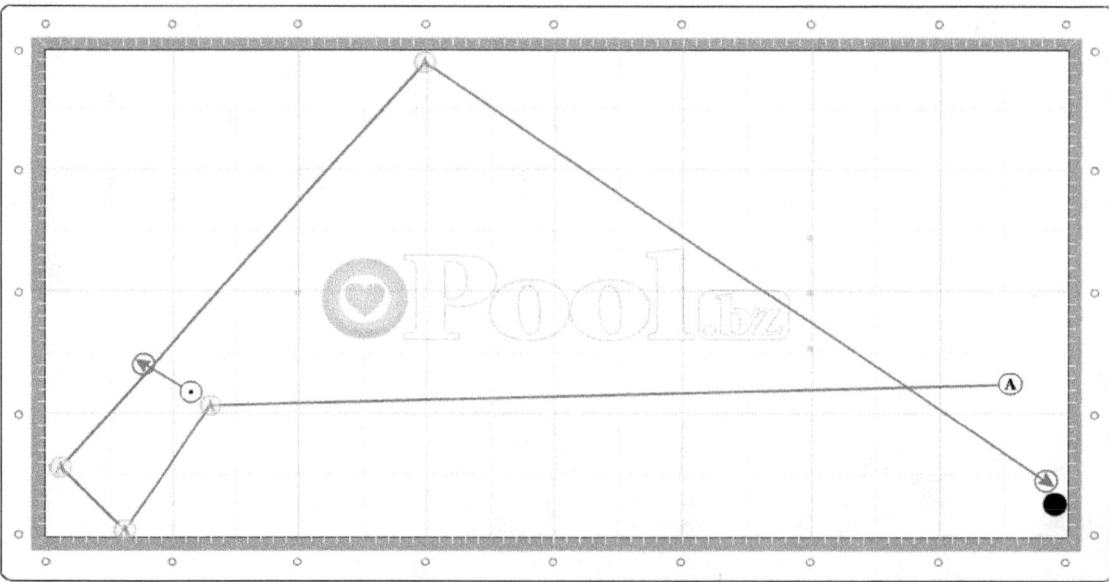

E:2c – Installer

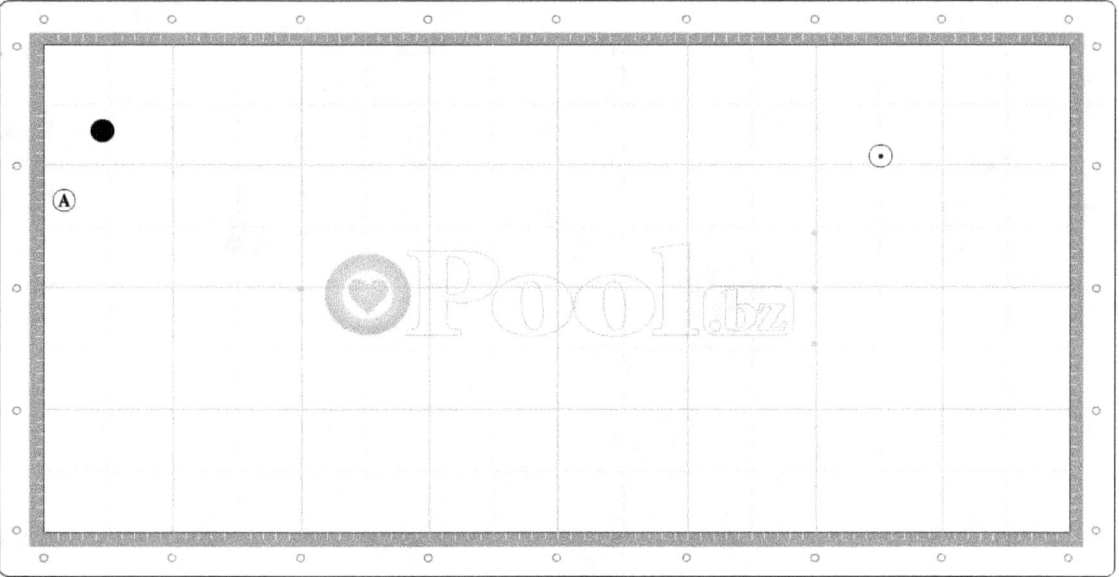

Notes et idées:

Modèle de balle

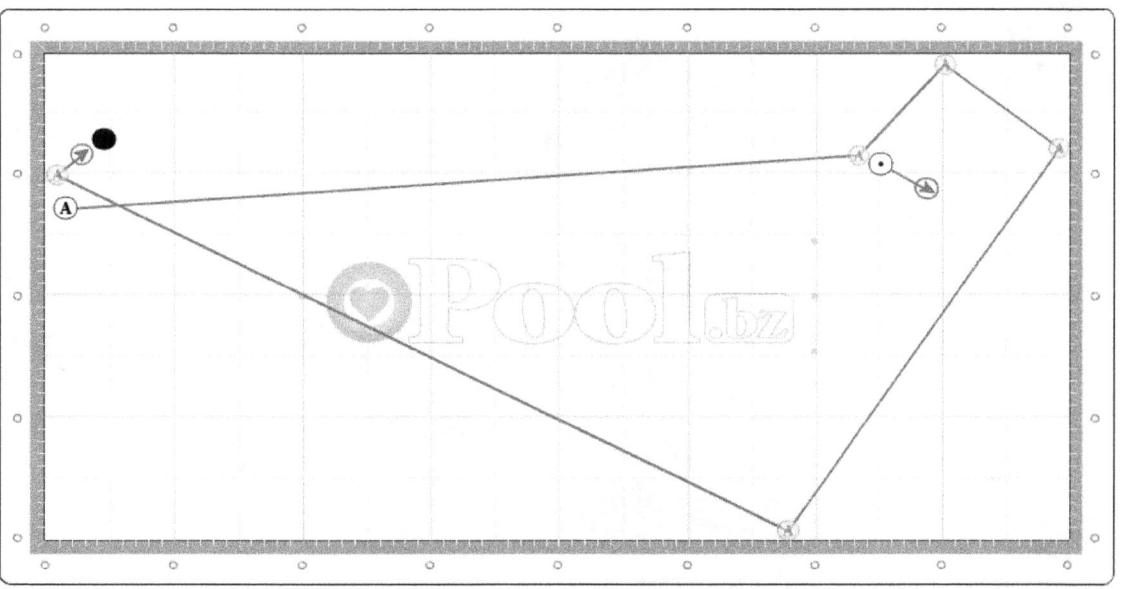

E:2d – Installer

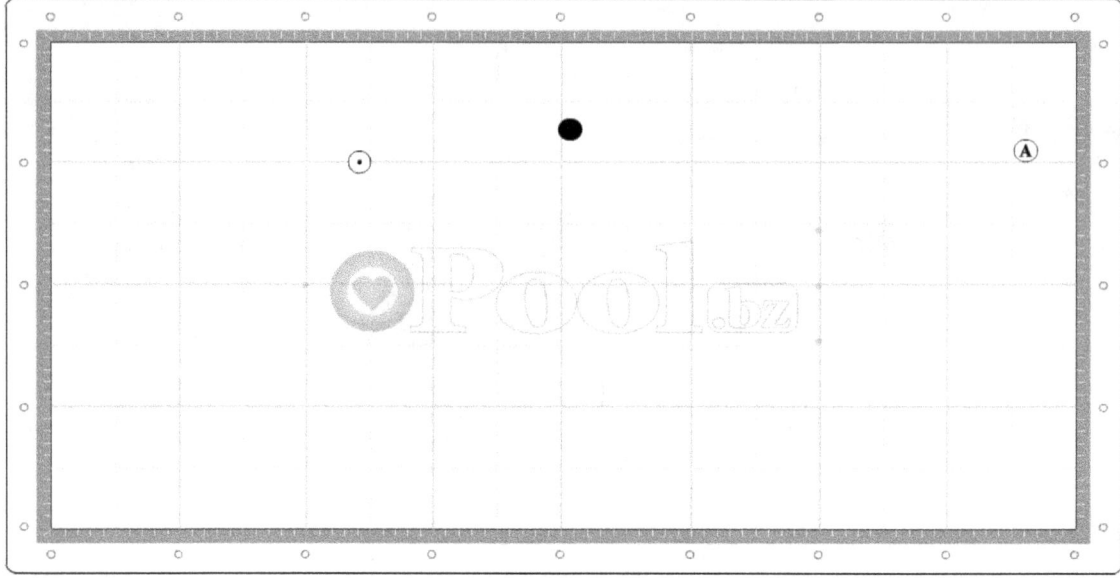

Notes et idées:

Modèle de balle

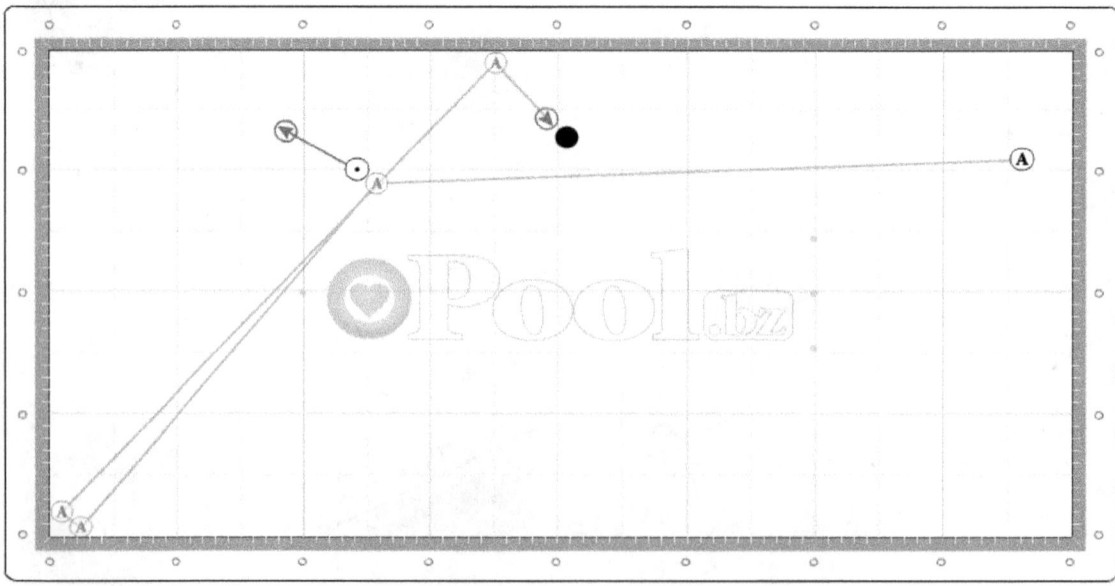

E: Groupe 3

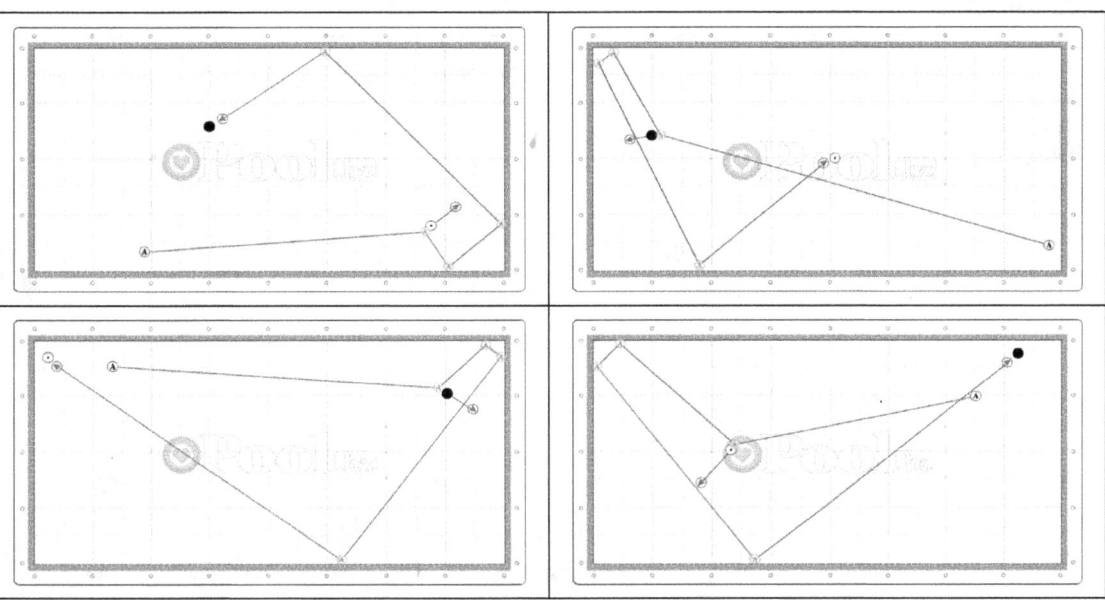

Une analyse:

E:3a. _____

E:3b. _____

E:3c. _____

E:3d. _____

E:3a – Installer

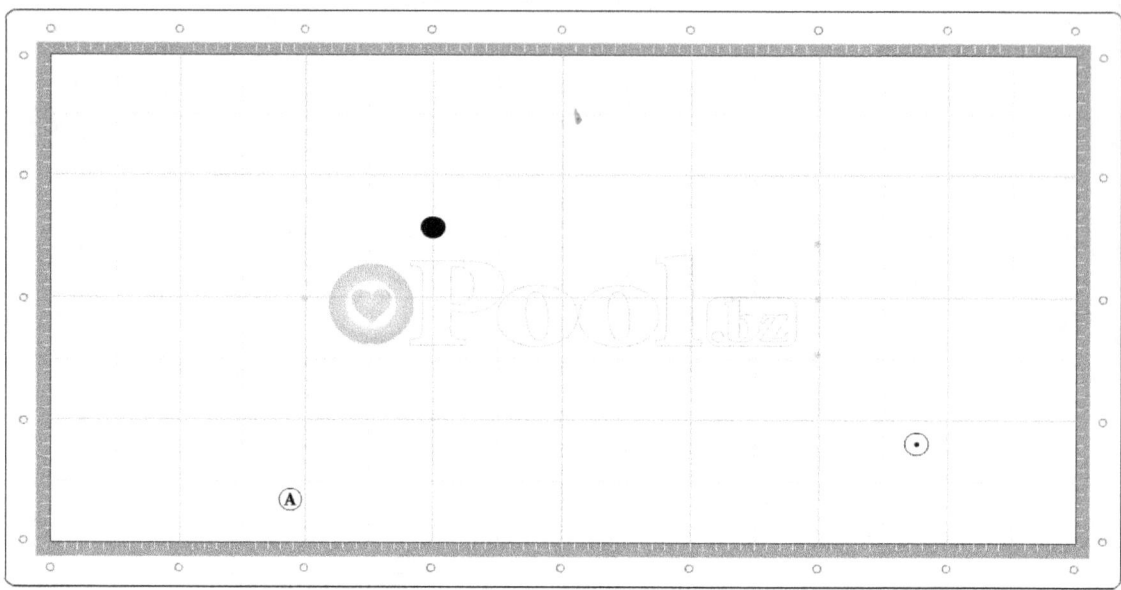

Notes et idées:

Modèle de balle

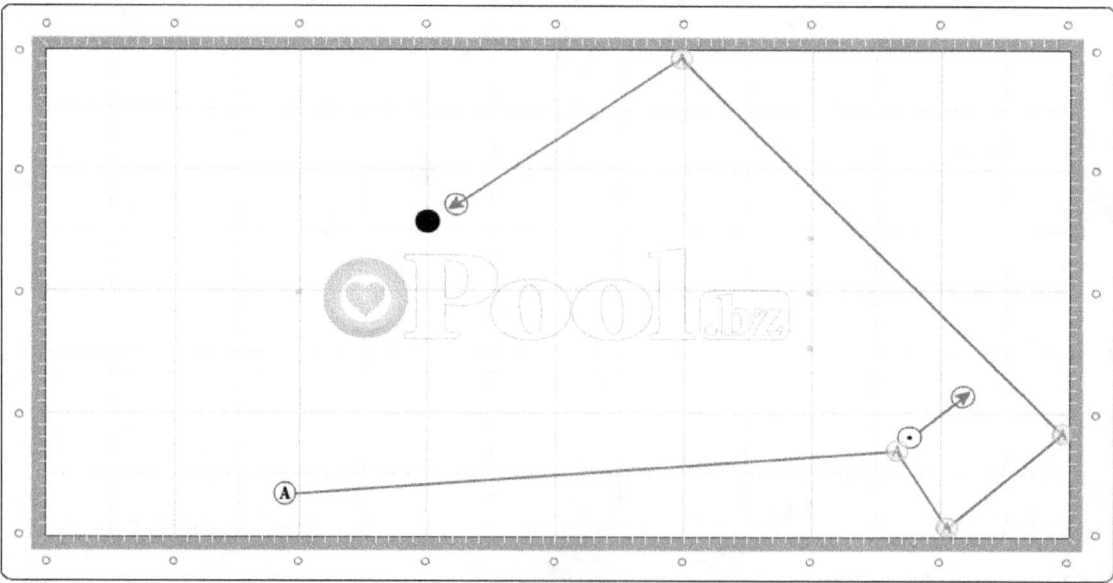

E:3b – Installer

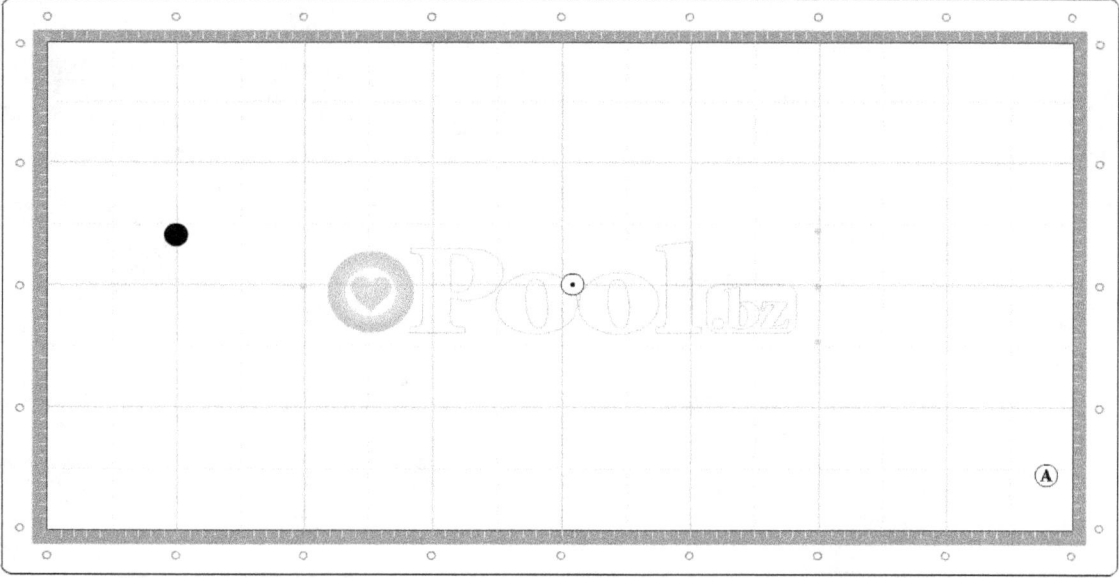

Notes et idées:

Modèle de balle

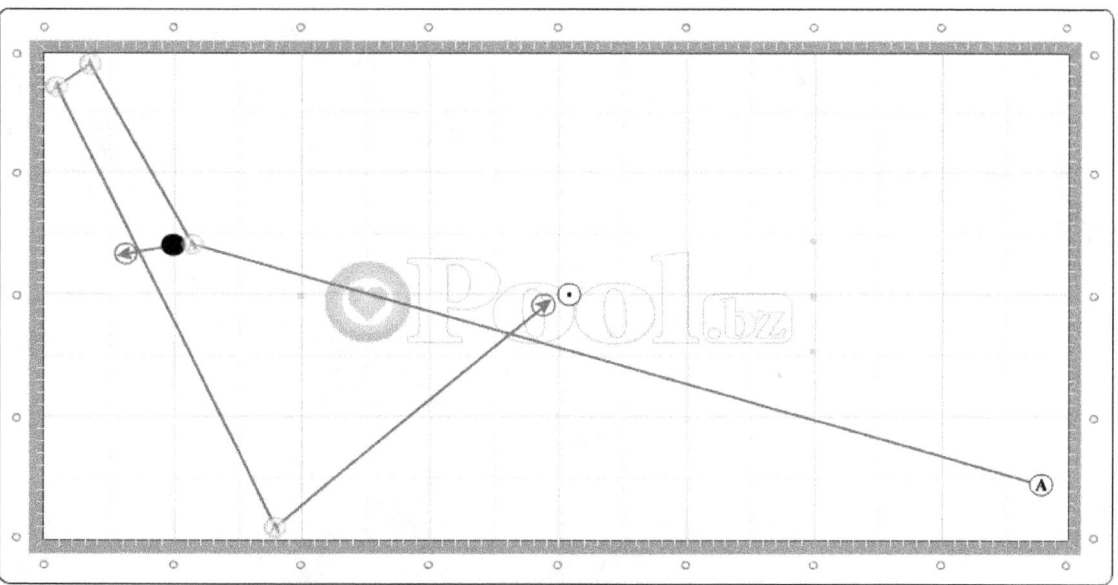

E:3c – Installer

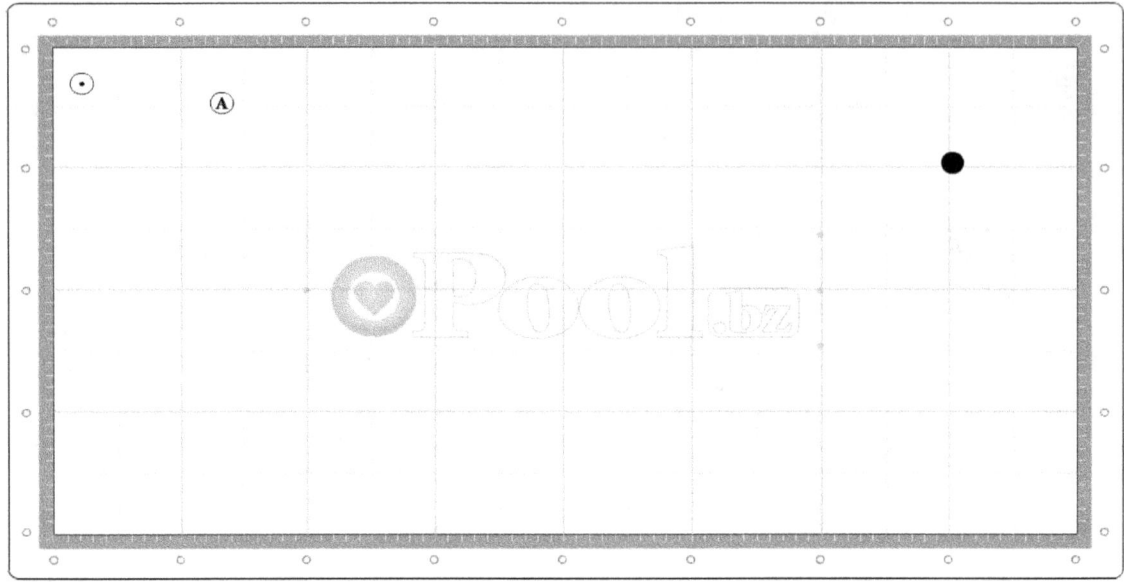

Notes et idées:

Modèle de balle

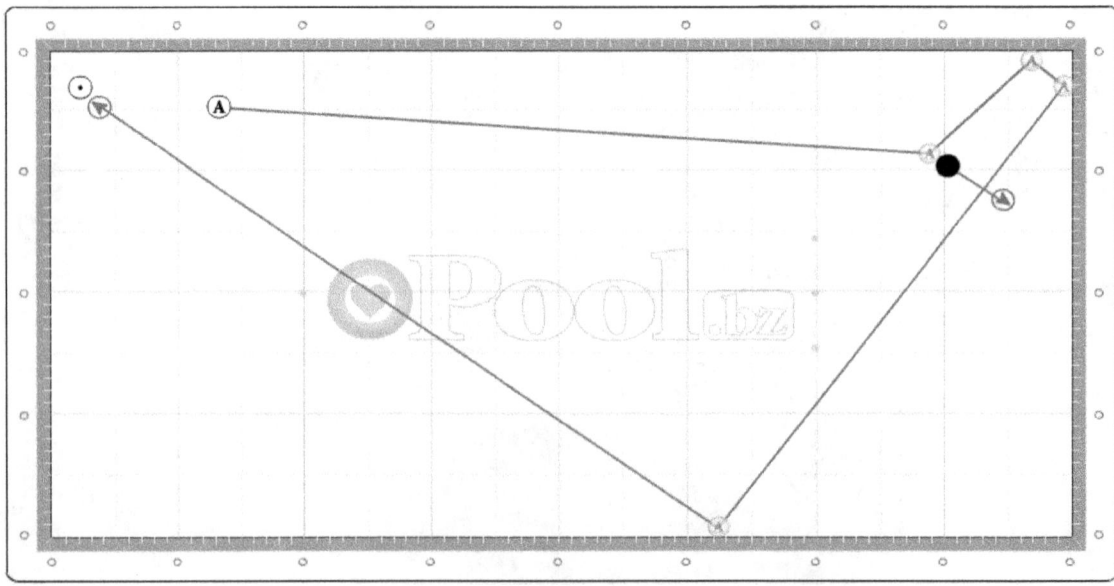

E:3d – Installer

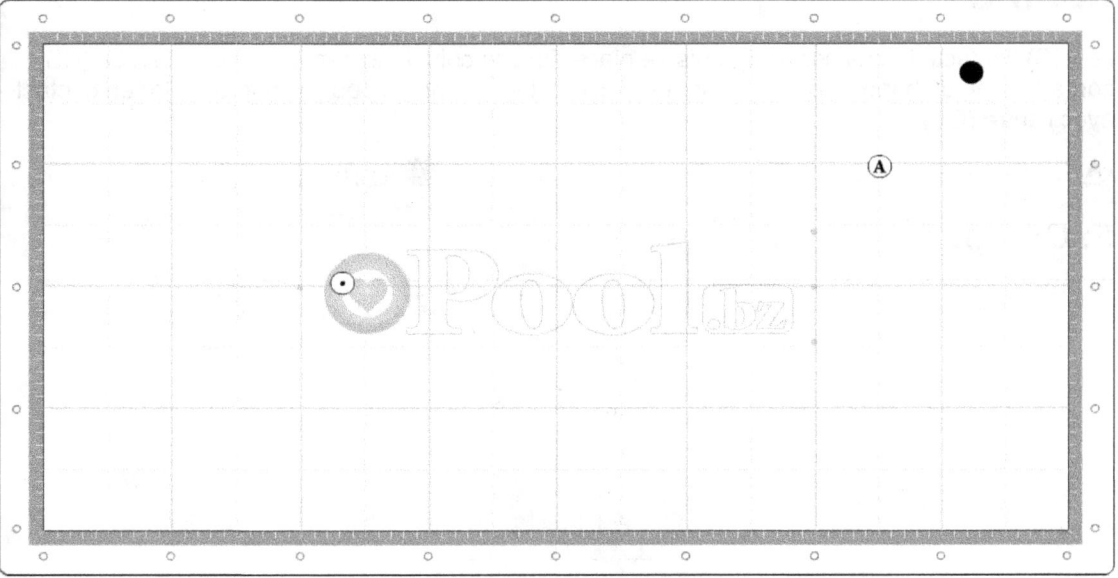

Notes et idées:

Modèle de balle

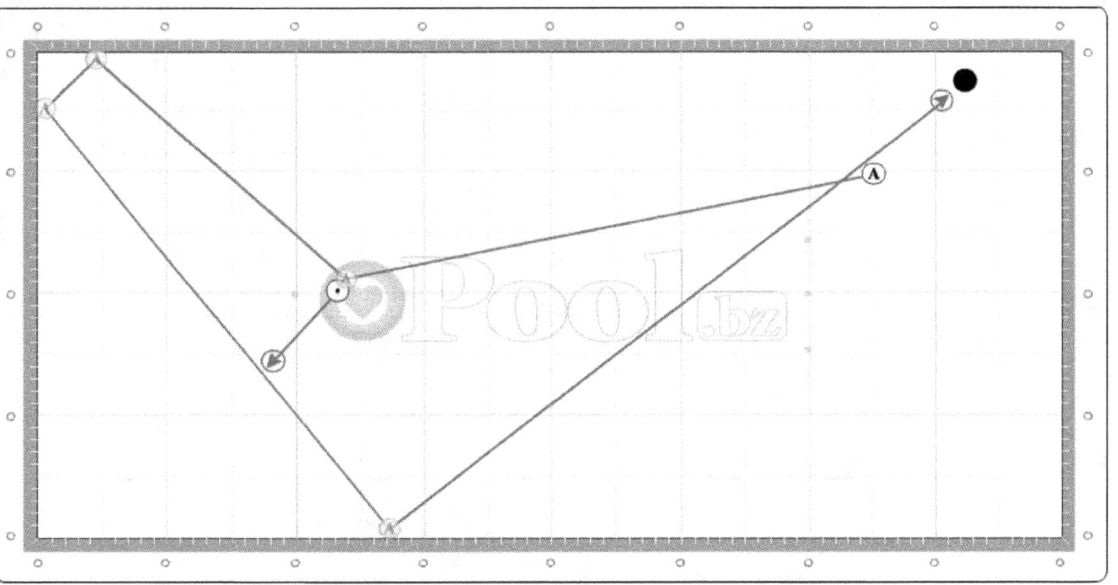

F: Jambe d'angle peu profonde, en bas de la colline

Le (CB) contacte le premier (OB), puis se place dans le coin, long bandas en premier. Le (CB) sort au milieu du bandas long opposé. Le (CB) sort sur un angle peu profond et entre en contact avec l'autre (OB).

Ⓐ (CB) (votre balle) - ⊙ (OB) (balle de l'adversaire) – ● (OB) Balle rouge

F: Groupe 1

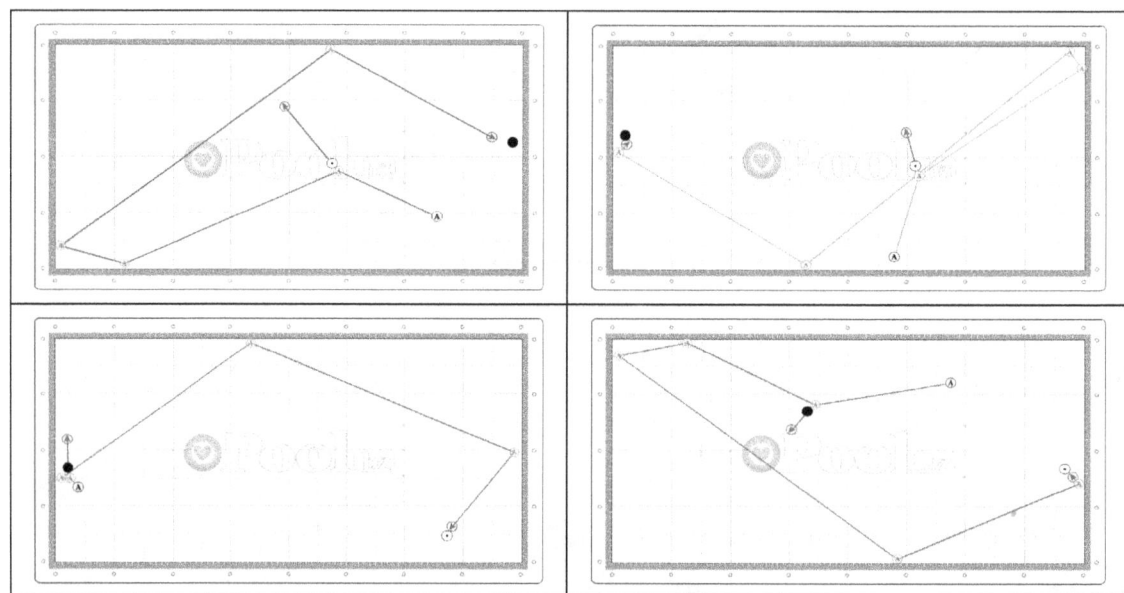

Une analyse:

F:1a. _____

F:1b. _____

F:1c. _____

F:1d. _____

F:1a – Installer

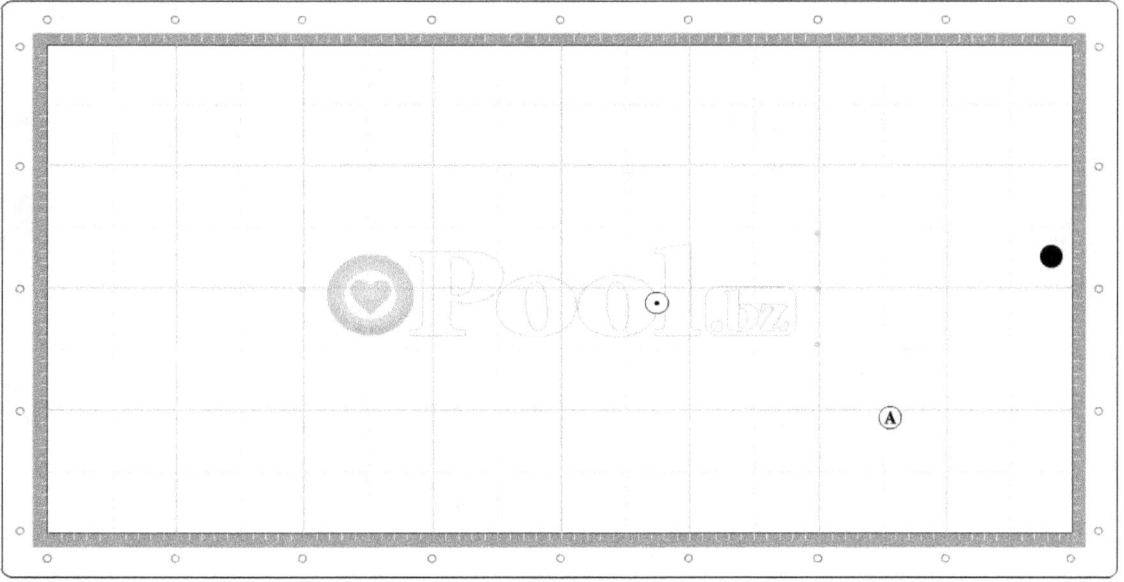

Notes et idées:

Modèle de balle

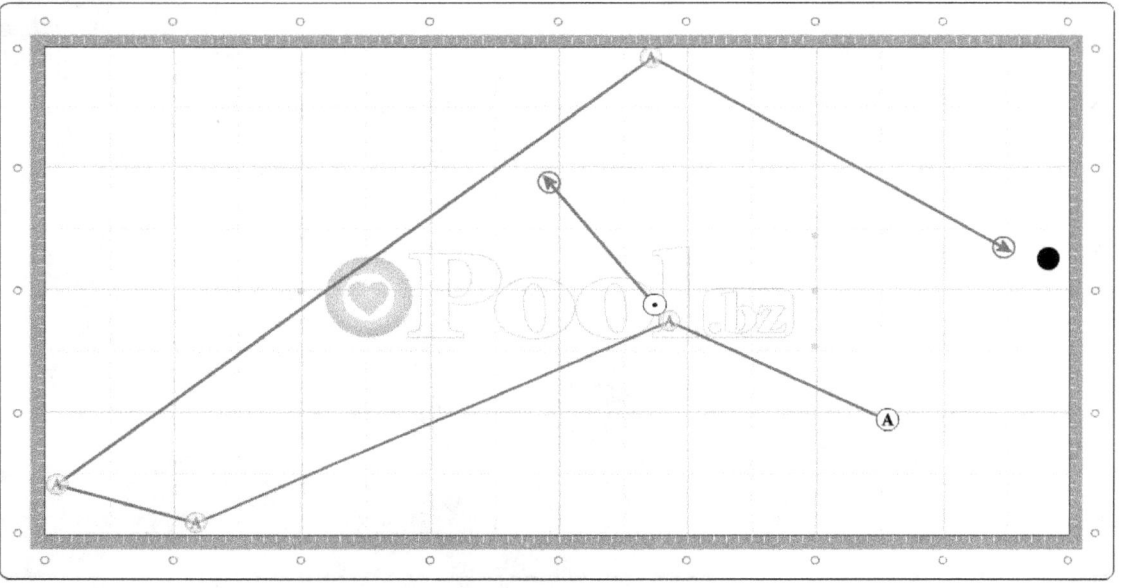

F:1b – Installer

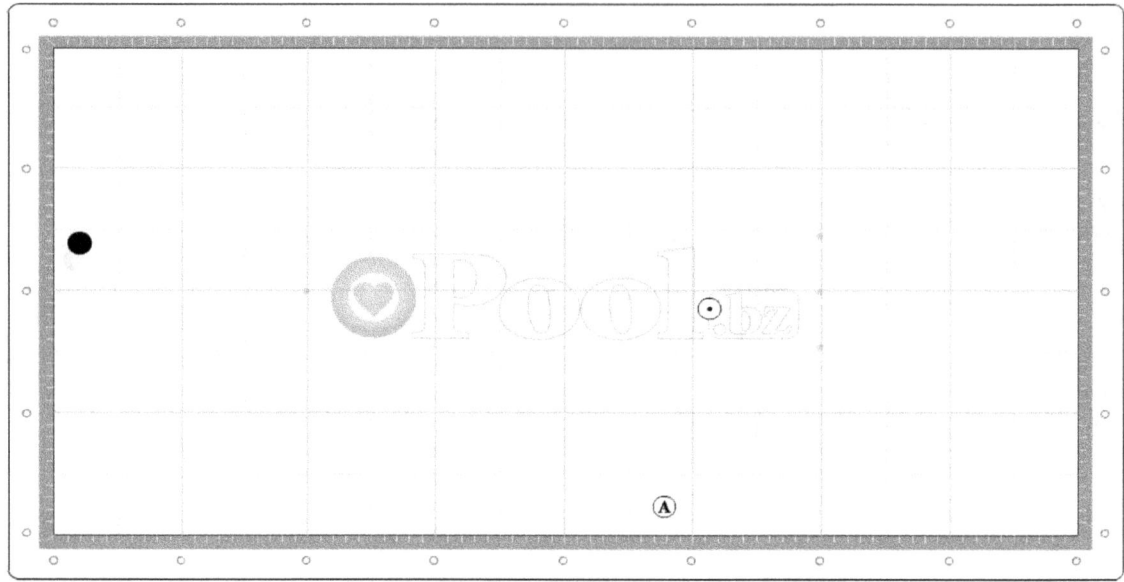

Notes et idées:

Modèle de balle

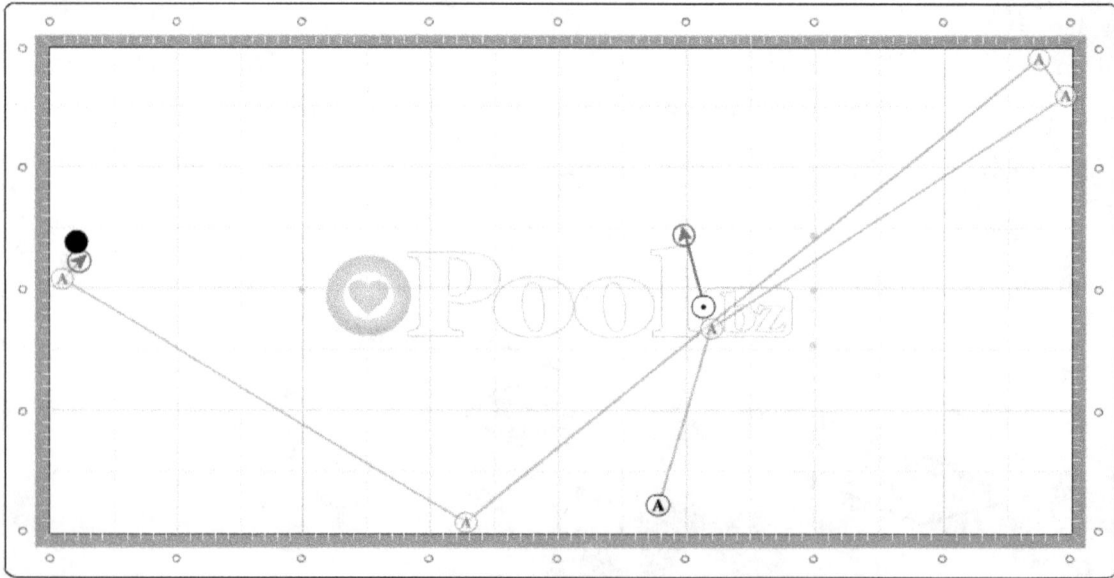

F:1c – Installer

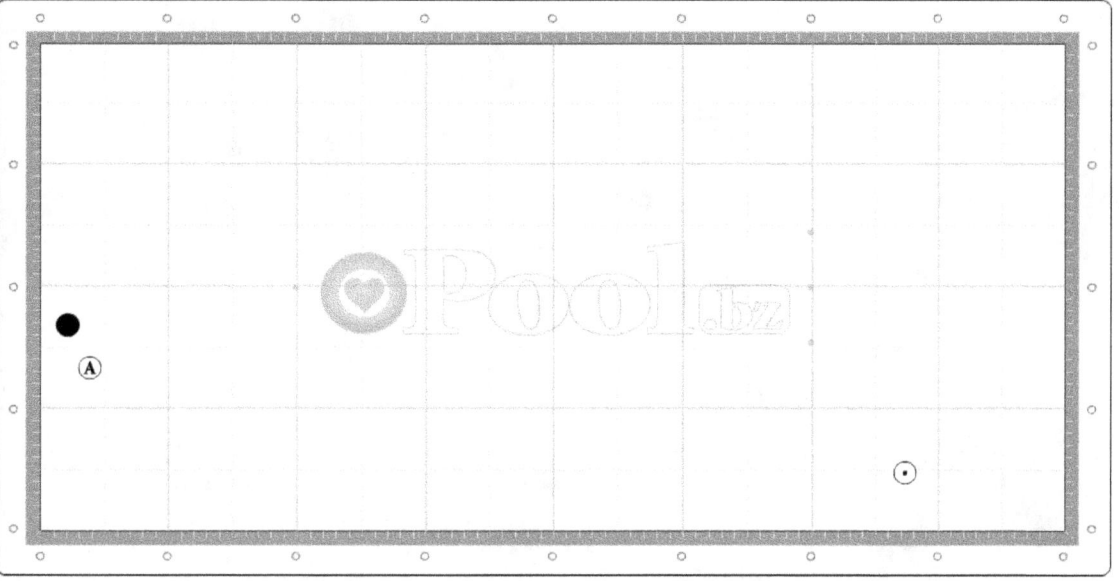

Notes et idées:

Modèle de balle

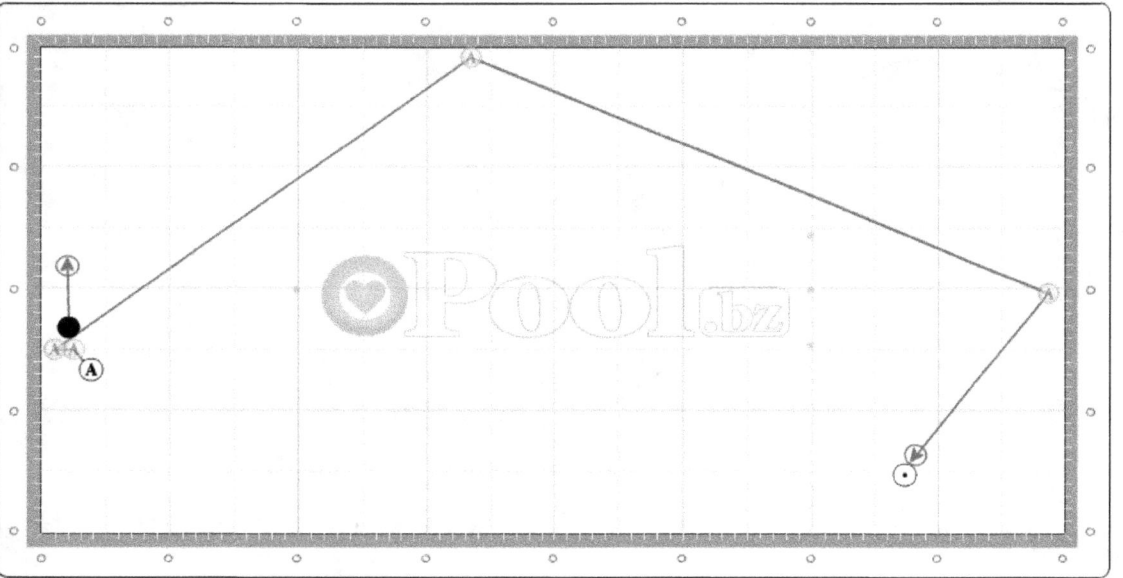

F:1d – Installer

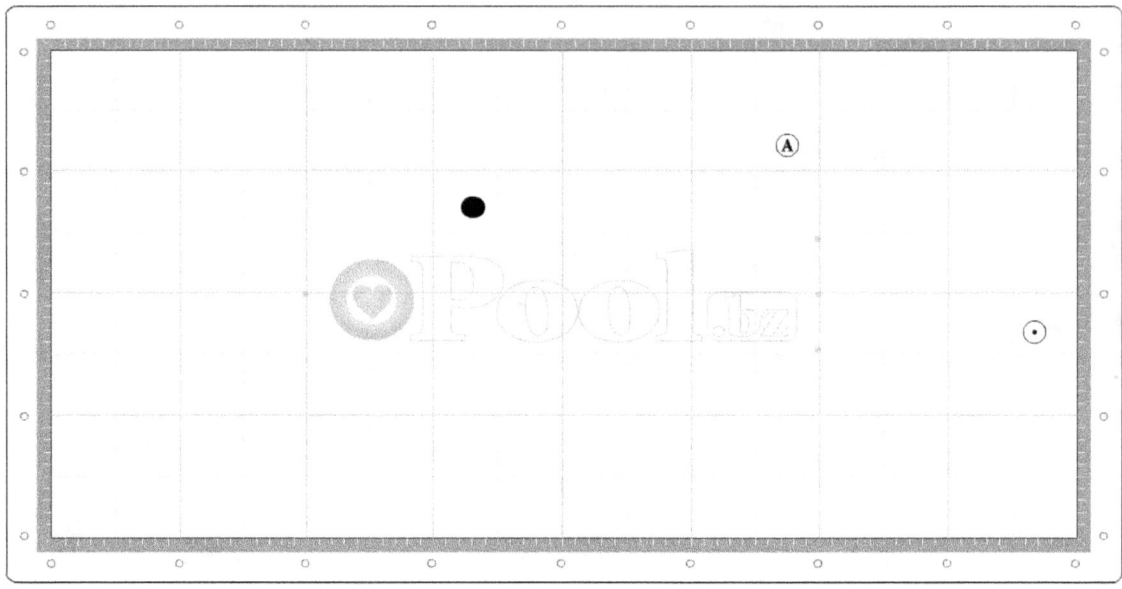

Notes et idées:

Modèle de balle

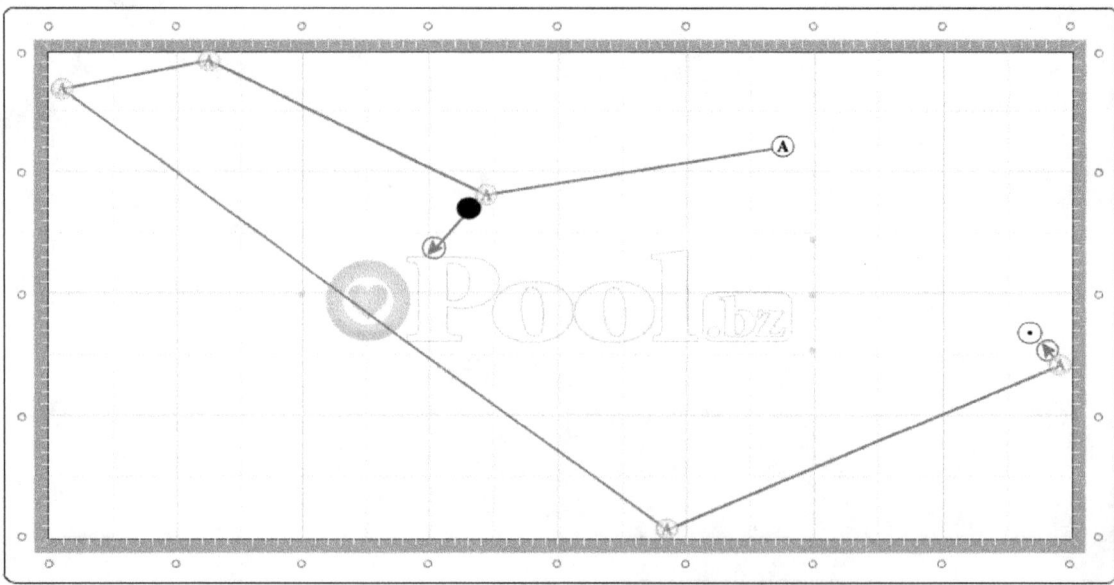

F: Groupe 2

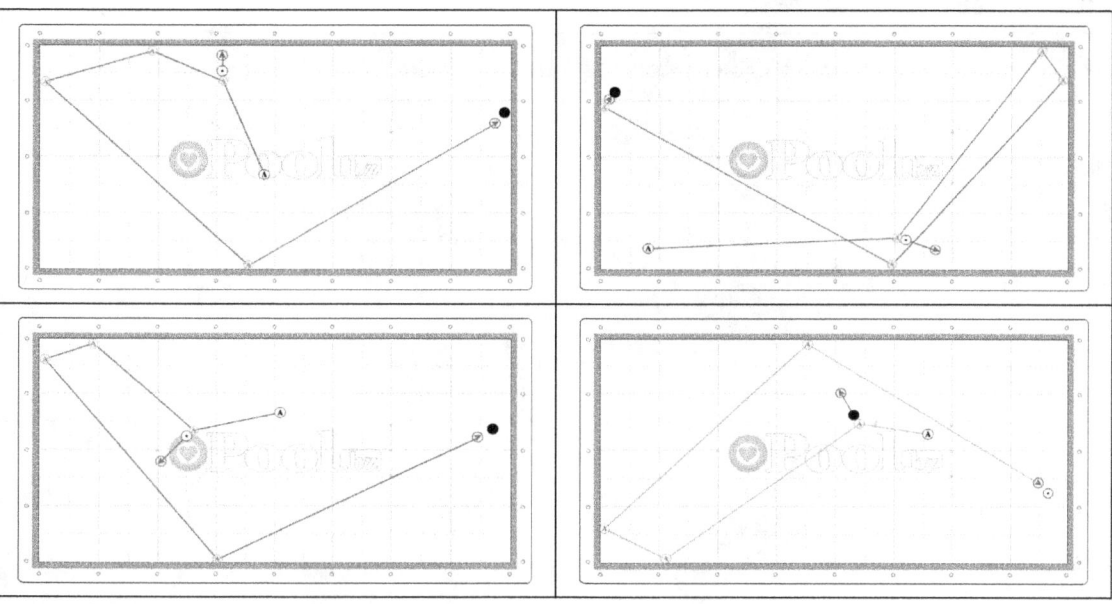

Une analyse:

F:2a. _____

F:2b. _____

F:2c. _____

F:2d. _____

F:2a – Installer

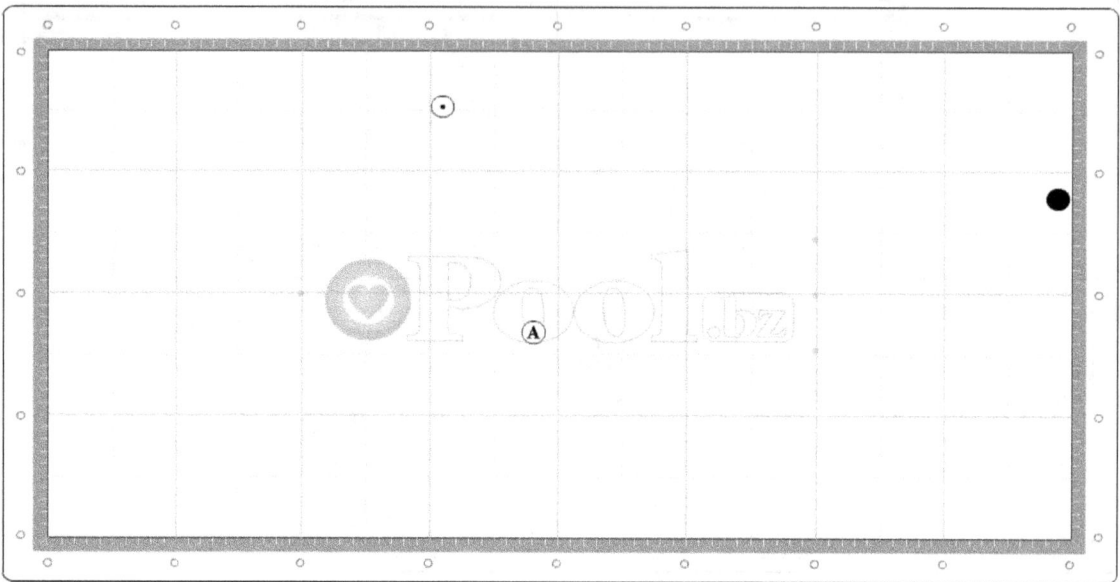

Notes et idées:

Modèle de balle

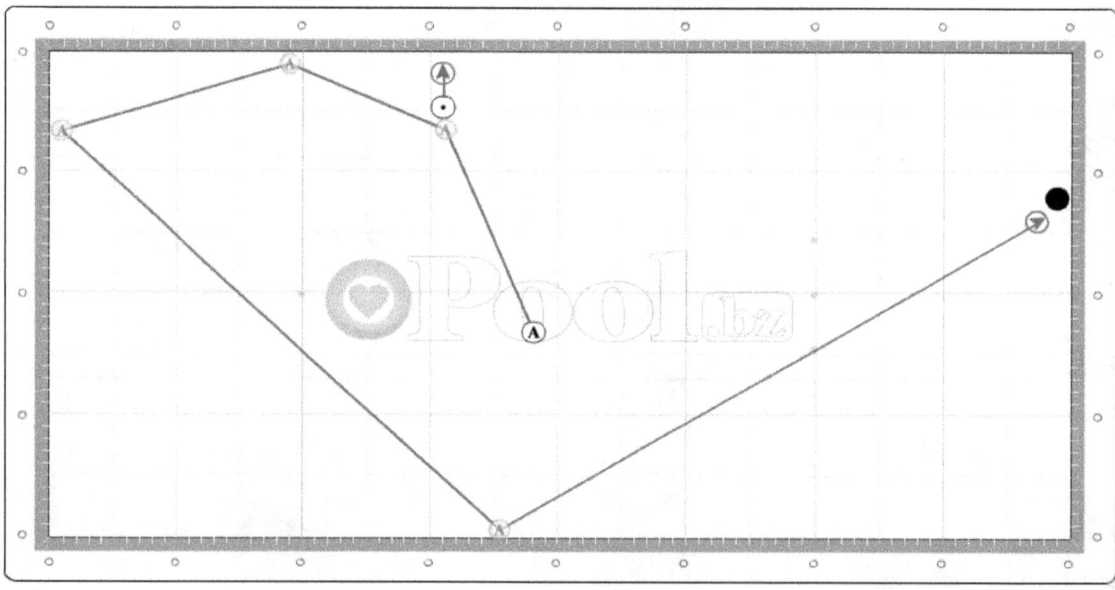

F:2b – Installer

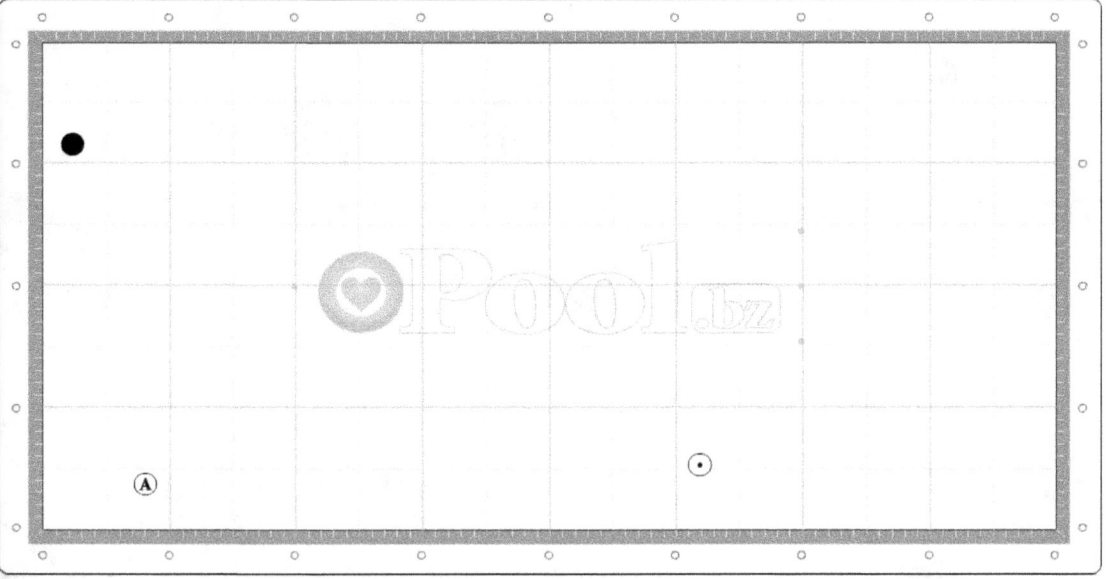

Notes et idées:

Modèle de balle

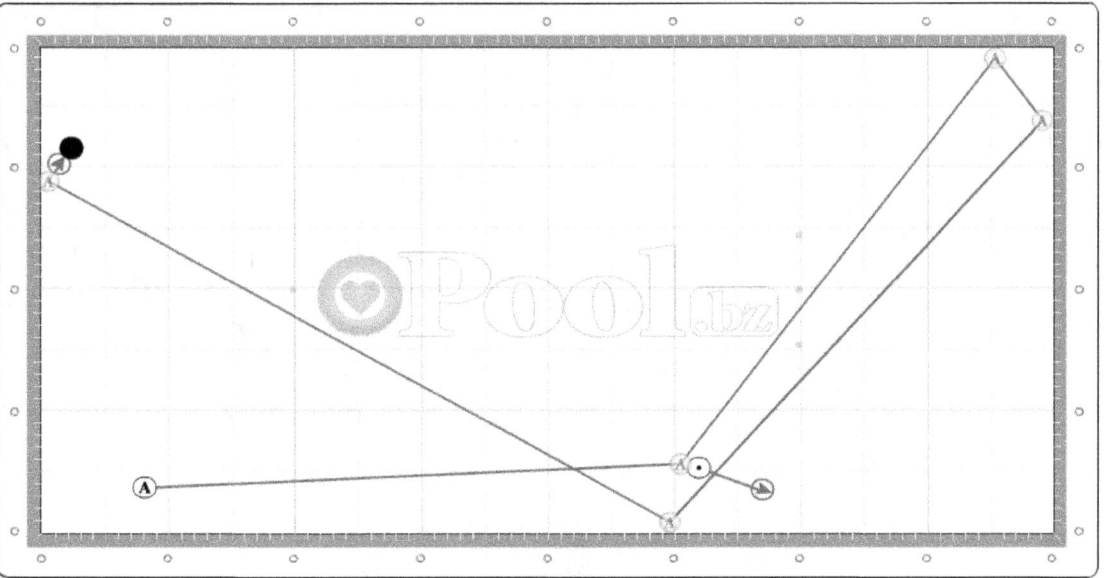

F:2c – Installer

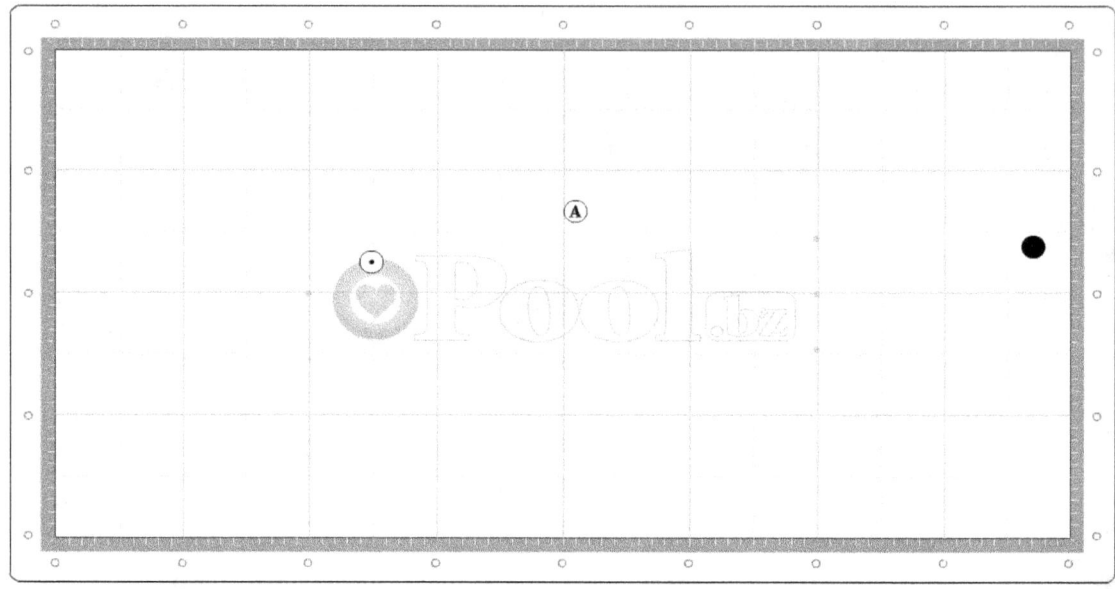

Notes et idées:

Modèle de balle

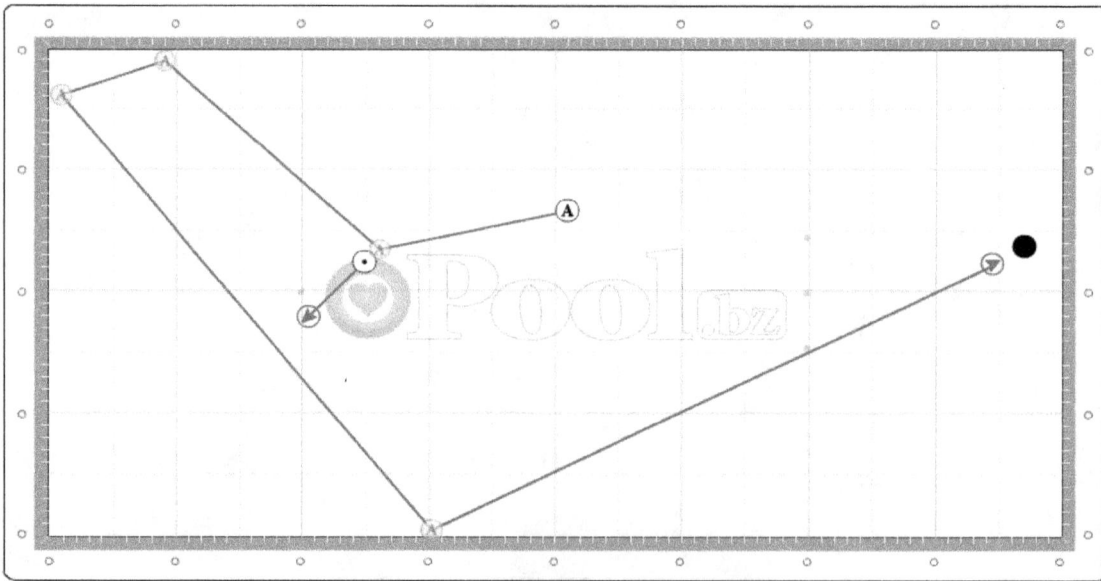

F:2d – Installer

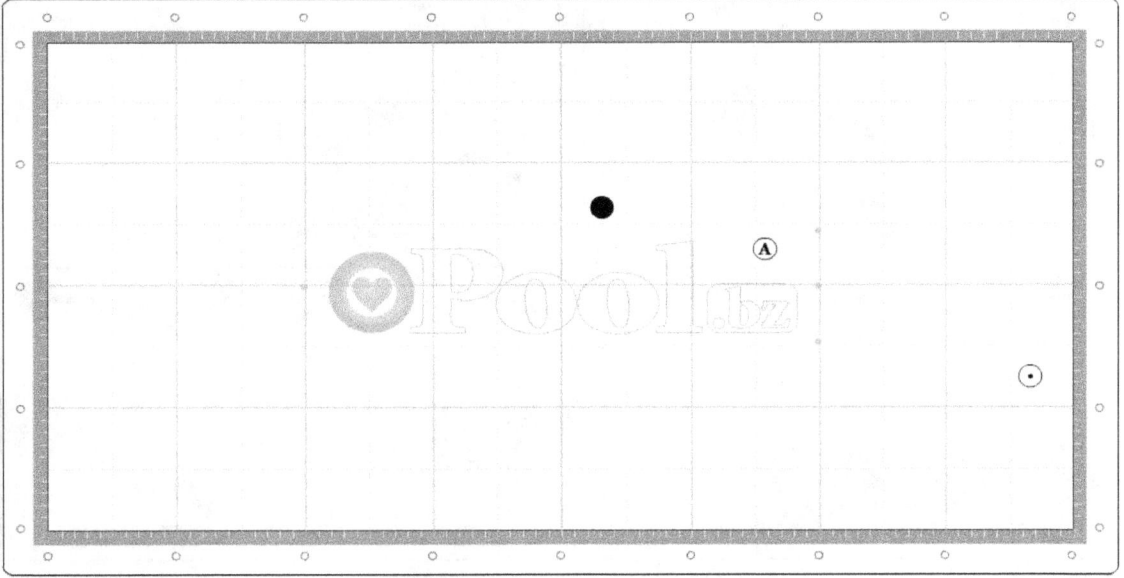

Notes et idées:

Modèle de balle

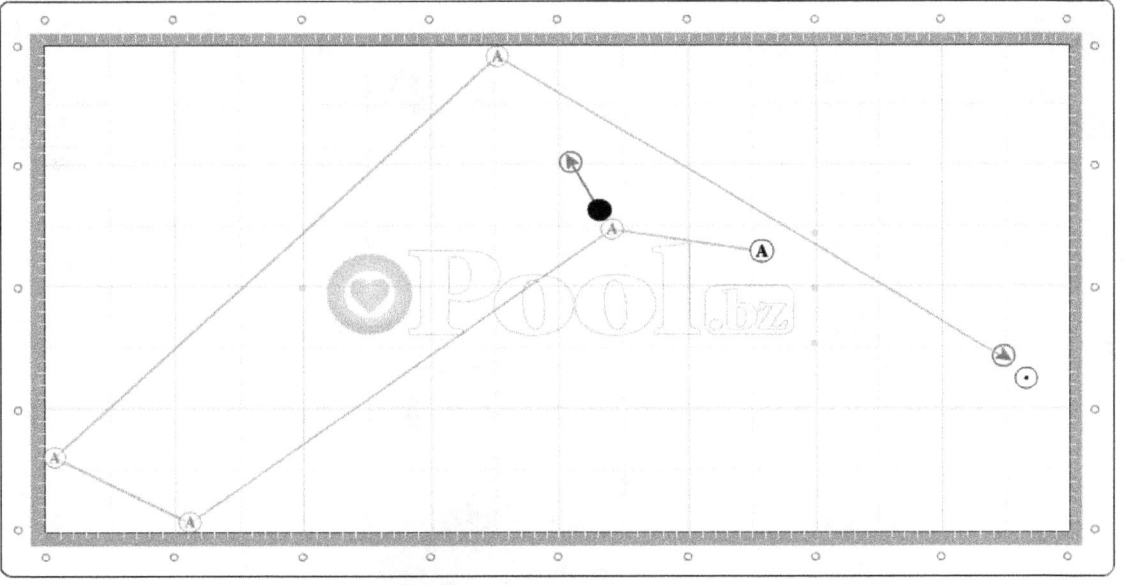

F: Groupe 3

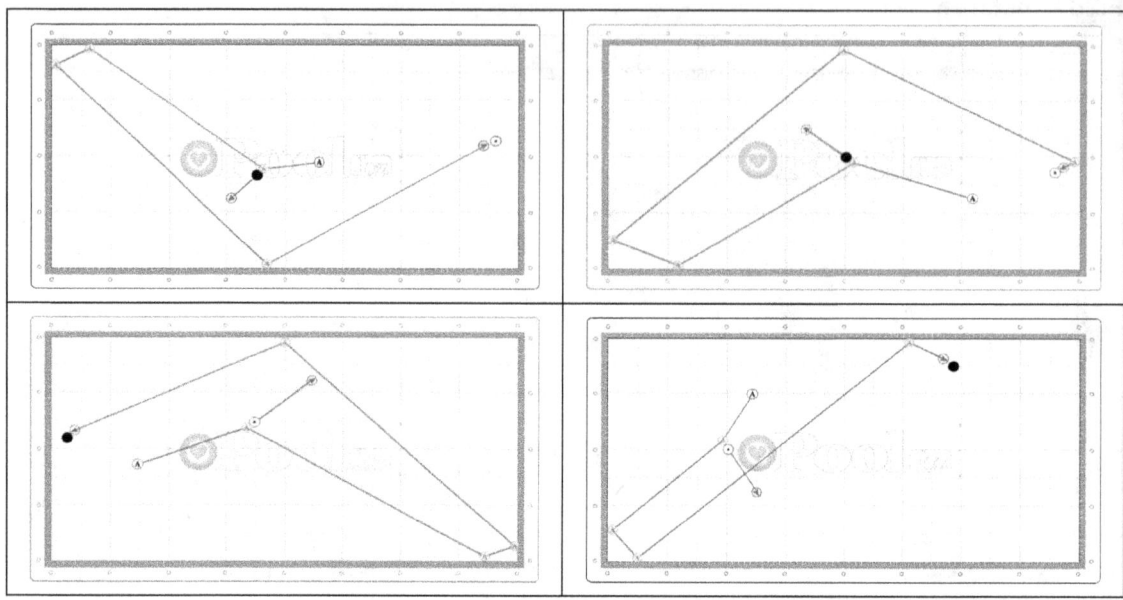

Une analyse:

F:3a. _____

F:3b. _____

F:3c. _____

F:3d. _____

F:3a – Installer

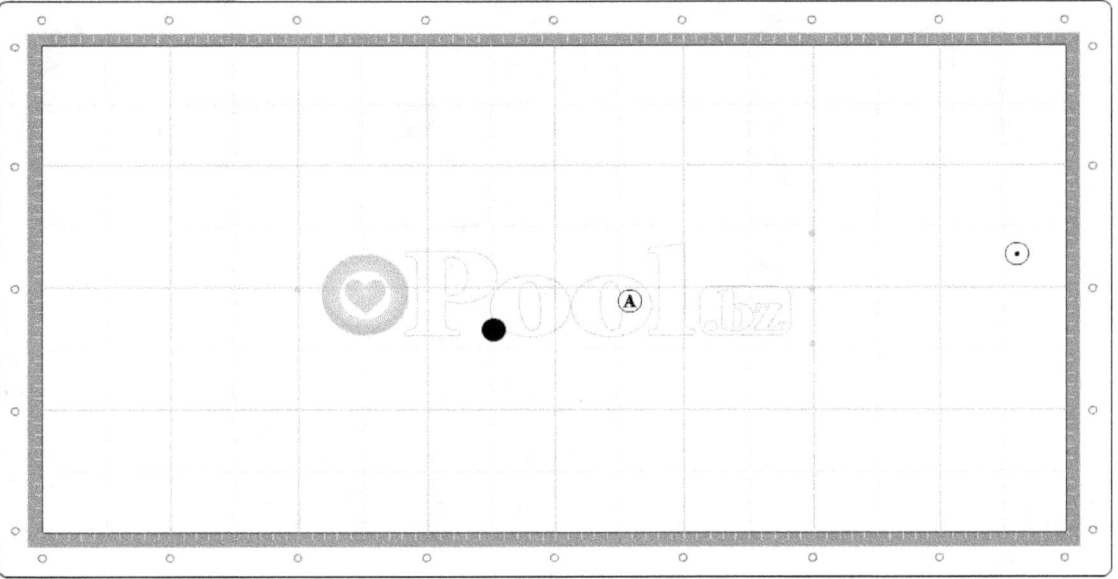

Notes et idées:

Modèle de balle

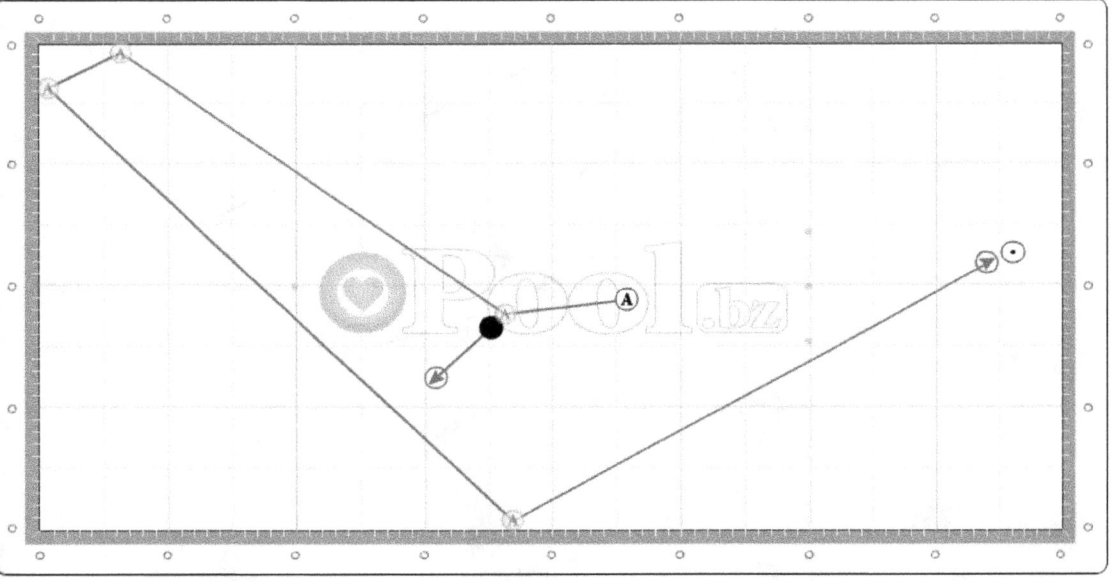

F:3b – Installer

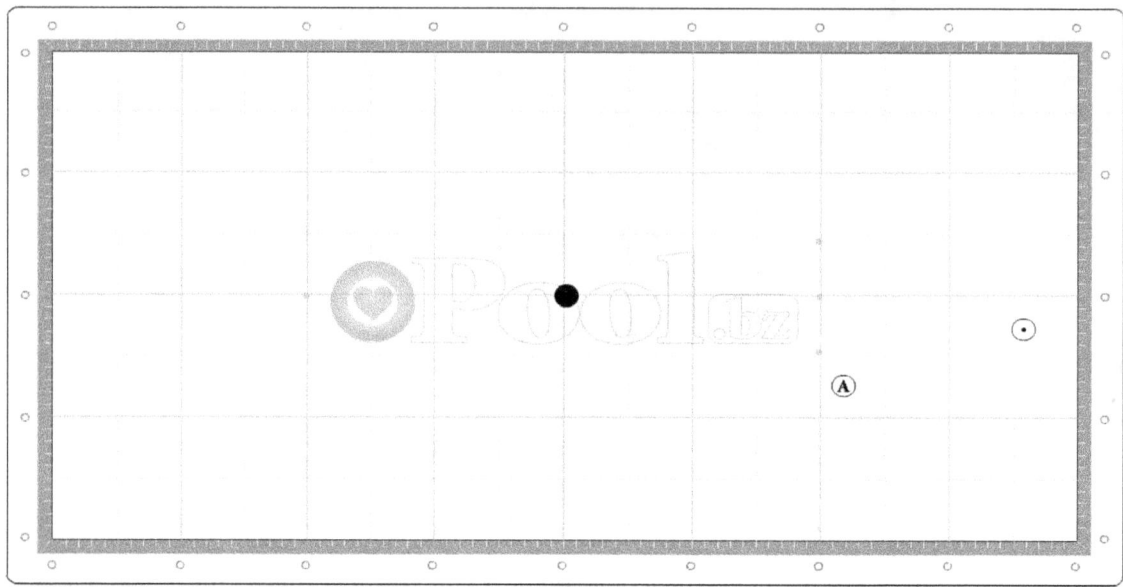

Notes et idées:

Modèle de balle

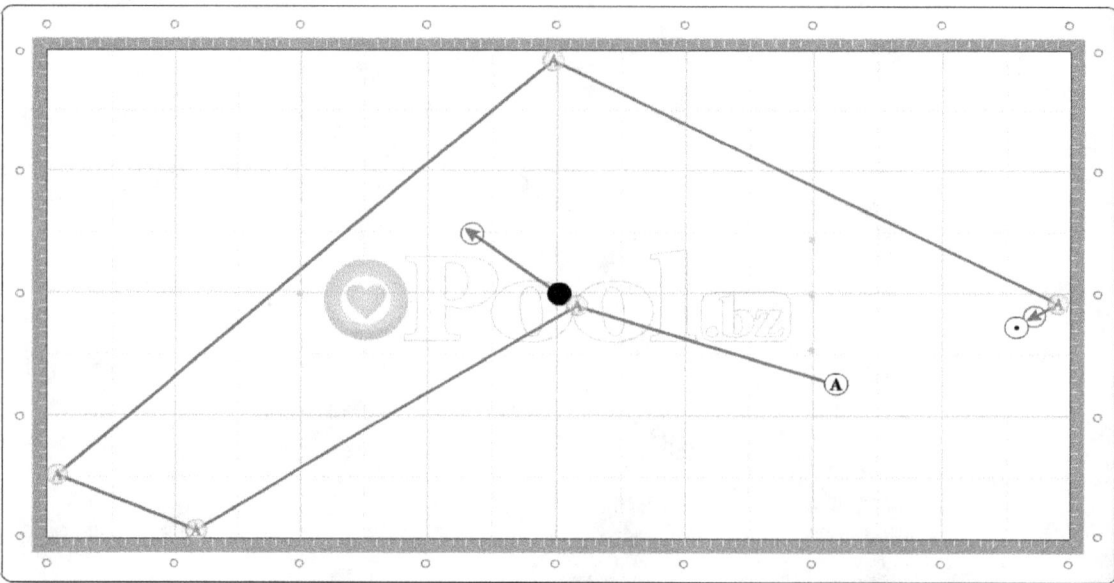

F:3c – Installer

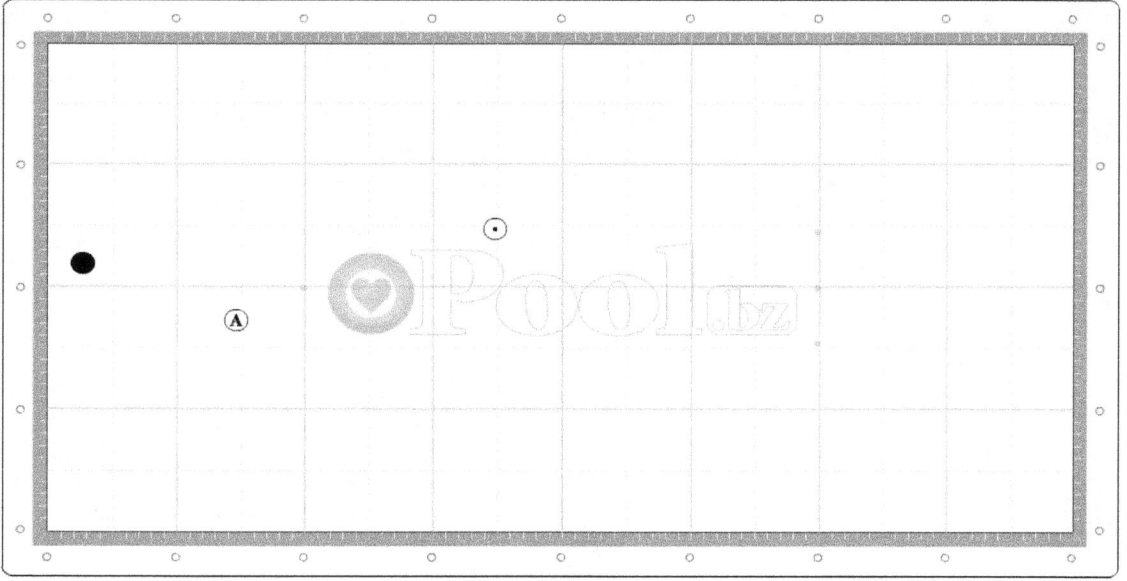

Notes et idées:

Modèle de balle

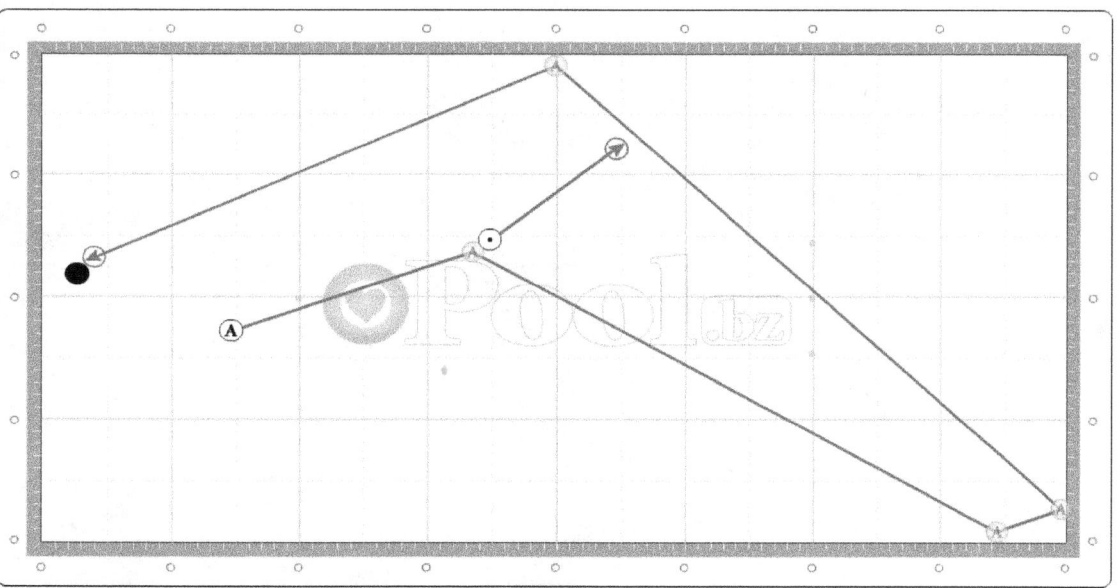

F:3d – Installer

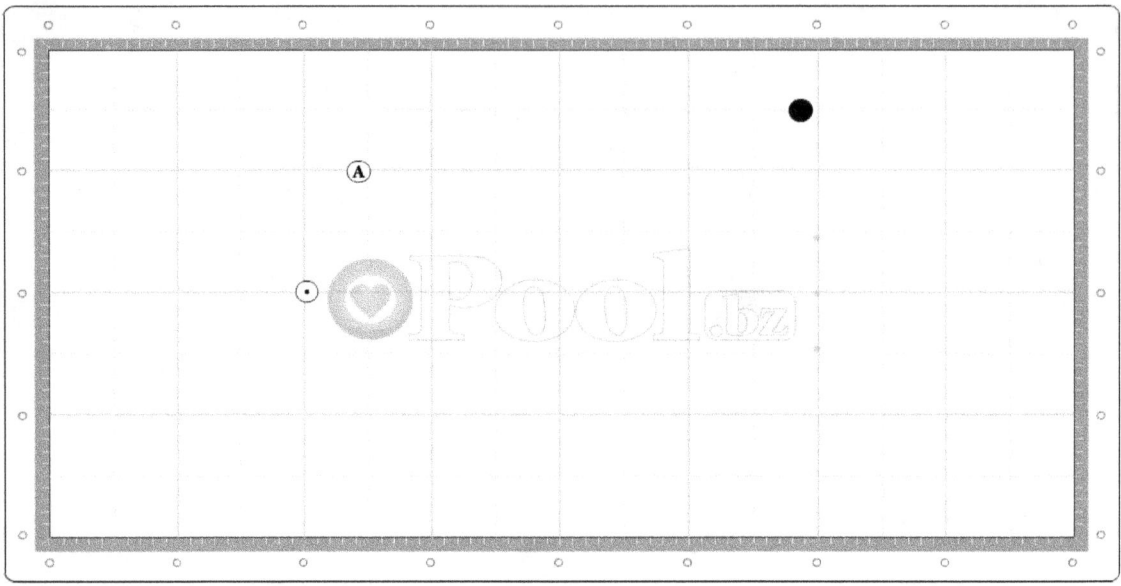

Notes et idées:

Modèle de balle

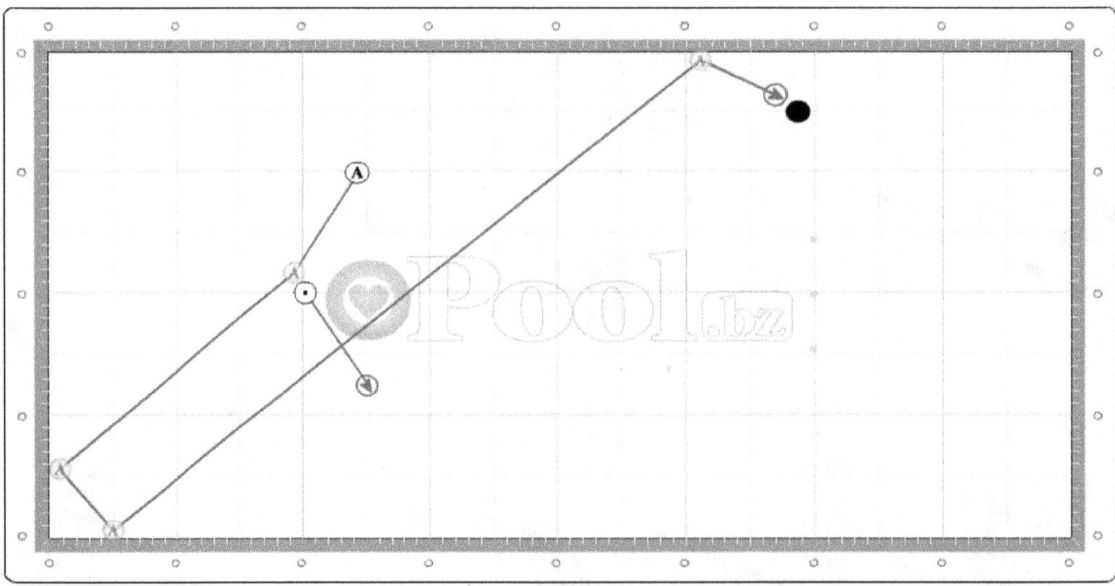

F: Groupe 4

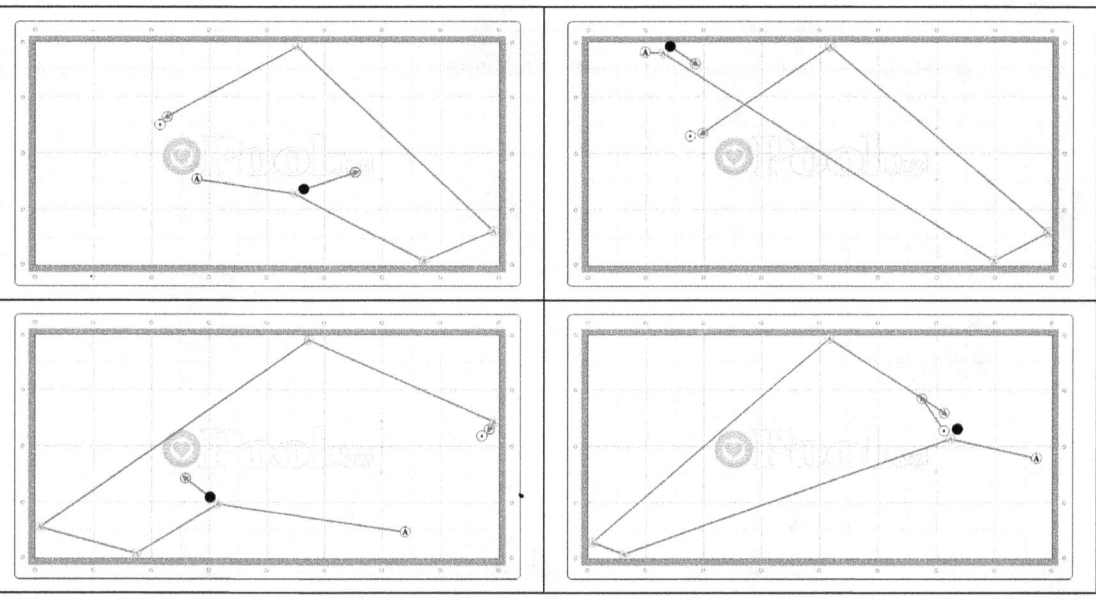

Une analyse:

F:4a. _____

F:4b. _____

F:4c. _____

F:4d. _____

F:4a – Installer

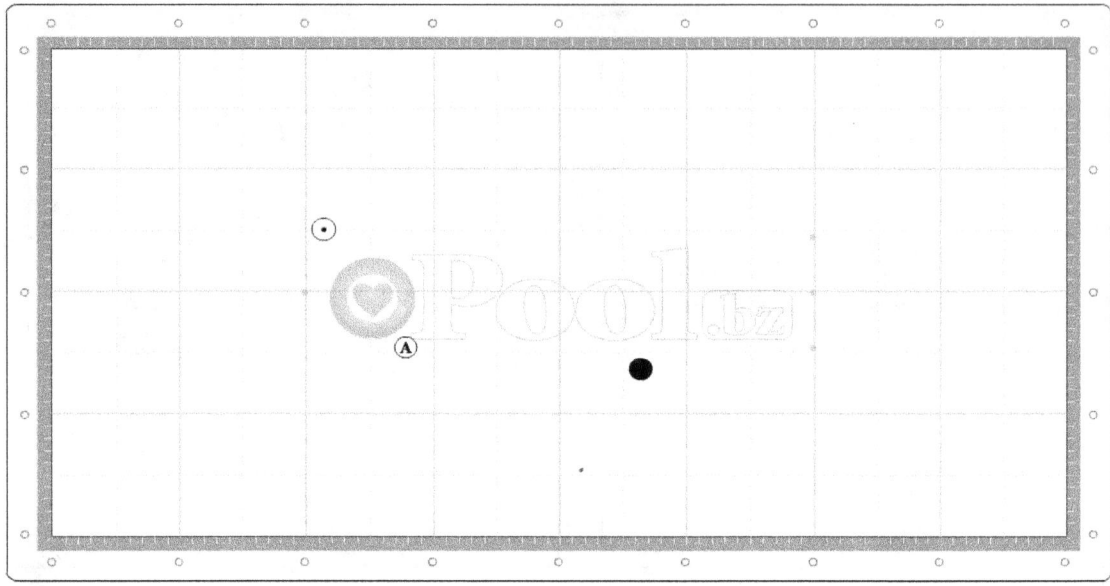

Notes et idées:

Modèle de balle

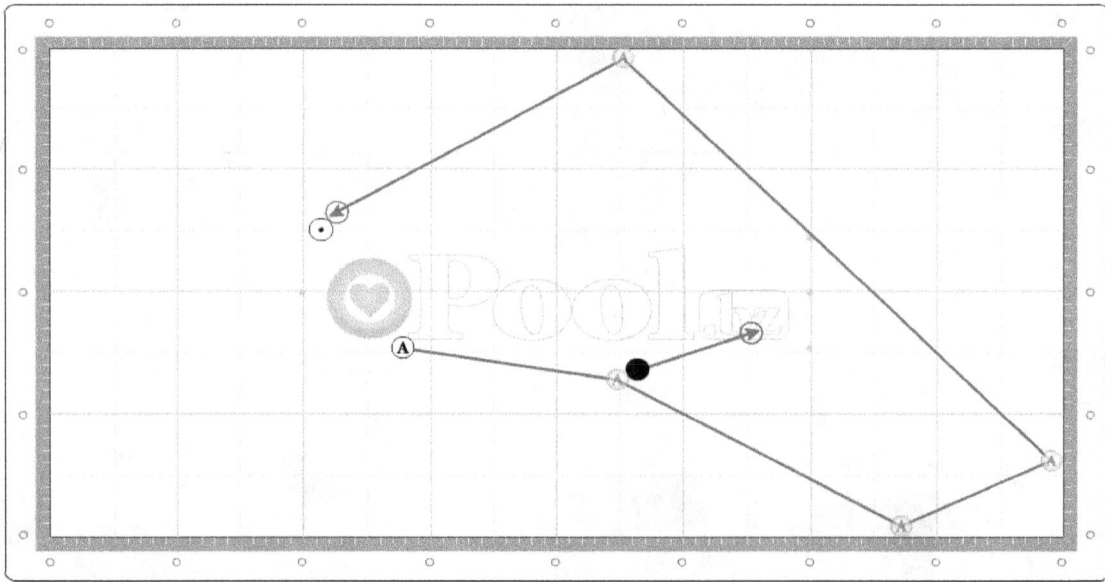

F:4b – Installer

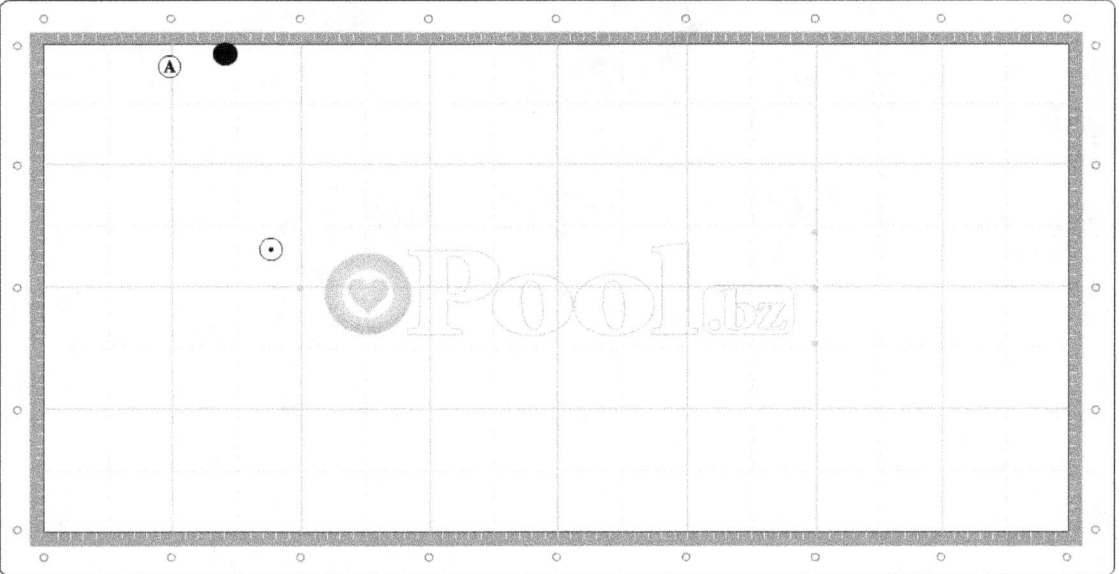

Notes et idées:

Modèle de balle

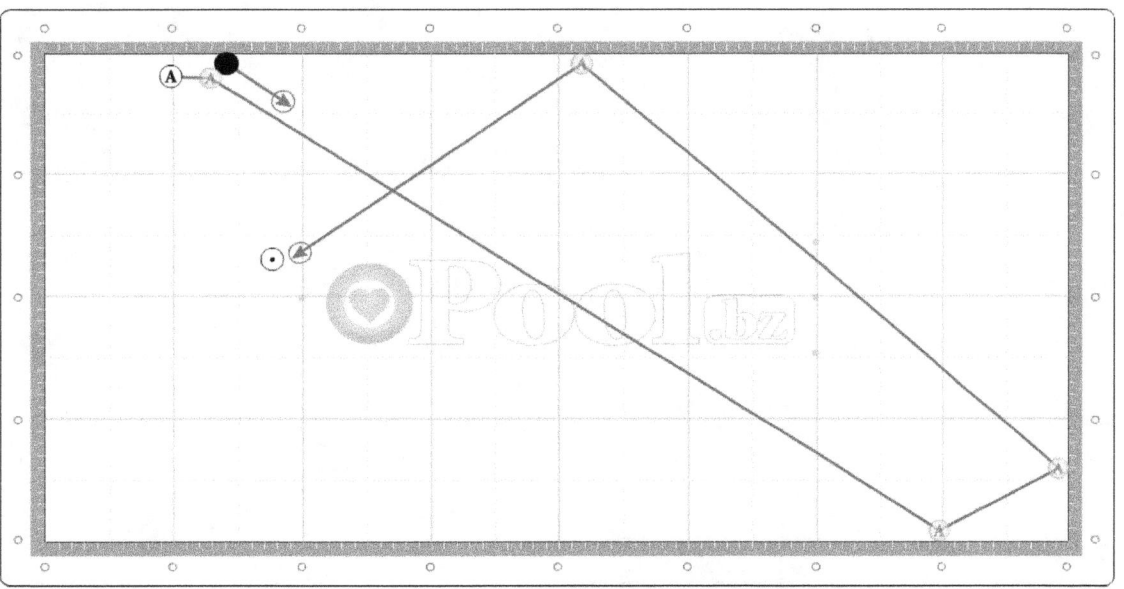

F:4c – Installer

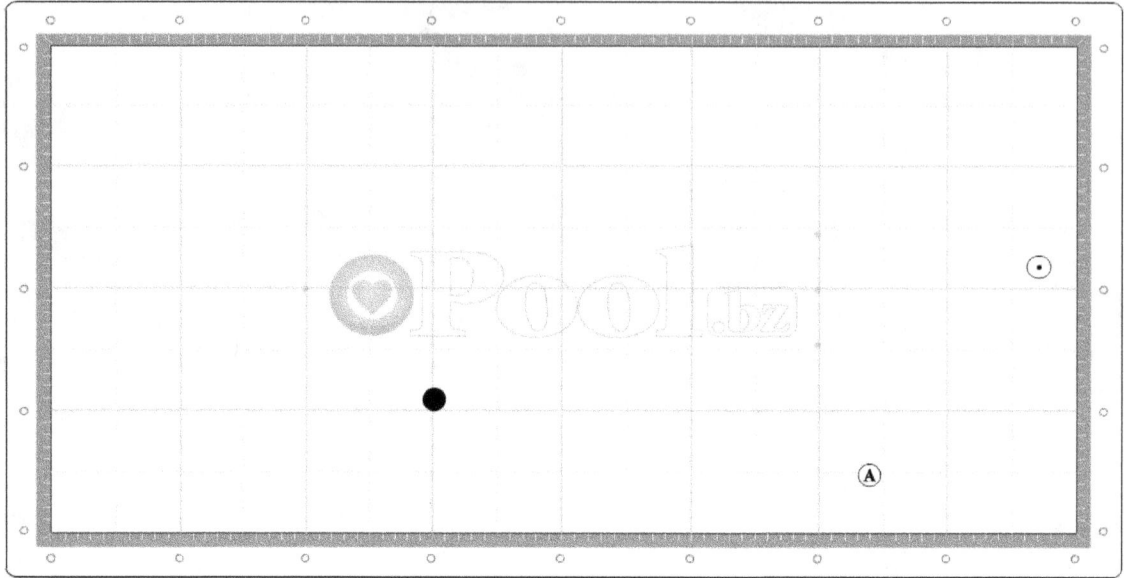

Notes et idées:

Modèle de balle

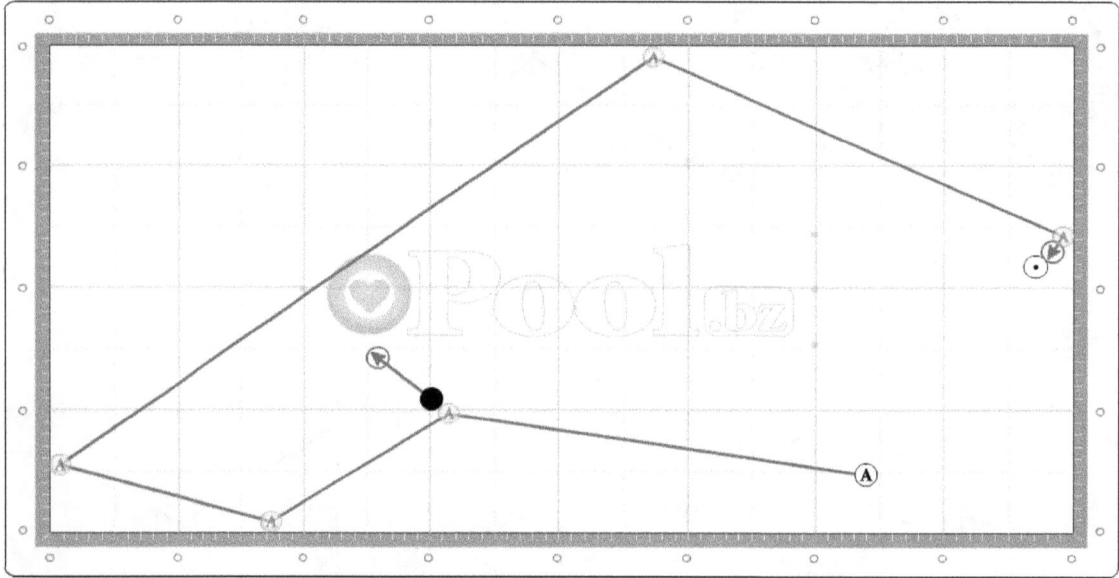

F:4d – Installer

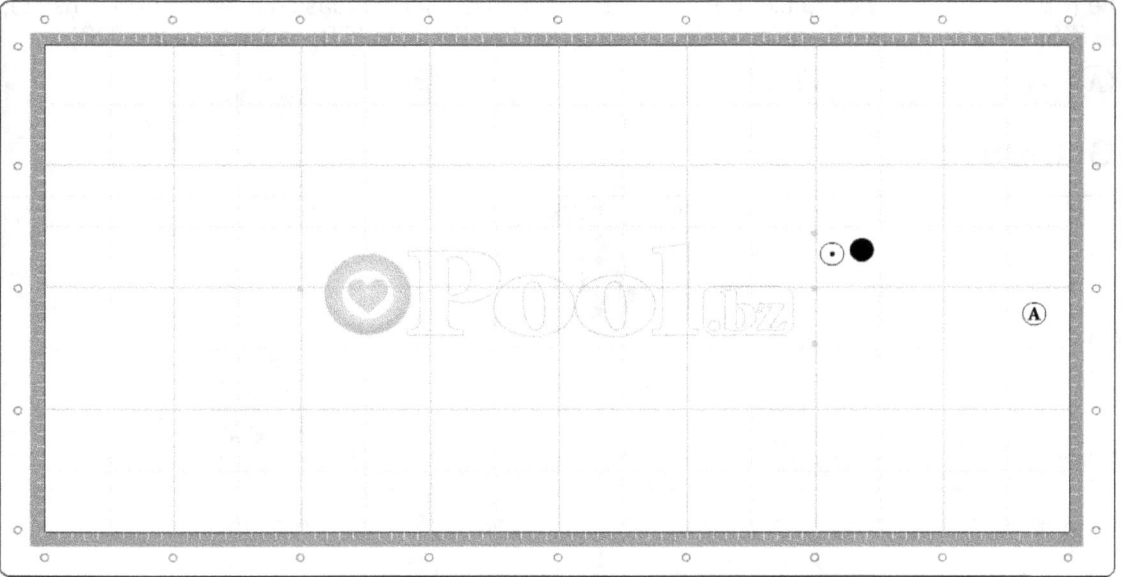

Notes et idées:

Modèle de balle

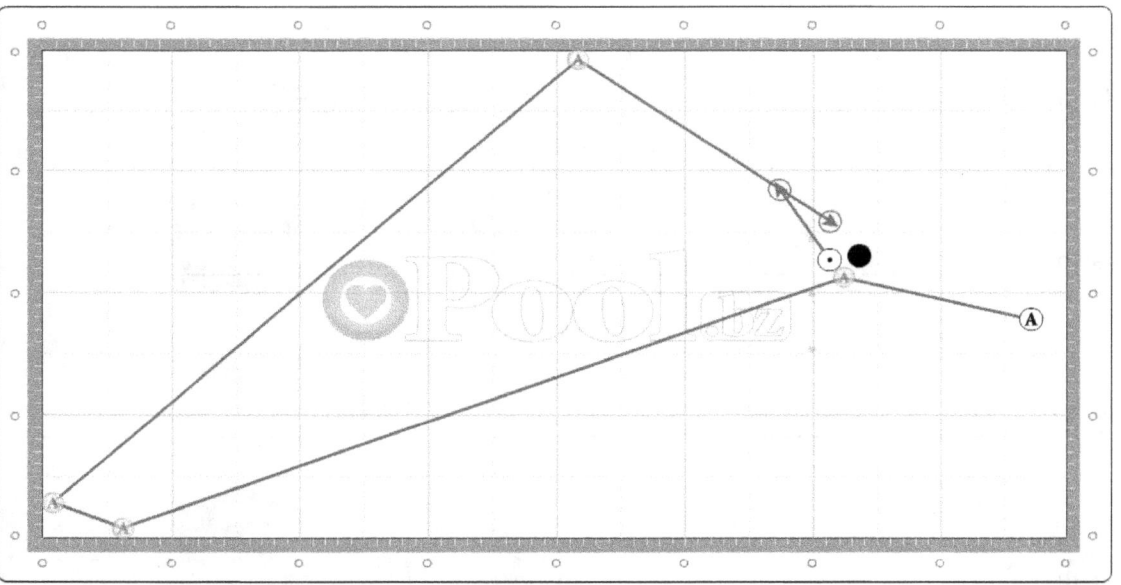

G: Dans le coin (bandas court)

Le (CB) se connecte au premier (OB). Le (CB) va dans le coin, bandas court en premier. Ensuite, le (CB) traverse la table jusqu'au milieu du long bandas. De là, le (CB) contacte l'autre (OB).

Ⓐ (CB) (votre balle) - ⊙ (OB) (balle de l'adversaire) – ● (OB) Balle rouge

G: Groupe 1

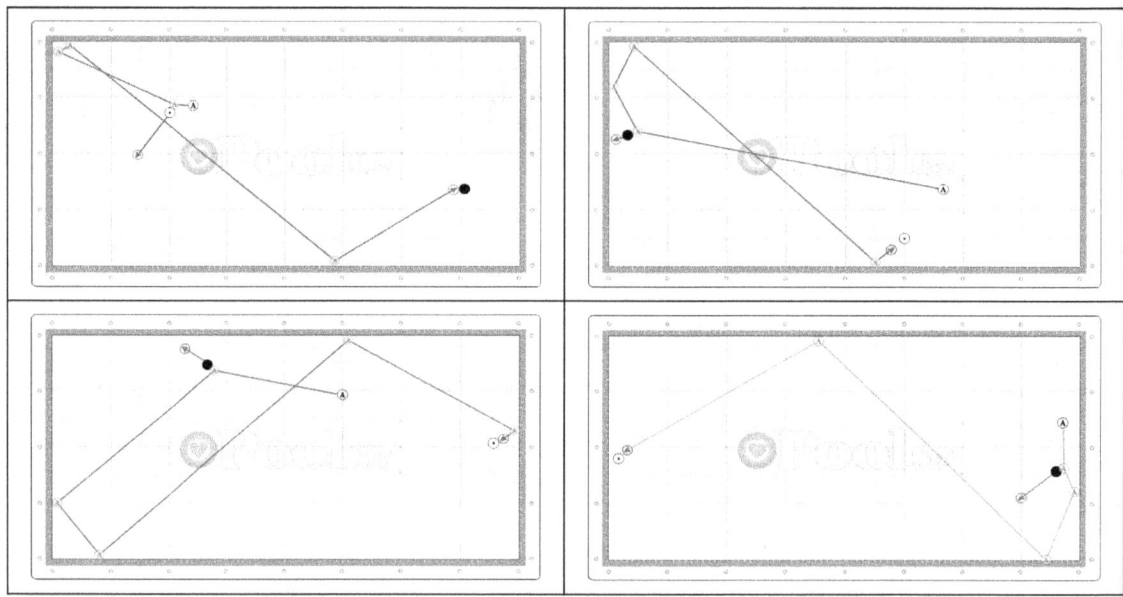

Une analyse:

G:1a. _____

G:1b. _____

G:1c. _____

G:1d. _____

G:1a – Installer

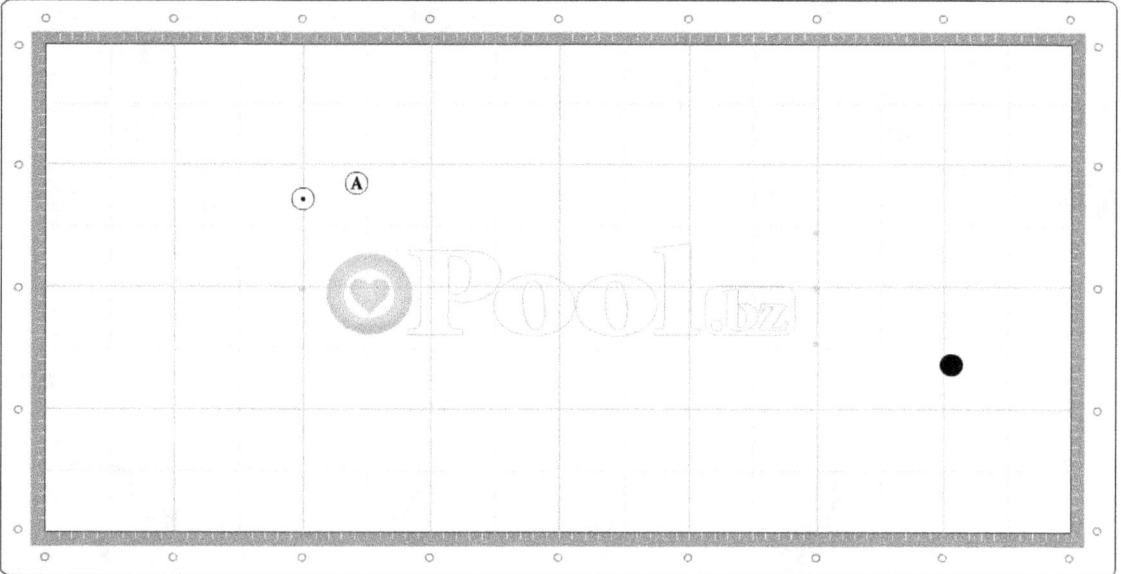

Notes et idées:

Modèle de balle

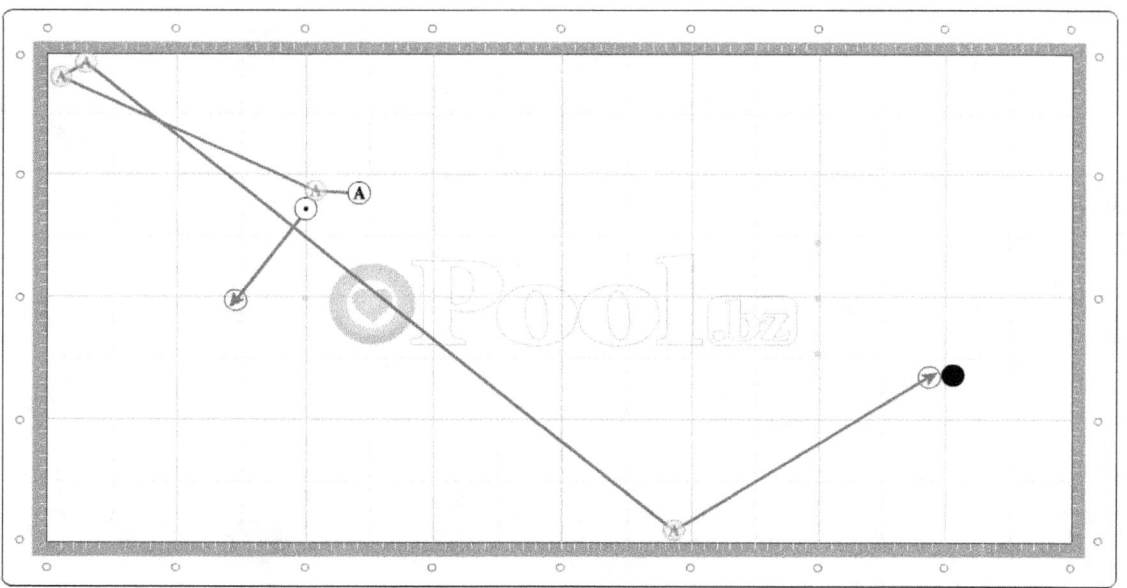

G:1b – Installer

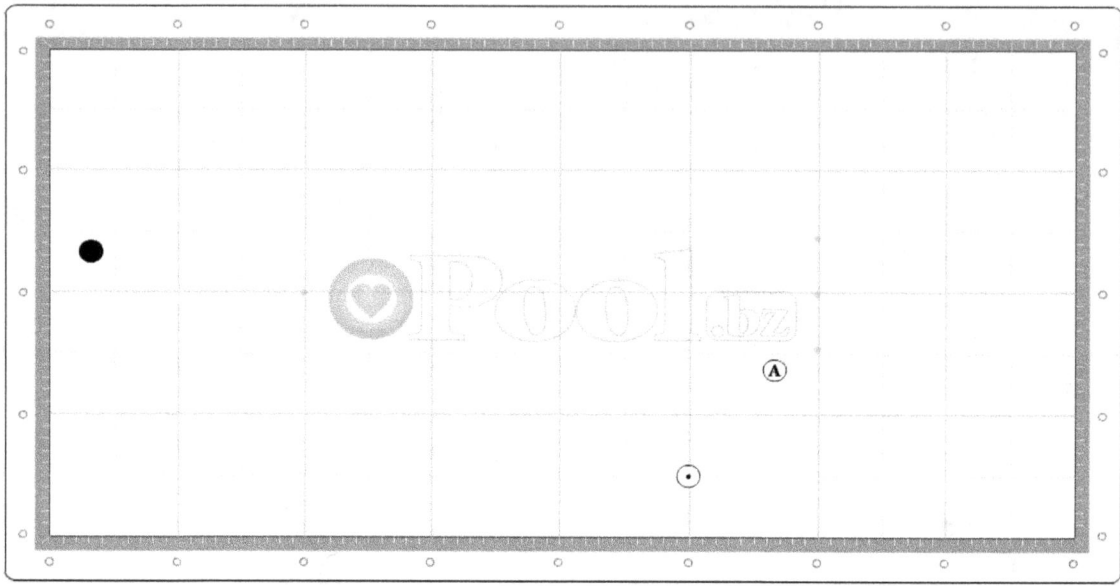

Notes et idées:

Modèle de balle

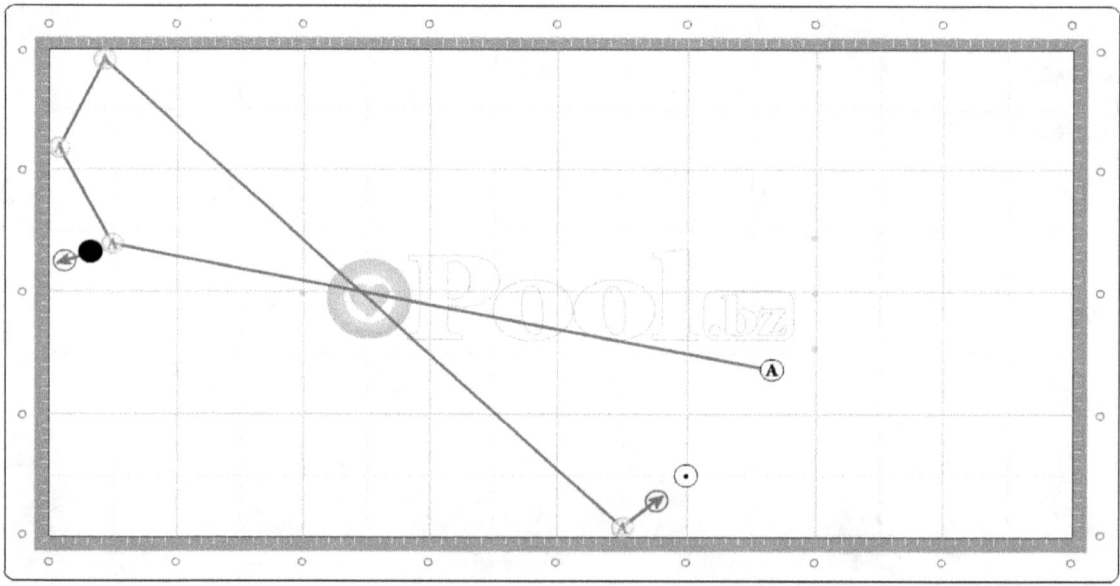

G:1c – Installer

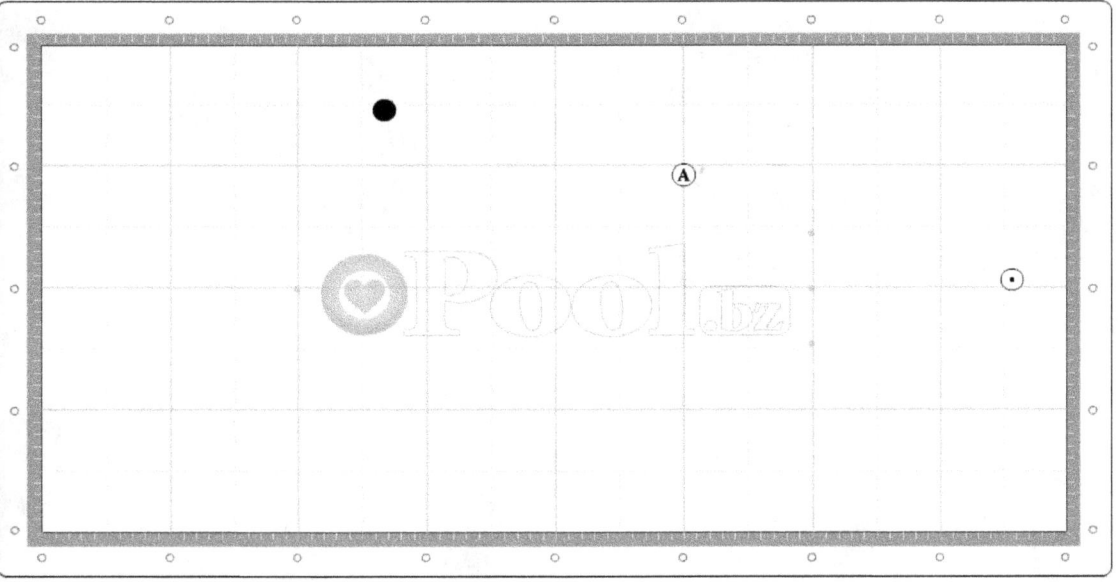

Notes et idées:

Modèle de balle

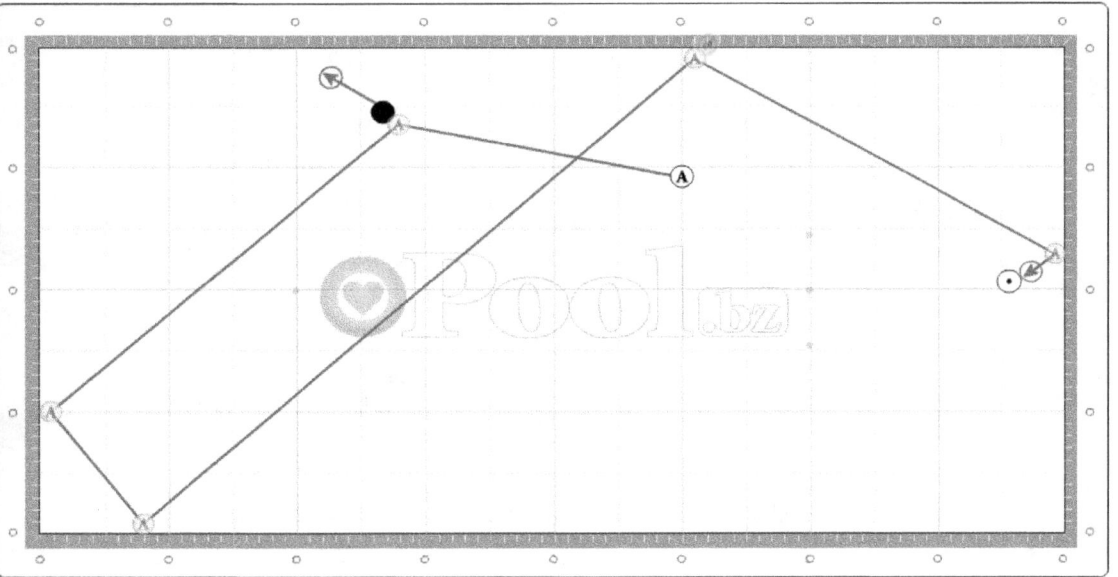

G:1d – Installer

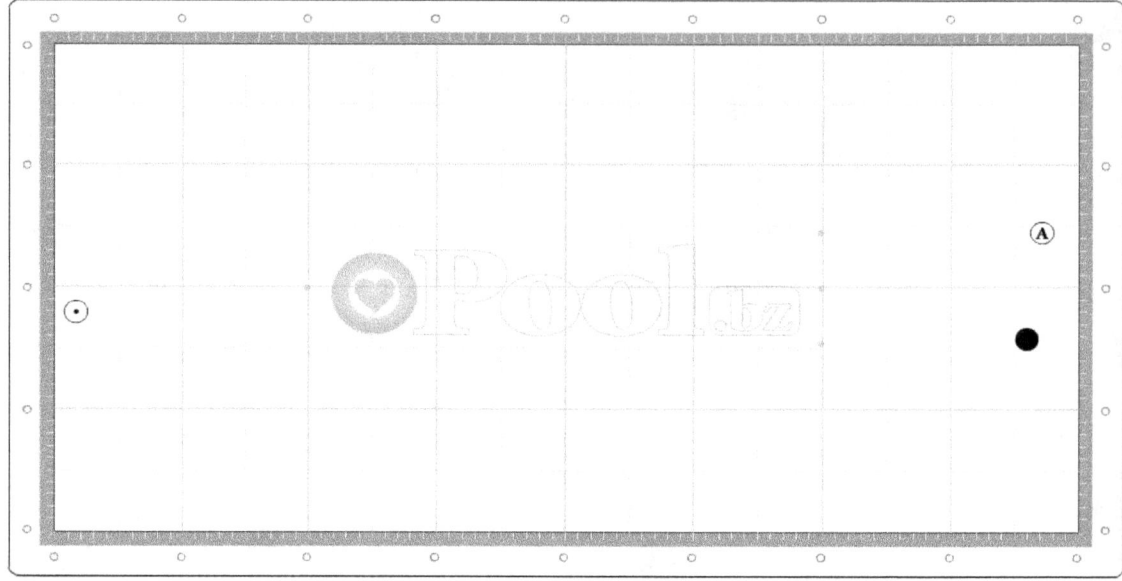

Notes et idées:

Modèle de balle

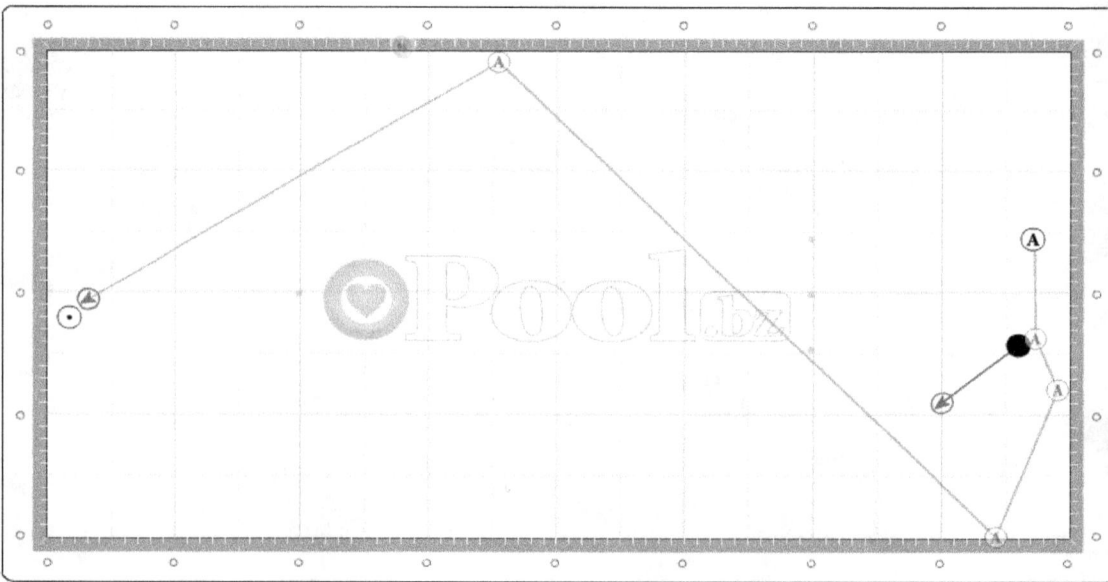

G: Groupe 2

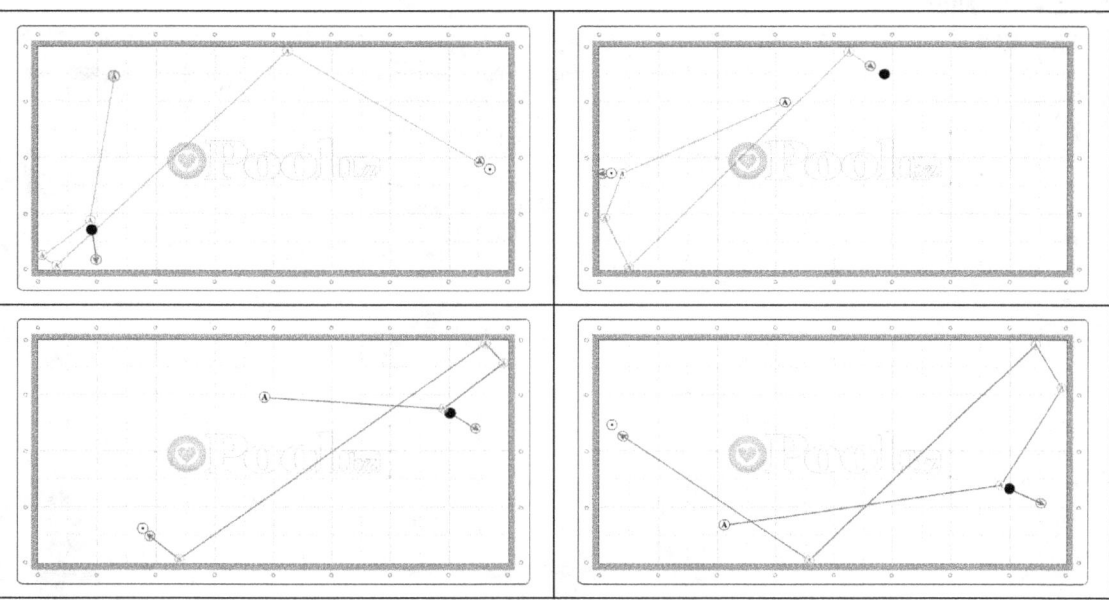

Une analyse:

G:2a. _____

G:2b. _____

G:2c. _____

G:2d. _____

G:2a – Installer

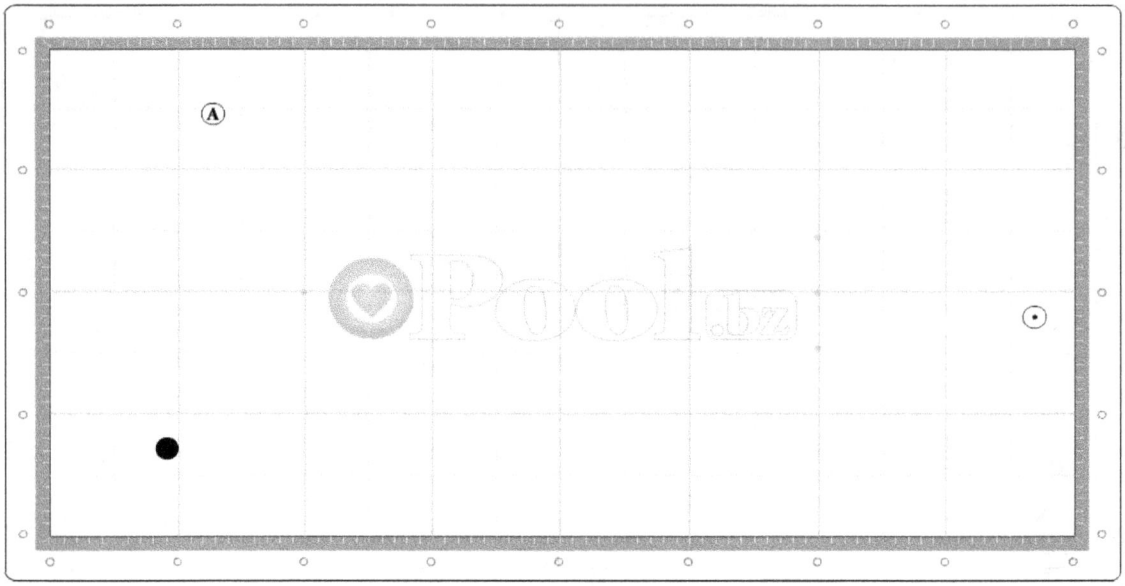

Notes et idées:

Modèle de balle

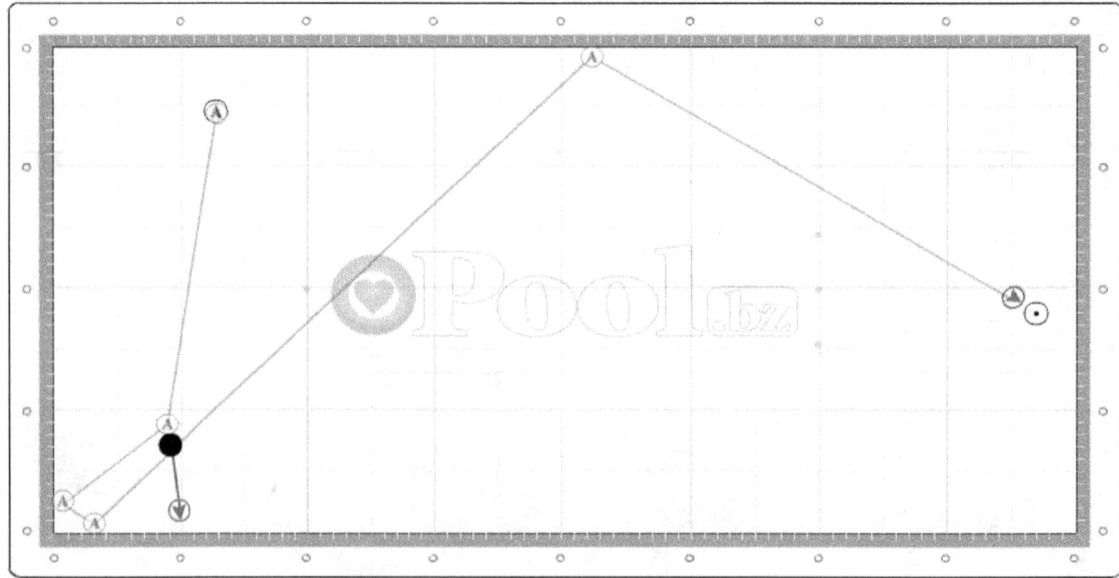

G:2b – Installer

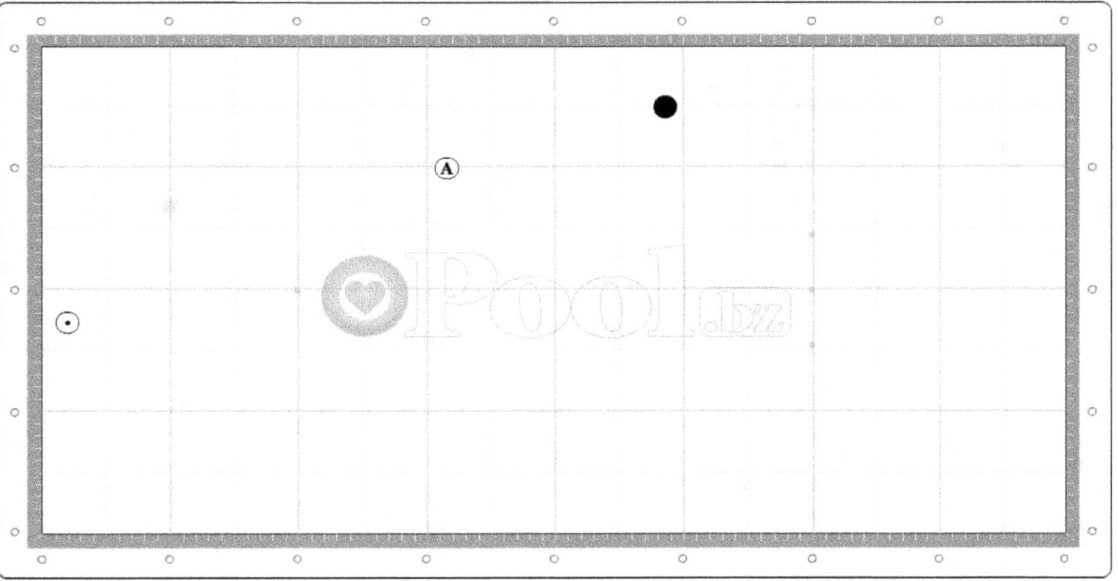

Notes et idées:

Modèle de balle

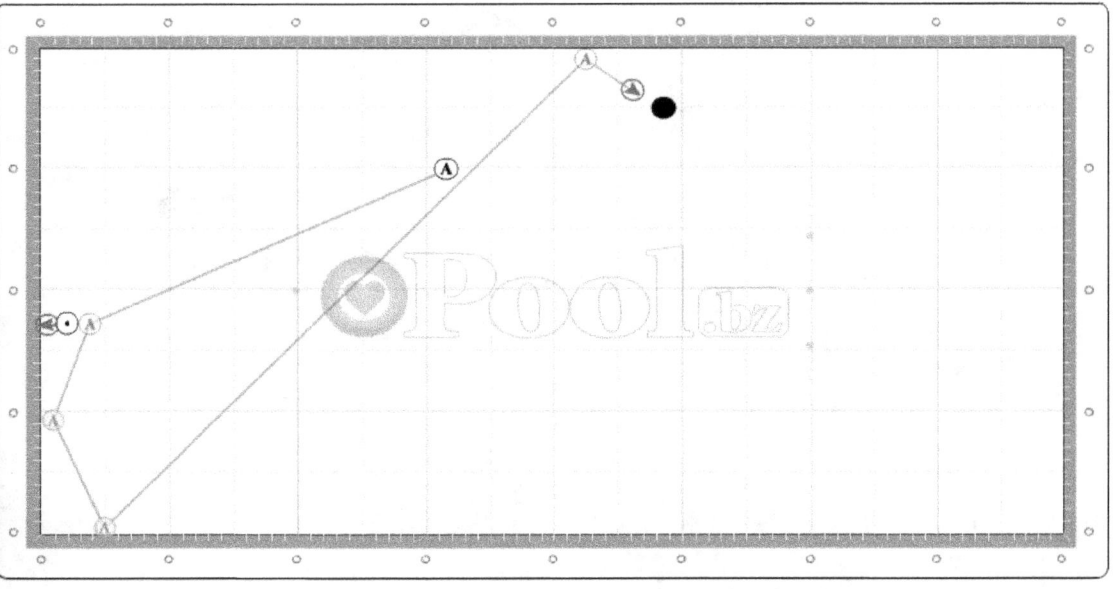

G:2c – Installer

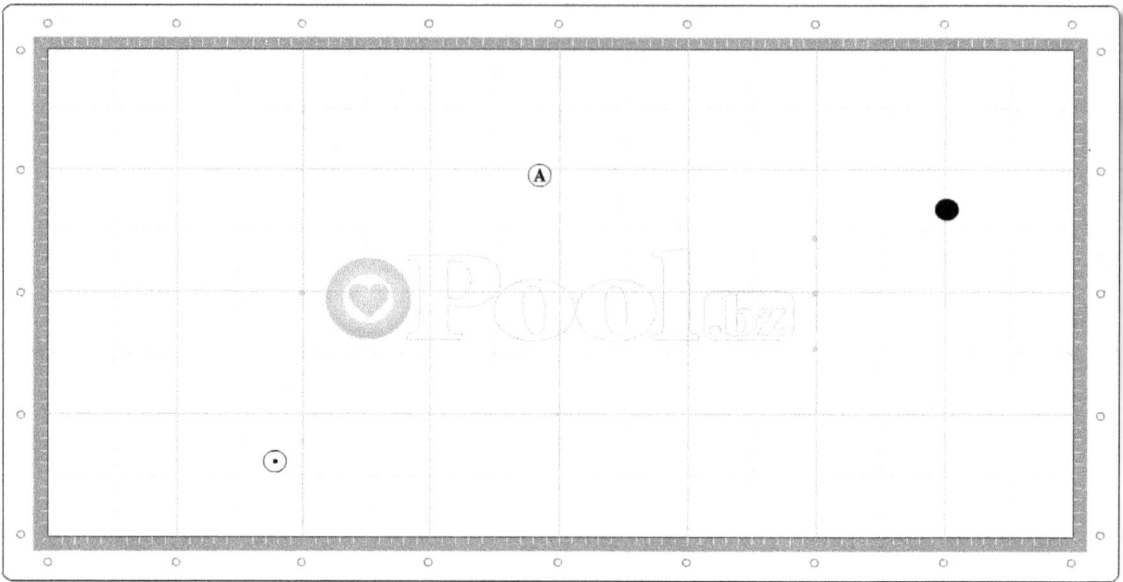

Notes et idées:

Modèle de balle

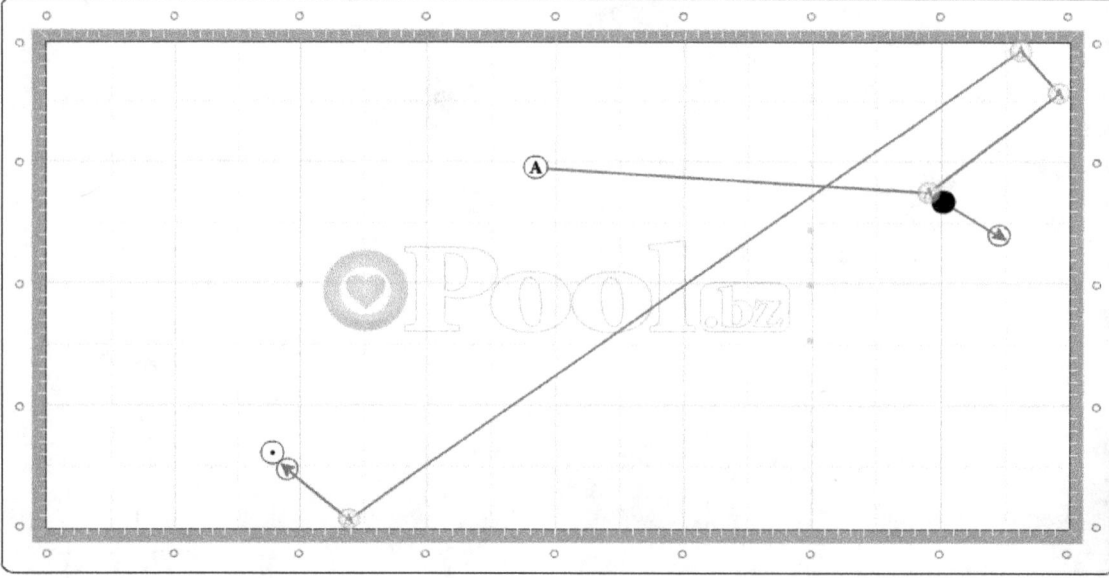

G:3d – Installer

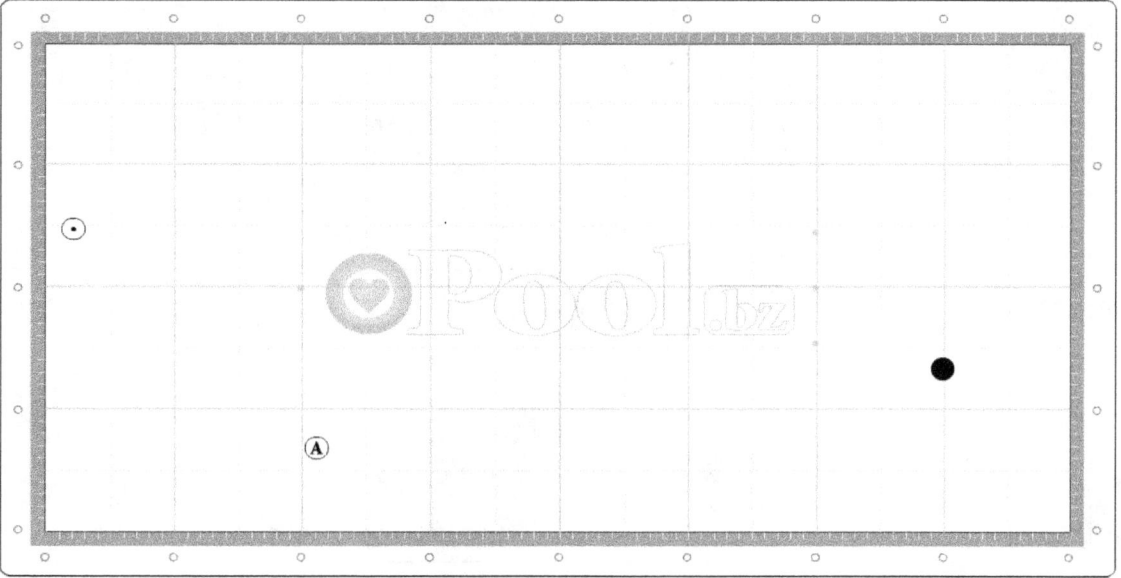

Notes et idées:

Modèle de balle

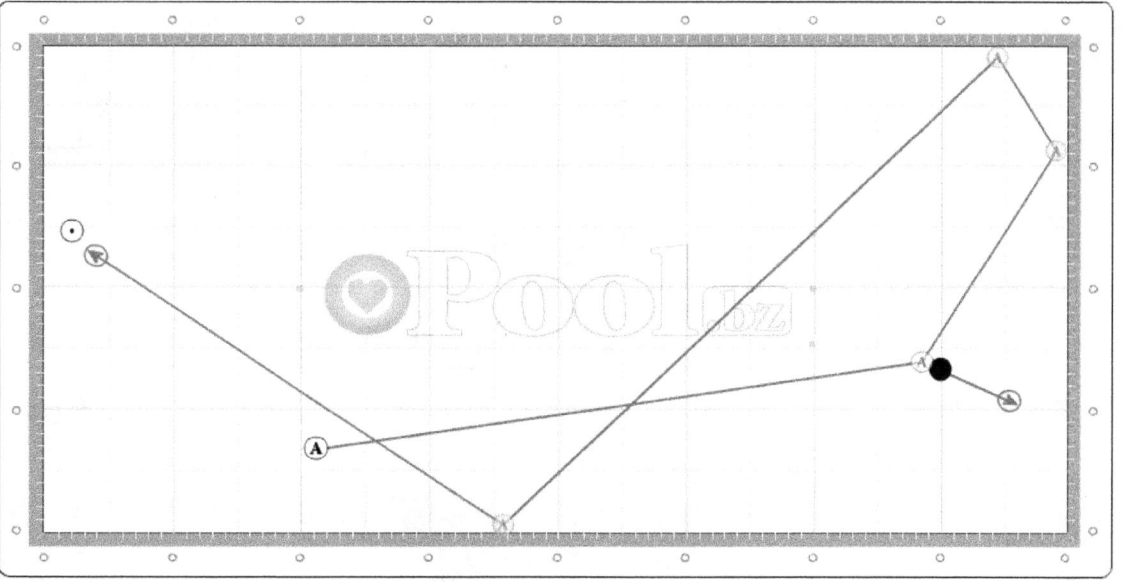

G: Groupe 3

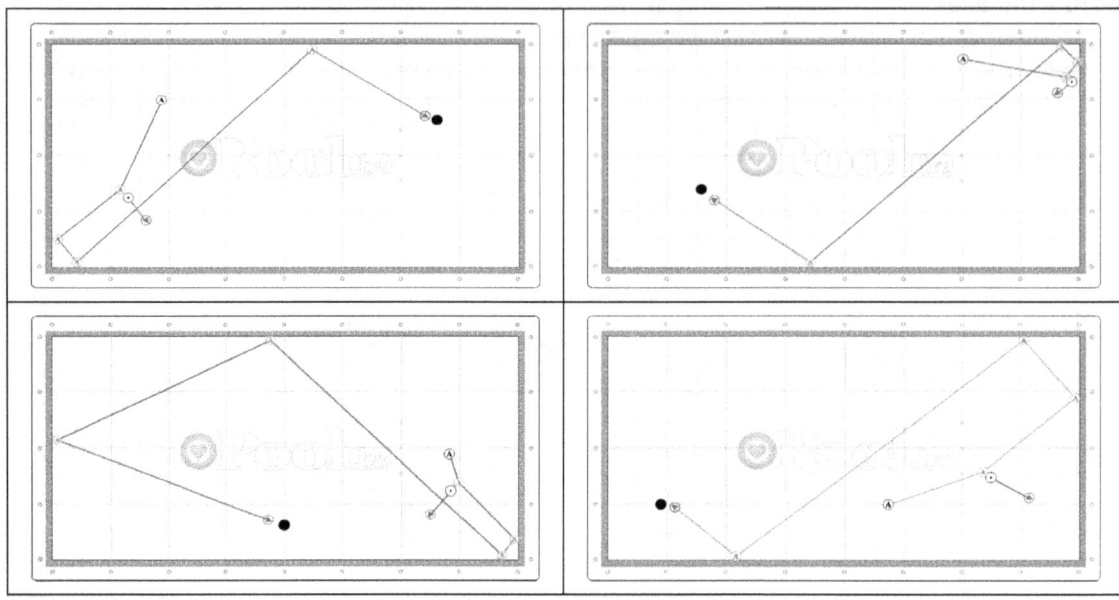

Une analyse:

G:3a. _____

G:3b. _____

G:3c. _____

G:3d. _____

G:3a – Installer

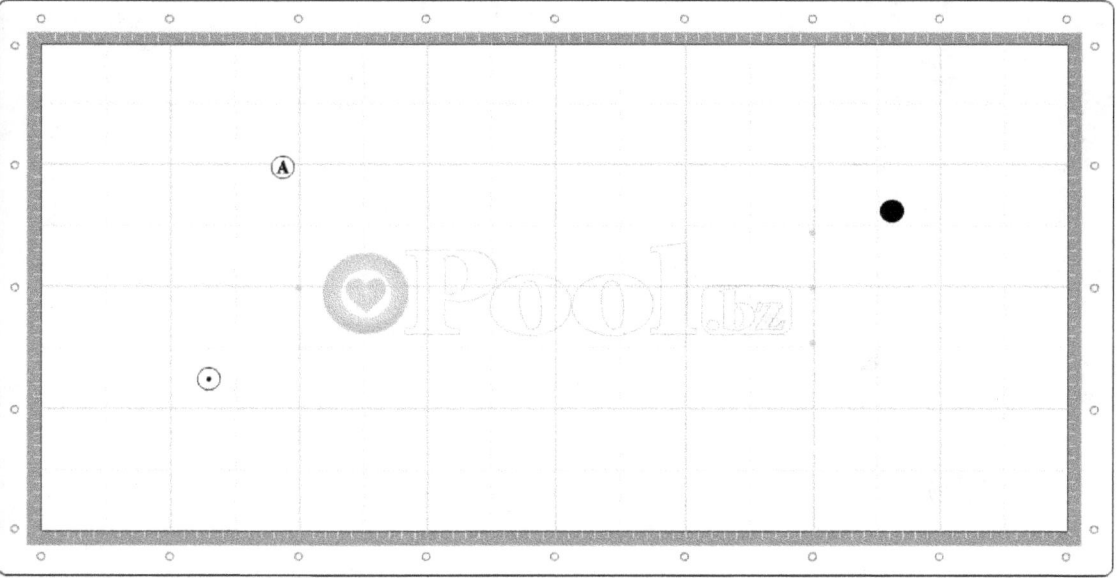

Notes et idées:

Modèle de balle

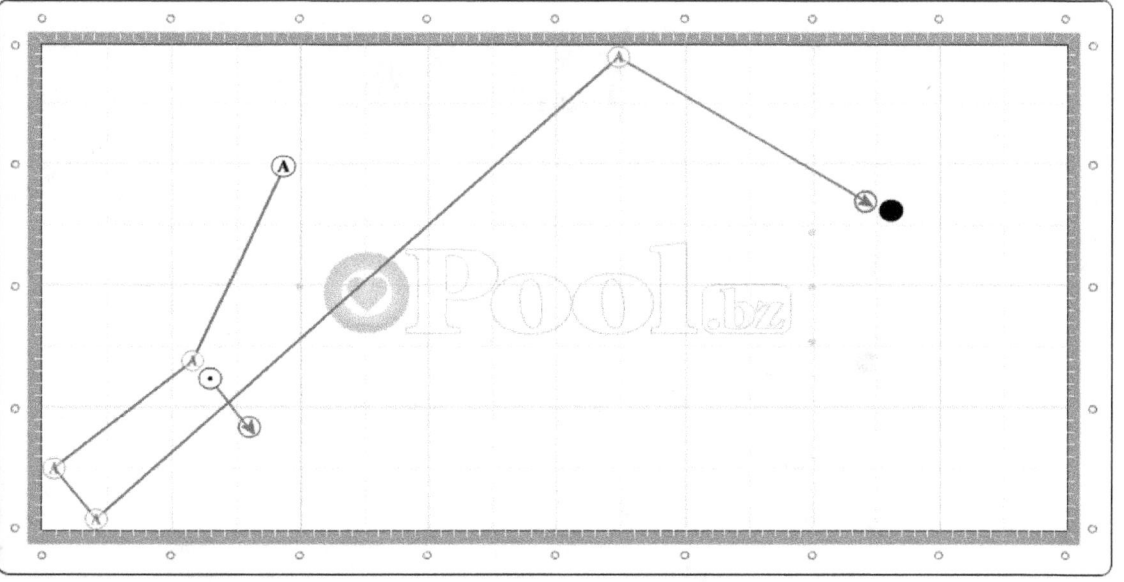

G:3b – Installer

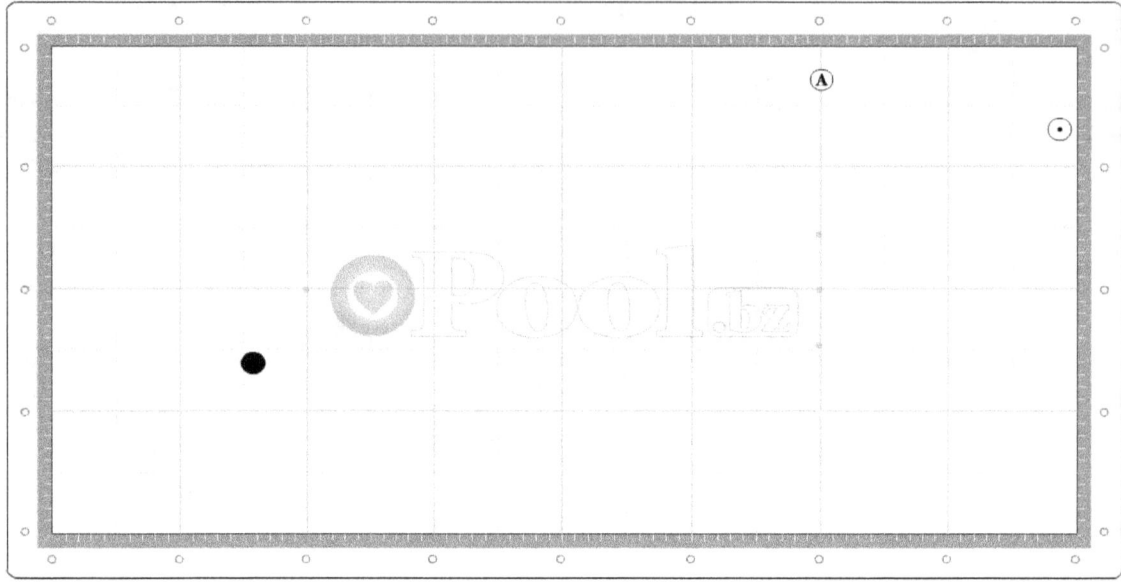

Notes et idées:

Modèle de balle

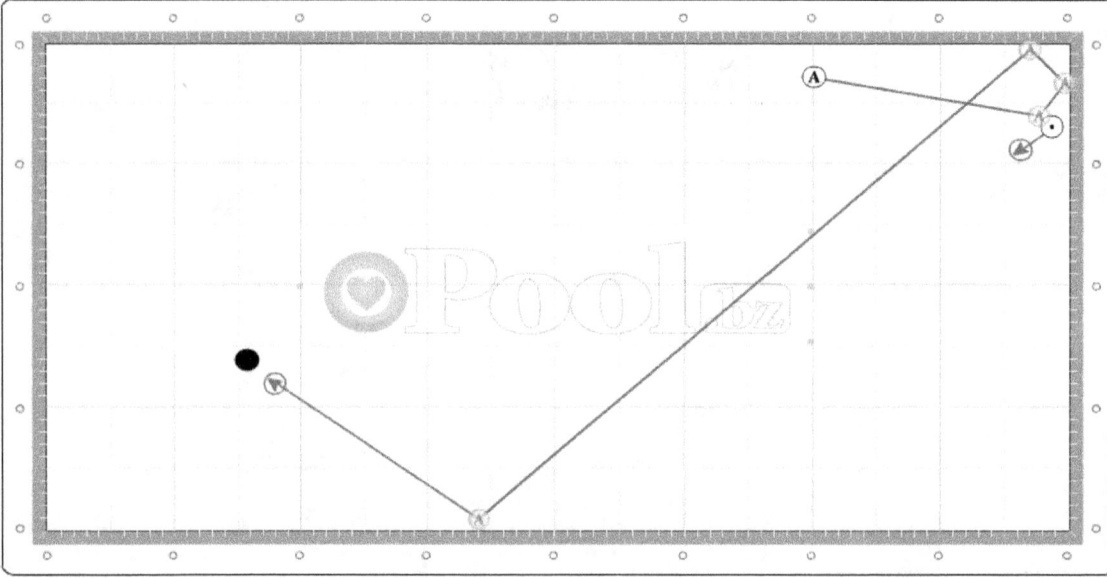

G:3c – Installer

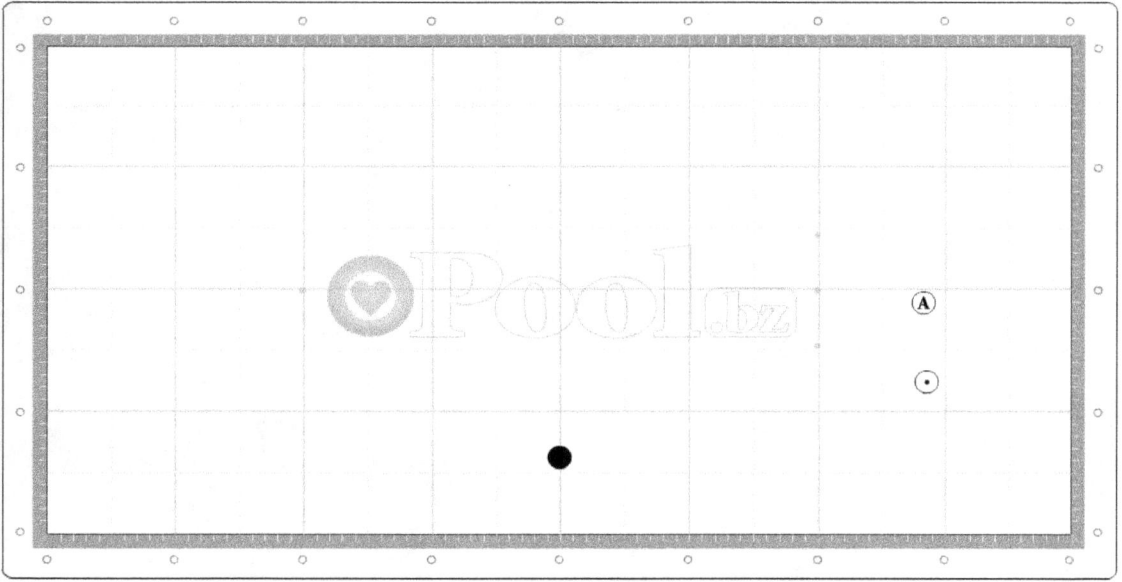

Notes et idées:

Modèle de balle

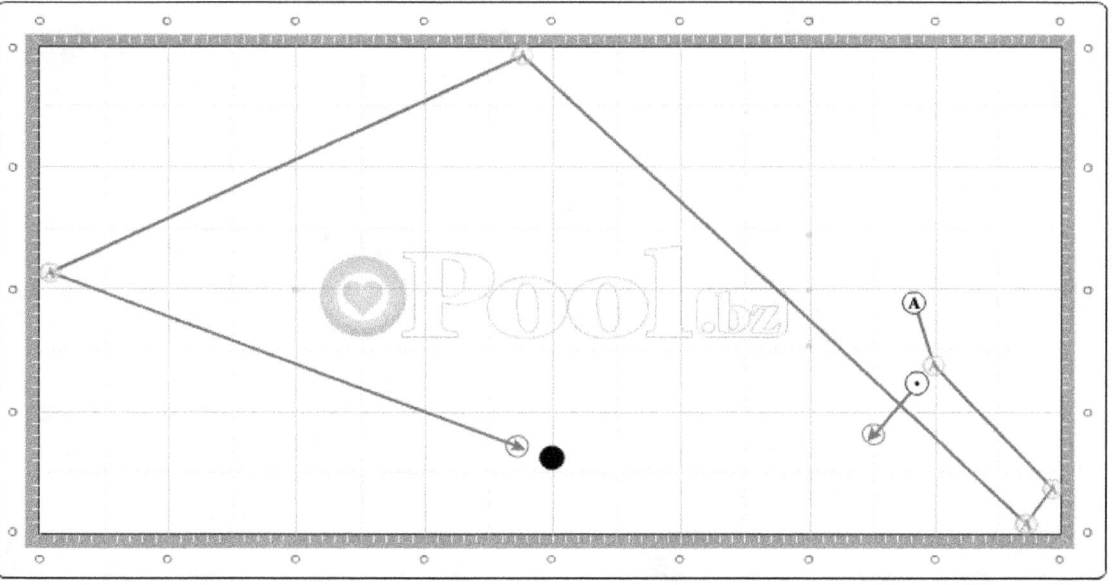

G:3d – Installer

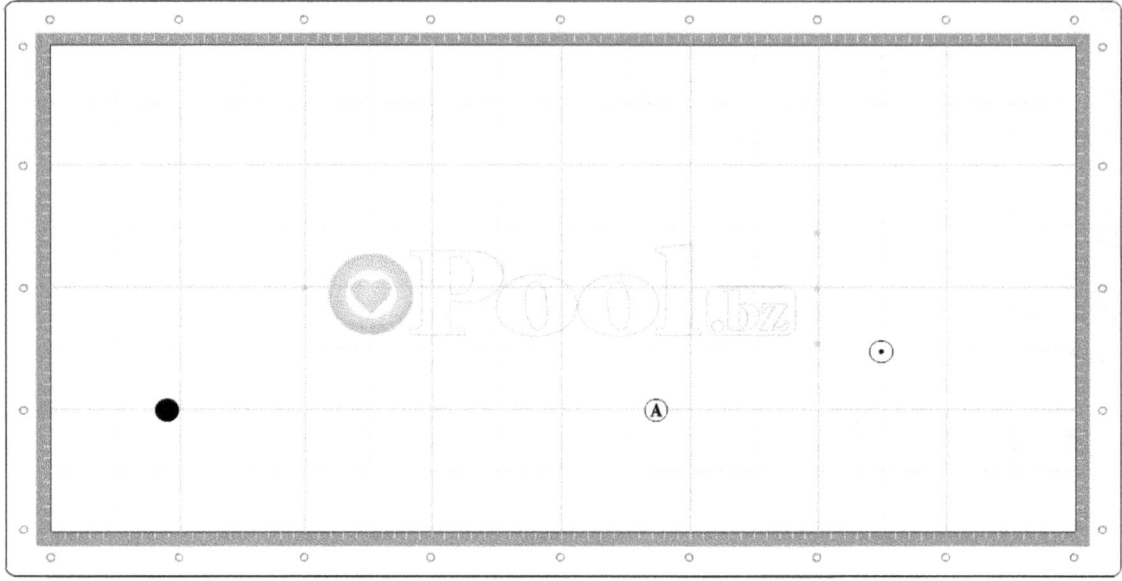

Notes et idées:

Modèle de balle

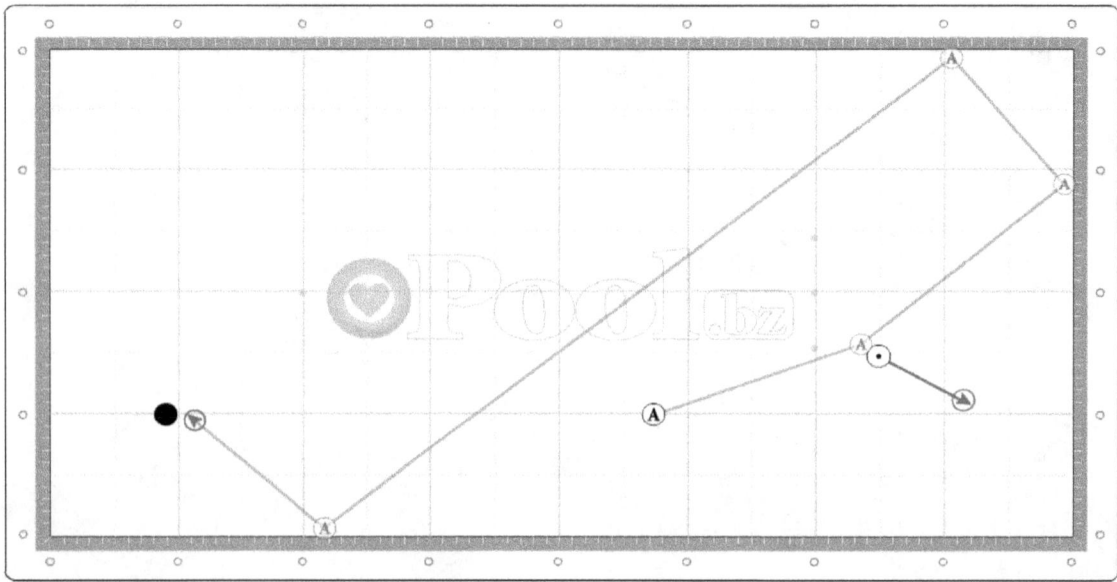

H: Crochet double basique

Sur ces courbes, le (CB) sort du premier (OB) dans le coin - le bandas long en premier et monte la colline jusqu'au milieu du long bandas. Du côté de la descente, le (CB) entre et sort du coin opposé - une situation de cinq bandas.

Ⓐ (CB) (votre balle) - ⊙ (OB) (balle de l'adversaire) – ● (OB) Balle rouge

H: Groupe 1

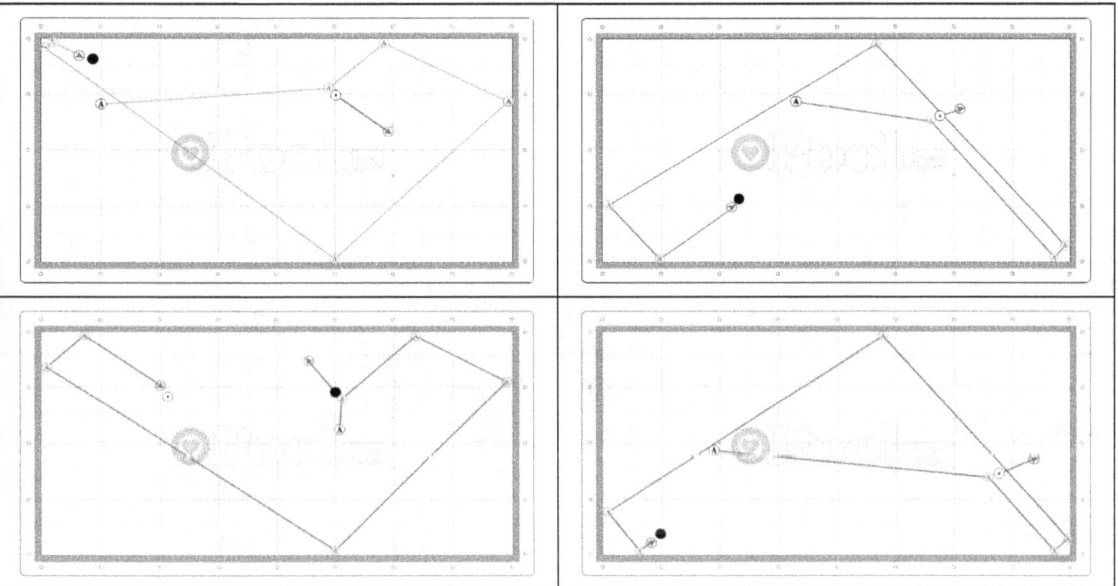

Une analyse:

H:1a. _____

H:1b. _____

H:1c. _____

H:1d. _____

H:1a – Installer

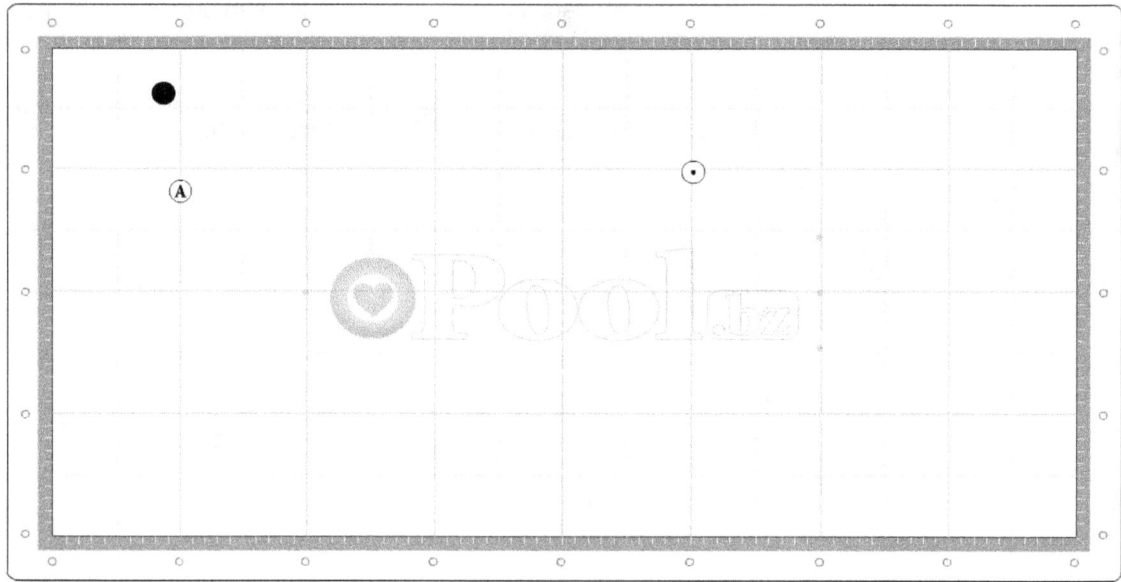

Notes et idées:

Modèle de balle

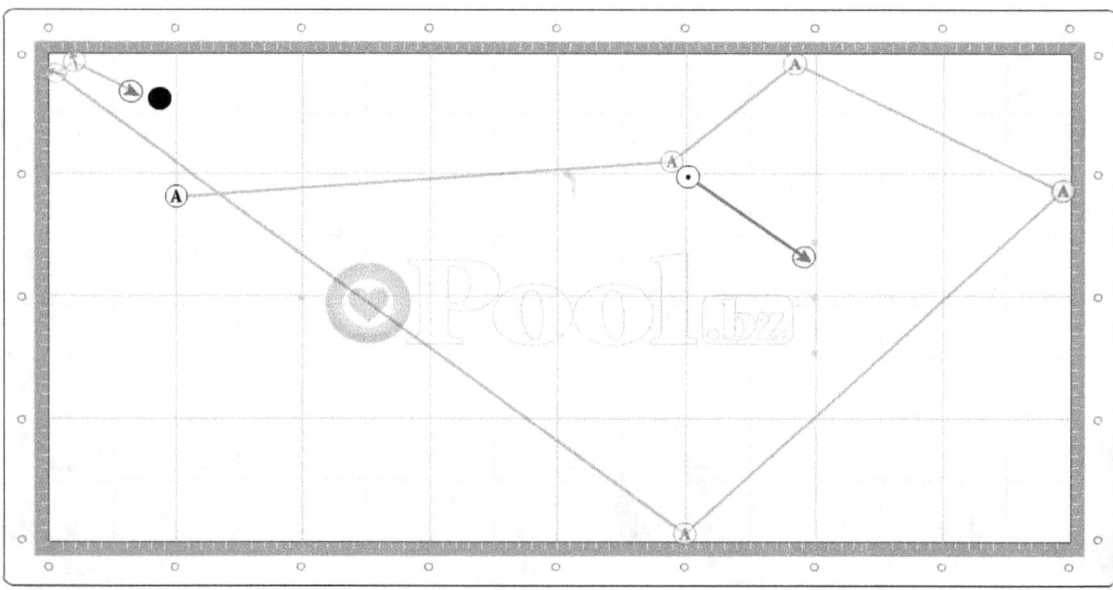

H:1b – Installer

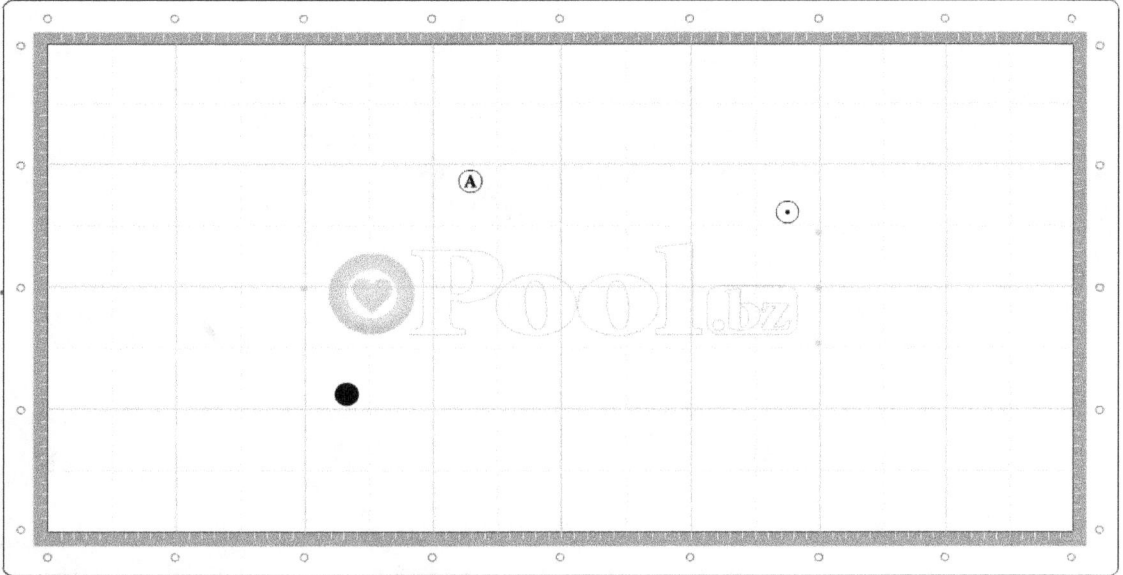

Notes et idées:

Modèle de balle

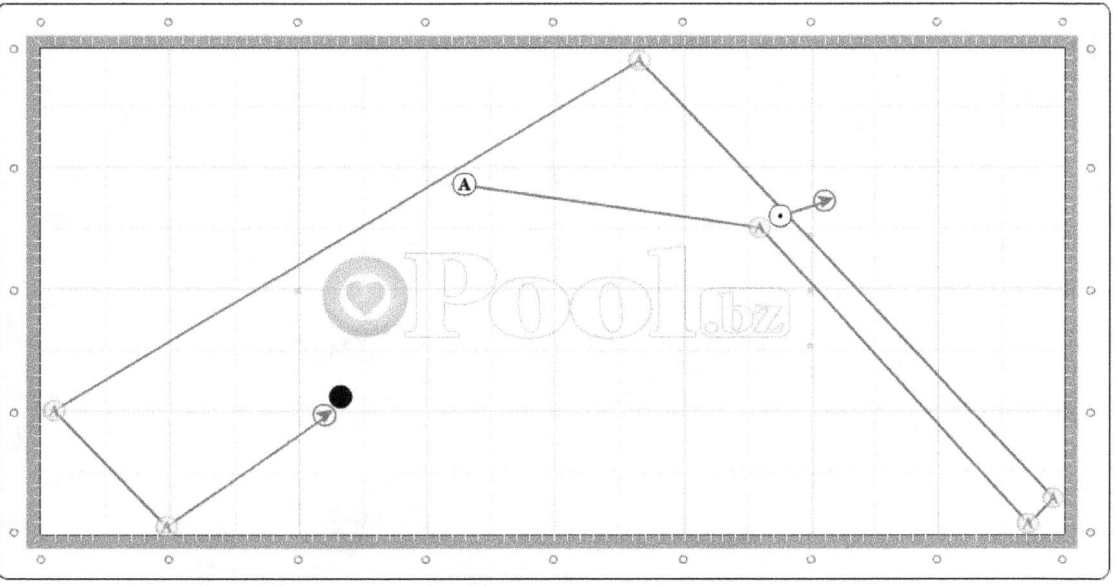

H:1c – Installer

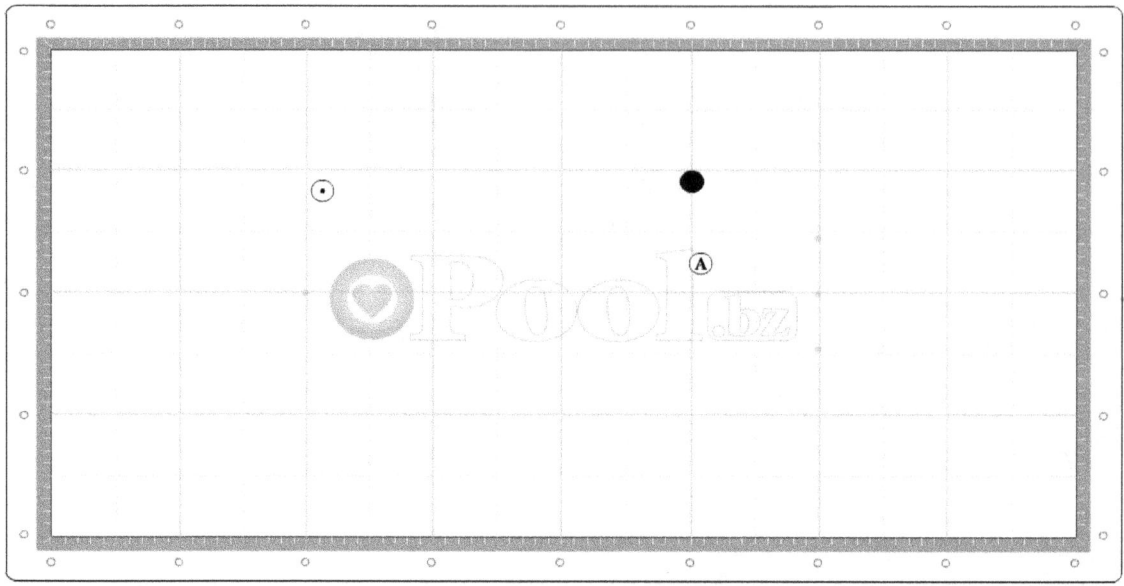

Notes et idées:

Modèle de balle

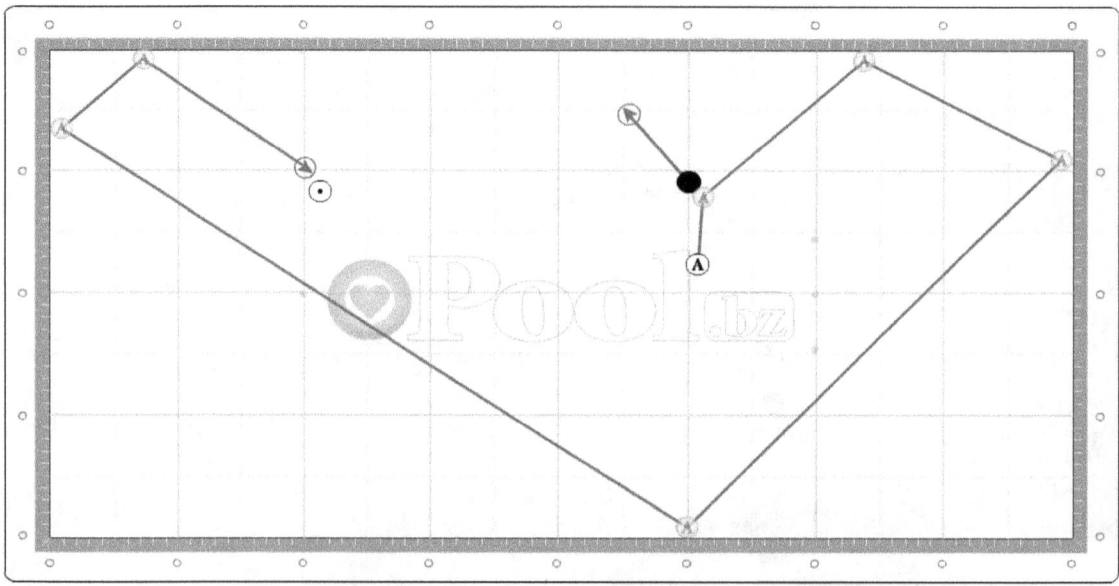

H:1d – Installer

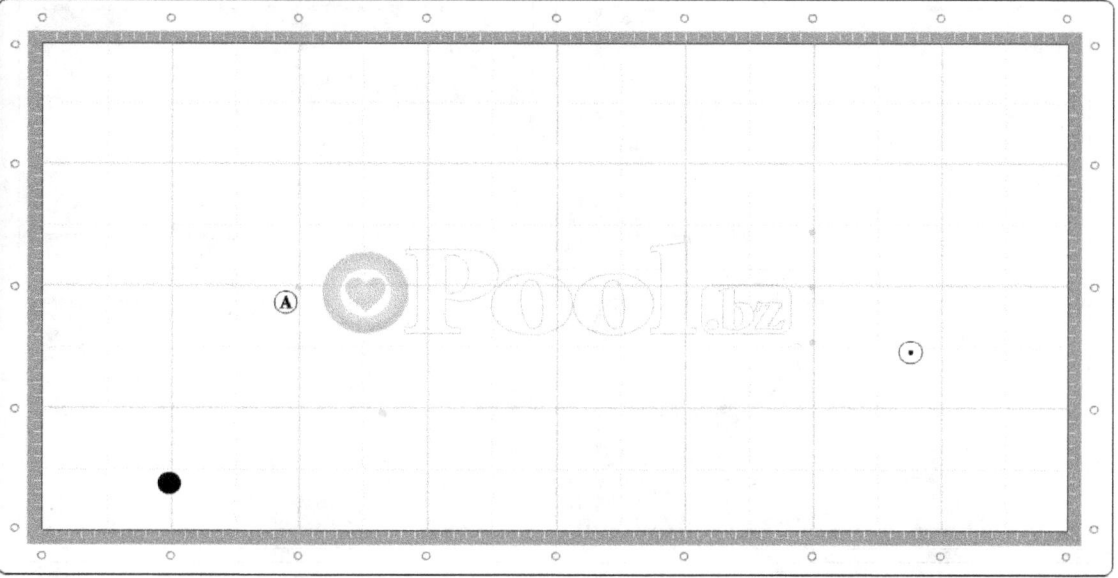

Notes et idées:

Modèle de balle

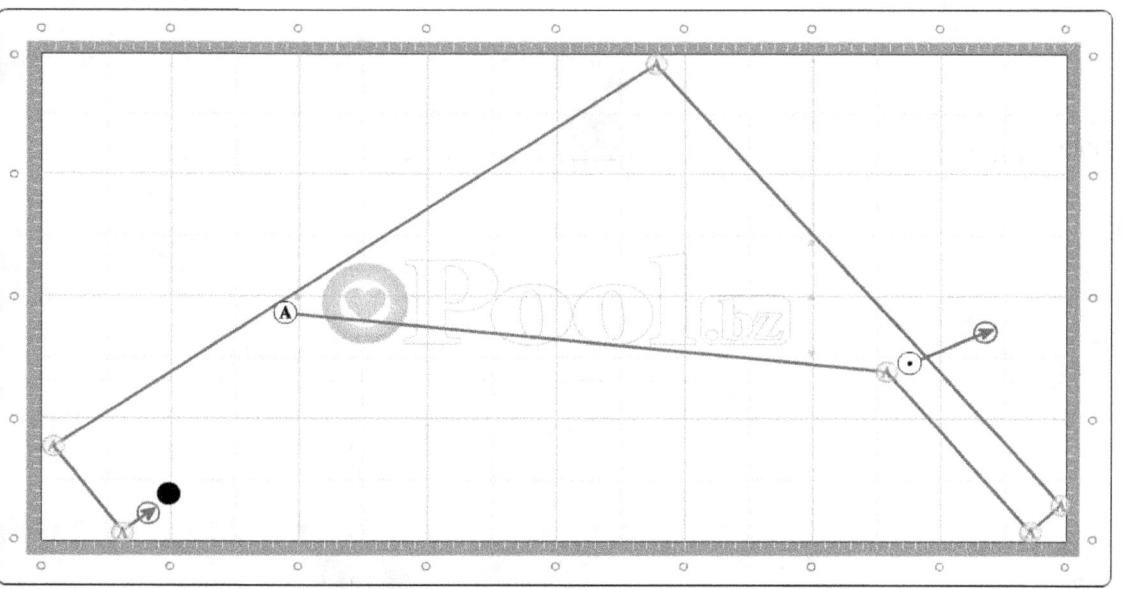

H: Groupe 2

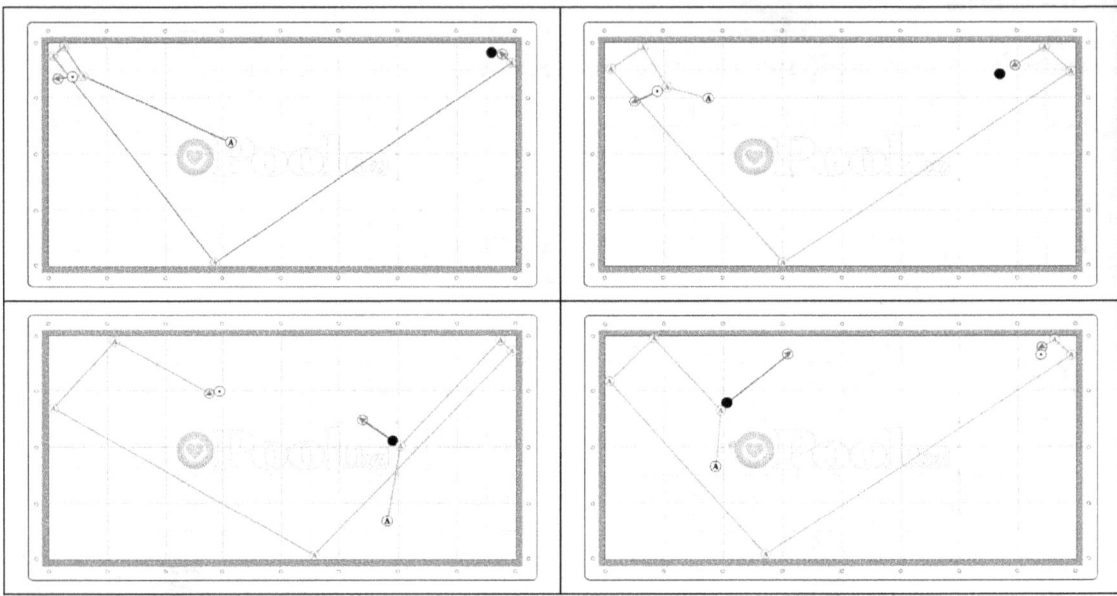

Une analyse:

H:2a. _____

H:2b. _____

H:2c. _____

H:2d. _____

H:2a – Installer

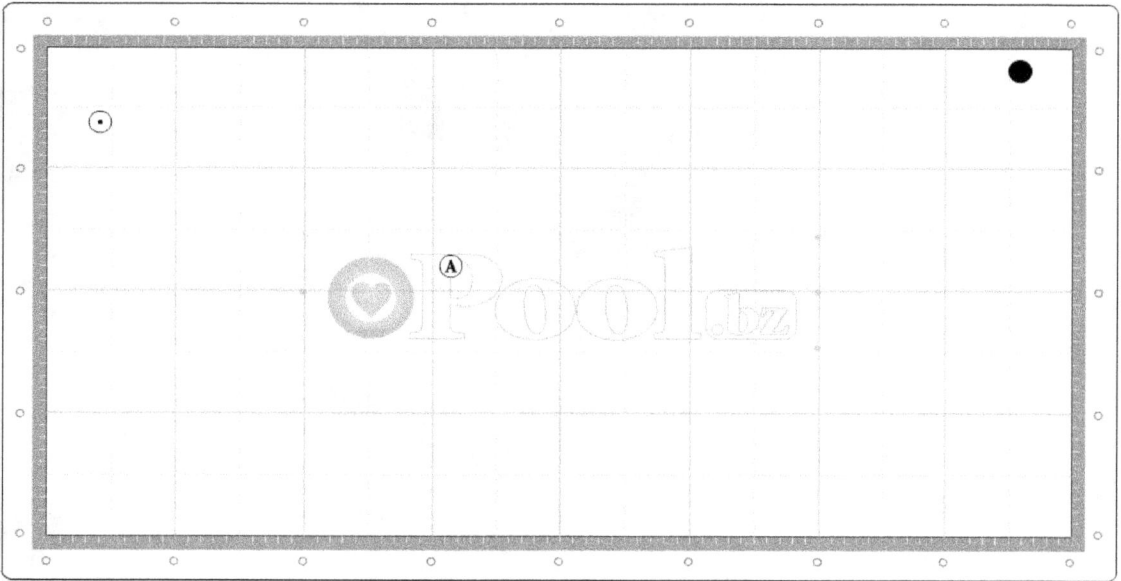

Notes et idées:

Modèle de balle

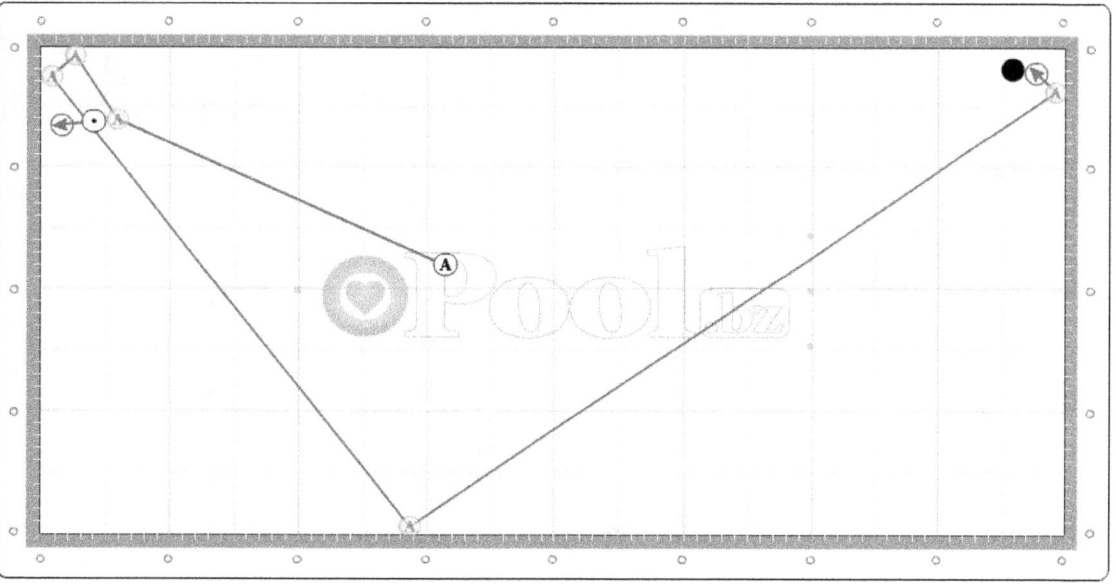

H:2b – Installer

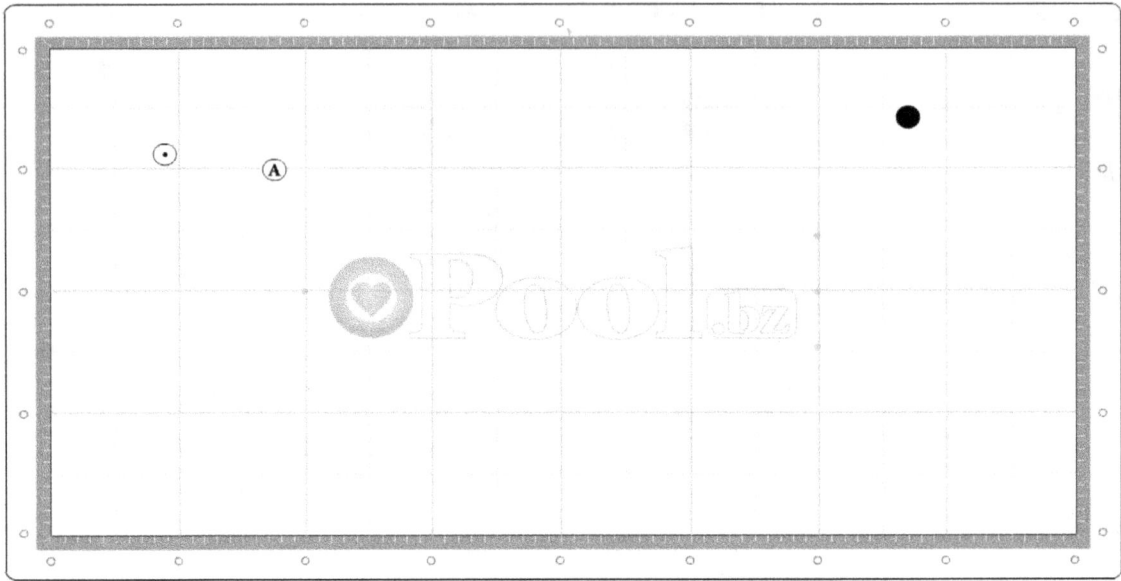

Notes et idées:

Modèle de balle

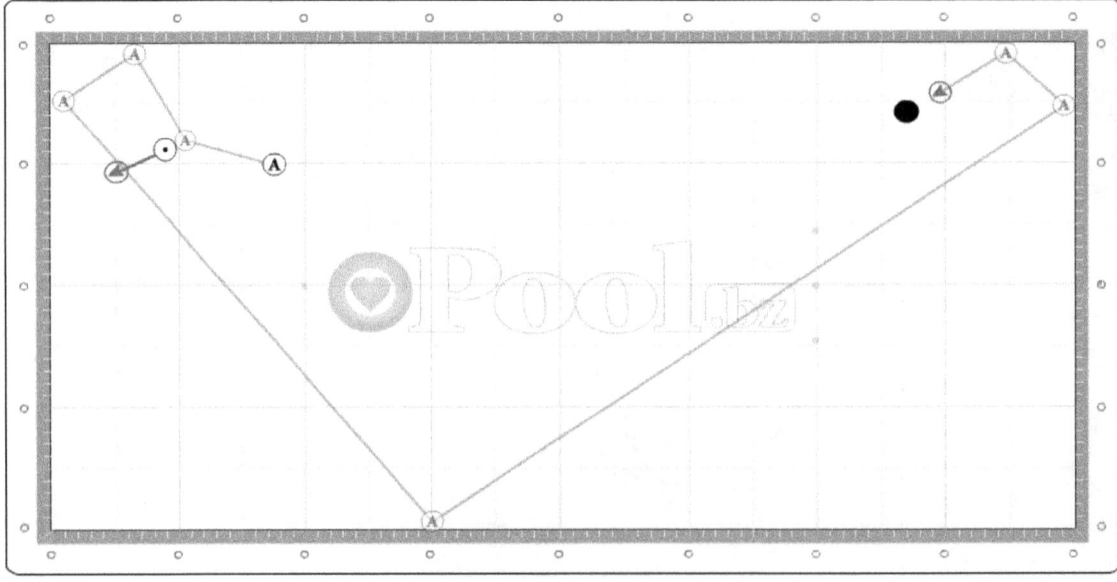

H:2c – Installer

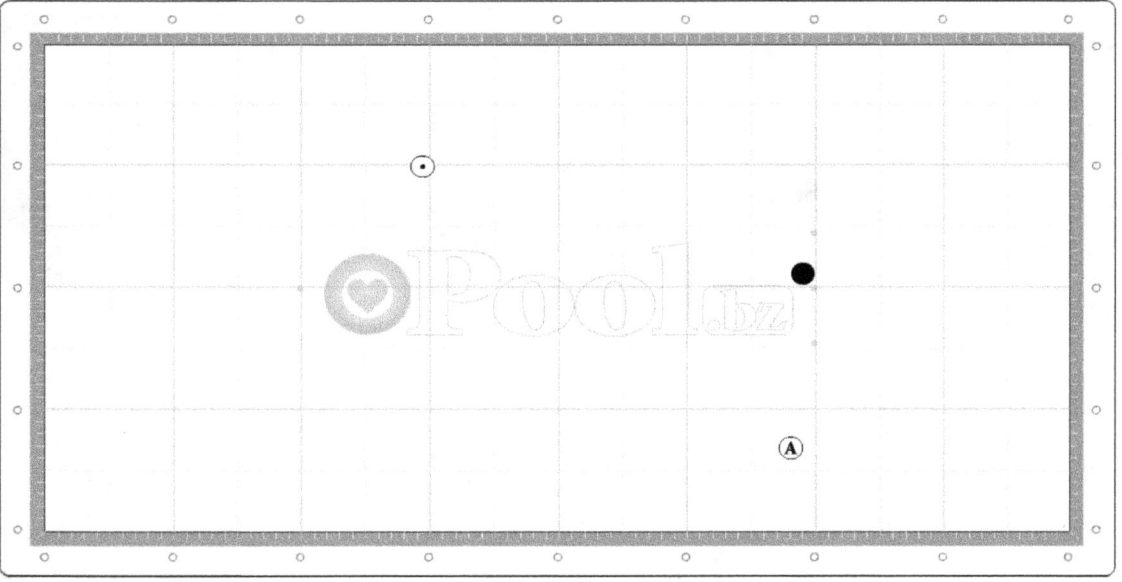

Notes et idées:

Modèle de balle

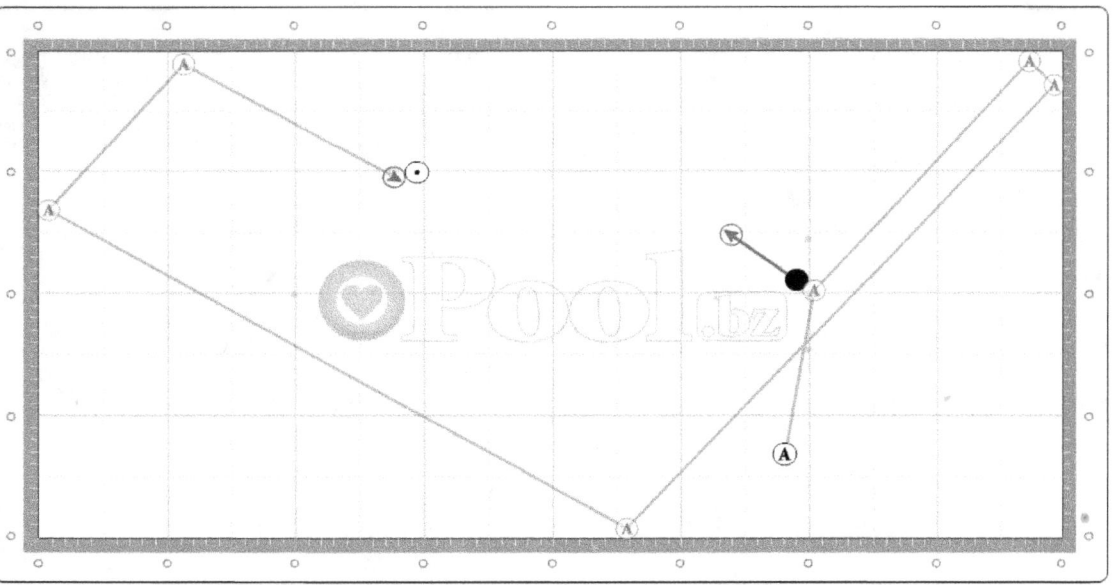

H:2d – Installer

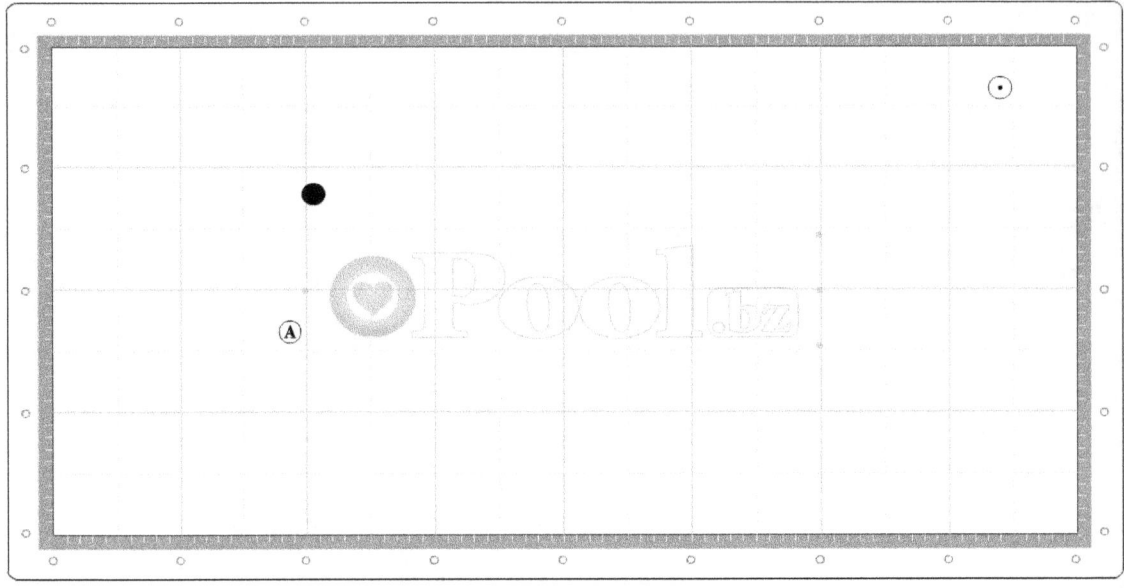

Notes et idées:

Modèle de balle

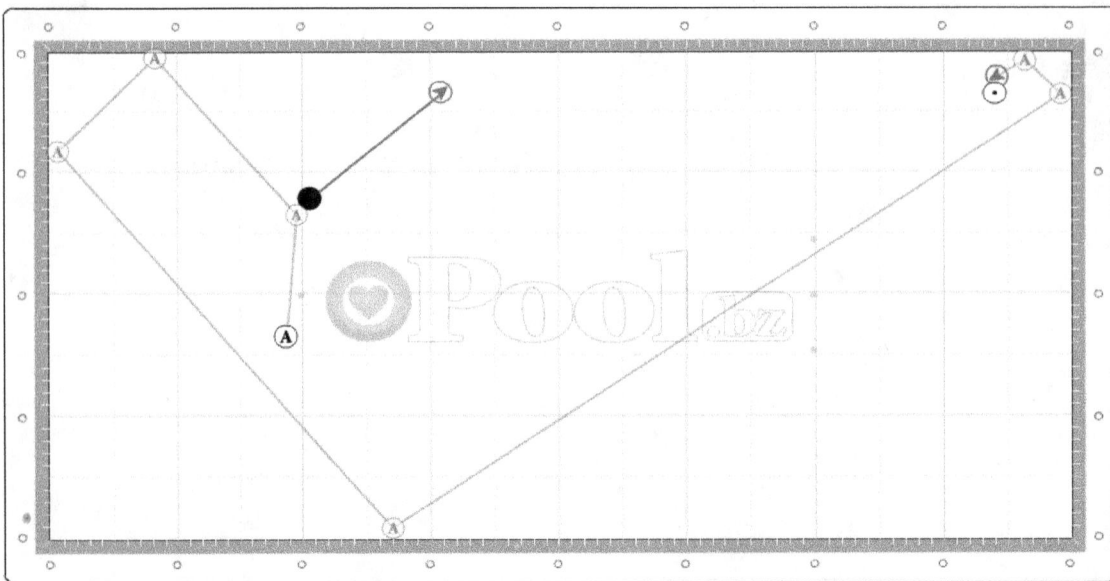

H: Groupe 3

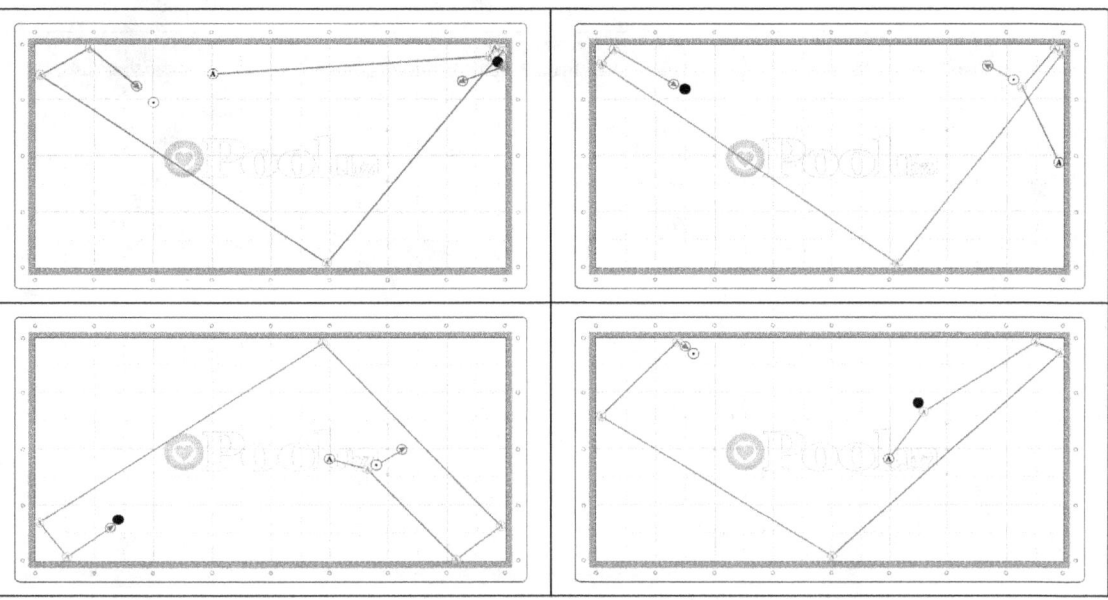

Une analyse:

H:3a. _____

H:3b. _____

H:3c. _____

H:3d. _____

H:3a – Installer

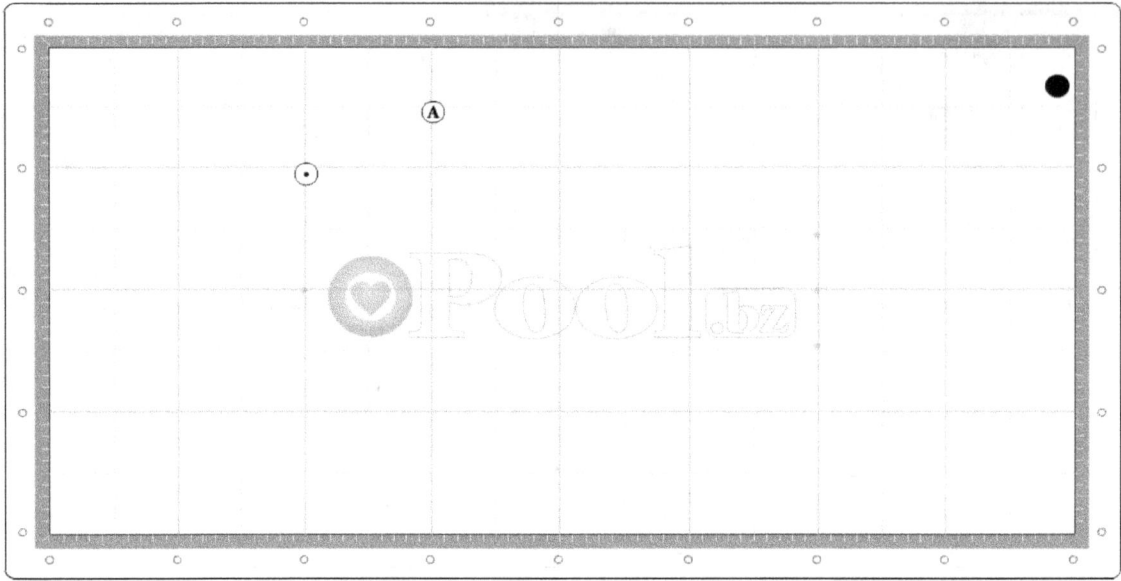

Notes et idées:

Modèle de balle

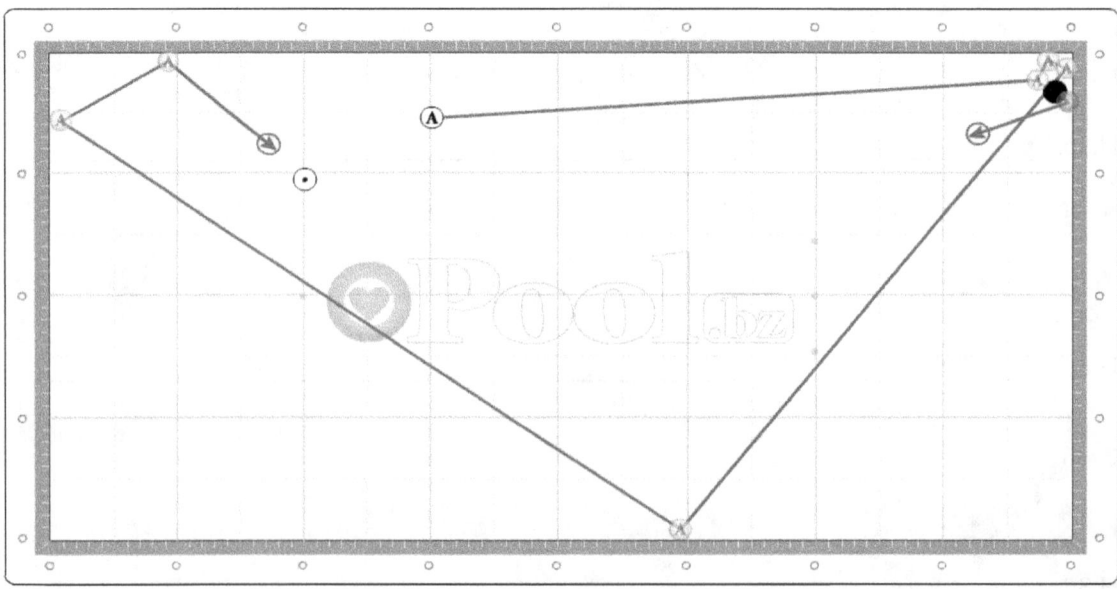

H:3b – Installer

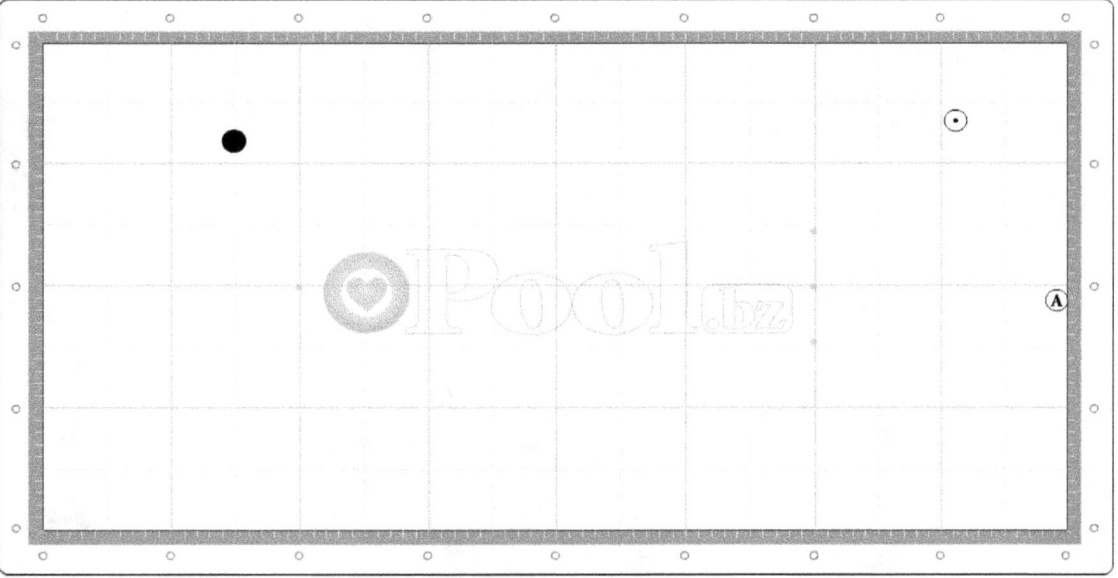

Notes et idées:

Modèle de balle

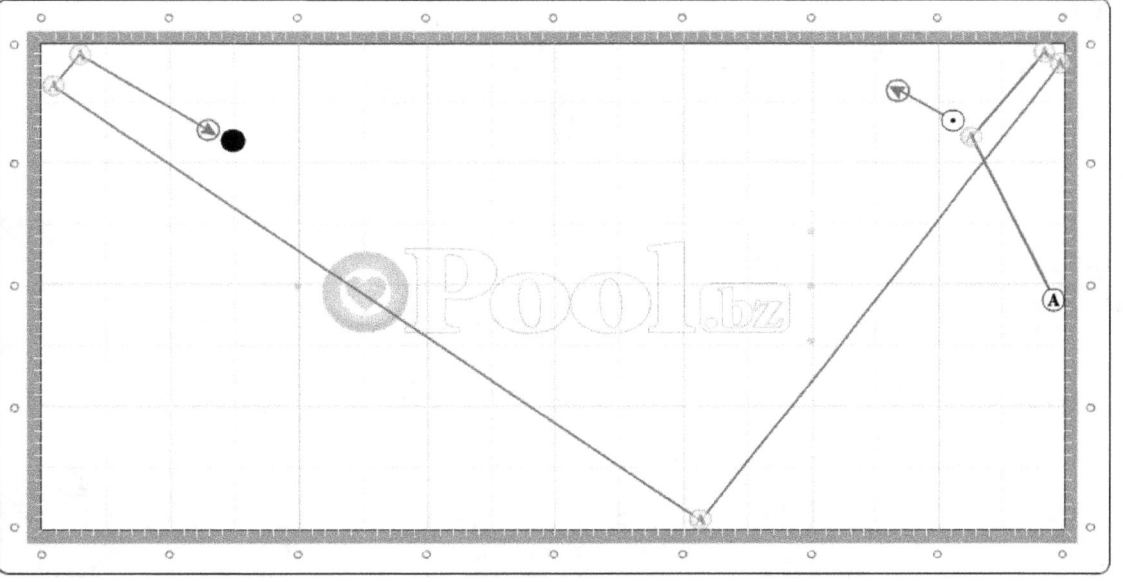

H:3c – Installer

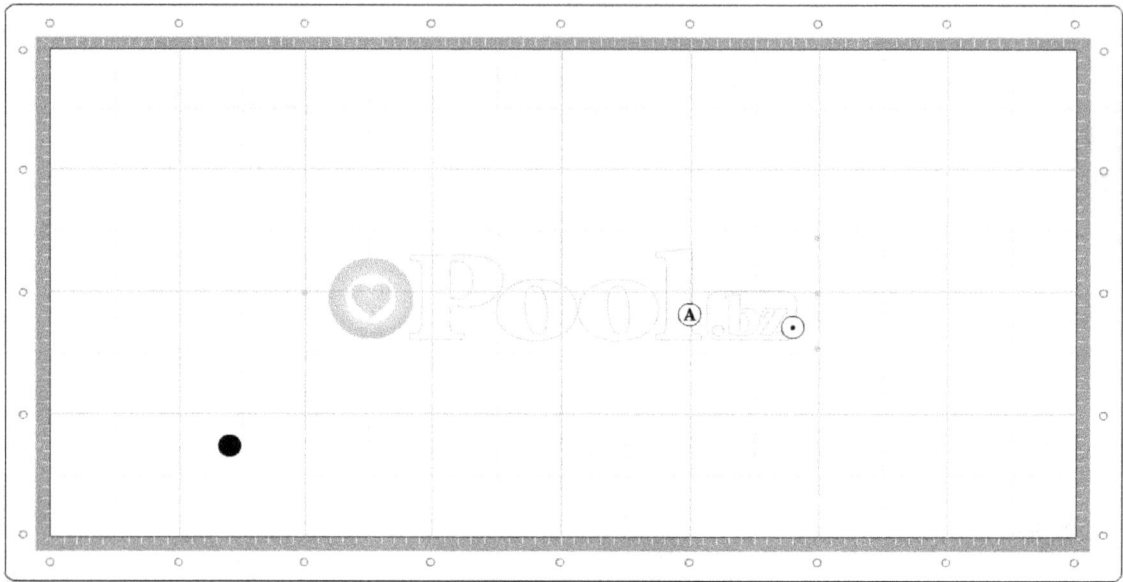

Notes et idées:

Modèle de balle

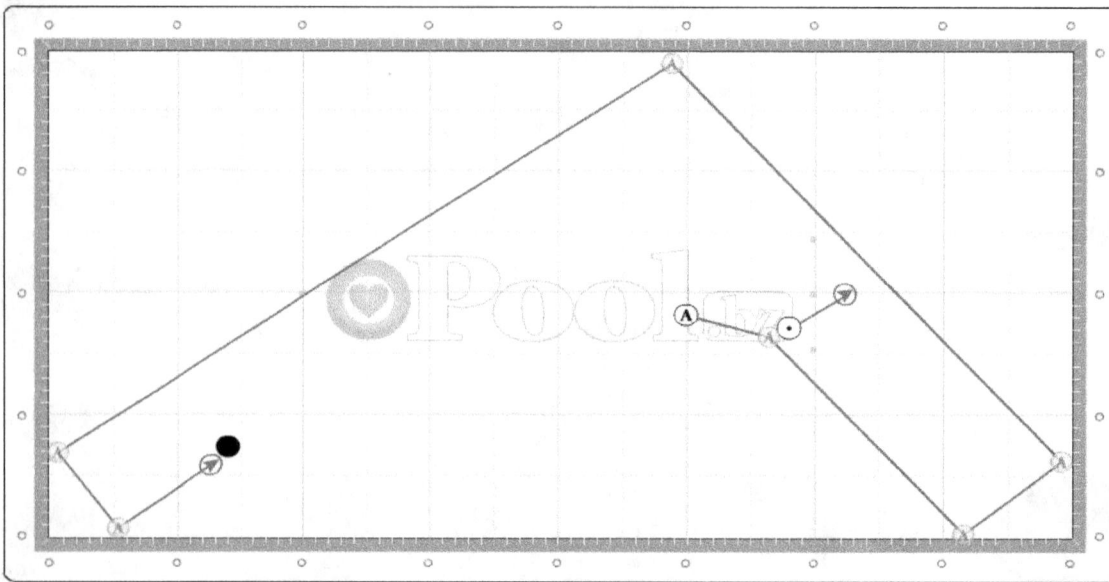

H:3d – Installer

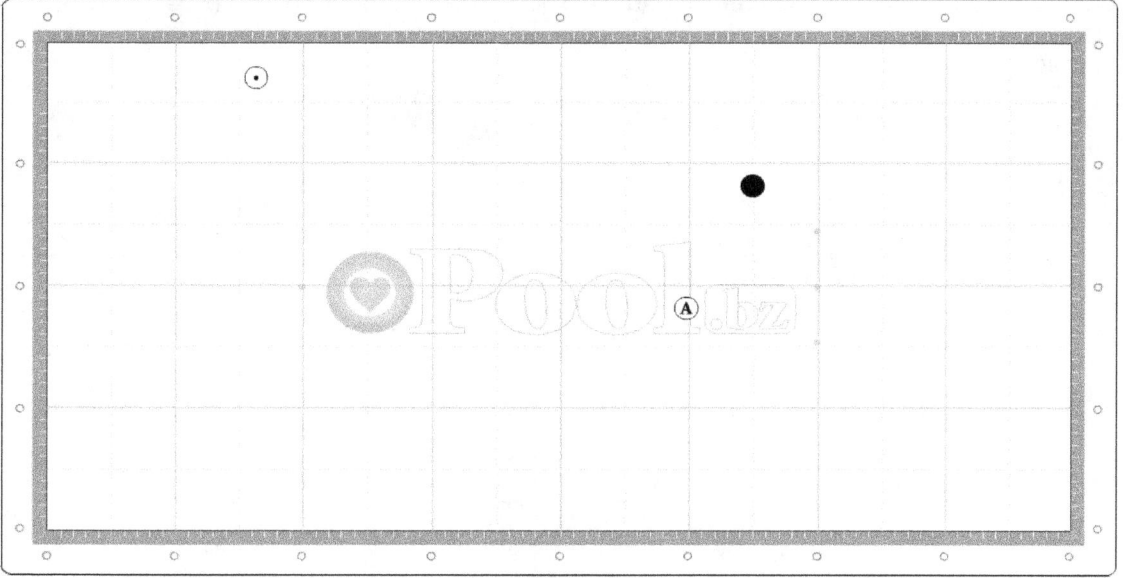

Notes et idées:

Modèle de balle

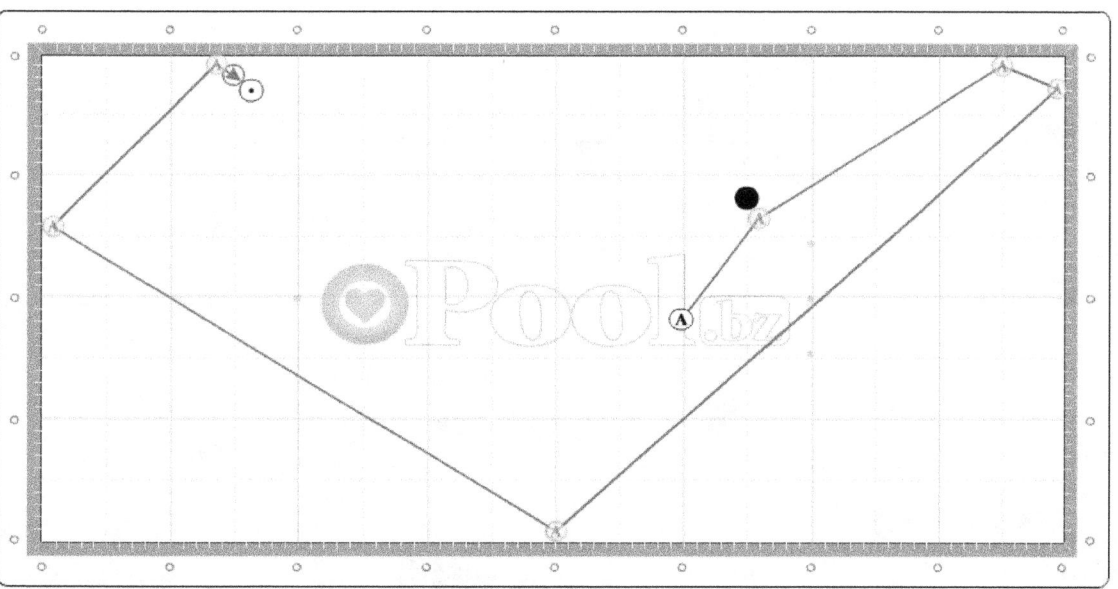

I: Crochet double étendu

Sur ces motifs, le (CB) sort du premier (OB) dans le coin du bandas long en premier. Le (CB) monte la colline au milieu du bandas long opposé. En descente, le (CB) entre et sort du coin opposé pour contacter l'autre (OB).

(A) (CB) (votre balle) - (•) (OB) (balle de l'adversaire) – ● (OB) Balle rouge

I: Groupe 1

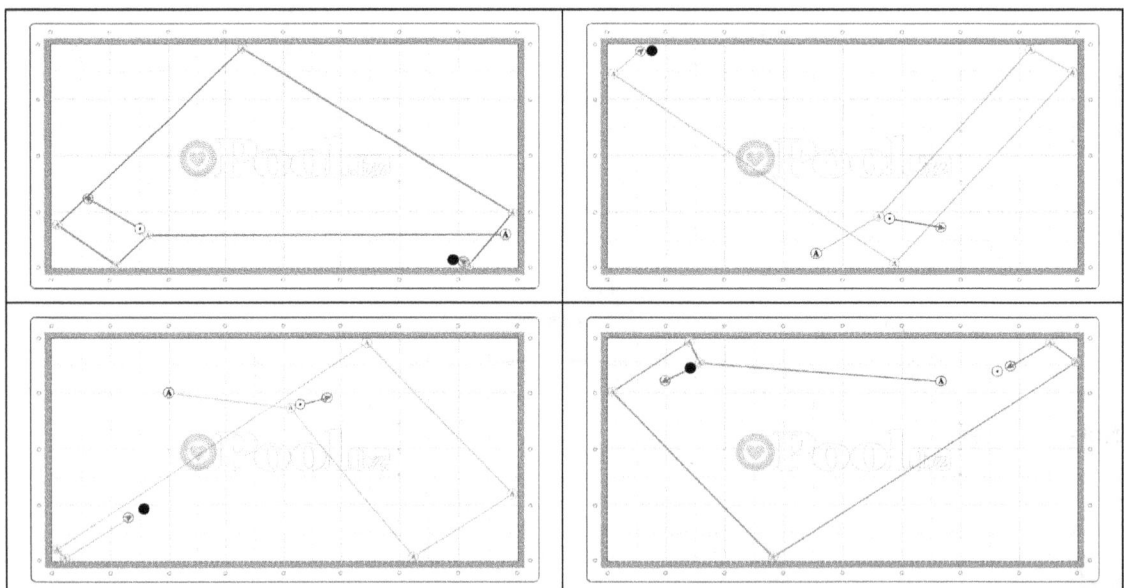

Une analyse:

I:1a. _____

I:1b. _____

I:1c. _____

I:1d. _____

I:1a – Installer

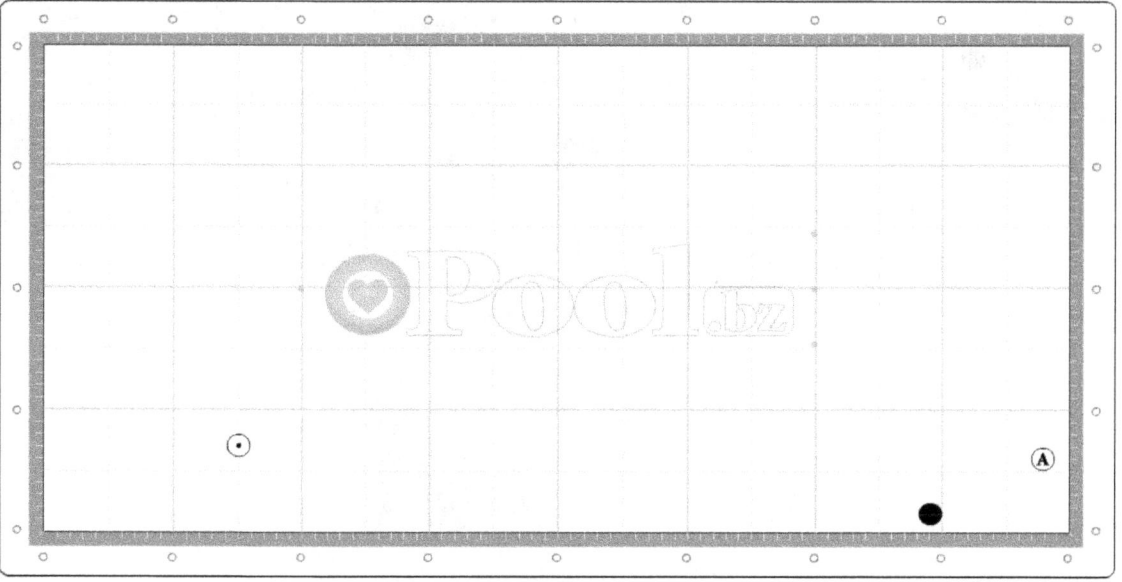

Notes et idées:

Modèle de balle

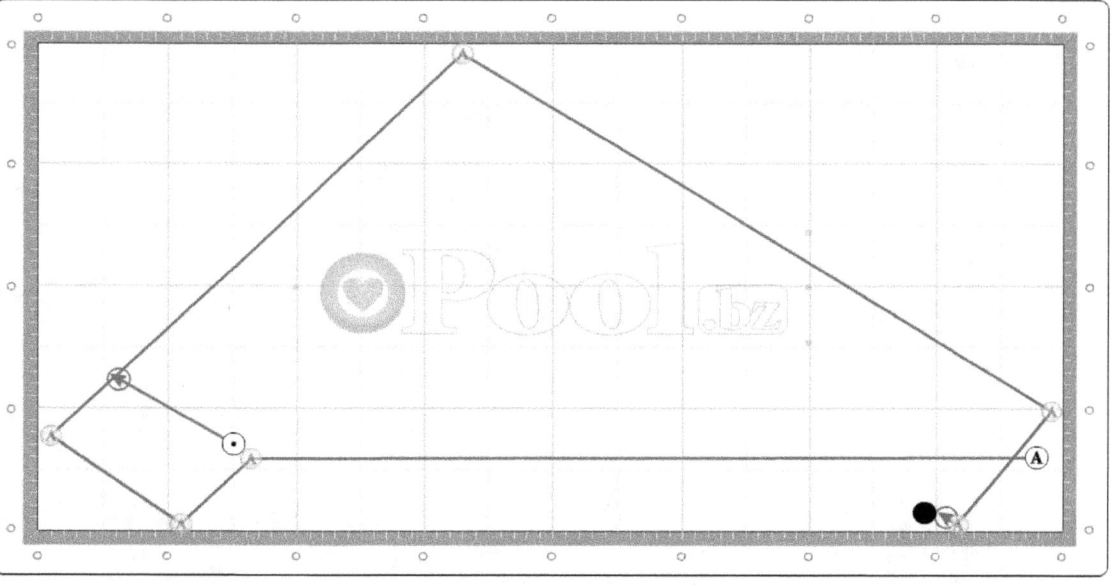

I:1b – Installer

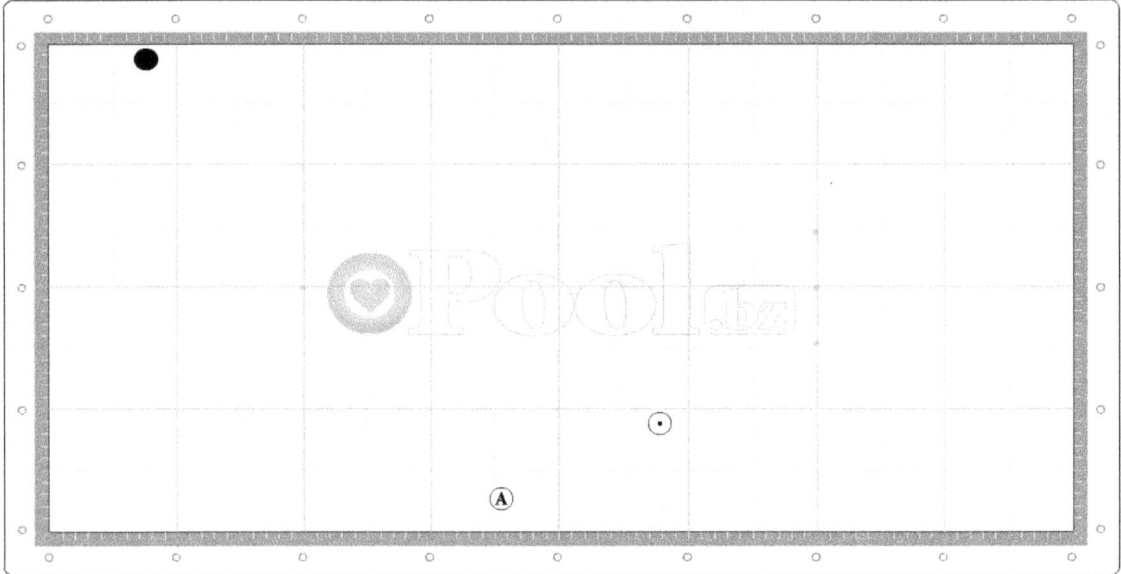

Notes et idées:

Modèle de balle

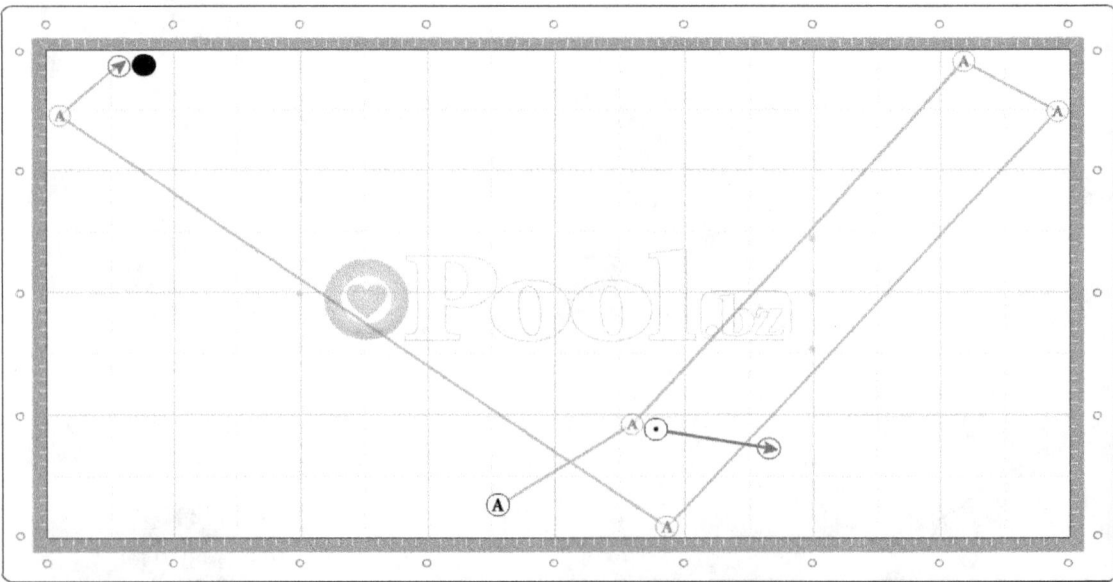

I:1c – Installer

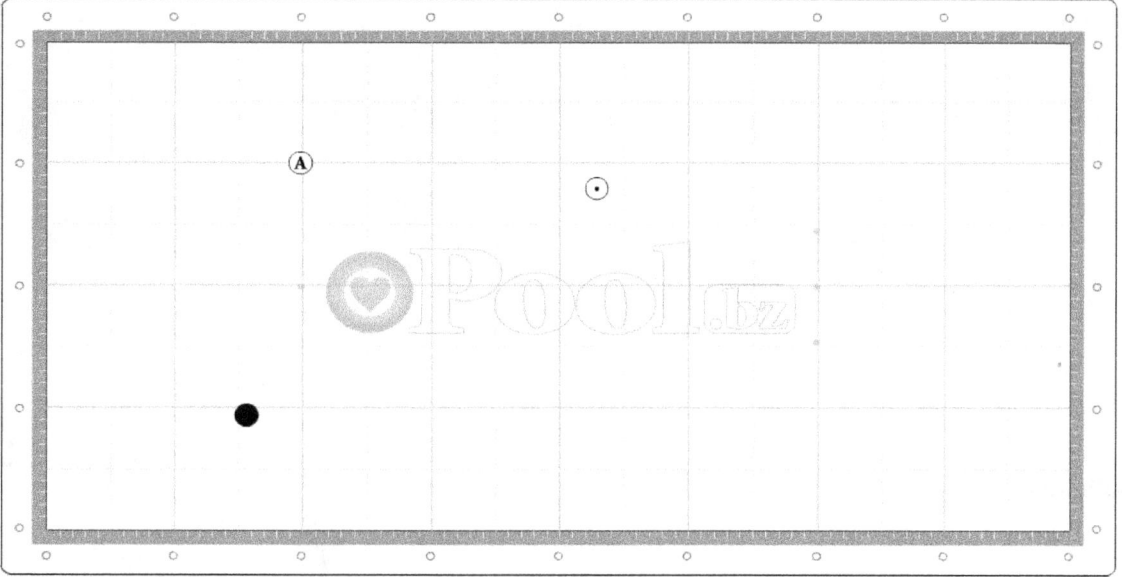

Notes et idées:

Modèle de balle

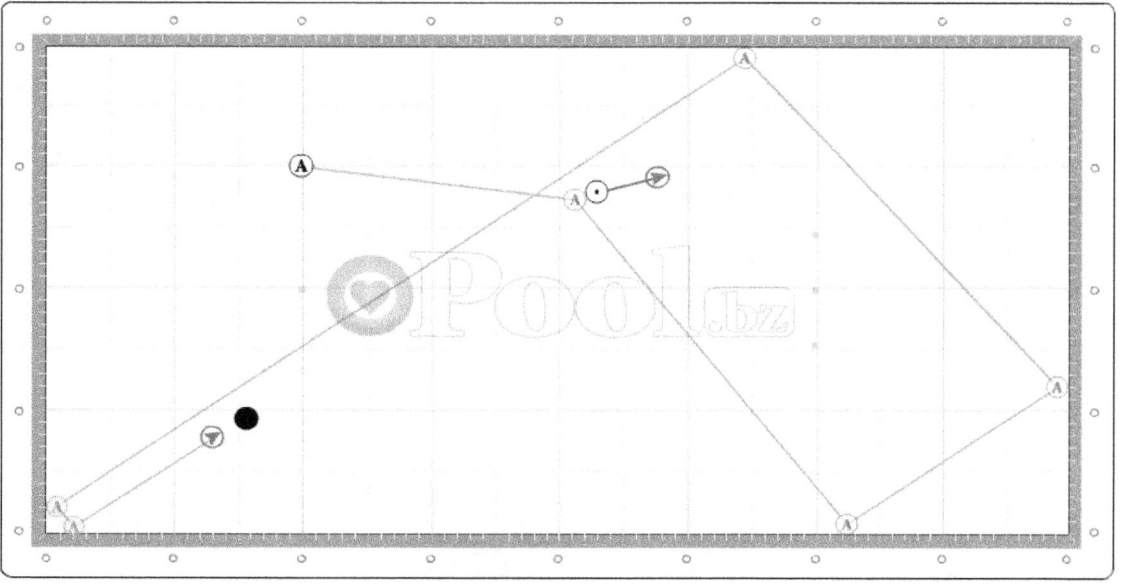

I:1d – Installer

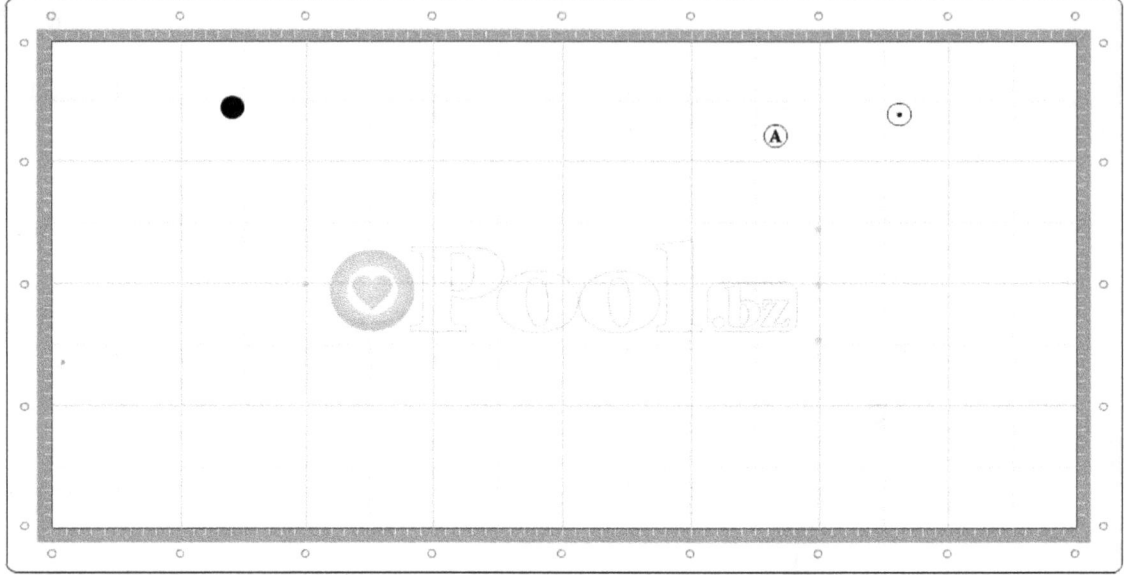

Notes et idées:

Modèle de balle

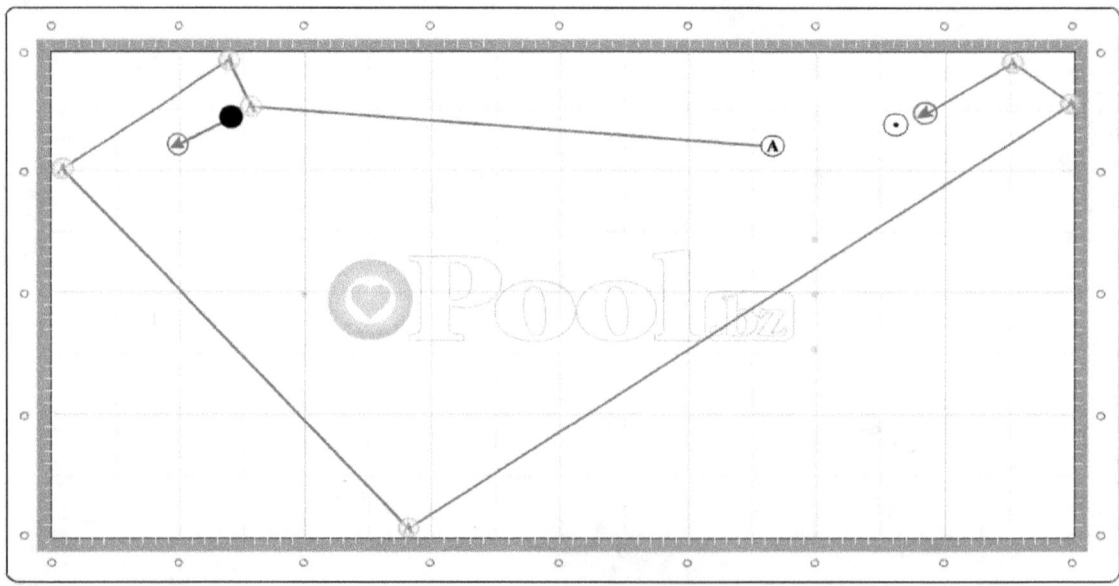

I: Groupe 2

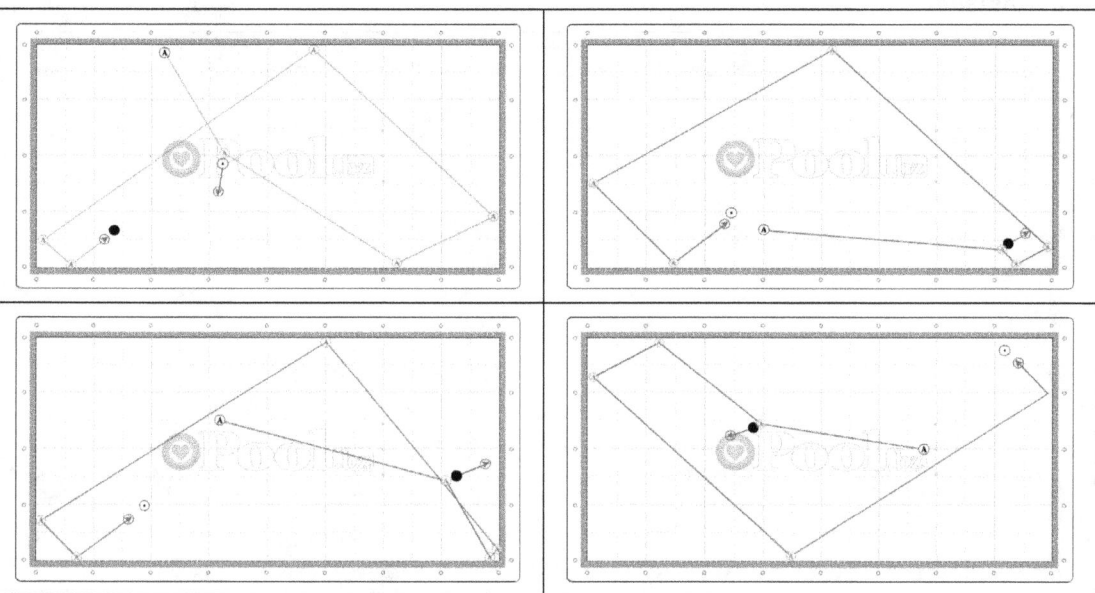

Une analyse:

I:2a. _____

I:2b. _____

I:2c. _____

I:2d. _____

I:2a – Installer

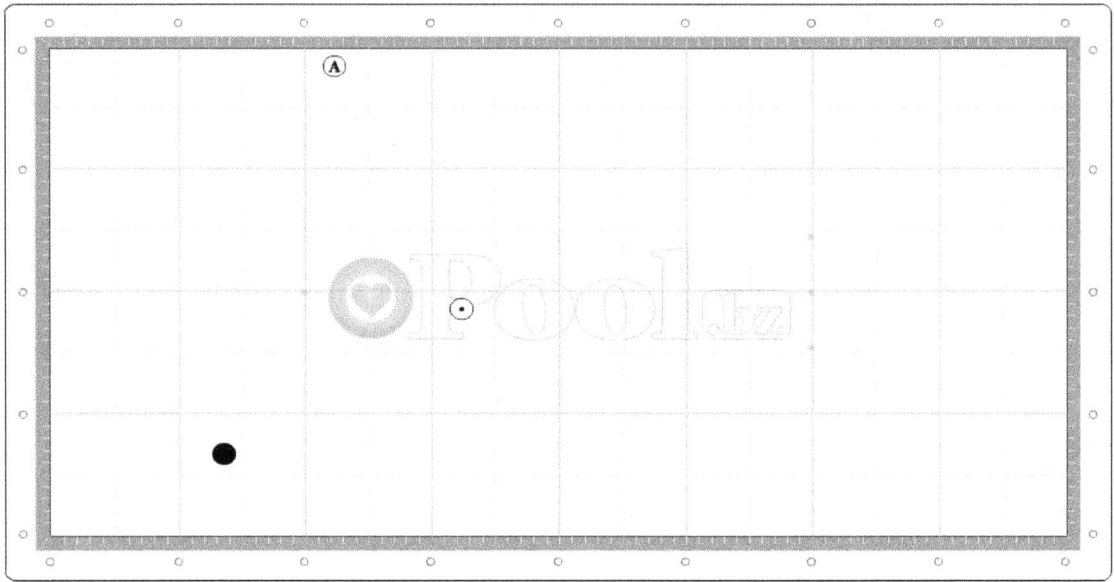

Notes et idées:

Modèle de balle

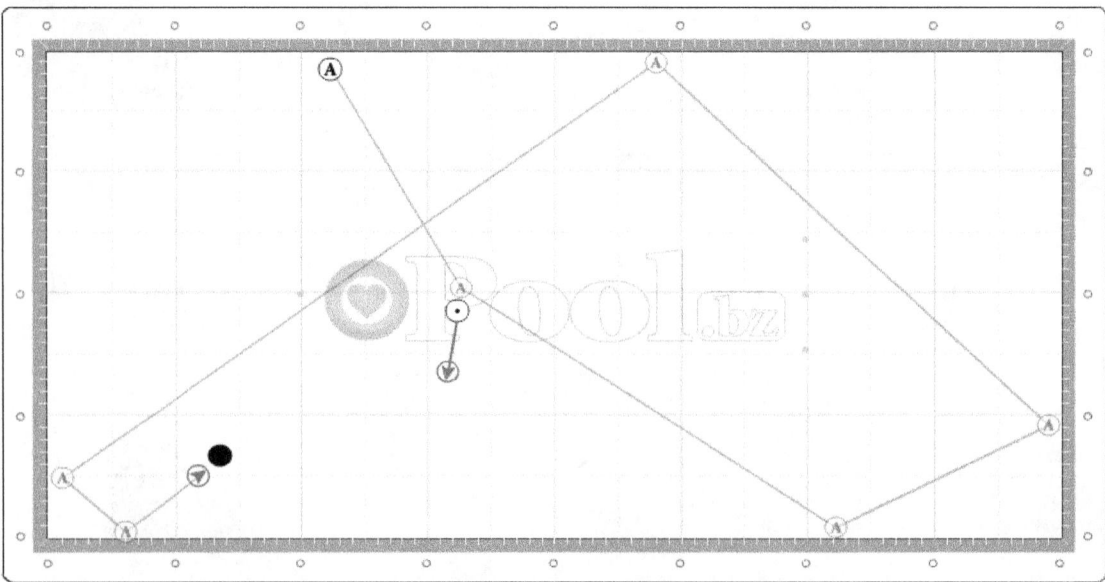

I:2b – Installer

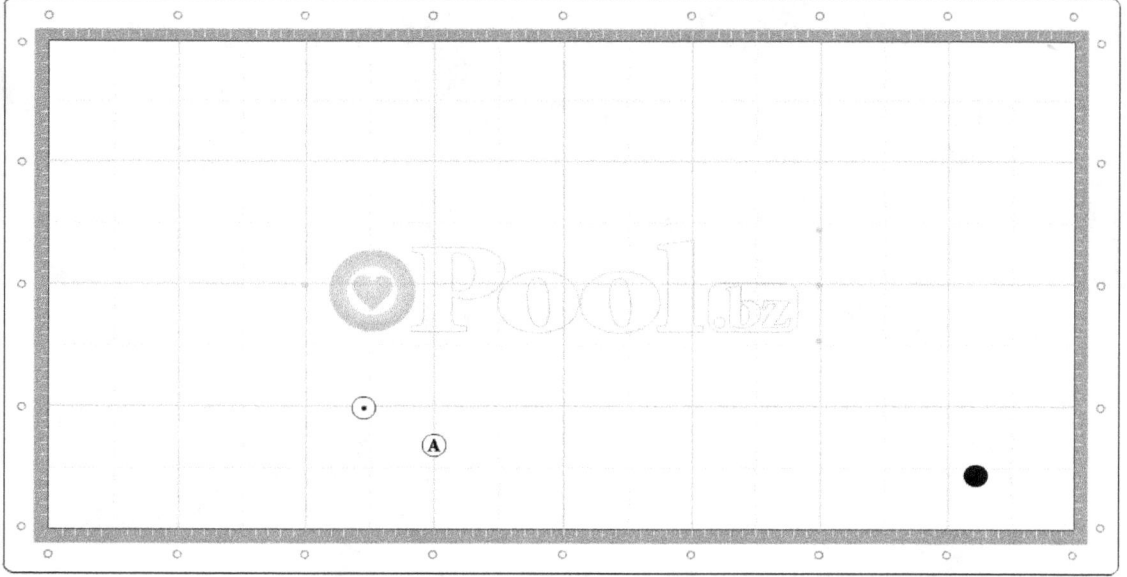

Notes et idées:

Modèle de balle

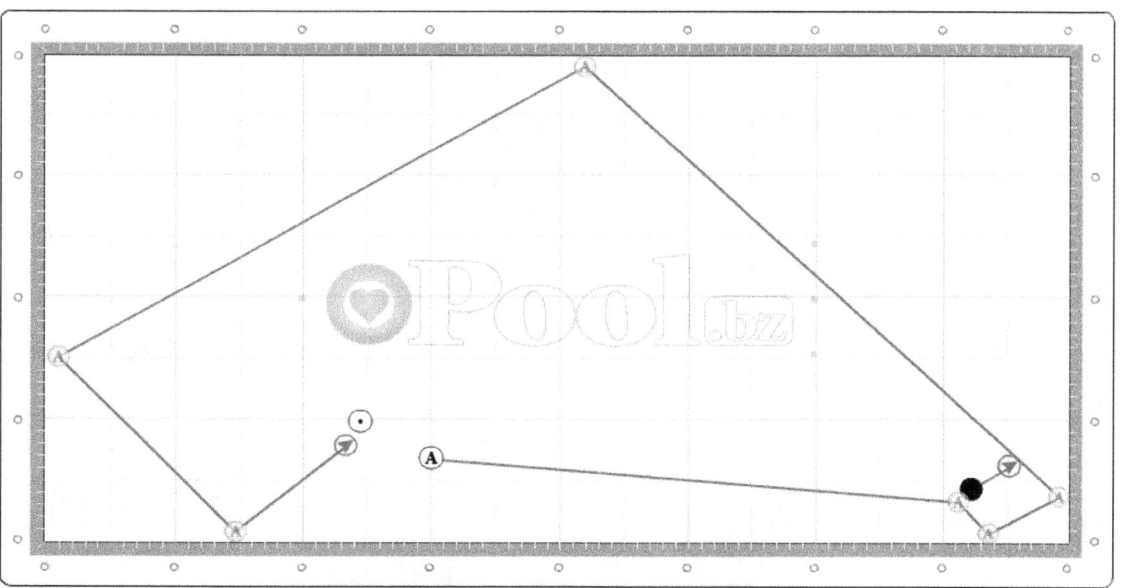

I:2c – Installer

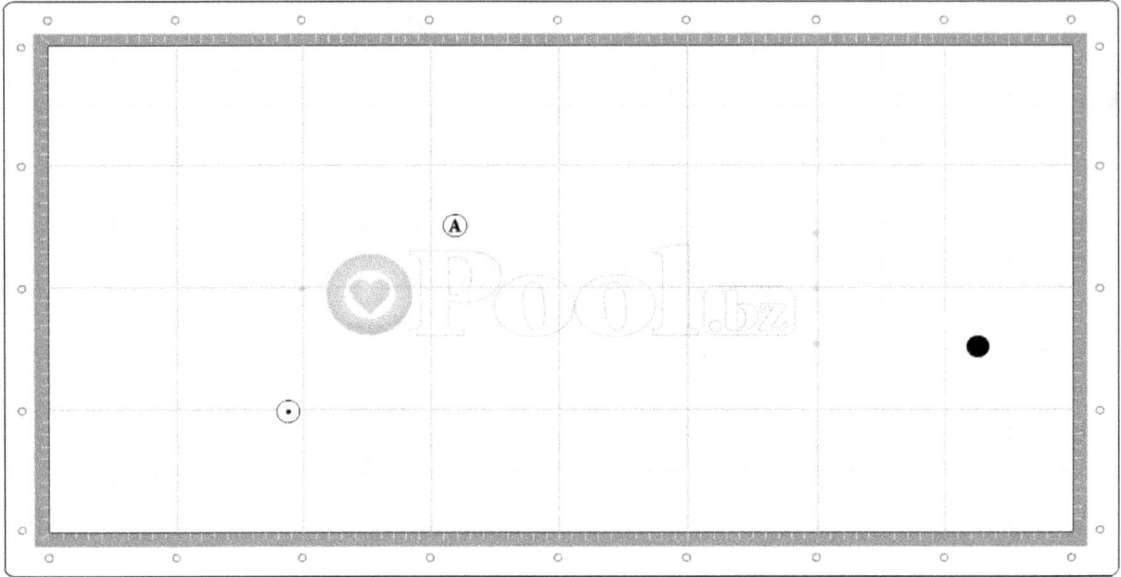

Notes et idées:

Modèle de balle

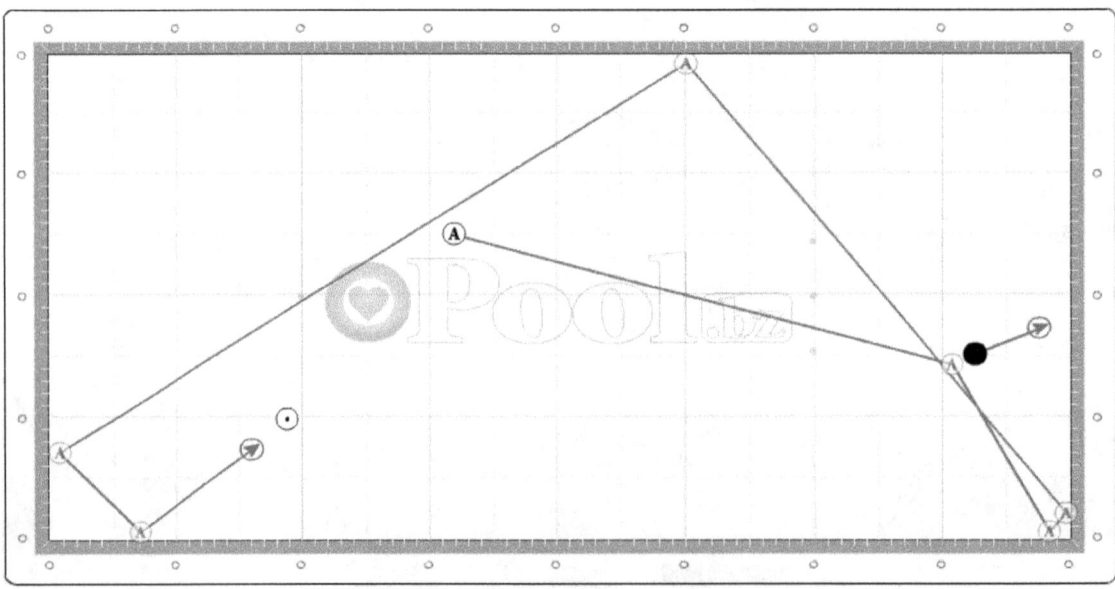

I:2d – Installer

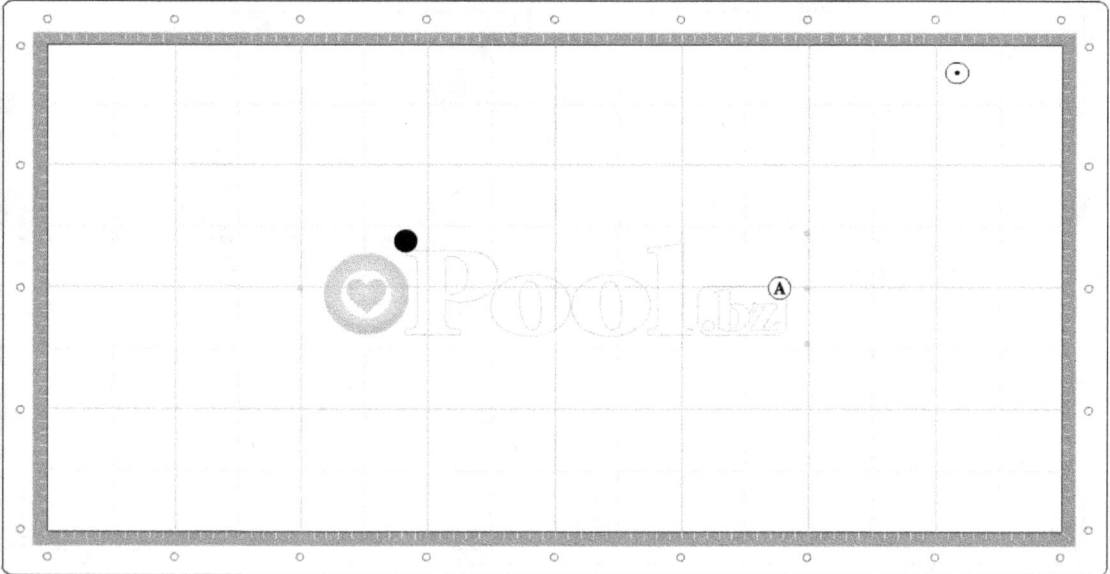

Notes et idées:

Modèle de balle

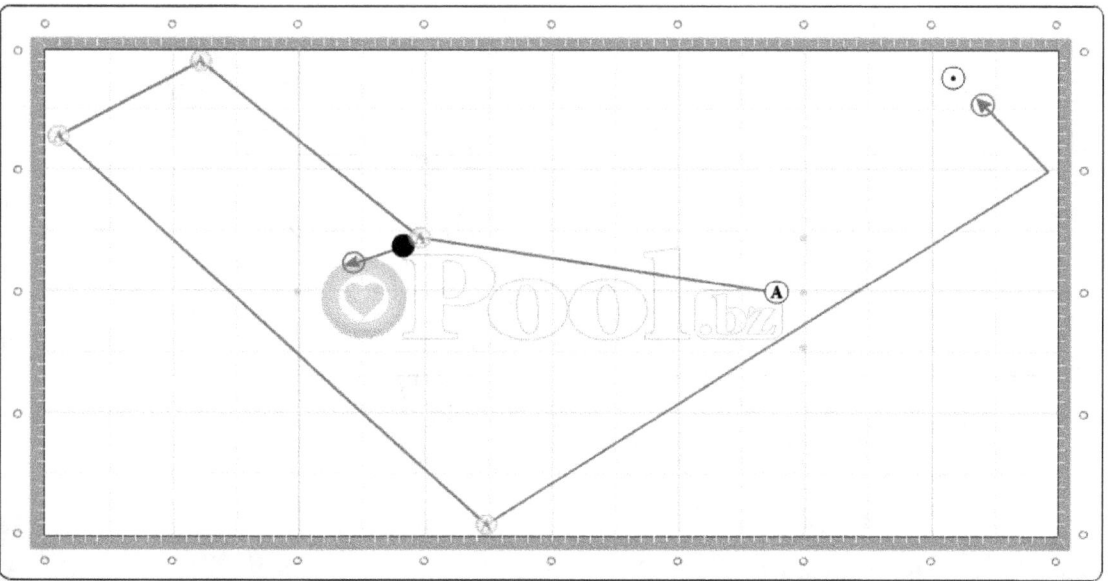

I: Groupe 3

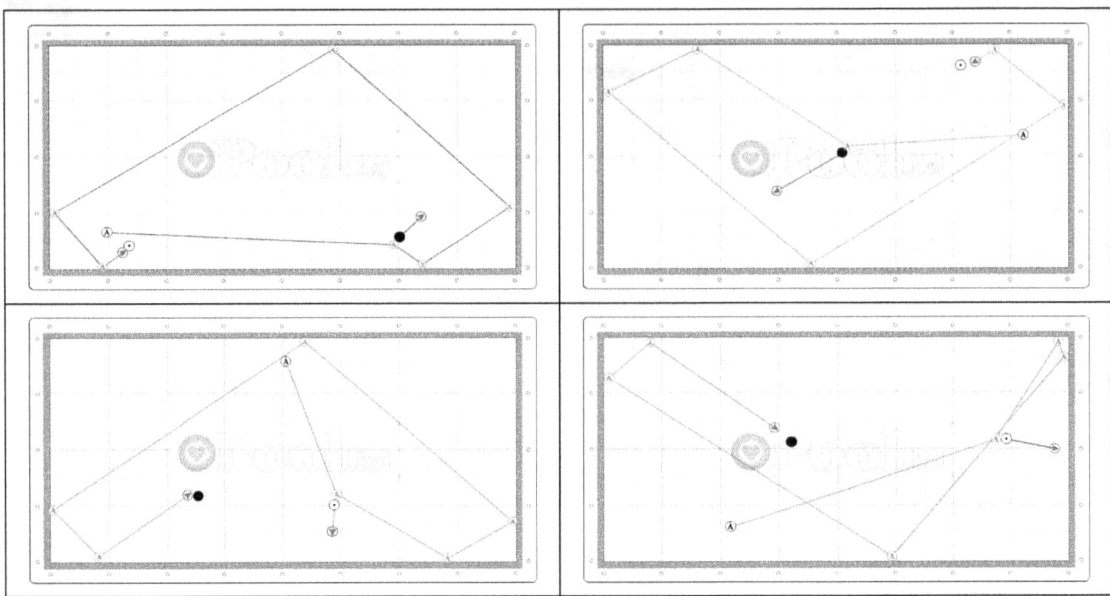

Une analyse:

I:3a. _____

I:3b. _____

I:3c. _____

I:3d. _____

I:3a – Installer

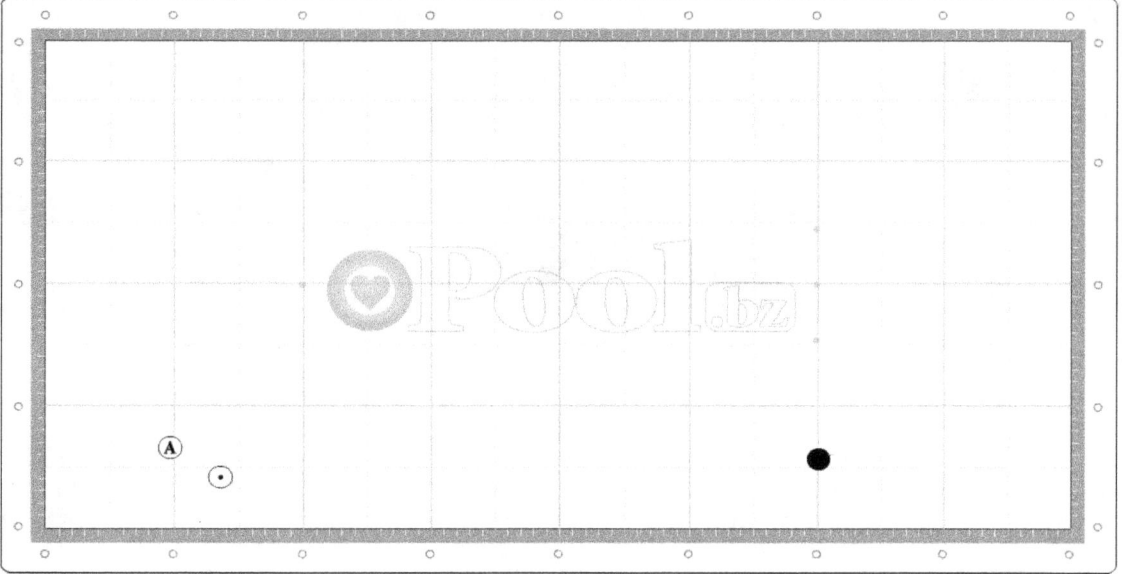

Notes et idées:

Modèle de balle

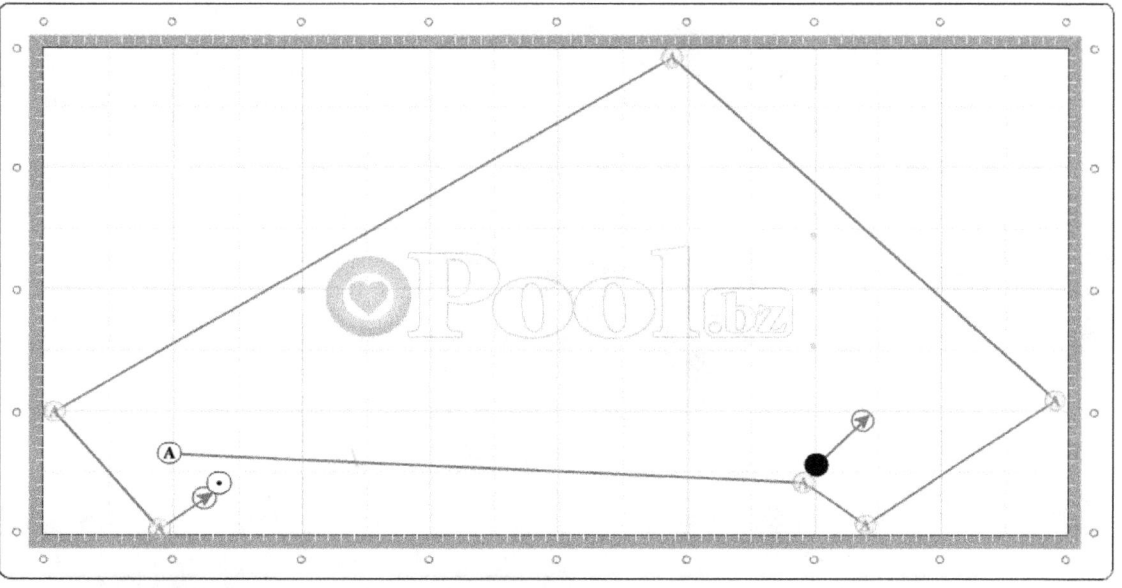

I:3b – Installer

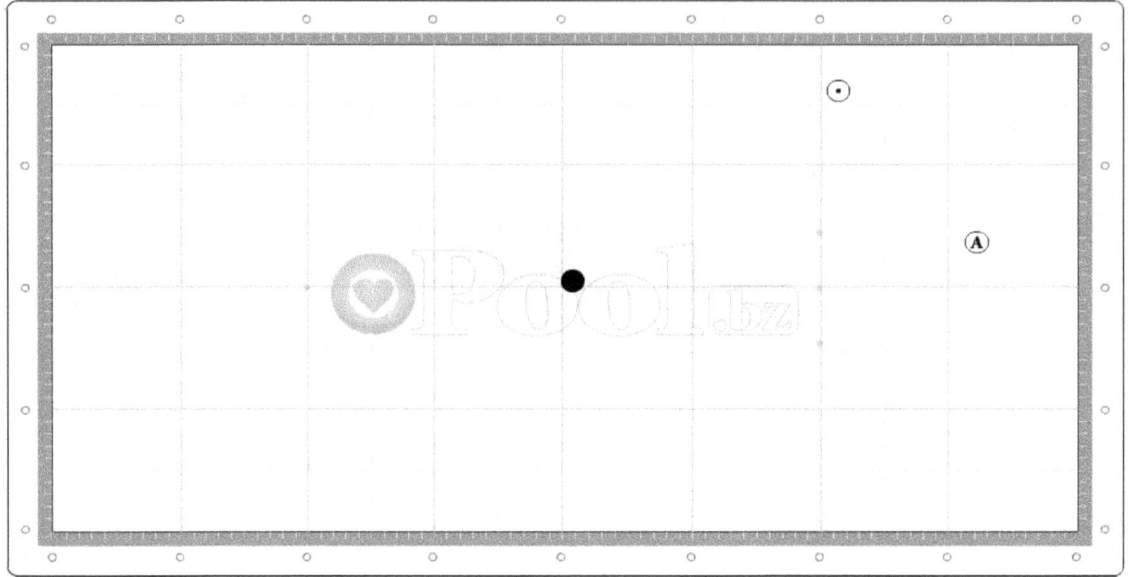

Notes et idées:

Modèle de balle

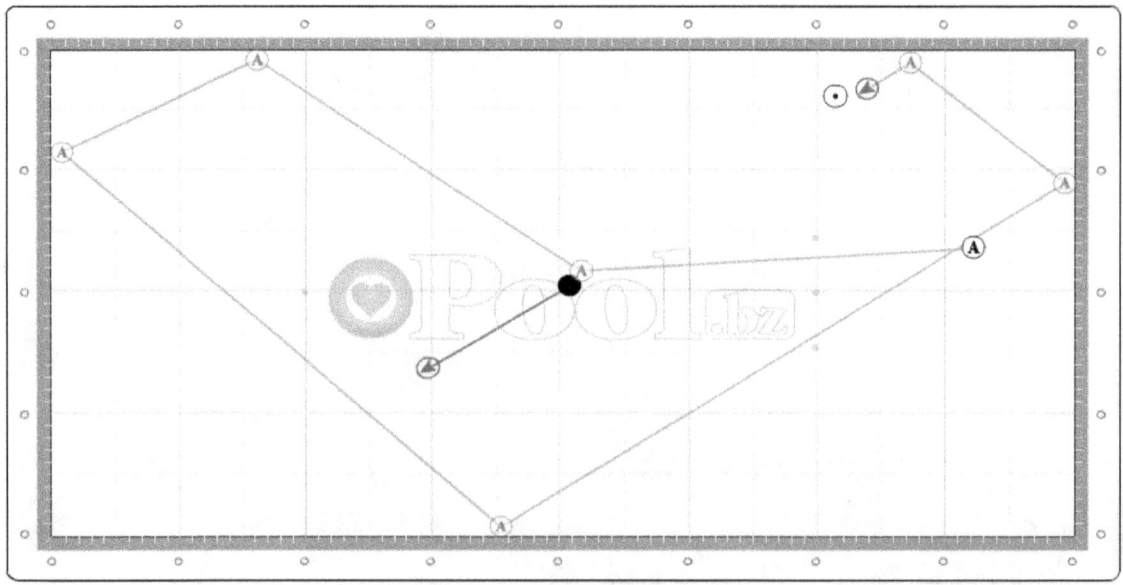

I:3c – Installer

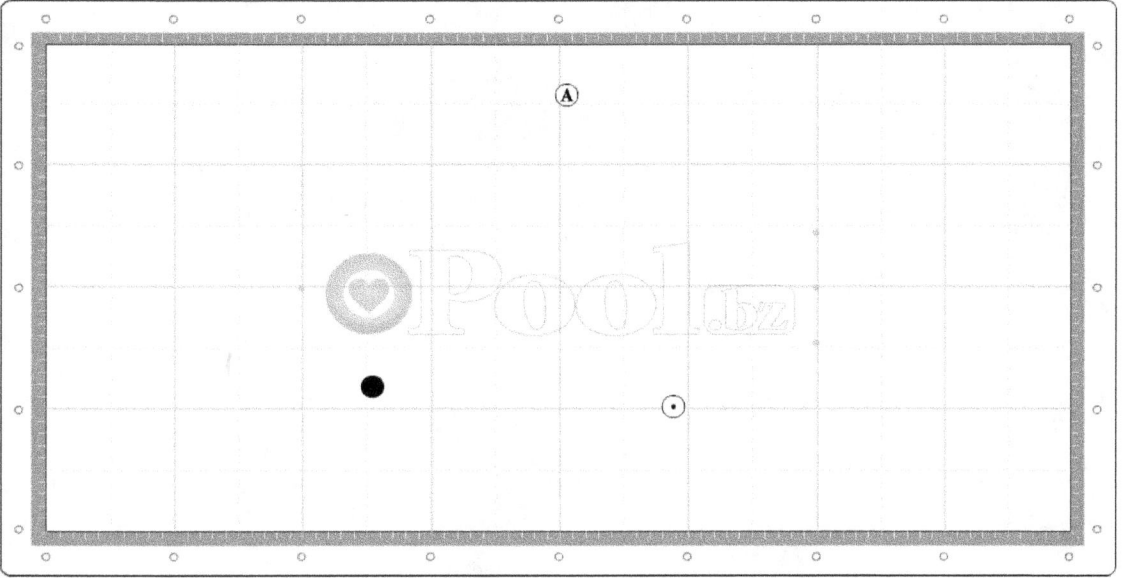

Notes et idées:

Modèle de balle

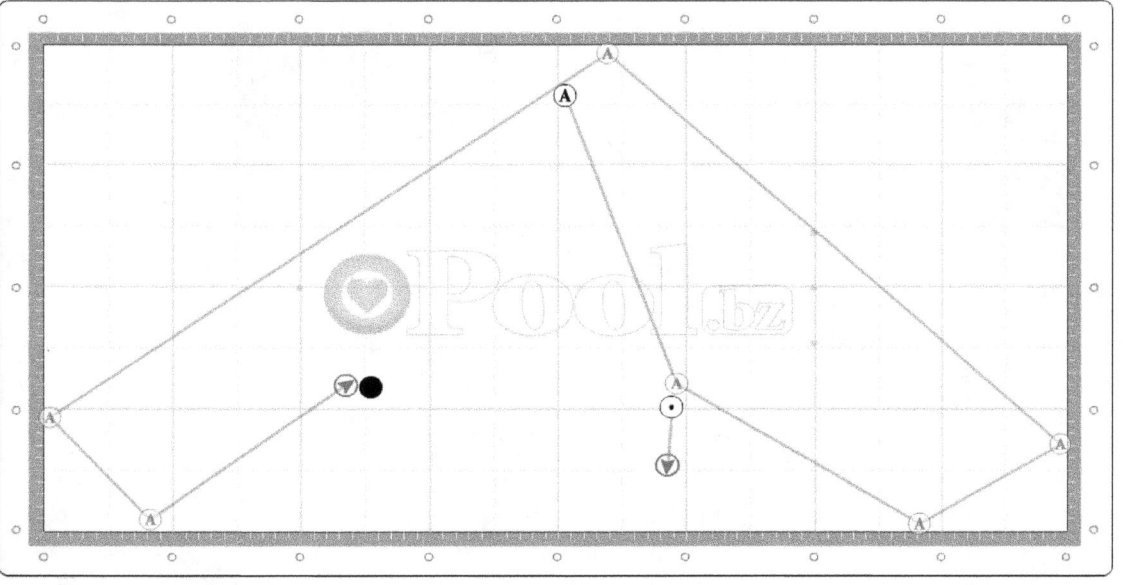

I:3d – Installer

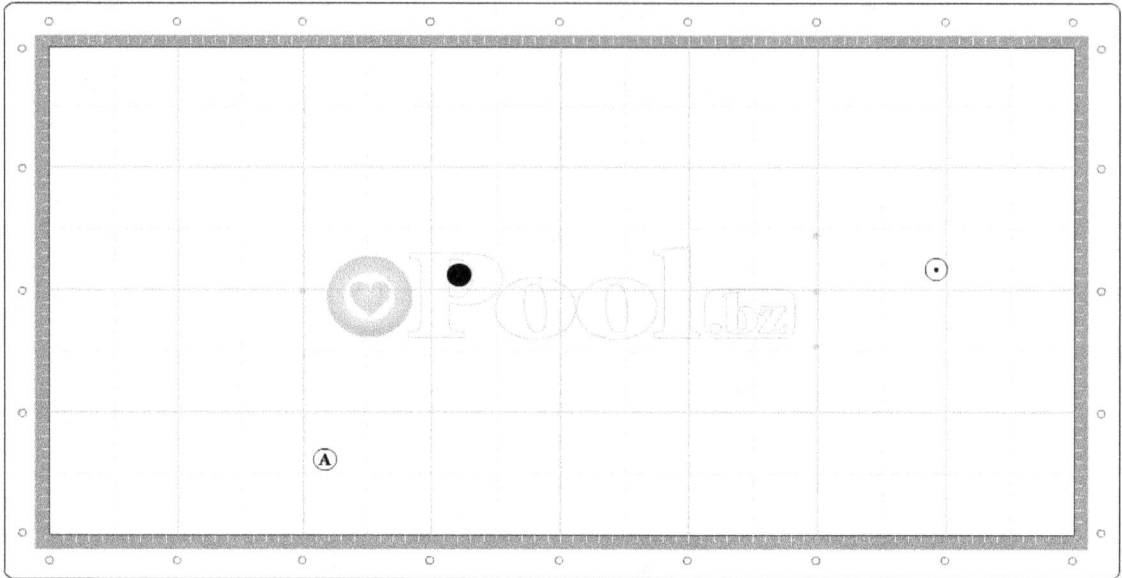

Notes et idées:

Modèle de balle

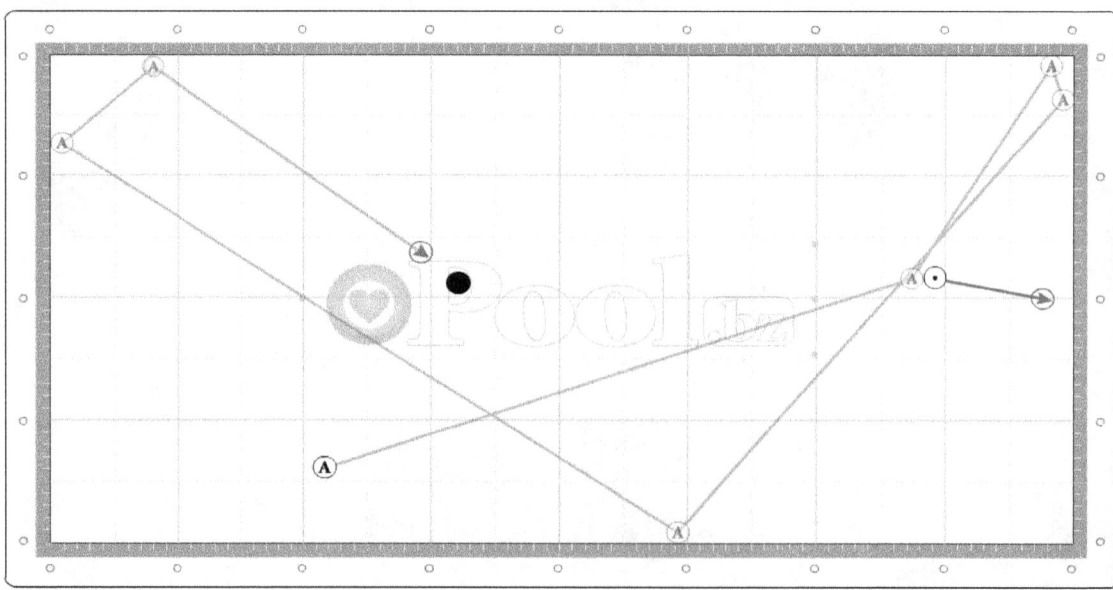

I: Groupe 4

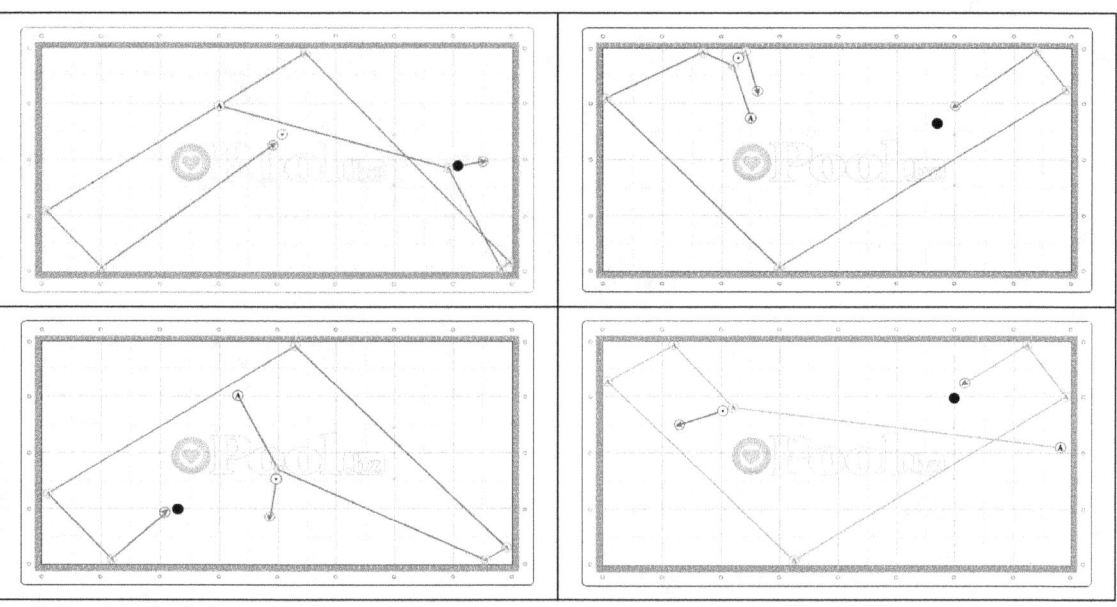

Une analyse:

I:4a. _____

I:4b. _____

I:4c. _____

I:4d. _____

I:4a – Installer

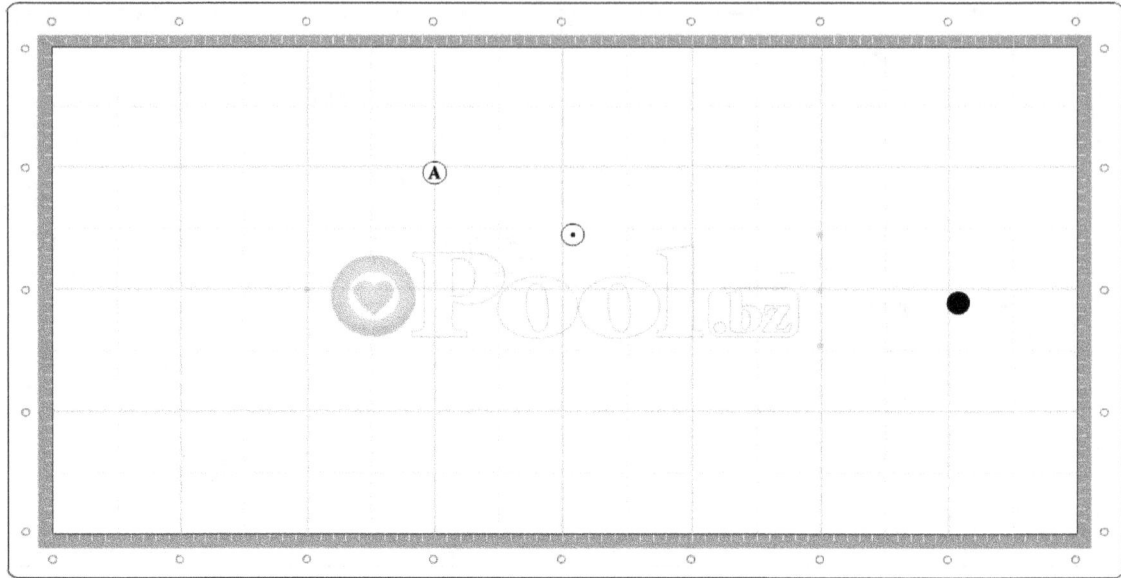

Notes et idées:

Modèle de balle

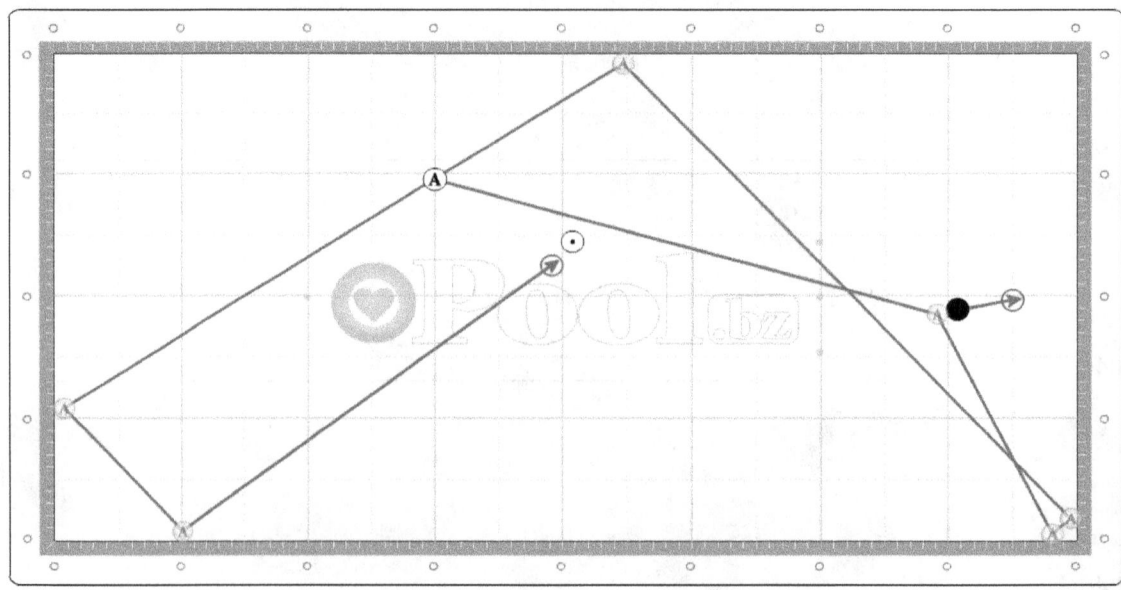

I:4b – Installer

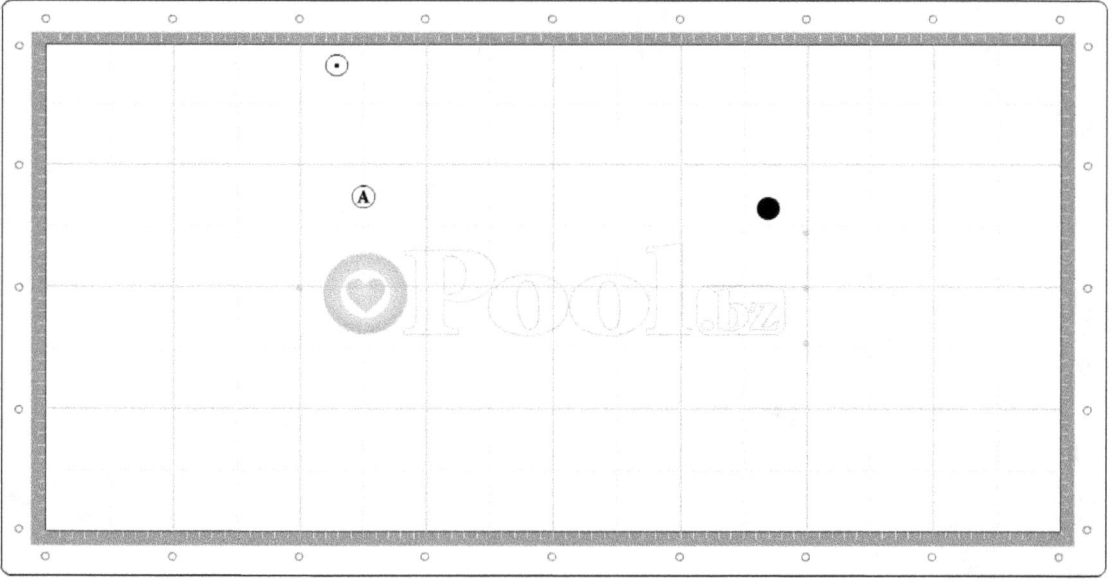

Notes et idées:

Modèle de balle

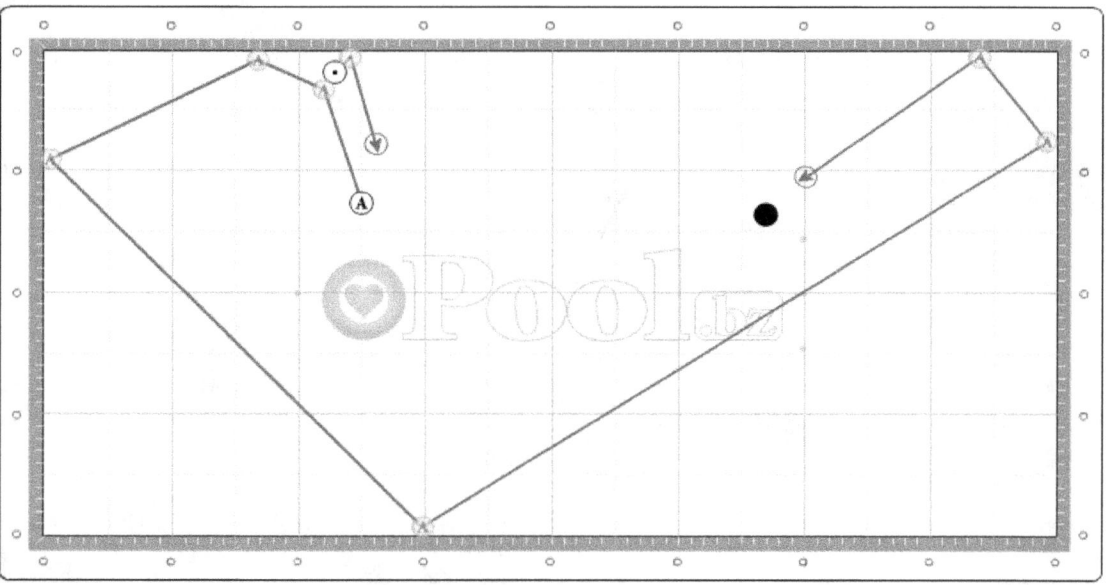

I:4c – Installer

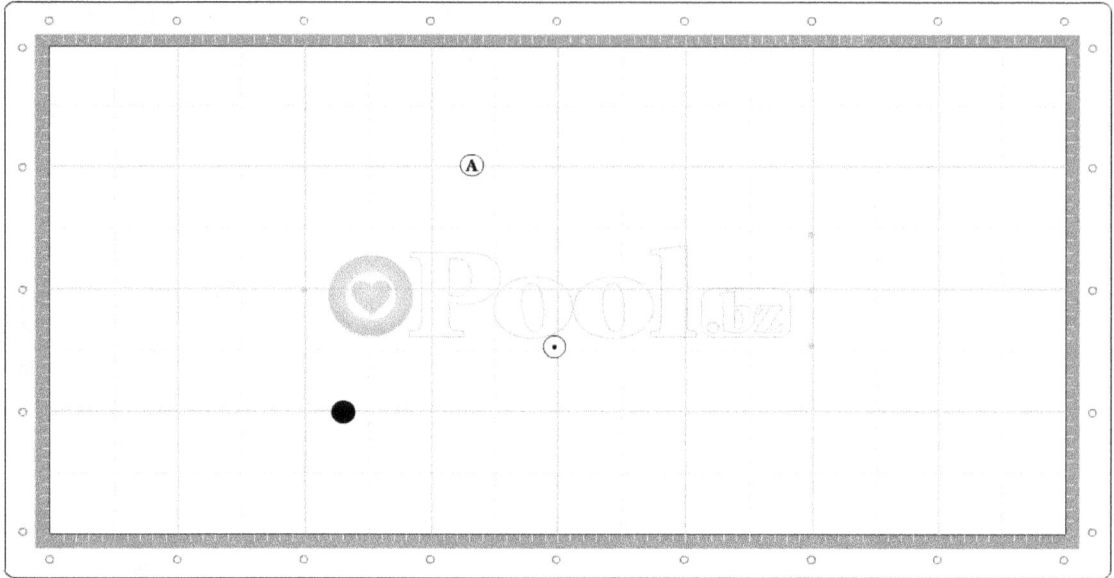

Notes et idées:

Modèle de balle

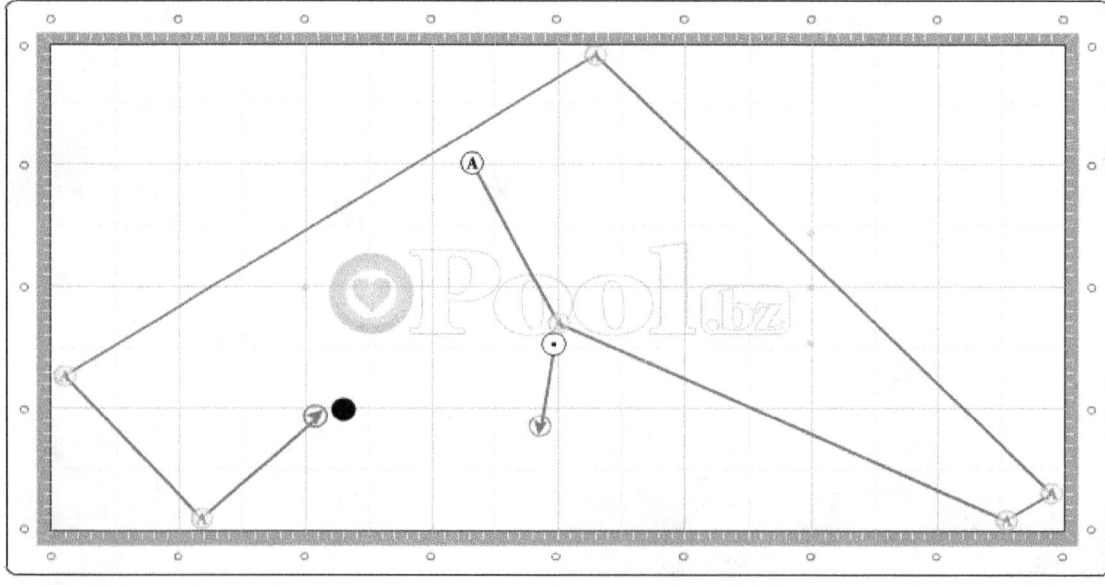

I:4d – Installer

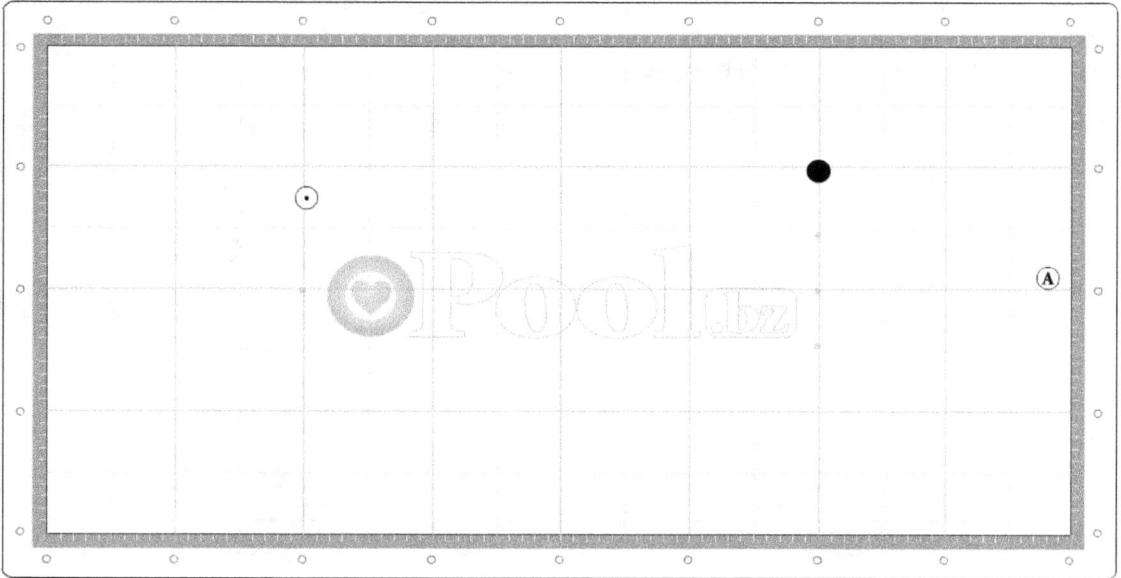

Notes et idées:

Modèle de balle

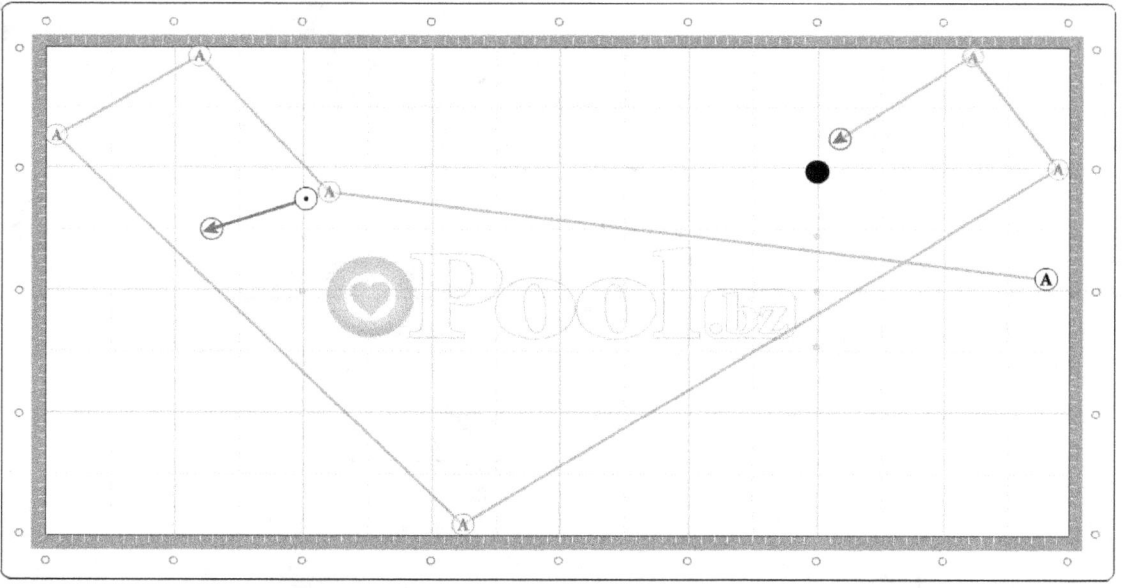

J: Double crochet (avec diagonale de retour)

Sur ces modèles en montée, le (CB) sort du premier (OB) dans le coin du bandas en premier. Il monte la colline au bandas long opposé. Ensuite, le (CB) entre et sort du coin opposé. Le (CB) se déplace en diagonale à travers la table vers l'autre (OB).

Ⓐ (CB) (votre balle) - ⊙ (OB) (balle de l'adversaire) – ● (OB) Balle rouge

J: Groupe 1

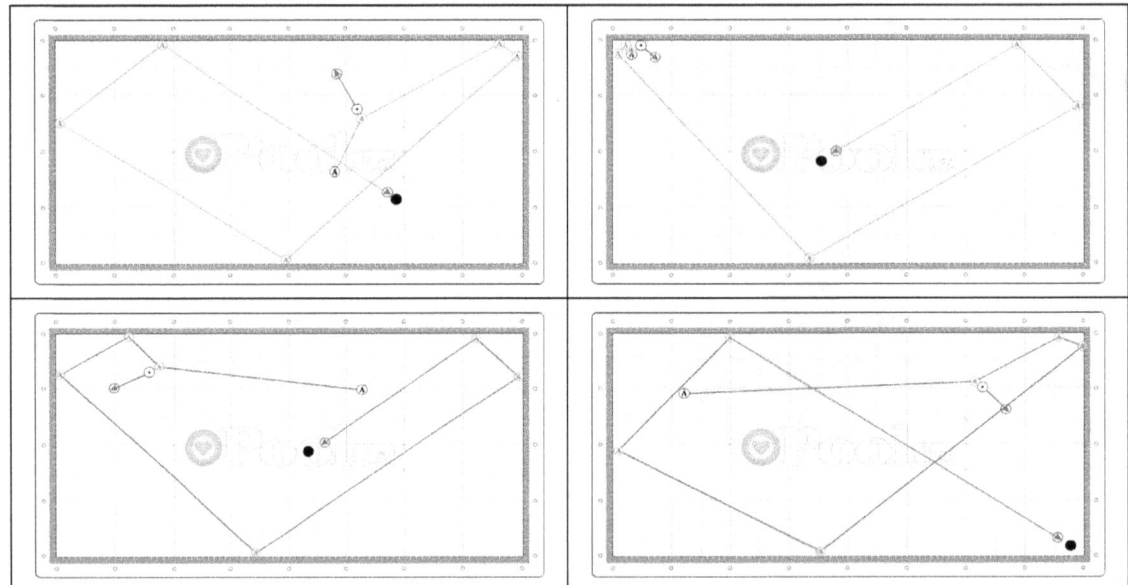

Une analyse:

J:1a. _____

J:1b. _____

J:1c. _____

J:1d. _____

J:1a – Installer

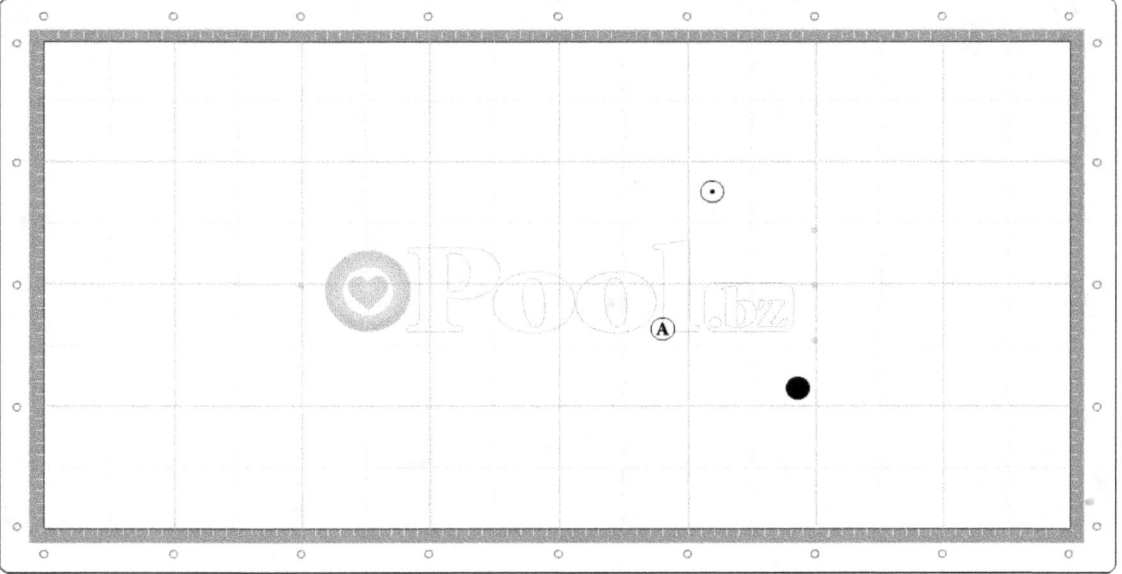

Notes et idées:

Modèle de balle

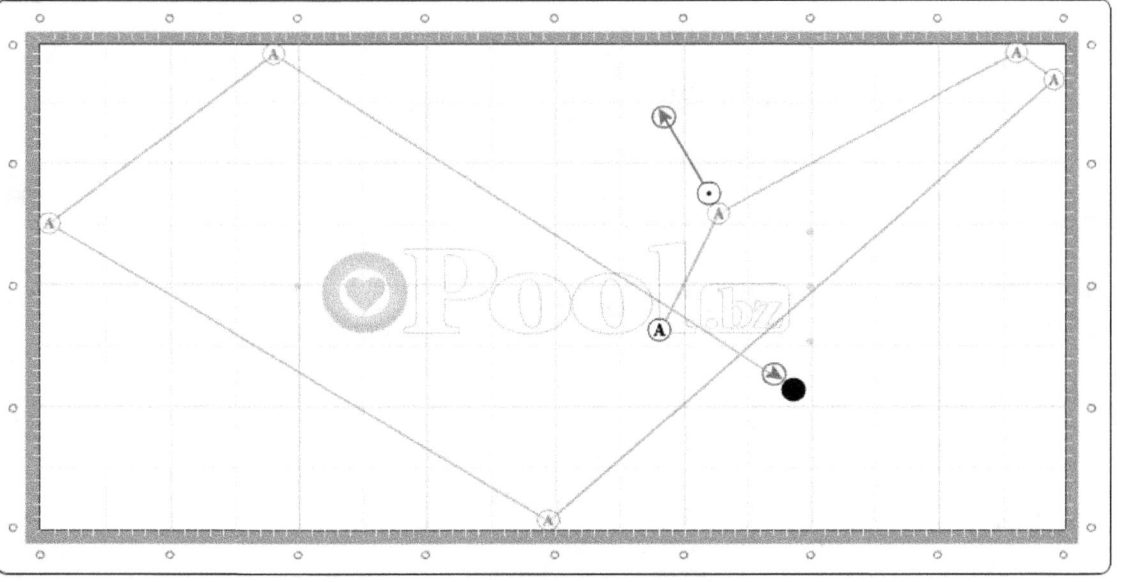

J:1b – Installer

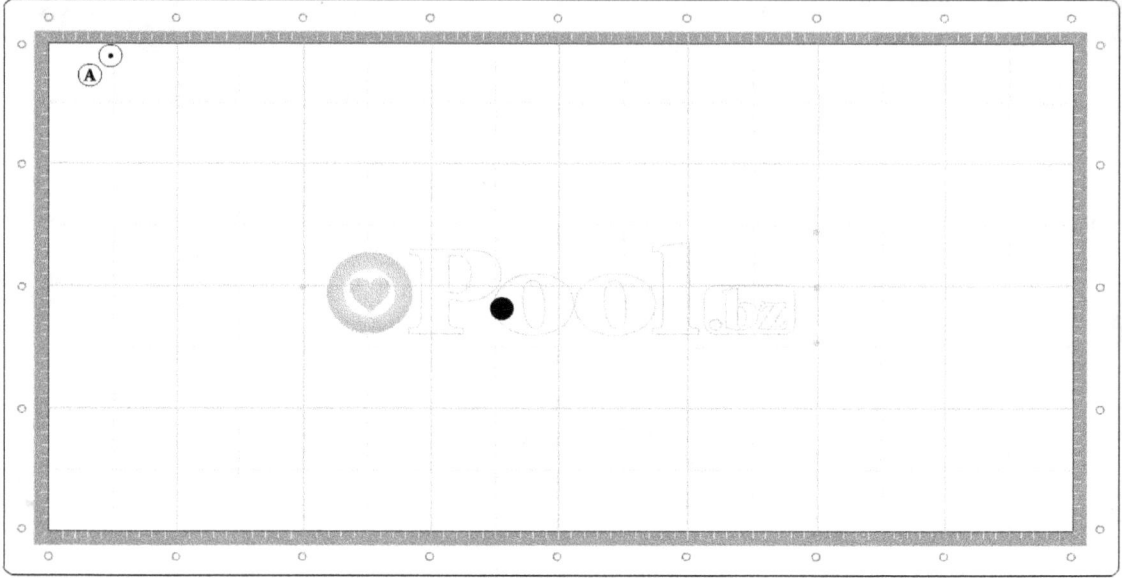

Notes et idées:

Modèle de balle

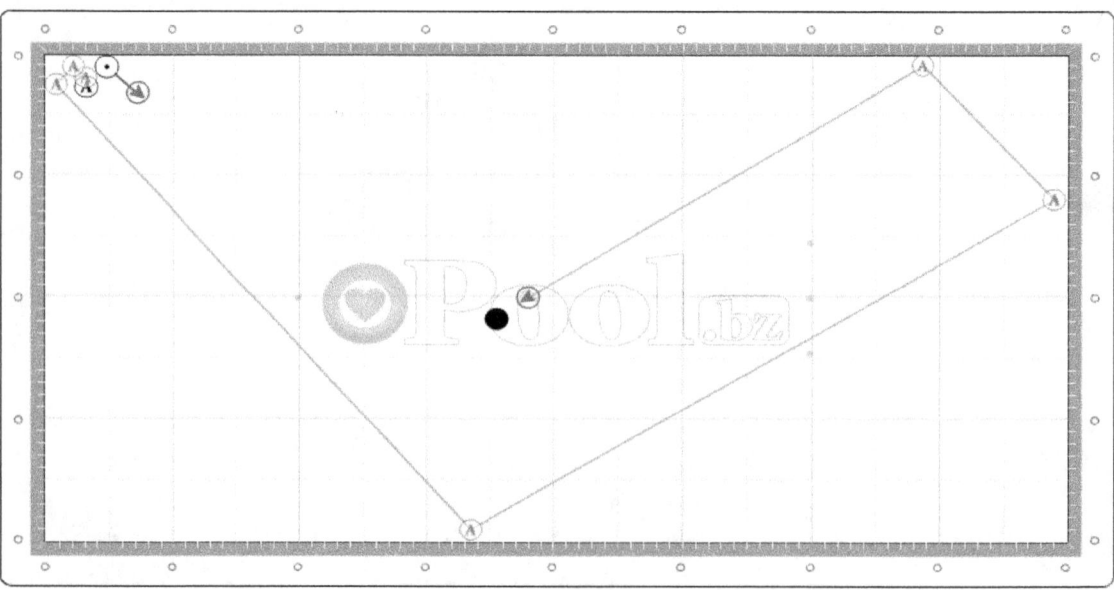

J:1c – Installer

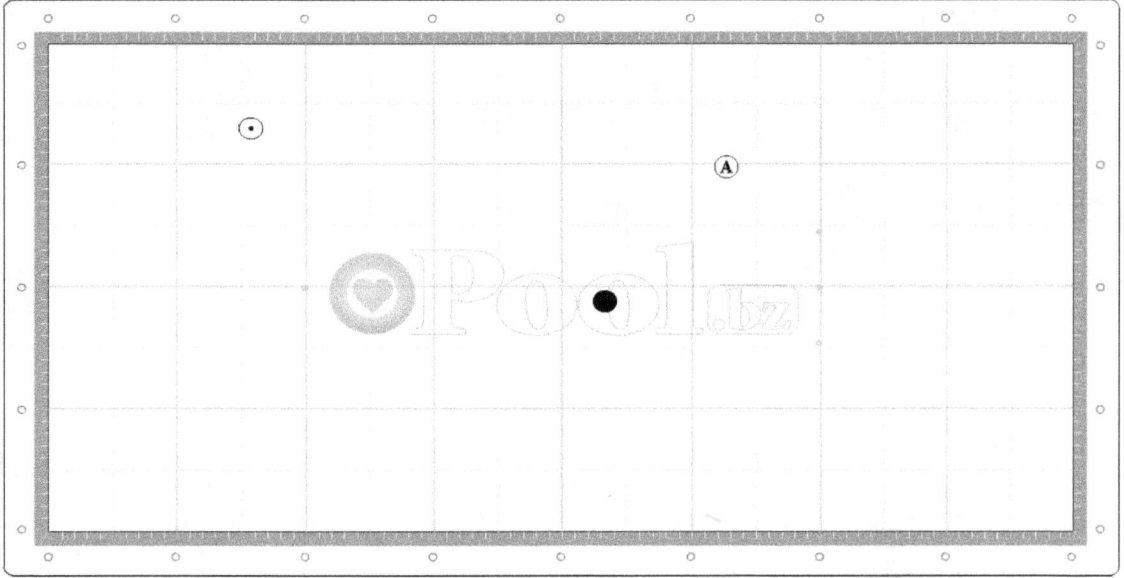

Notes et idées:

Modèle de balle

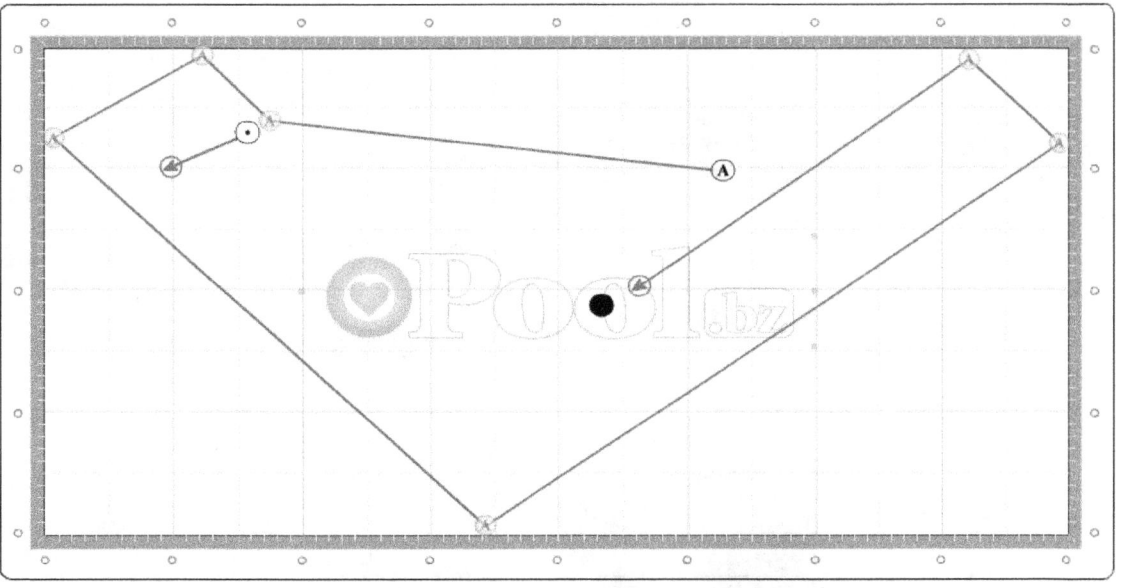

J:1d – Installer

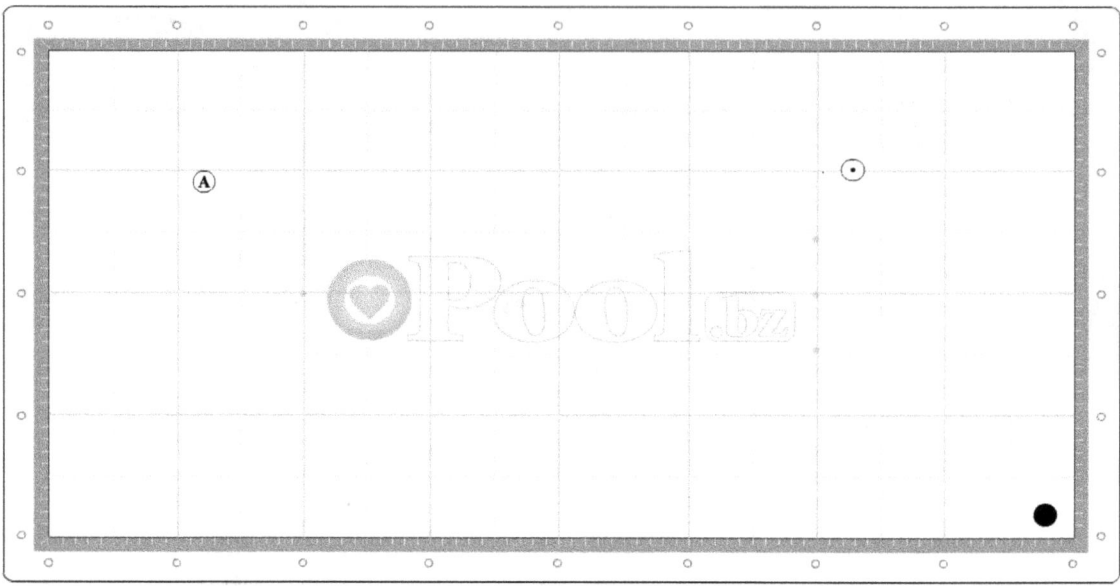

Notes et idées:

Modèle de balle

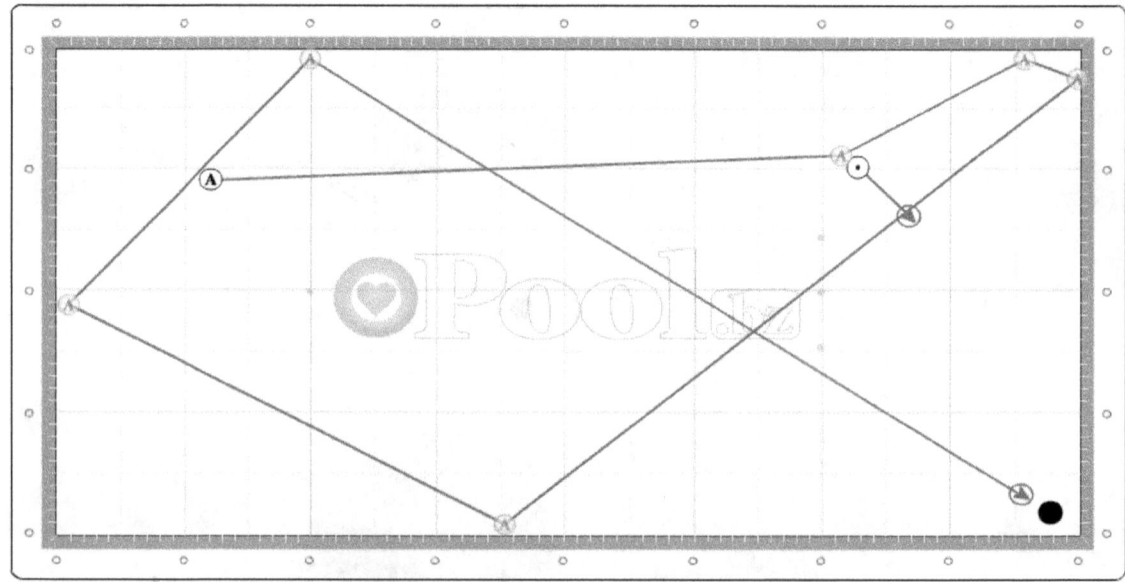

J: Groupe 2

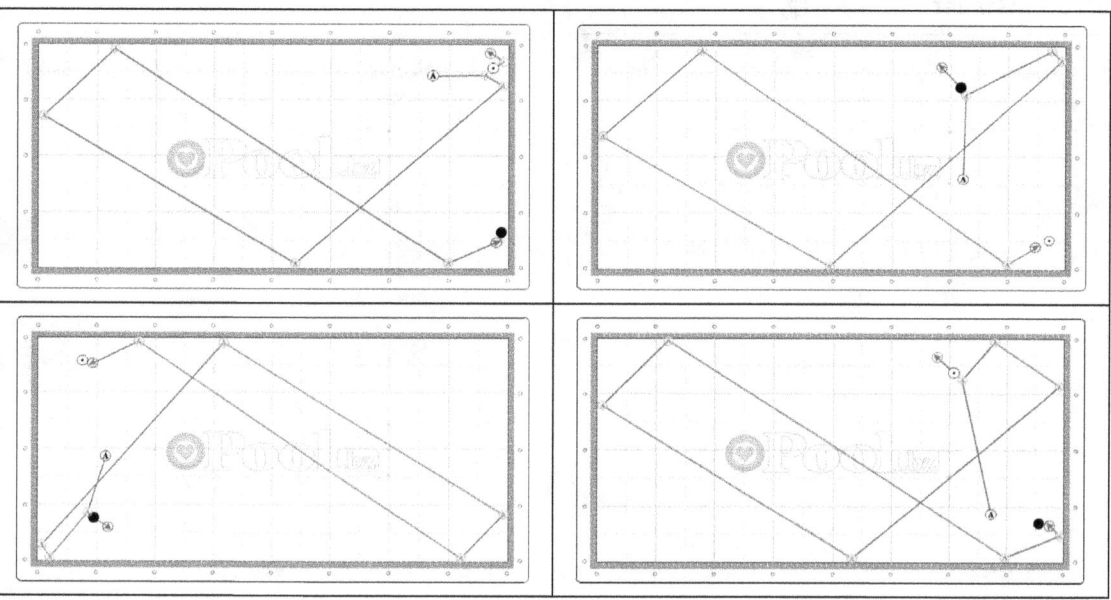

Une analyse:

J:2a. _____

J:2b. _____

J:2c. _____

J:2d. _____

J:2a – Installer

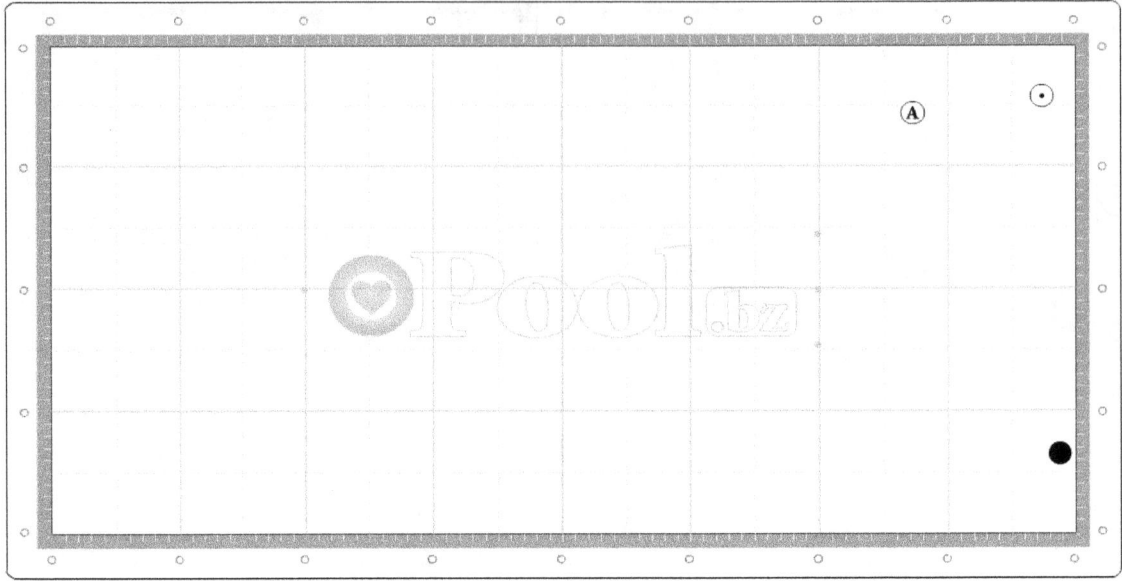

Notes et idées:

Modèle de balle

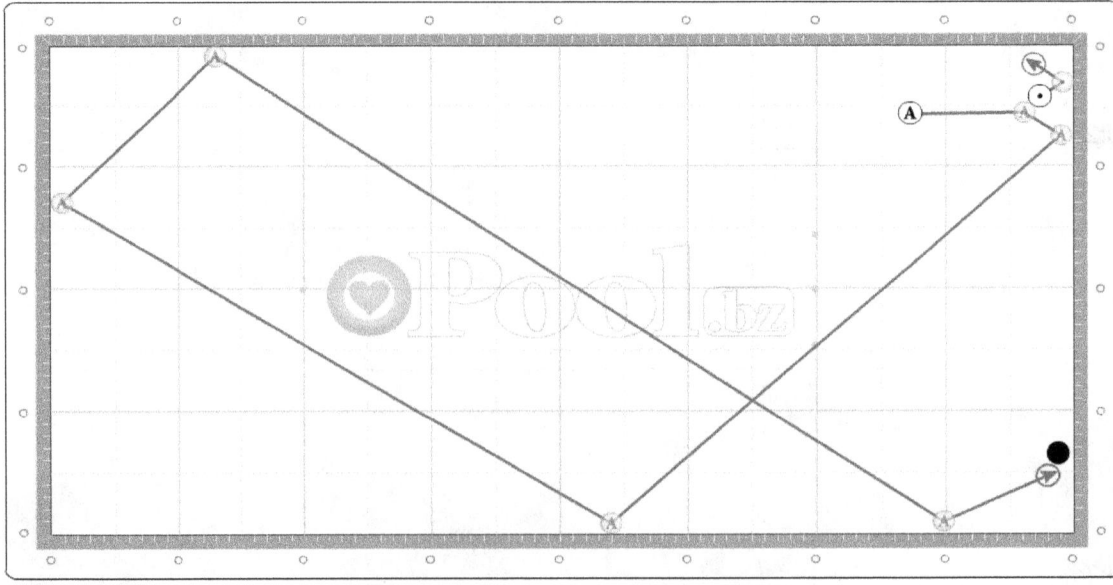

J:2b – Installer

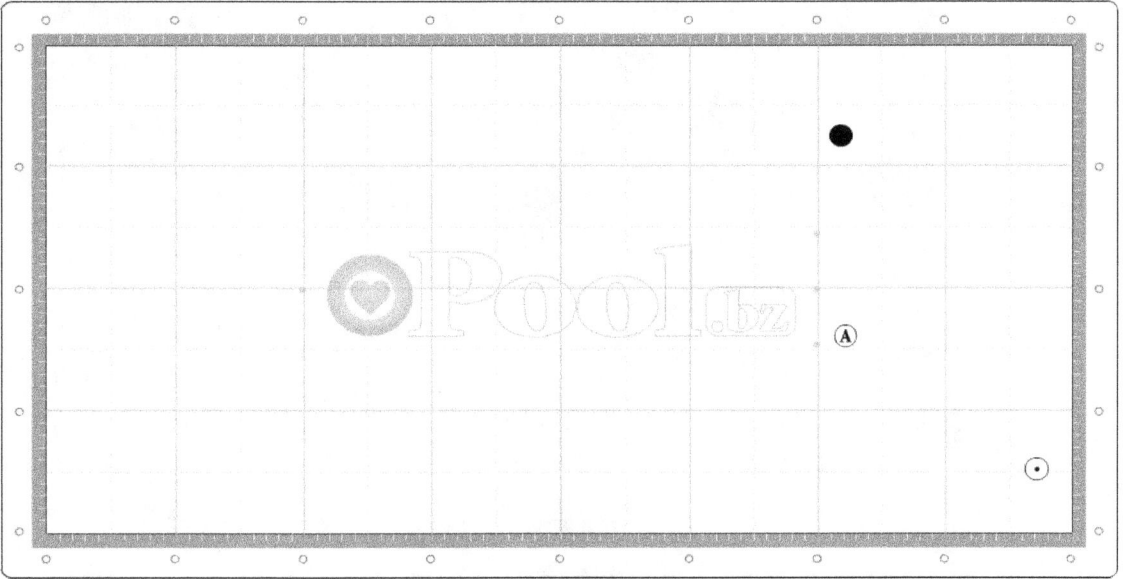

Notes et idées:

Modèle de balle

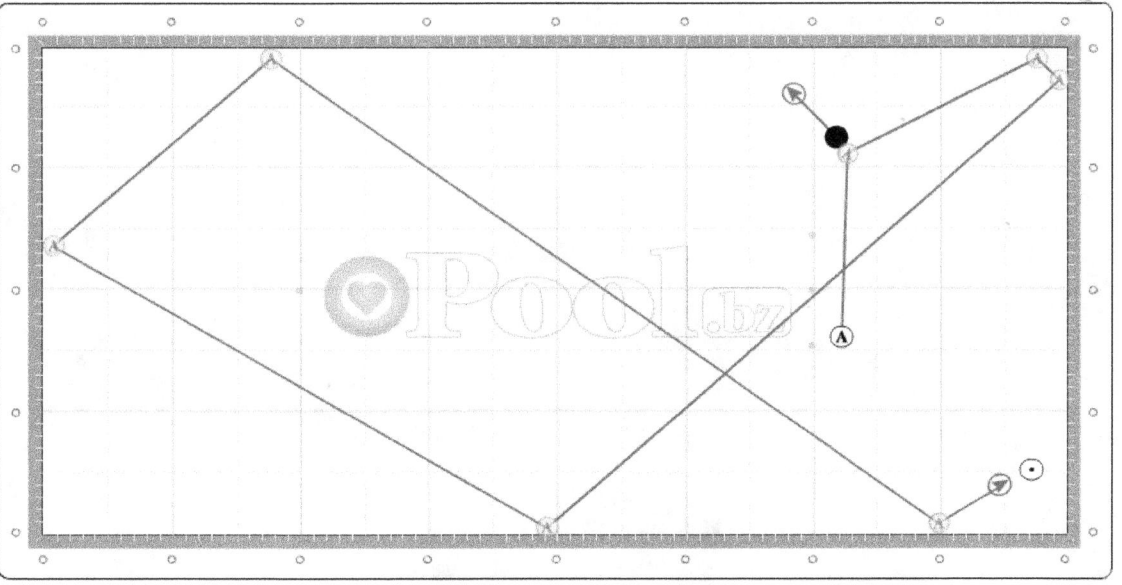

J:2c – Installer

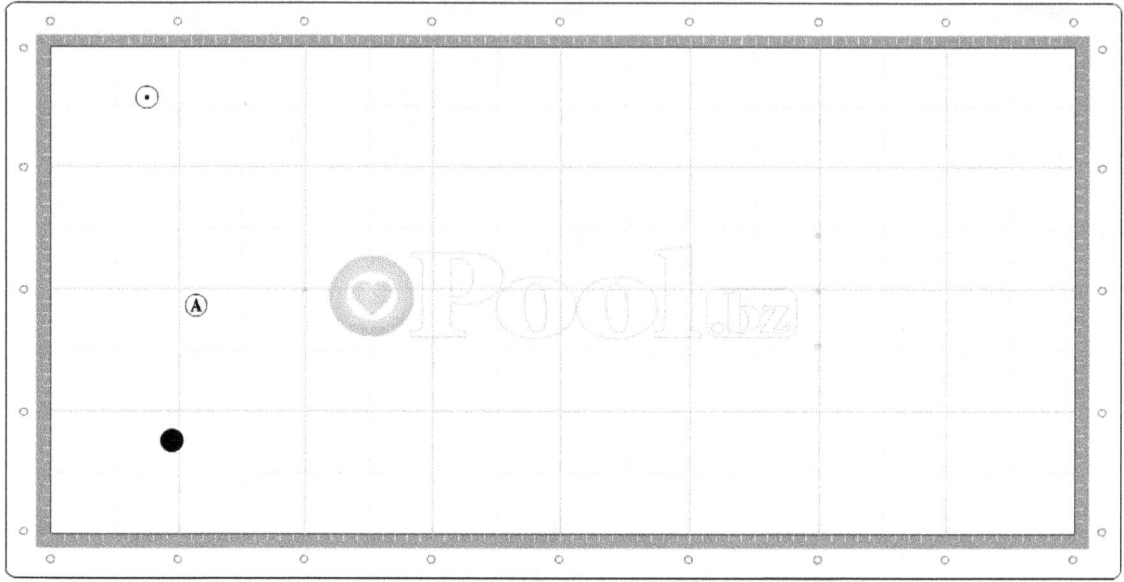

Notes et idées:

Modèle de balle

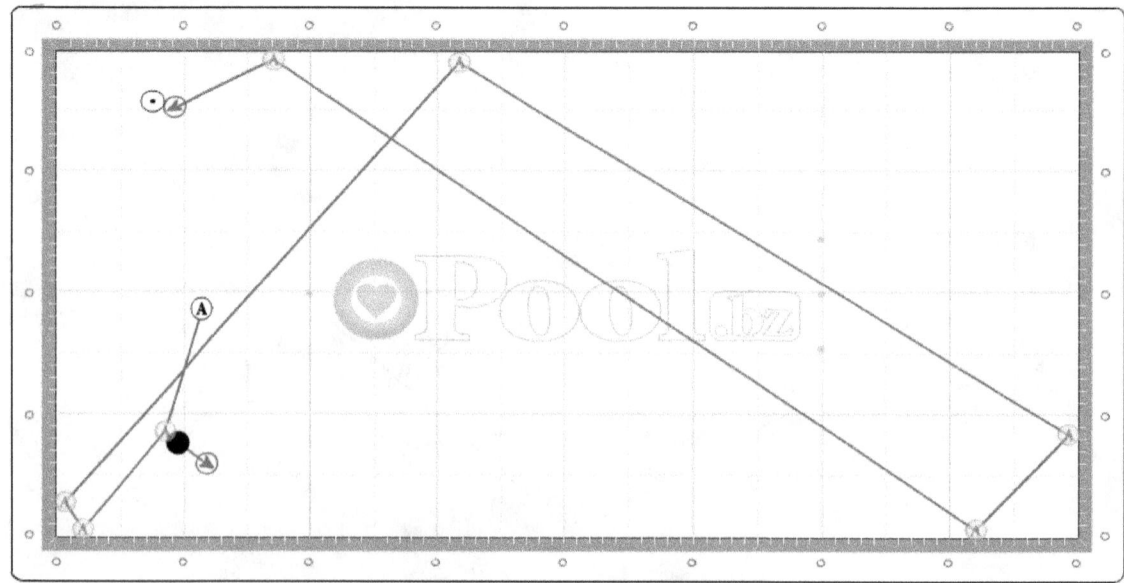

J:2d – Installer

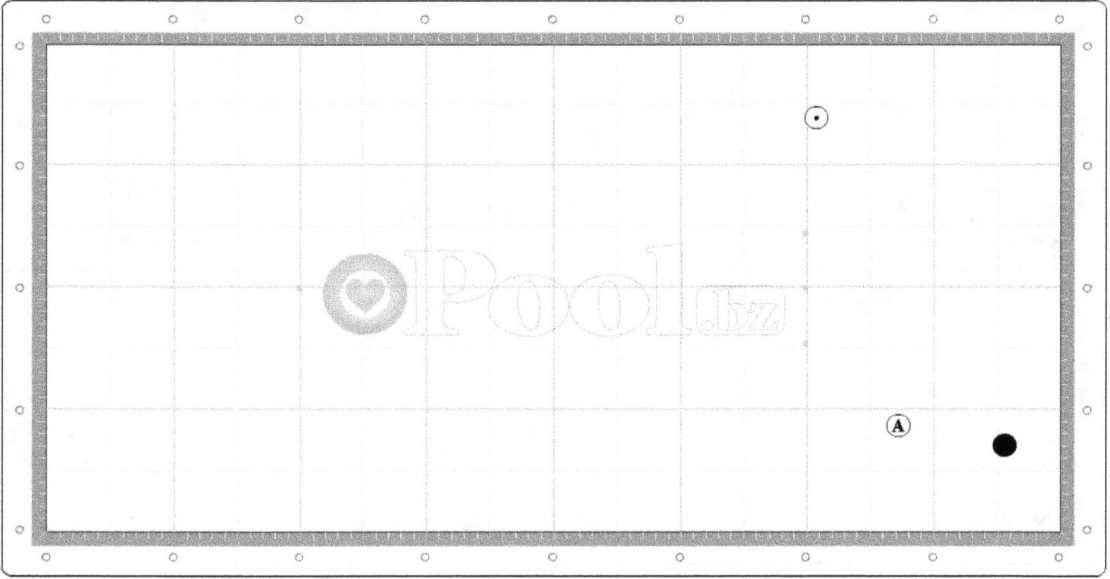

Notes et idées:

Modèle de balle

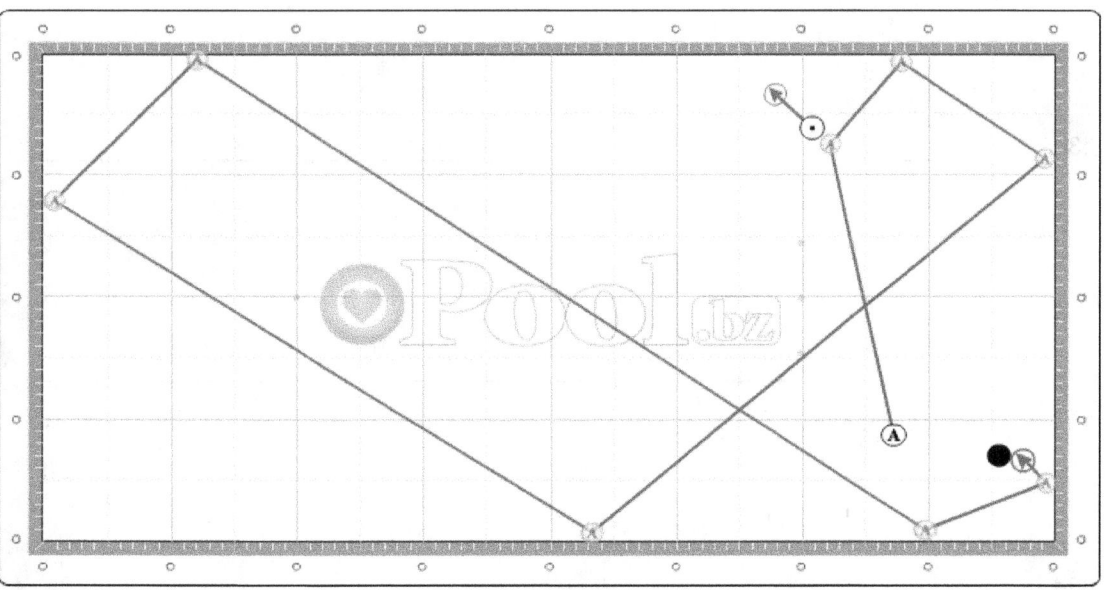

J: Groupe 3

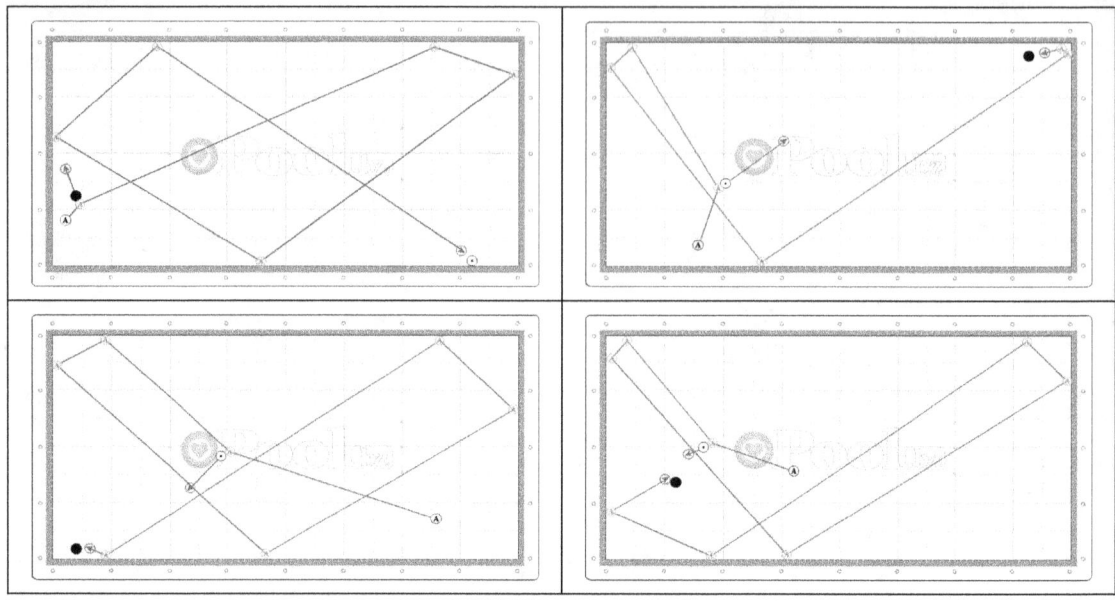

Une analyse:

J:3a. _____

J:3b. _____

J:3c. _____

J:3d. _____

J:3a – Installer

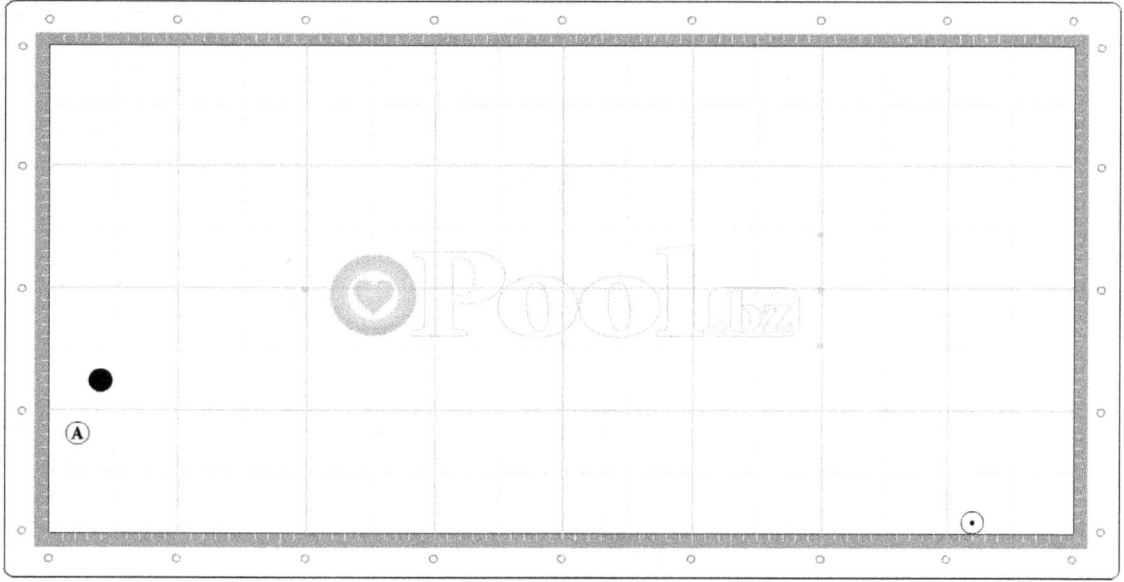

Notes et idées:

Modèle de balle

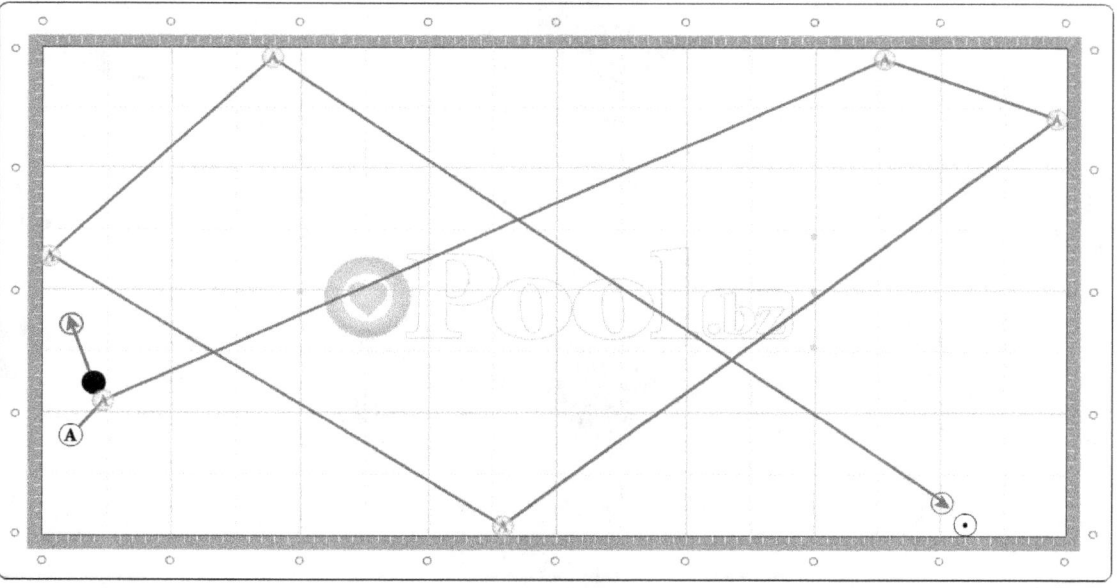

J:3b – Installer

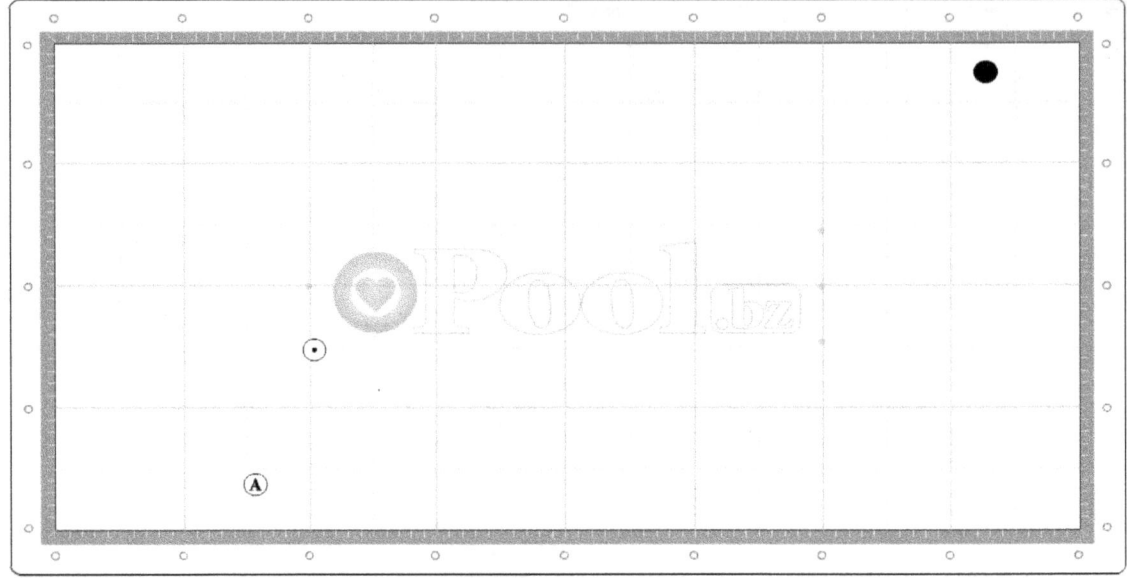

Notes et idées:

Modèle de balle

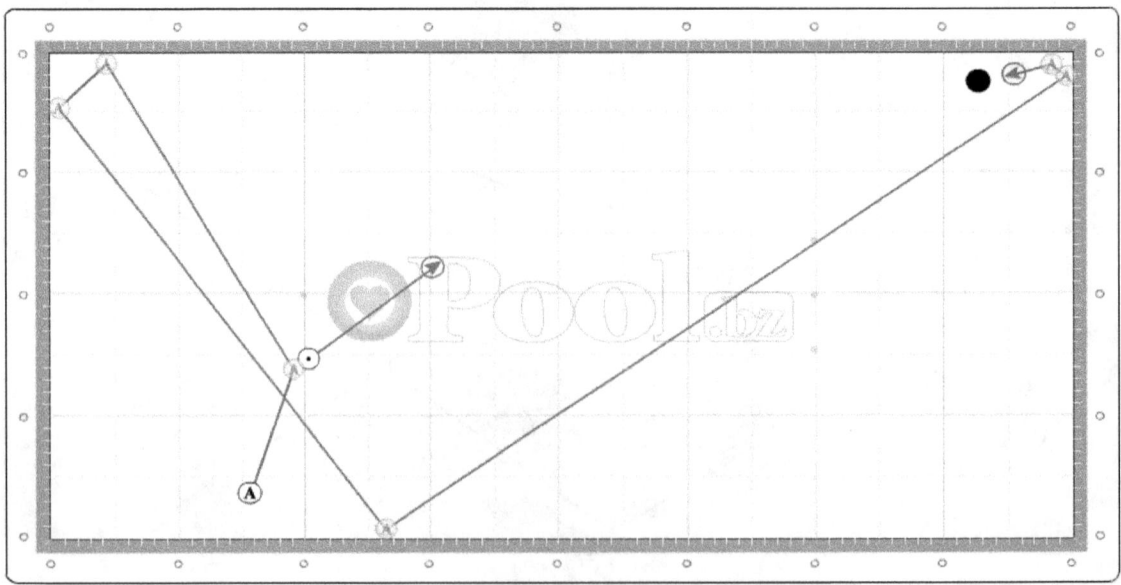

J:3c – Installer

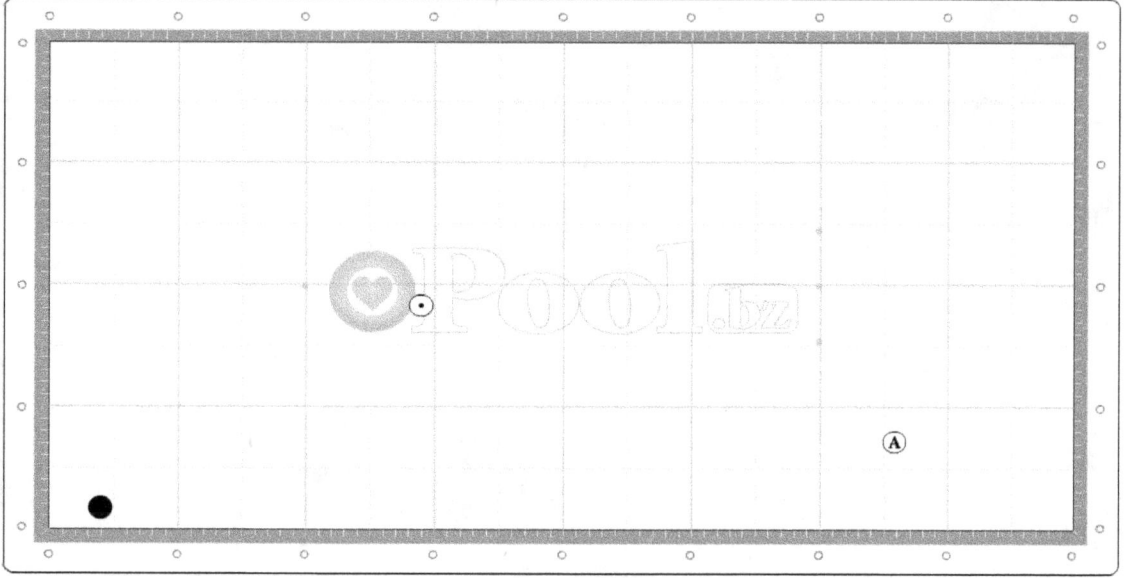

Notes et idées:

Modèle de balle

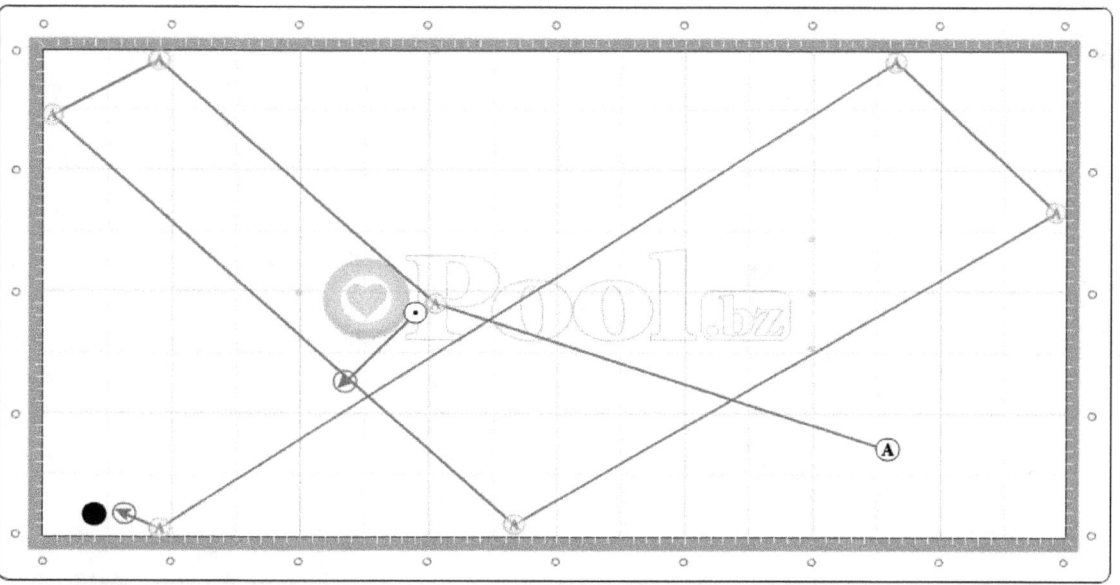

J:3d – Installer

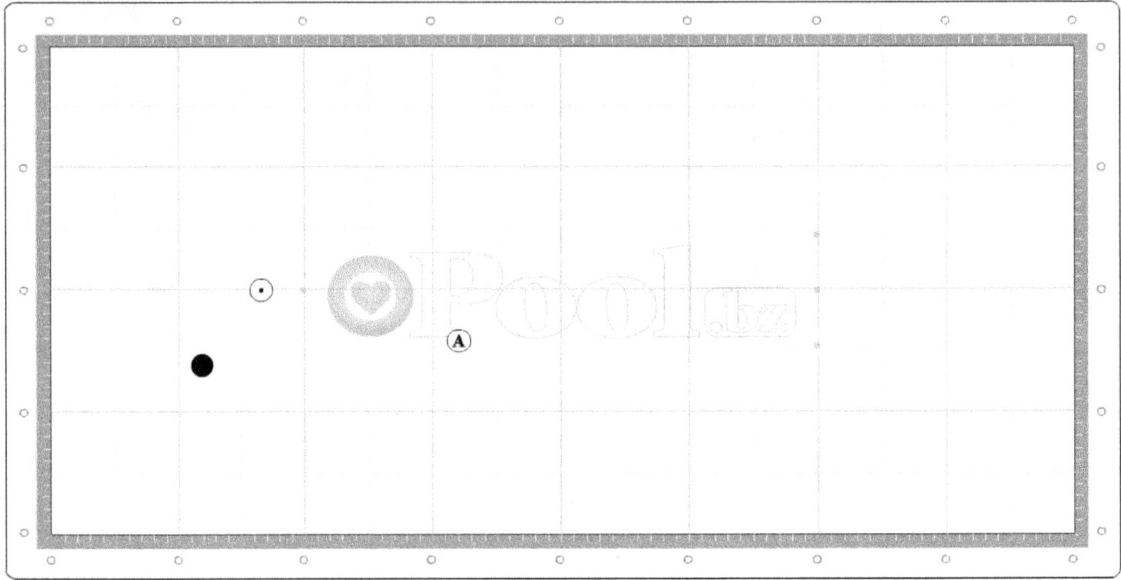

Notes et idées:

Modèle de balle

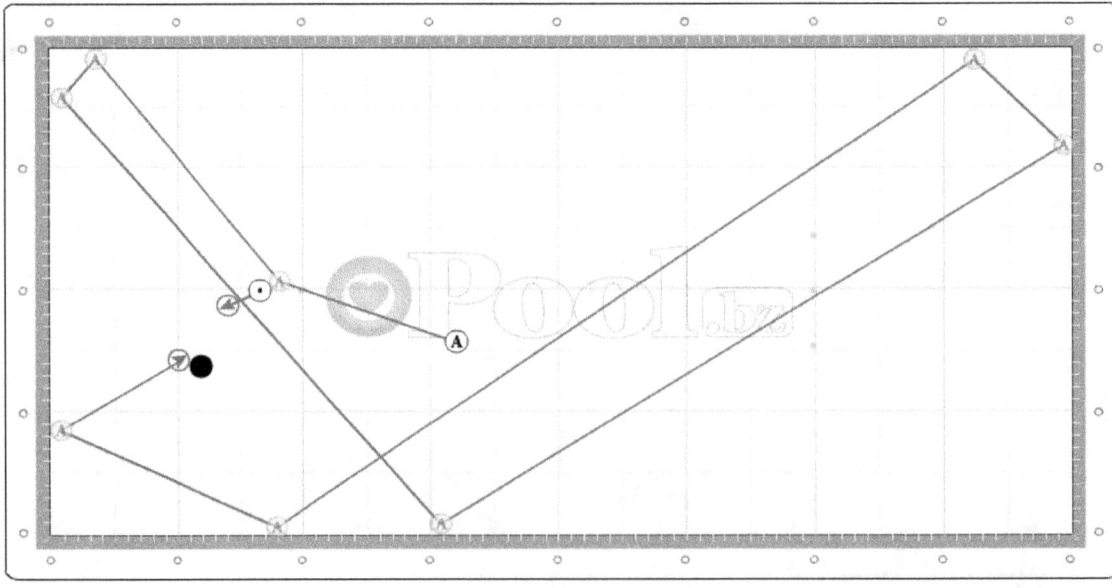

J: Groupe 4

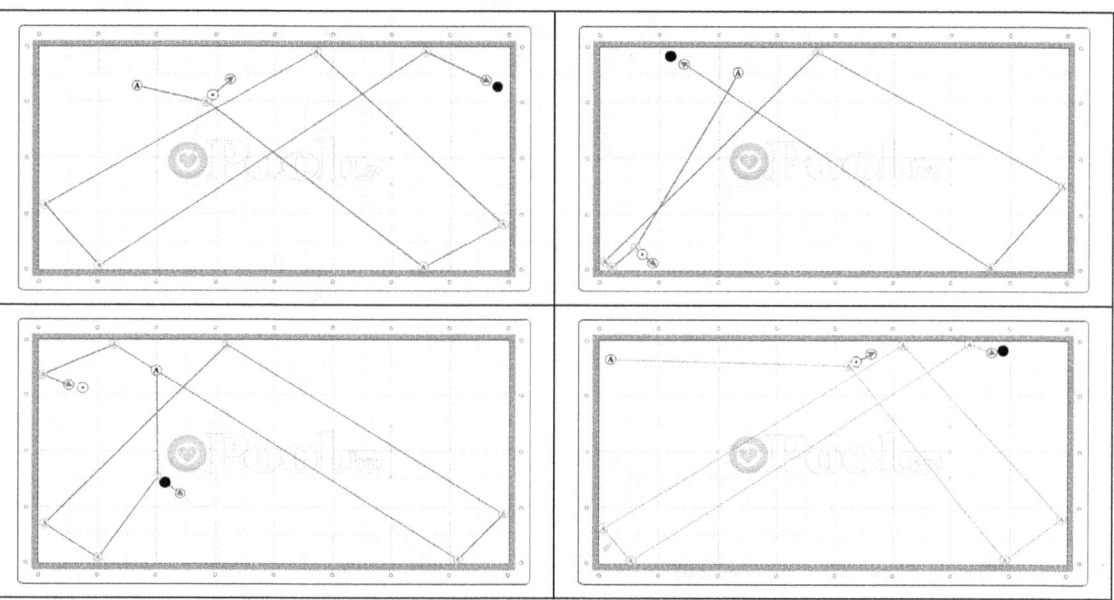

Une analyse:

J:4a. _____

J:4b. _____

J:4c. _____

J:4d. _____

J:4a – Installer

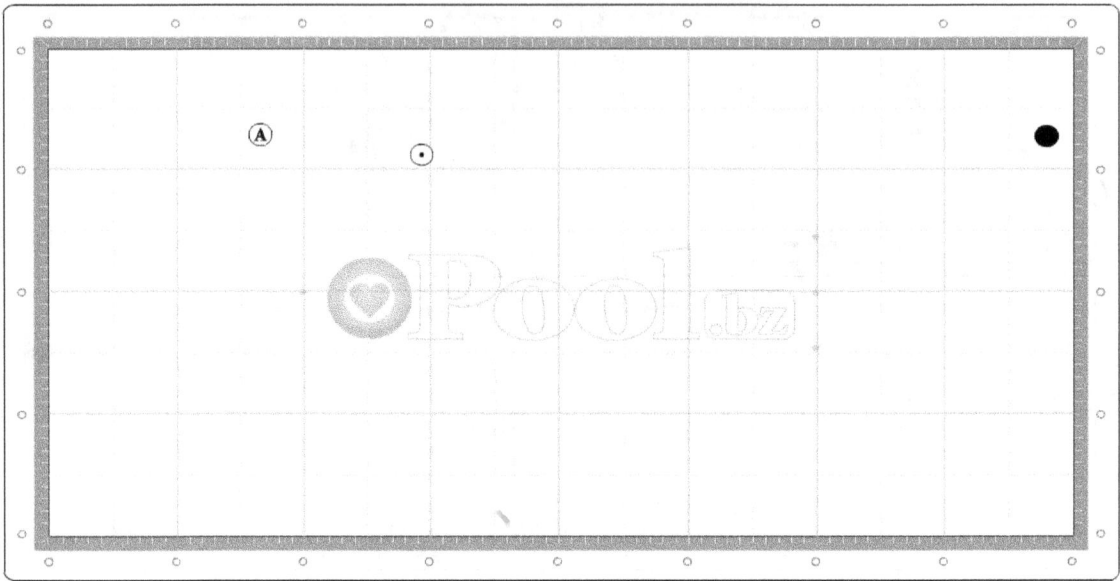

Notes et idées:

Modèle de balle

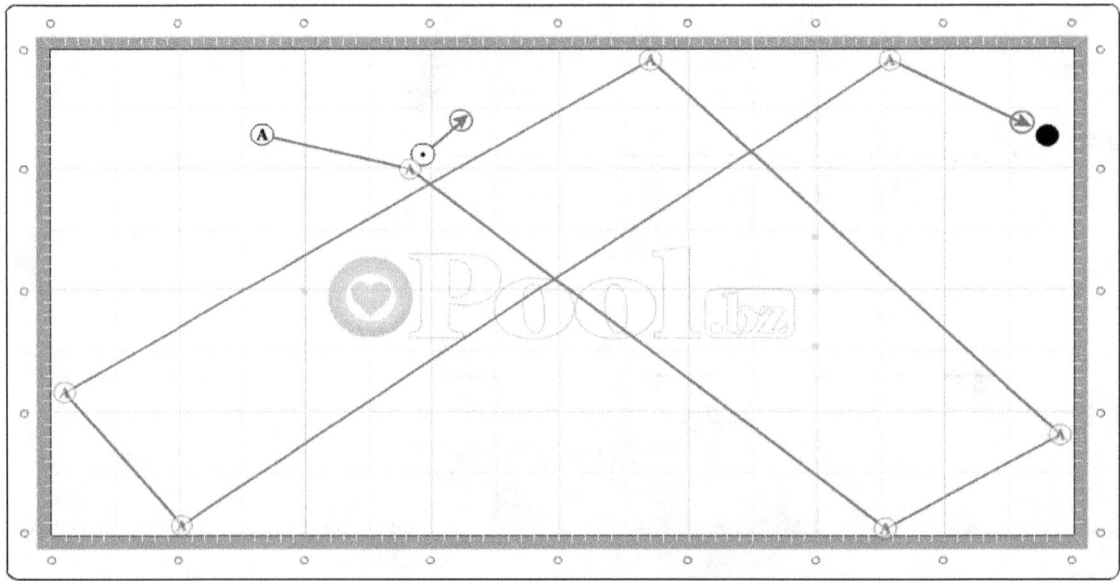

J:4b – Installer

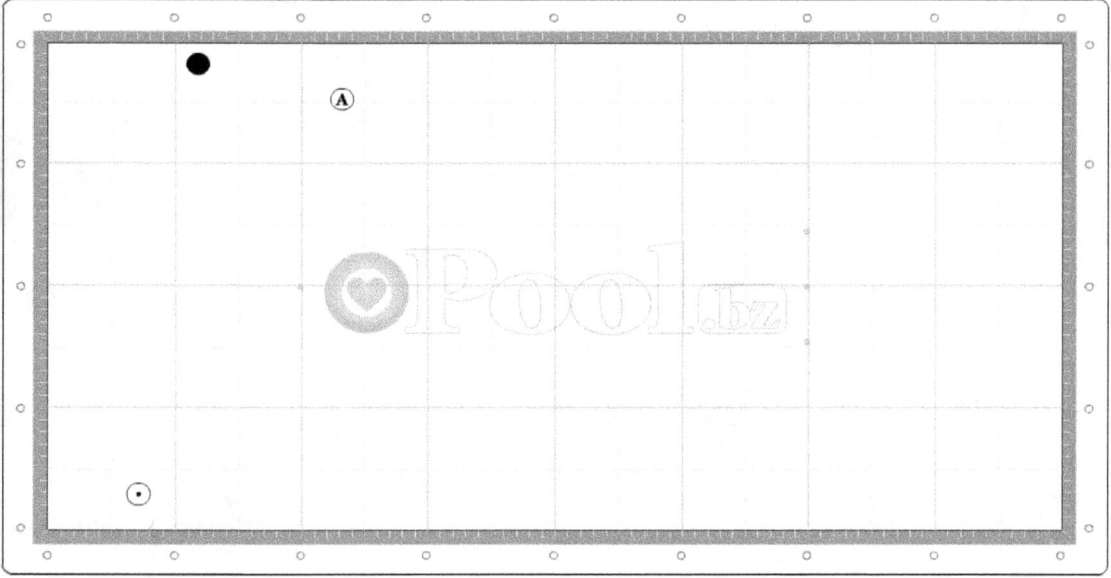

Notes et idées:

Modèle de balle

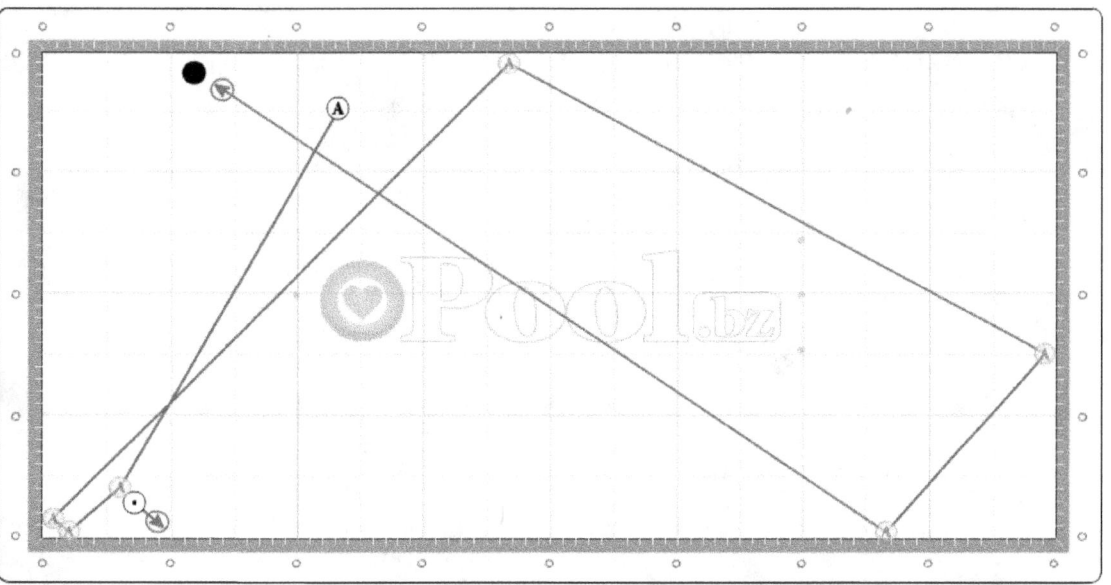

J:4c – Installer

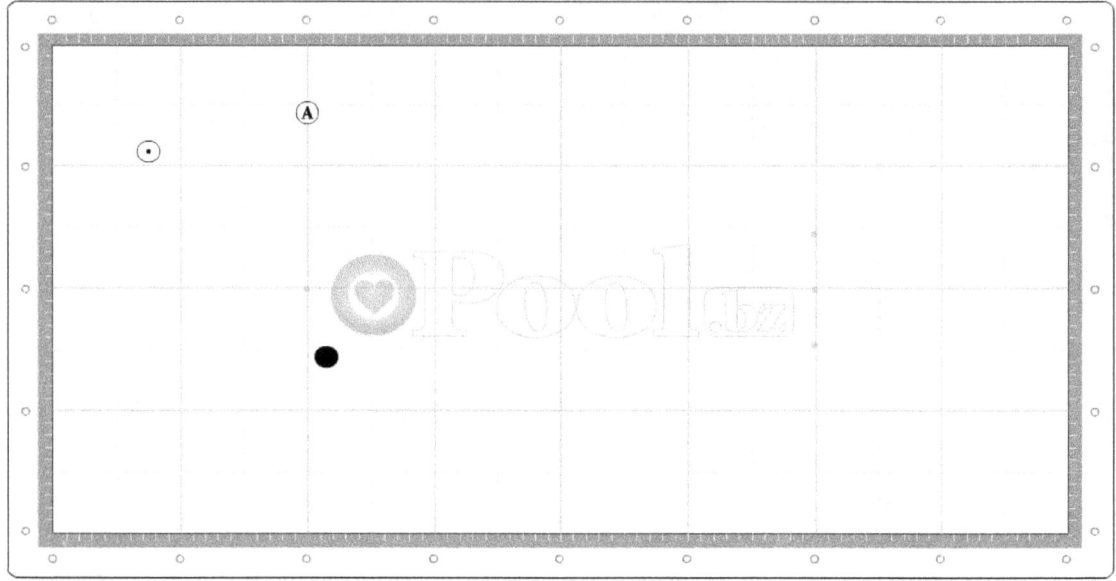

Notes et idées:

Modèle de balle

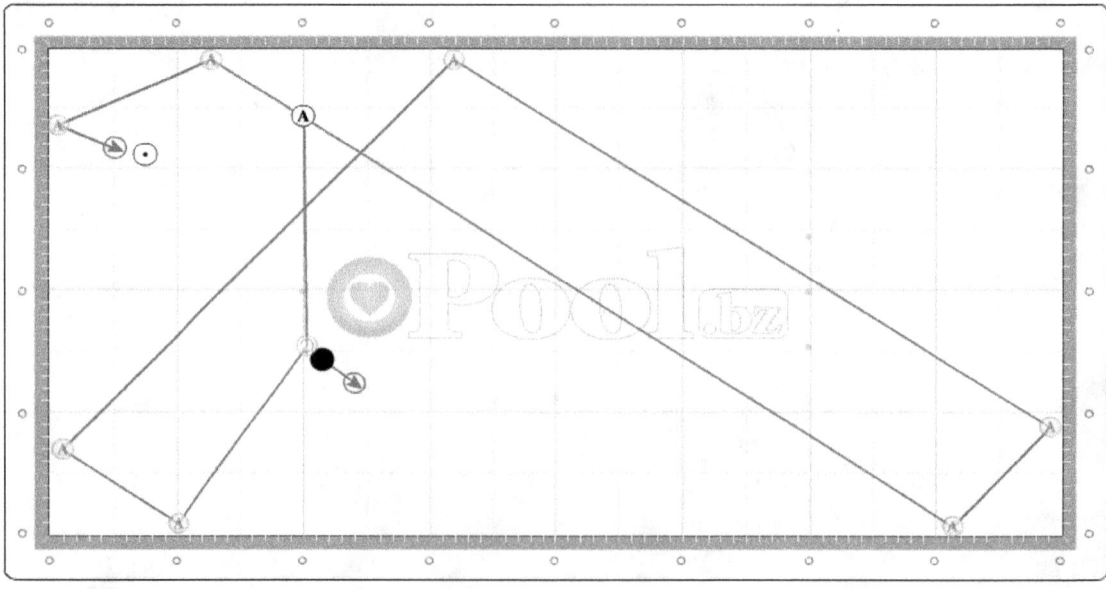

J:4d – Installer

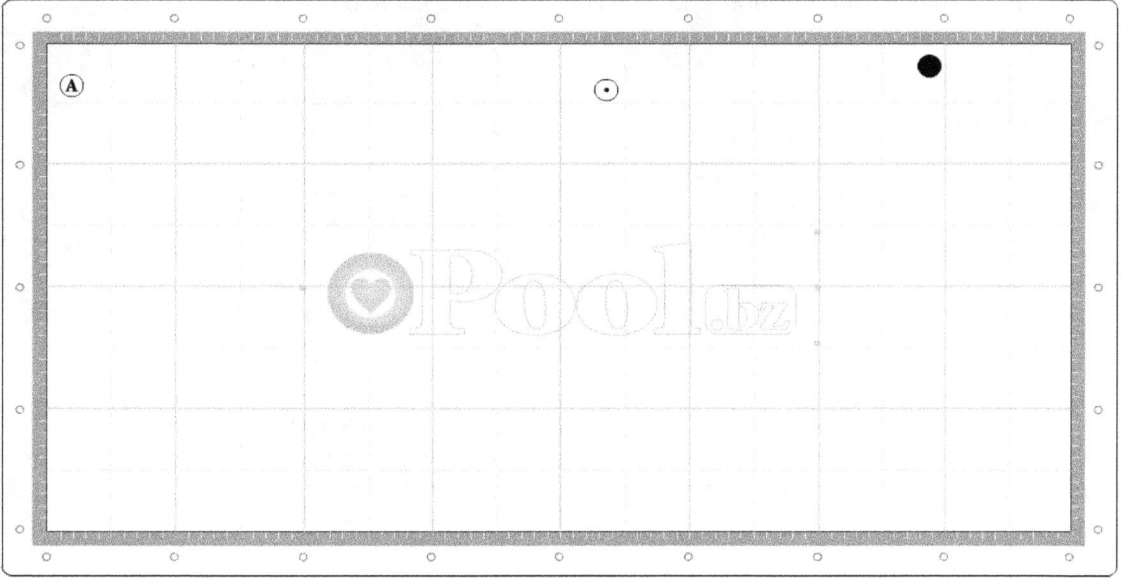

Notes et idées:

Modèle de balle

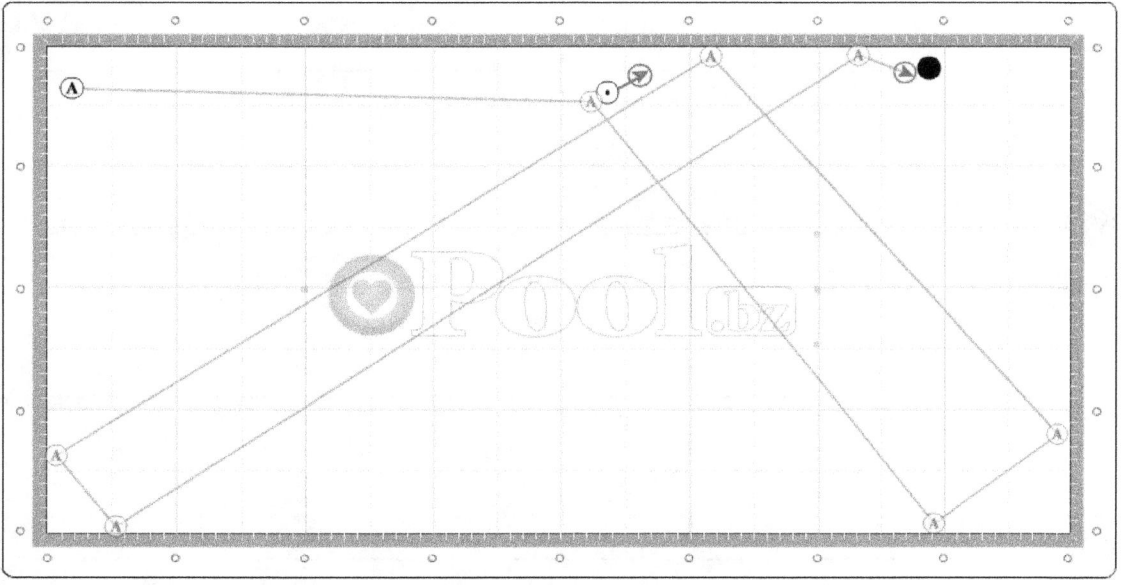

K: Double sommet de la colline

Ce sont des situations intéressantes. Le (CB) fait un double sur le modèle de la colline.

(A) (CB) (votre balle) - (•) (OB) (balle de l'adversaire) – ● (OB) Balle rouge

K: Groupe 1

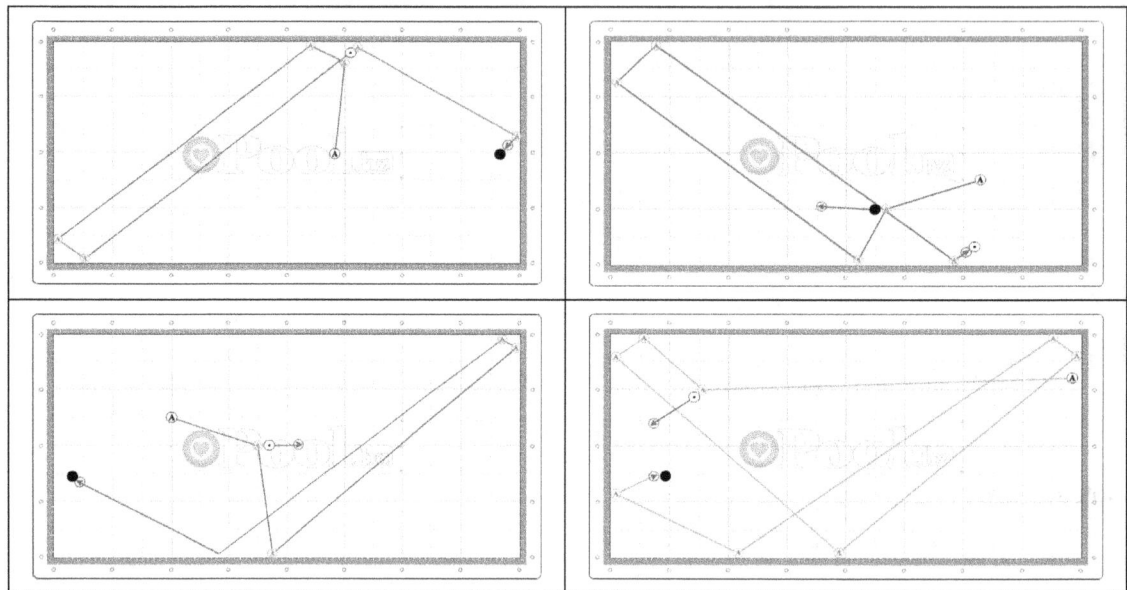

Une analyse:

K:1a. _____

K:1b. _____

K:1c. _____

K:1d. _____

K:1a – Installer

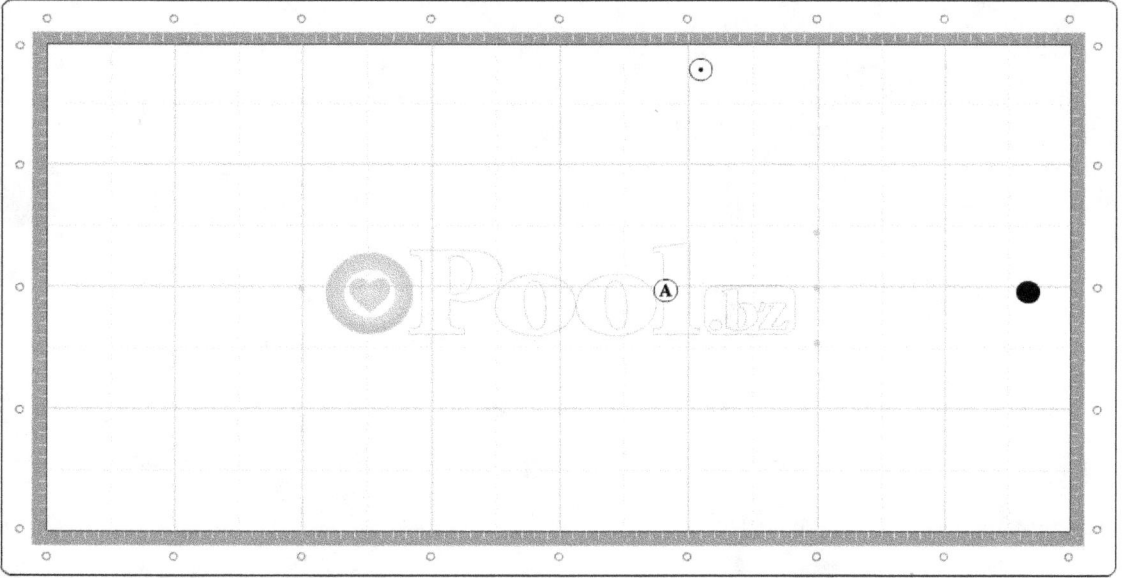

Notes et idées:

Modèle de balle

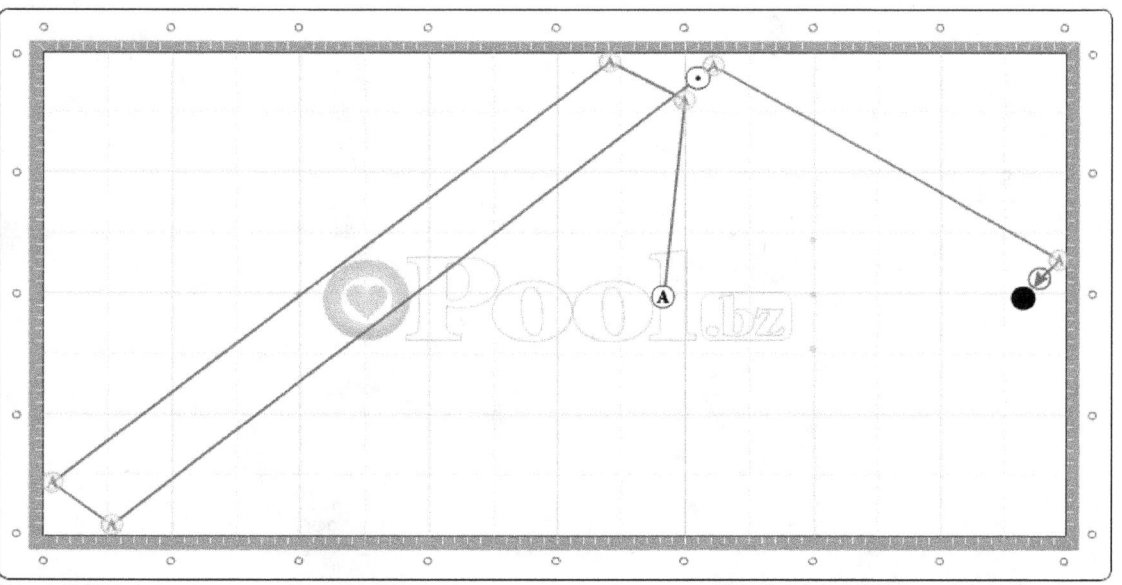

K:1b – Installer

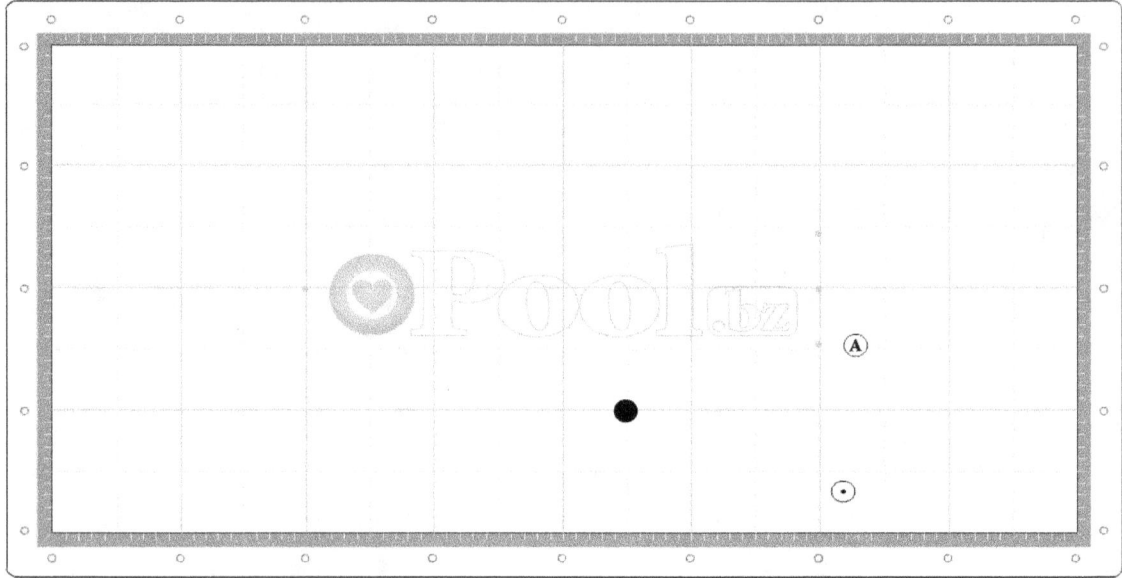

Notes et idées:

Modèle de balle

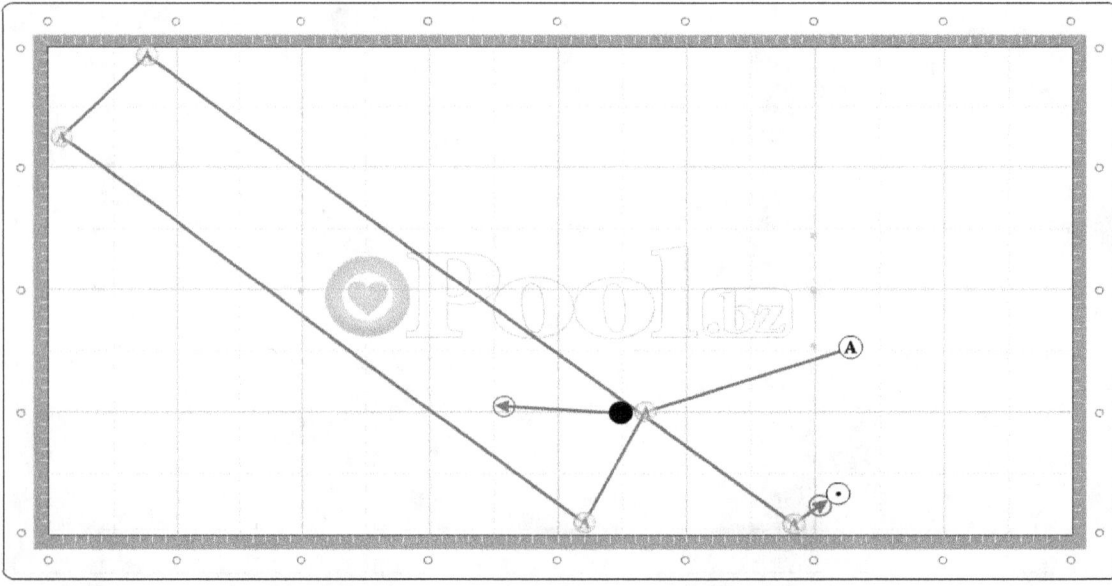

K:1c – Installer

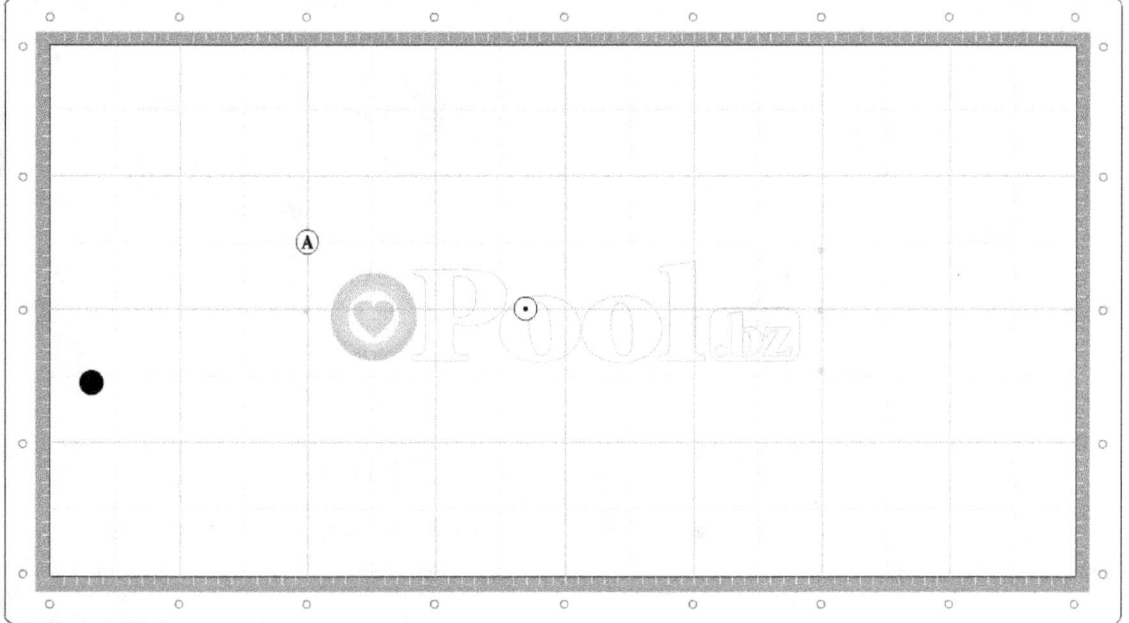

Notes et idées:

Modèle de balle

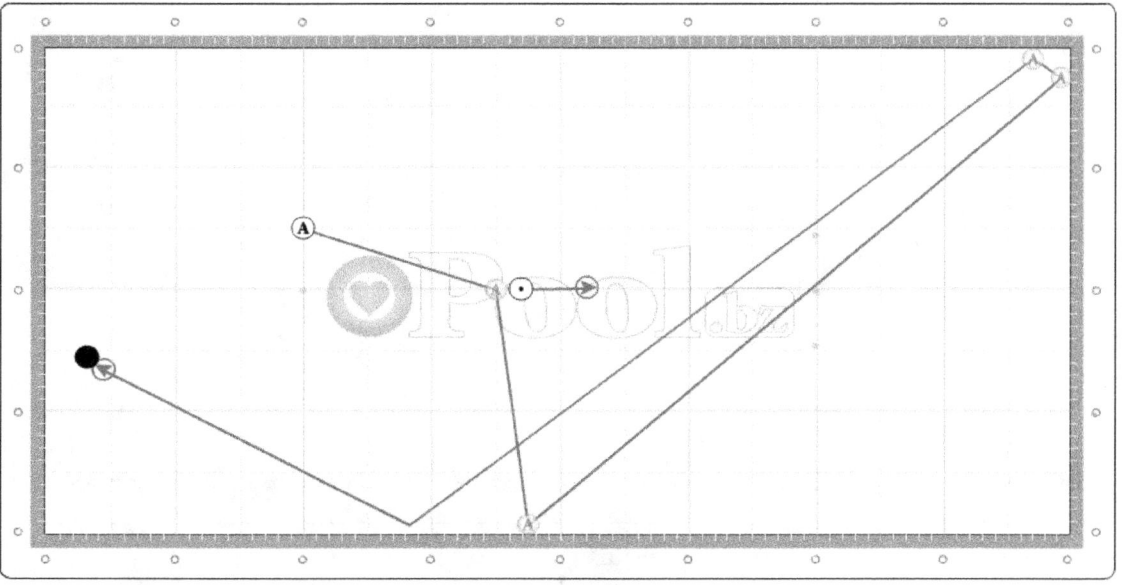

K:1d – Installer

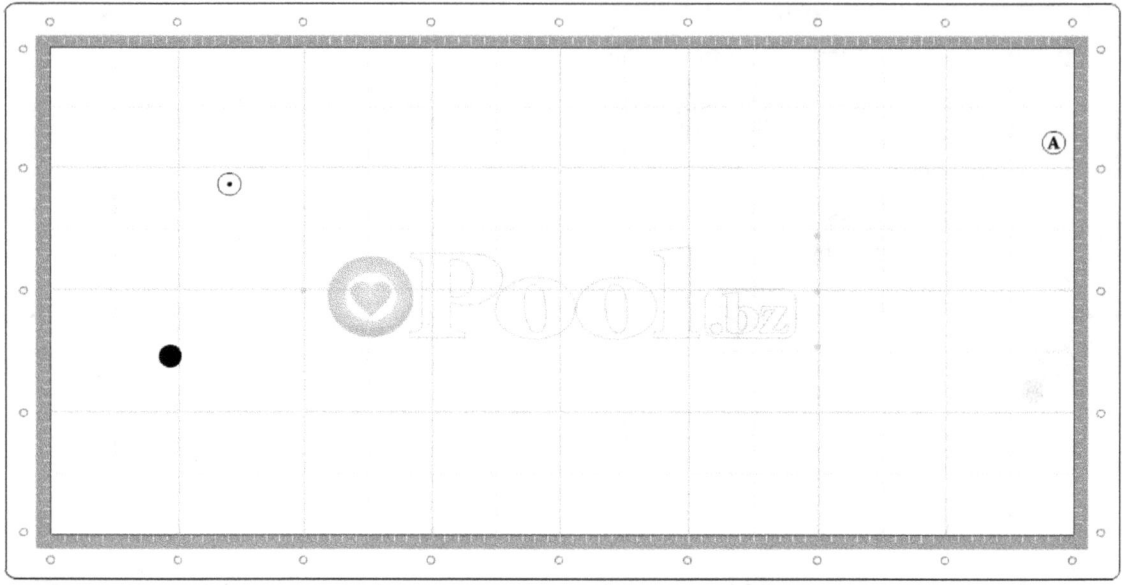

Notes et idées:

Modèle de balle

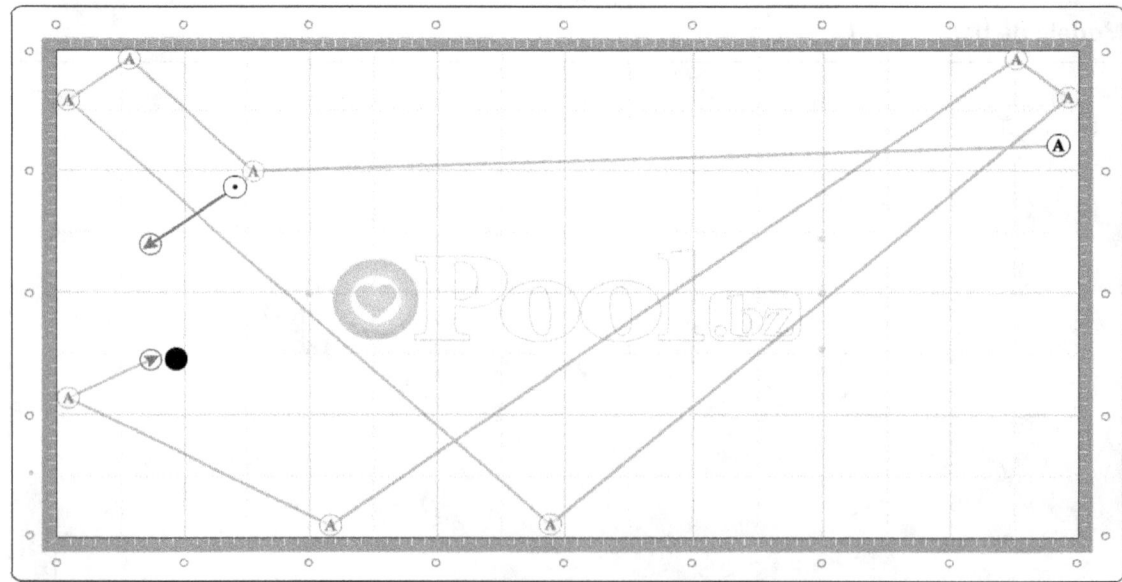

L: Crochet de retour extérieur

Le (CB) contacte le premier (OB) et va au milieu du bandas long. Le (CB) se déplace alors dans le coin, long bandas en premier. Ensuite, le (CB) contacte l'autre (OB).

Ⓐ (CB) (votre balle) - ⊙ (OB) (balle de l'adversaire) – ● (OB) Balle rouge

L: Groupe 1

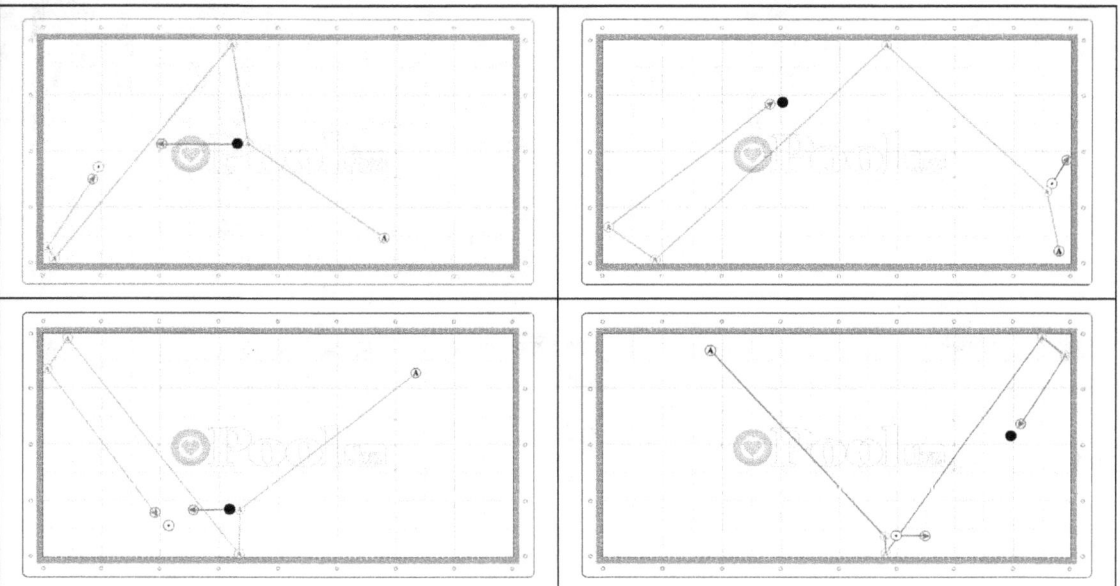

Une analyse:

L:1a. _____

L:1b. _____

L:1c. _____

L:1d. _____

L:1a – Installer

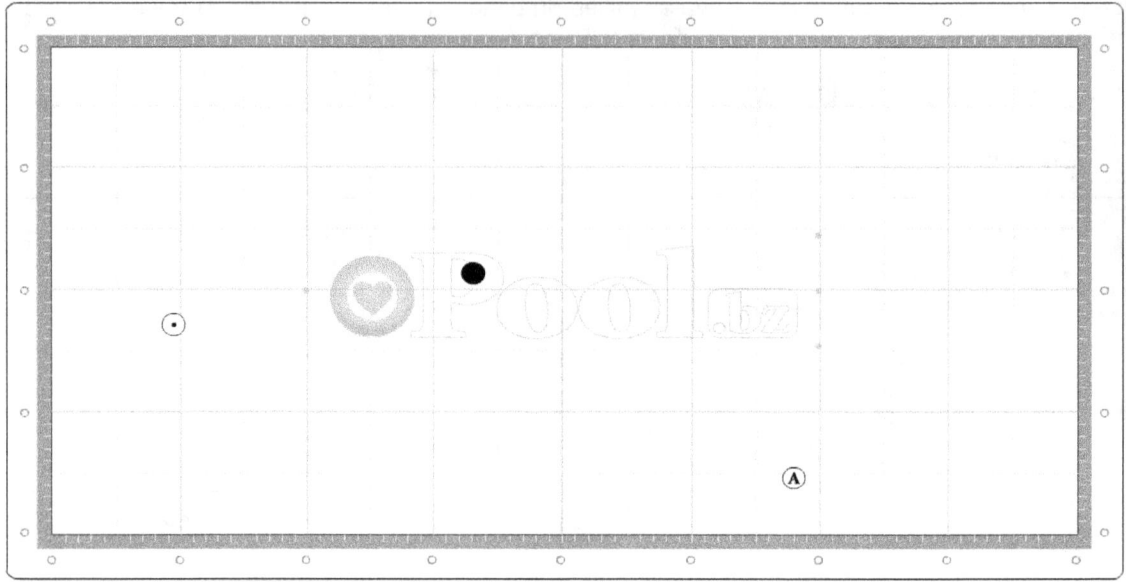

Notes et idées:

Modèle de balle

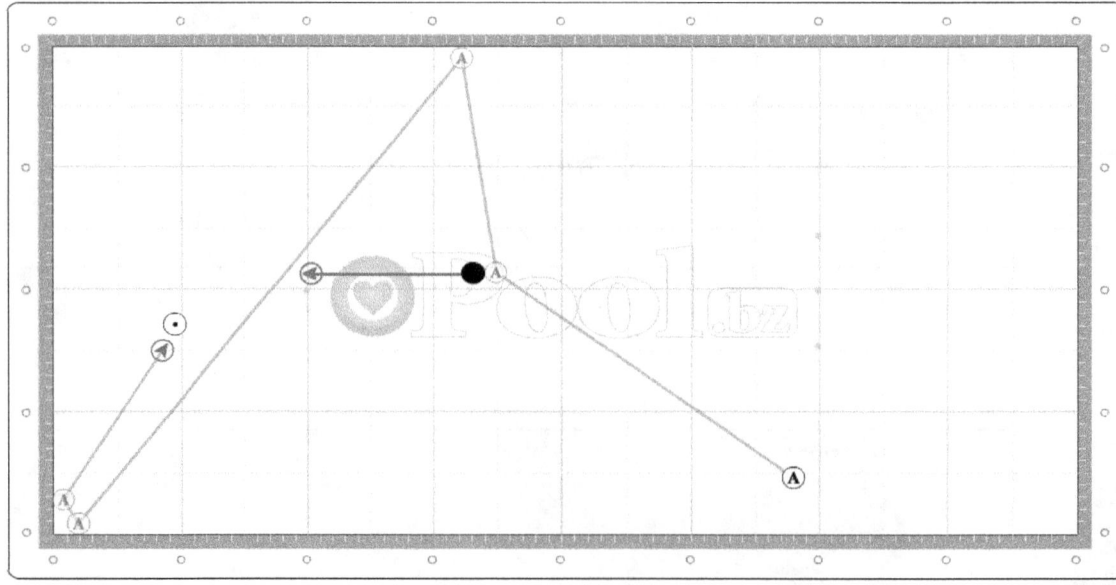

L:1b – Installer

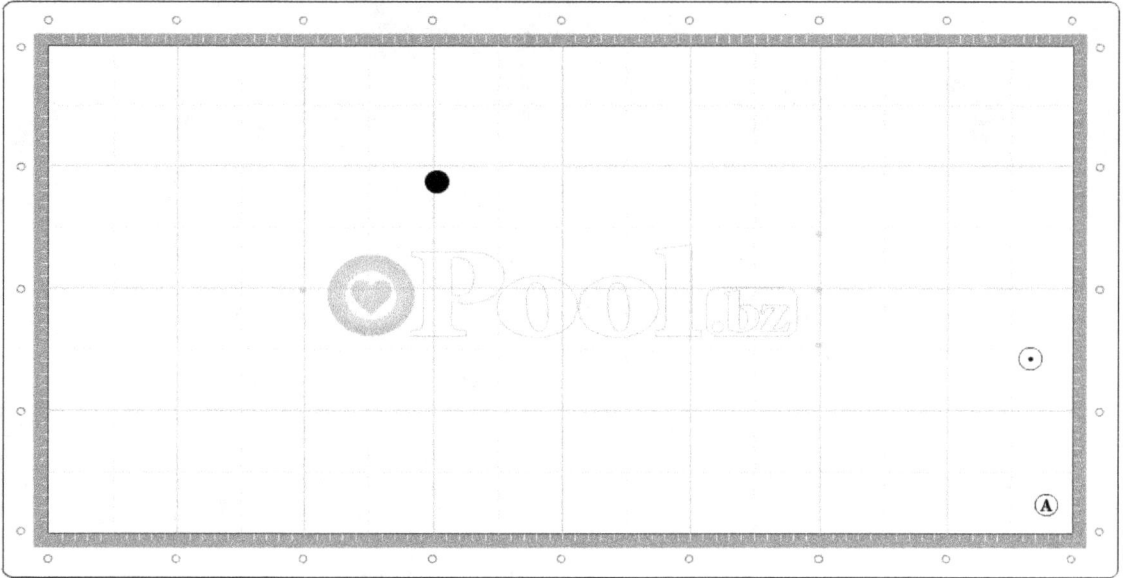

Notes et idées:

Modèle de balle

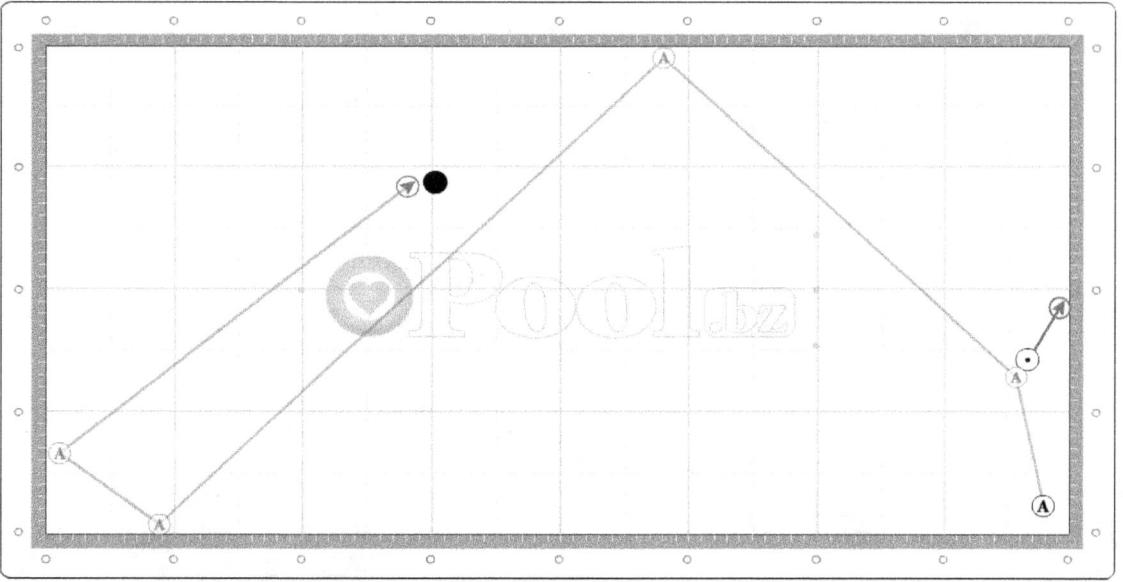

L:1c – Installer

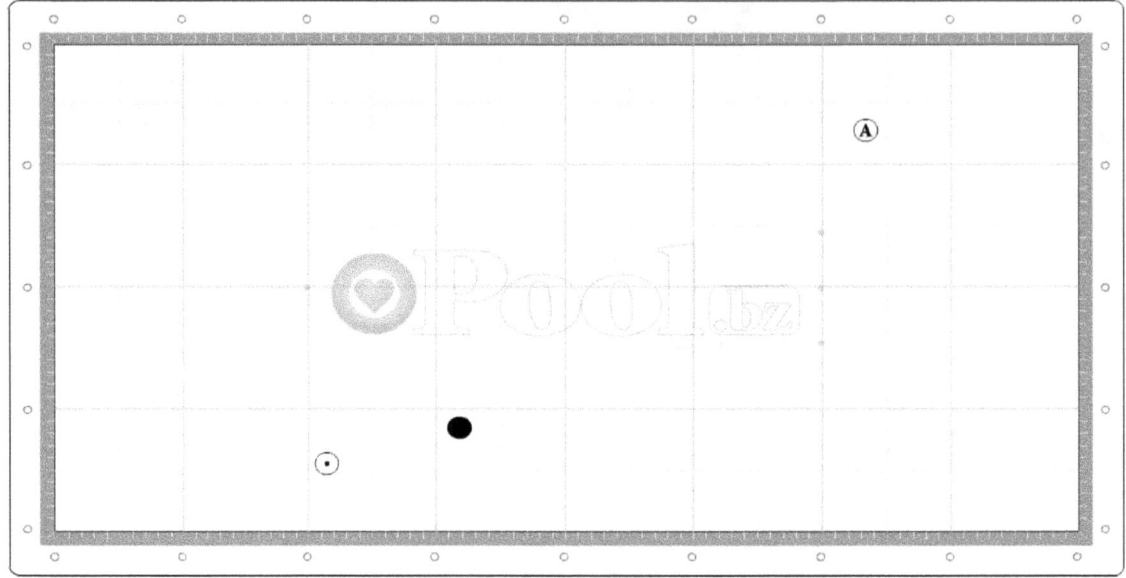

Notes et idées:

Modèle de balle

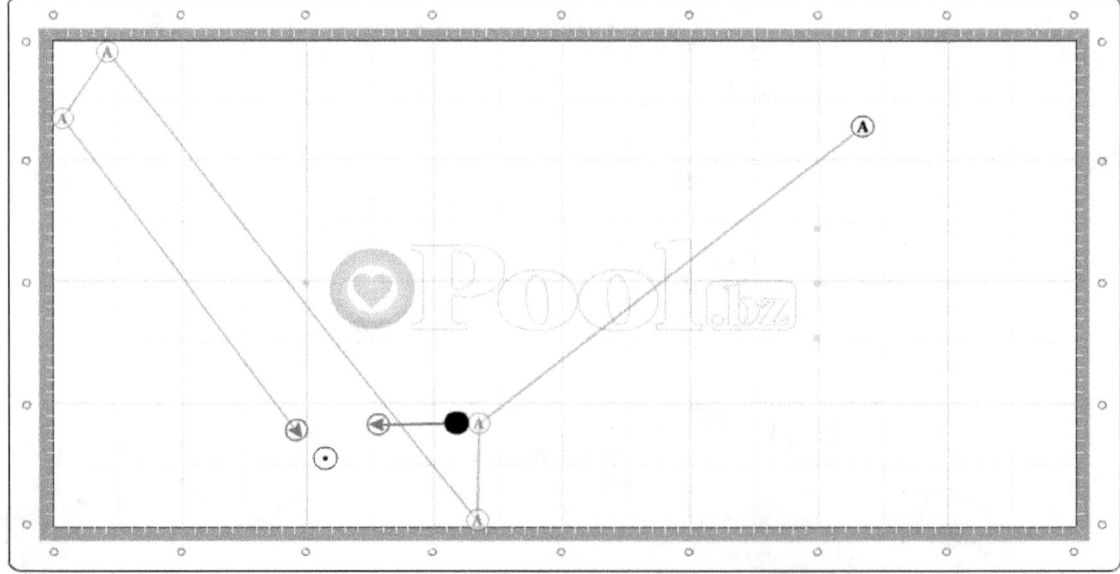

L:1d – Installer

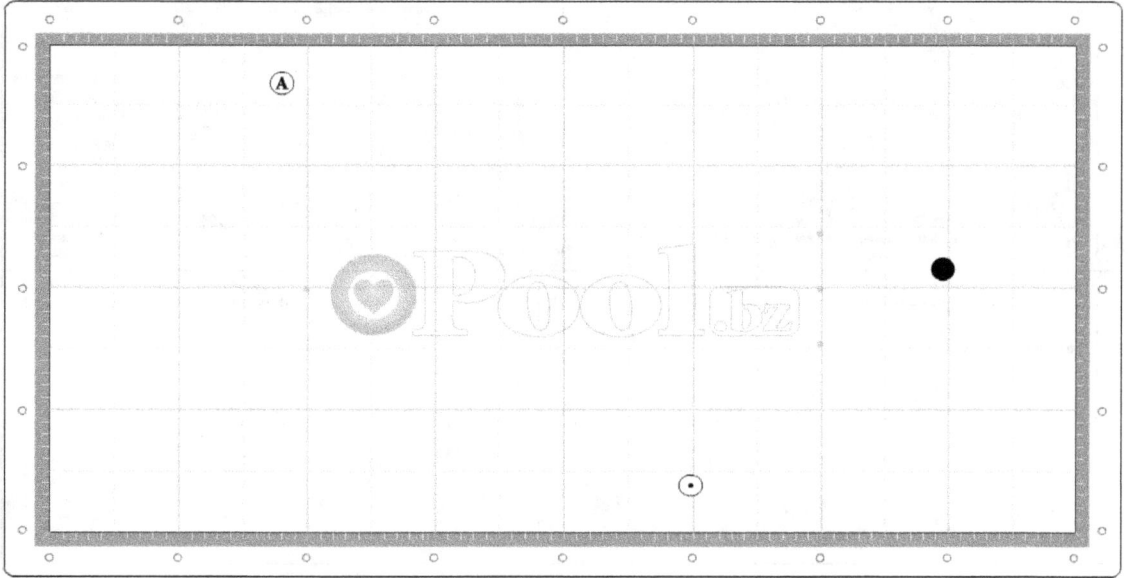

Notes et idées:

Modèle de balle

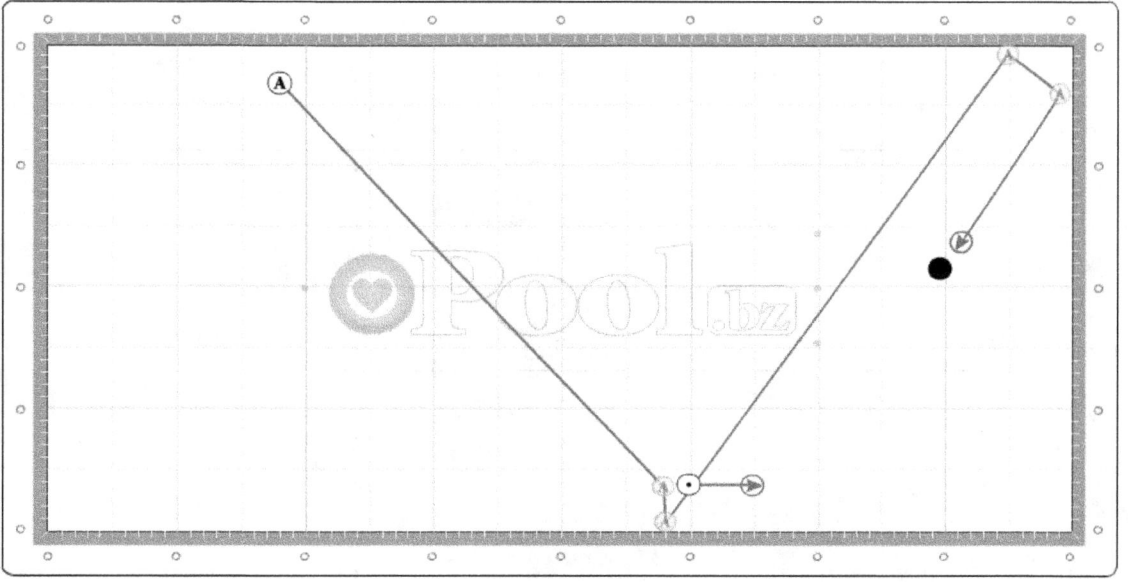

L: Groupe 2

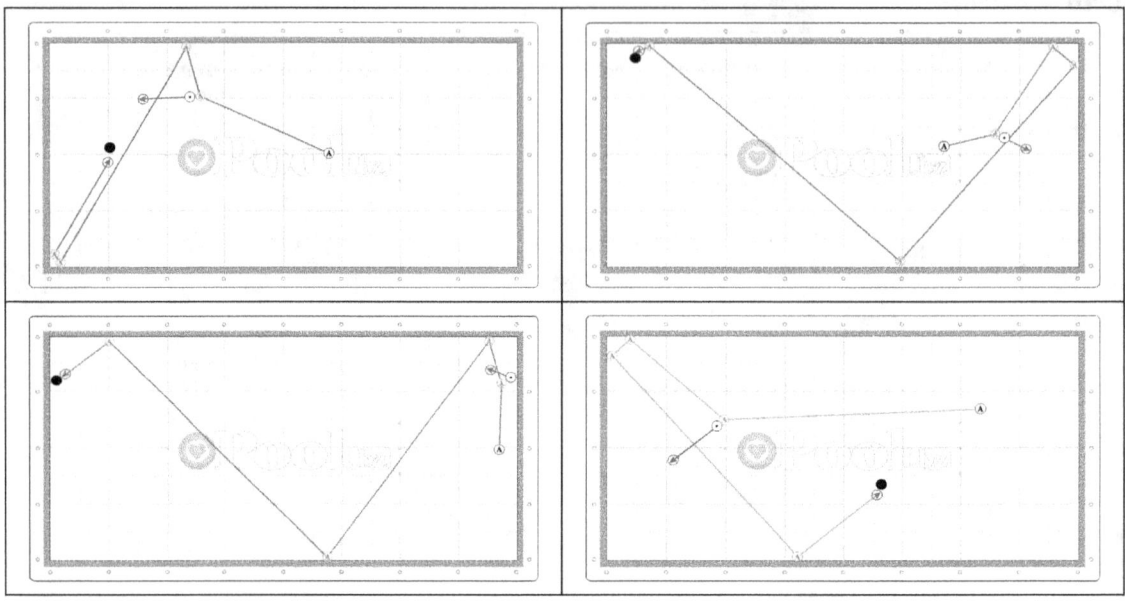

Une analyse:

L:2a. _____

L:2b. _____

L:2c. _____

L:2d. _____

L:2a – Installer

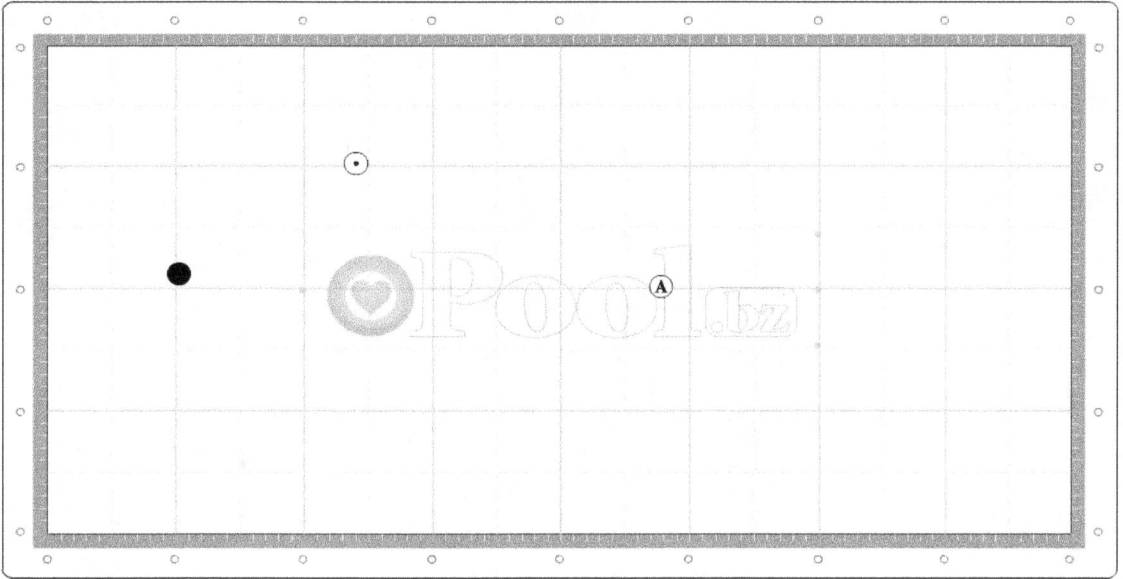

Notes et idées:

Modèle de balle

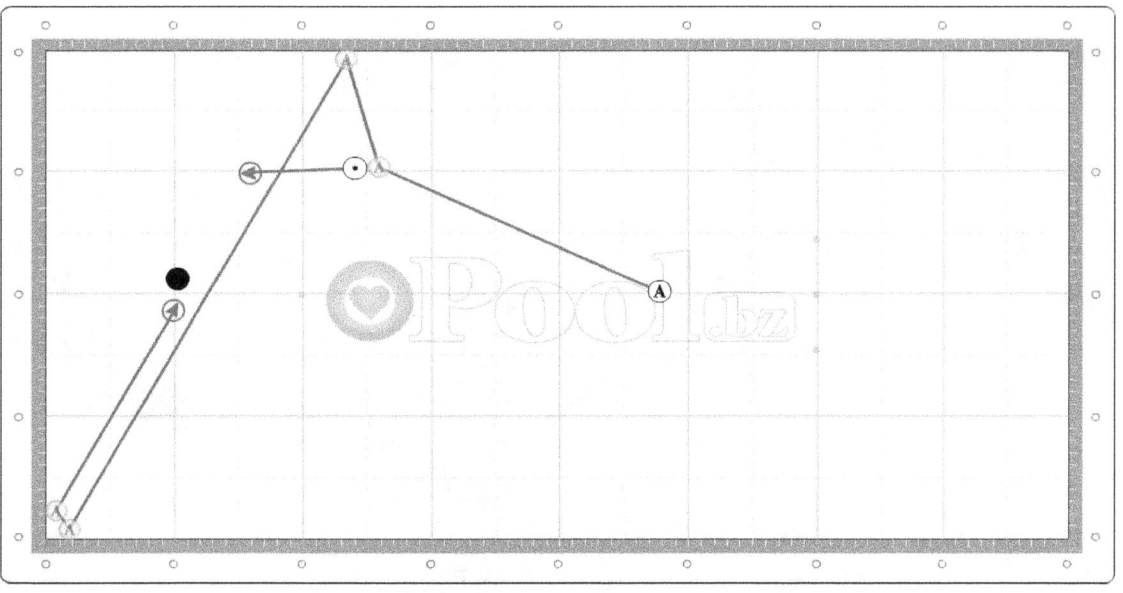

L:2b – Installer

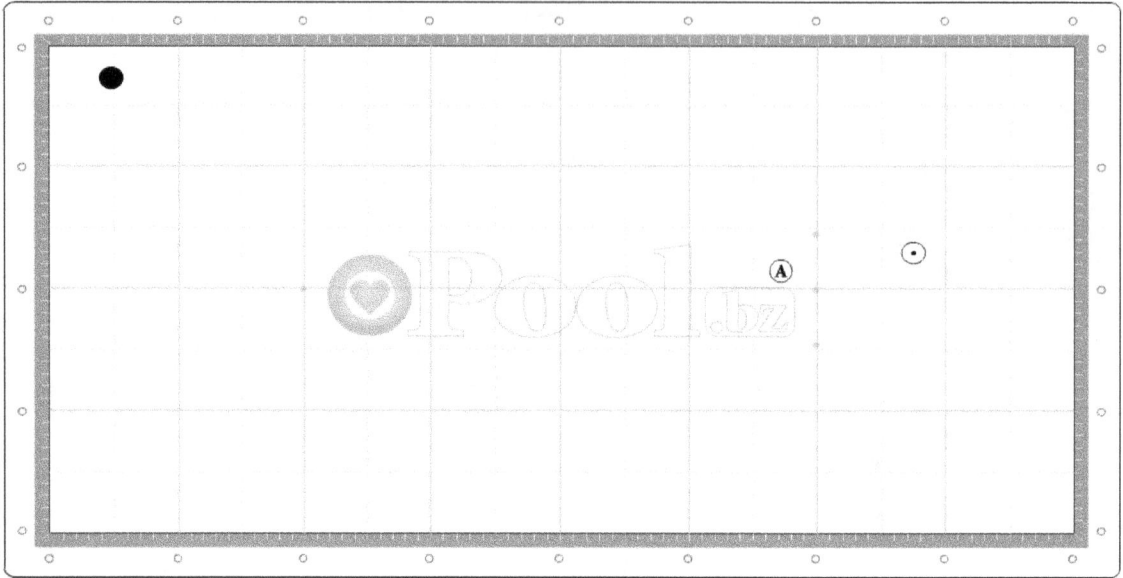

Notes et idées:

Modèle de balle

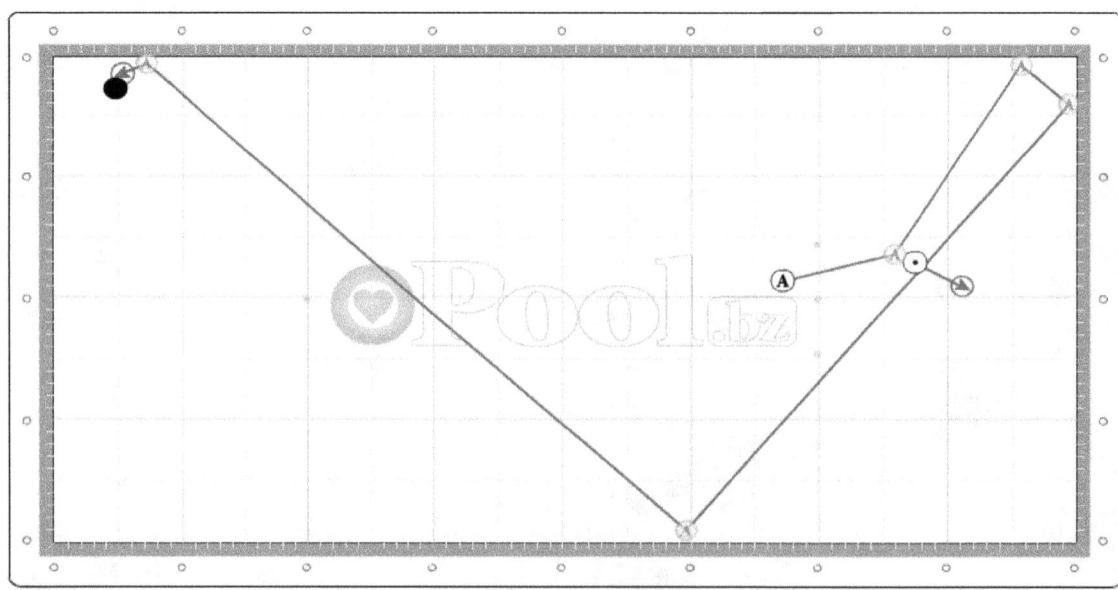

L:1c – Installer

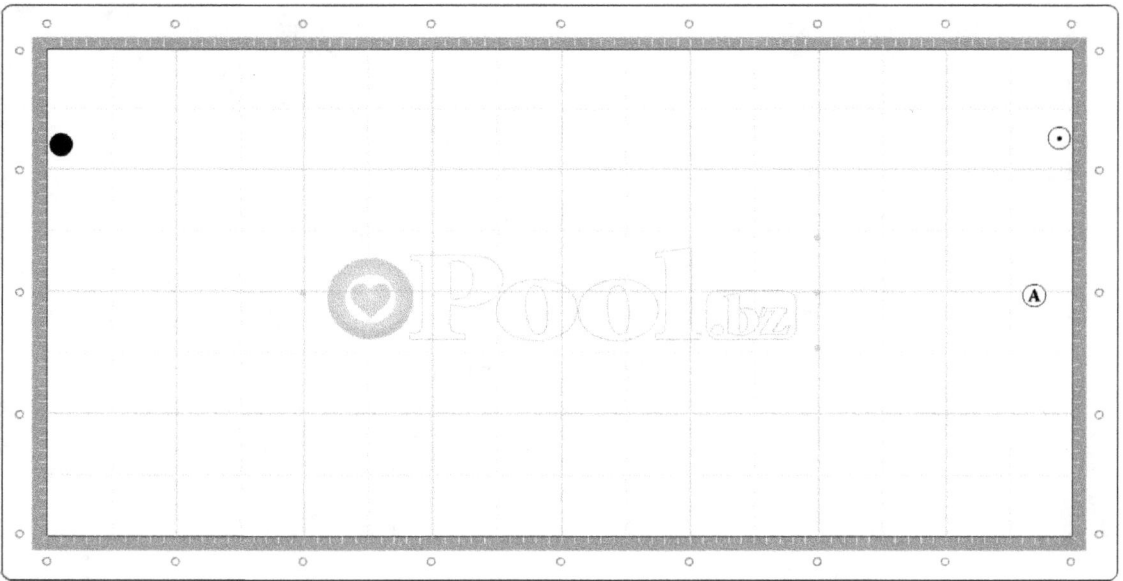

Notes et idées:

Modèle de balle

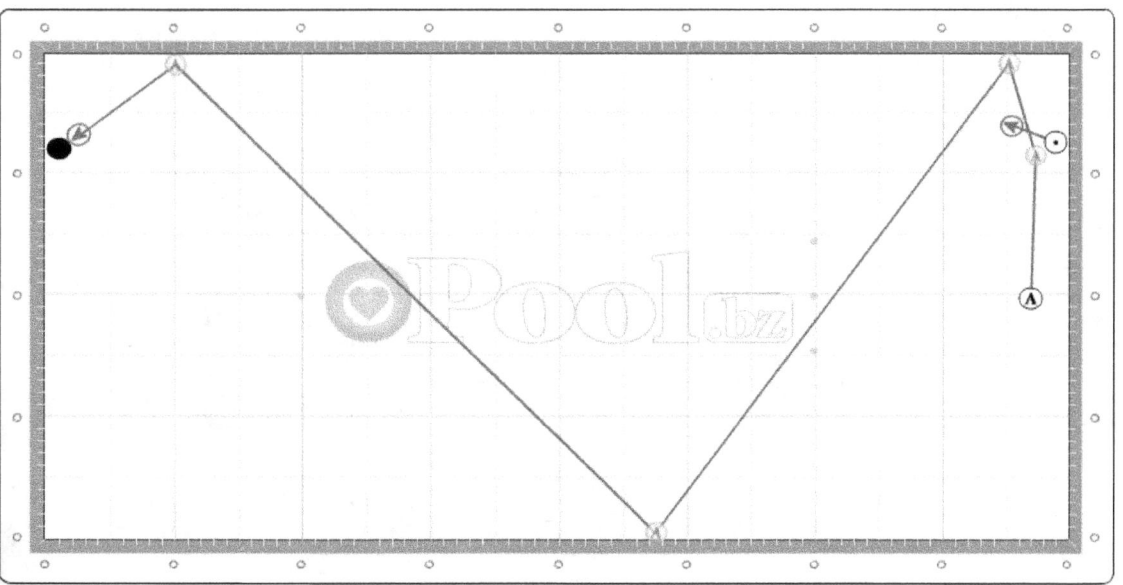

L:2d – Installer

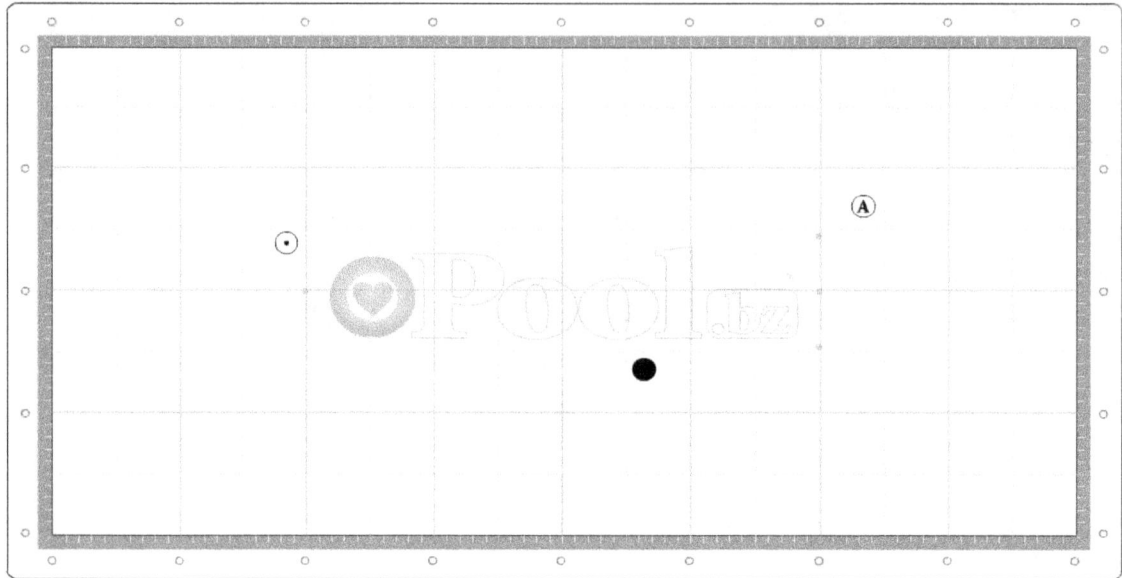

Notes et idées:

Modèle de balle

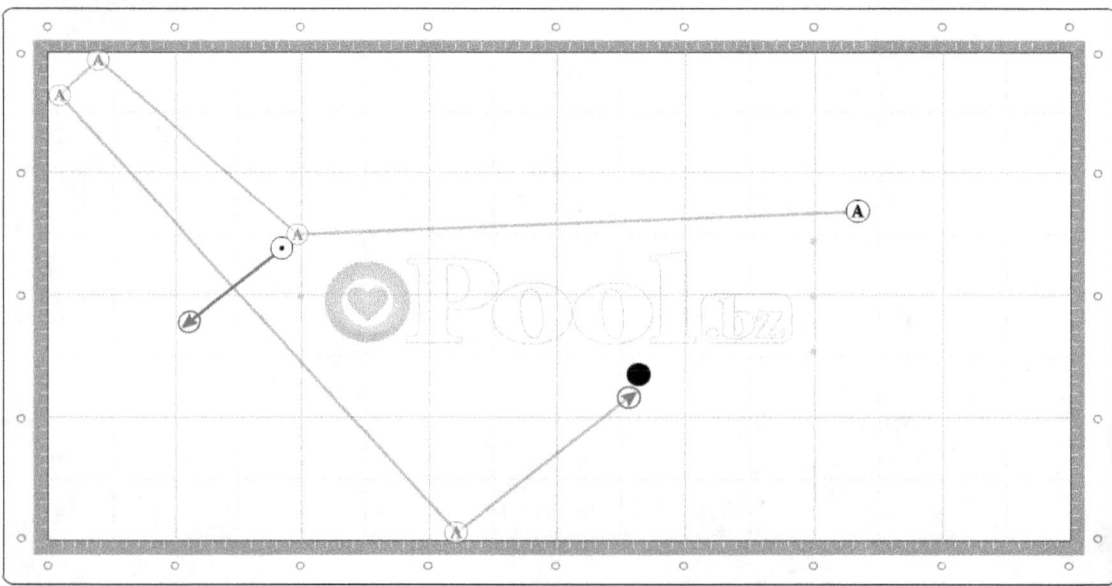

Billar tres bandas: Haut et bas modèles de colline

M: Retour d'angle extérieur (bandas court)

Le (CB) se détache du premier (OB) puis dans le coin, le premier bandas court. Le (CB) monte la colline. Du côté négatif, le (CB) entre en contact avec l'autre (OB).

Ⓐ (CB) (votre balle) - ⊙ (OB) (balle de l'adversaire) – ● (OB) Balle rouge

M: Groupe 1

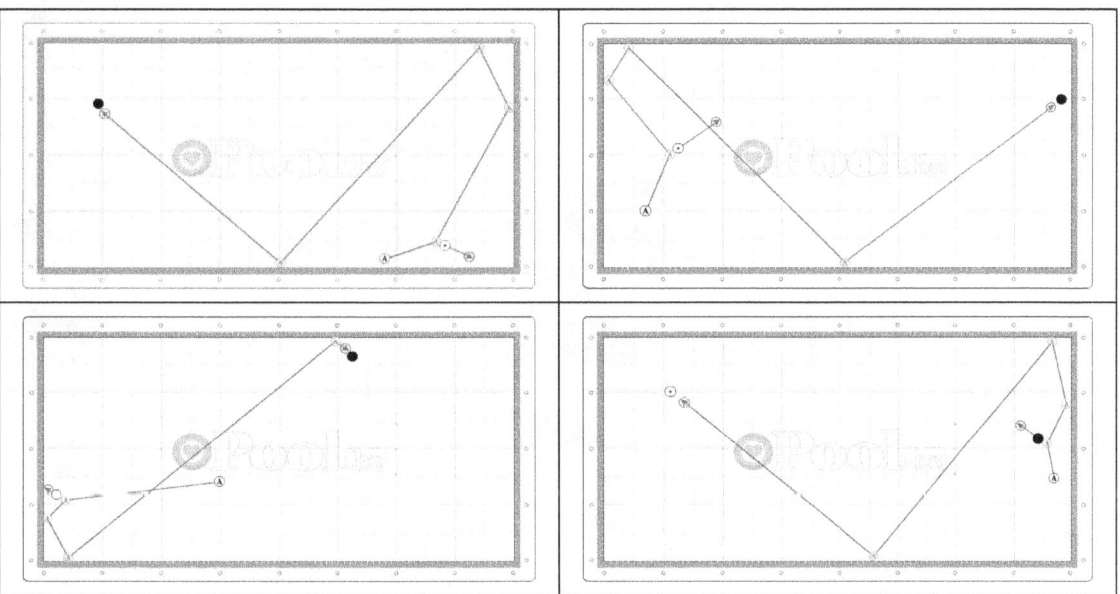

Une analyse:

M:1a. _____

M:1b. _____

M:1c. _____

M:1d. _____

M:1a – Installer

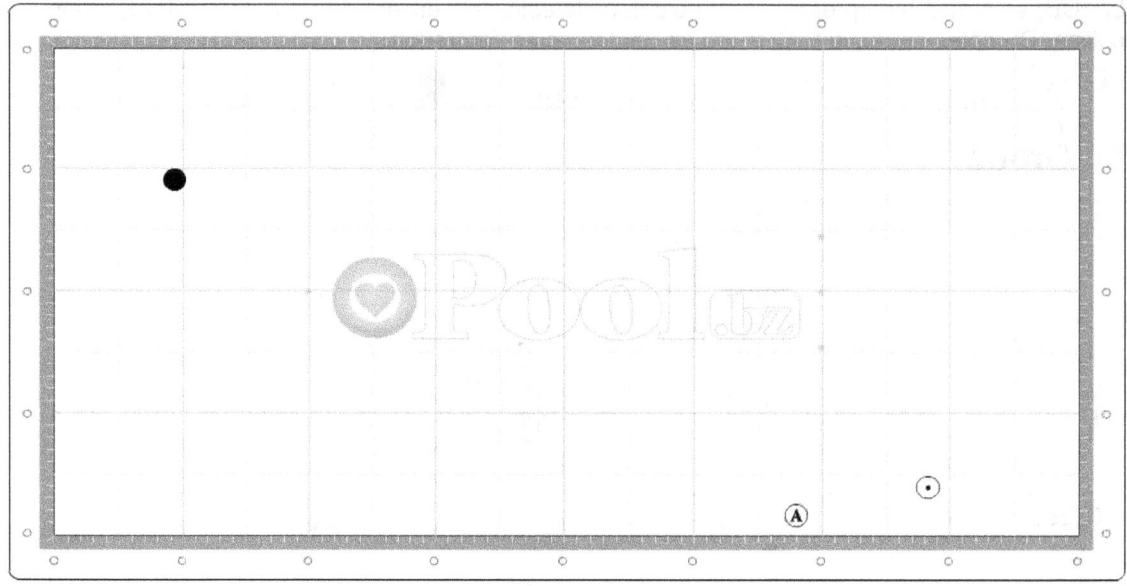

Notes et idées:

Modèle de balle

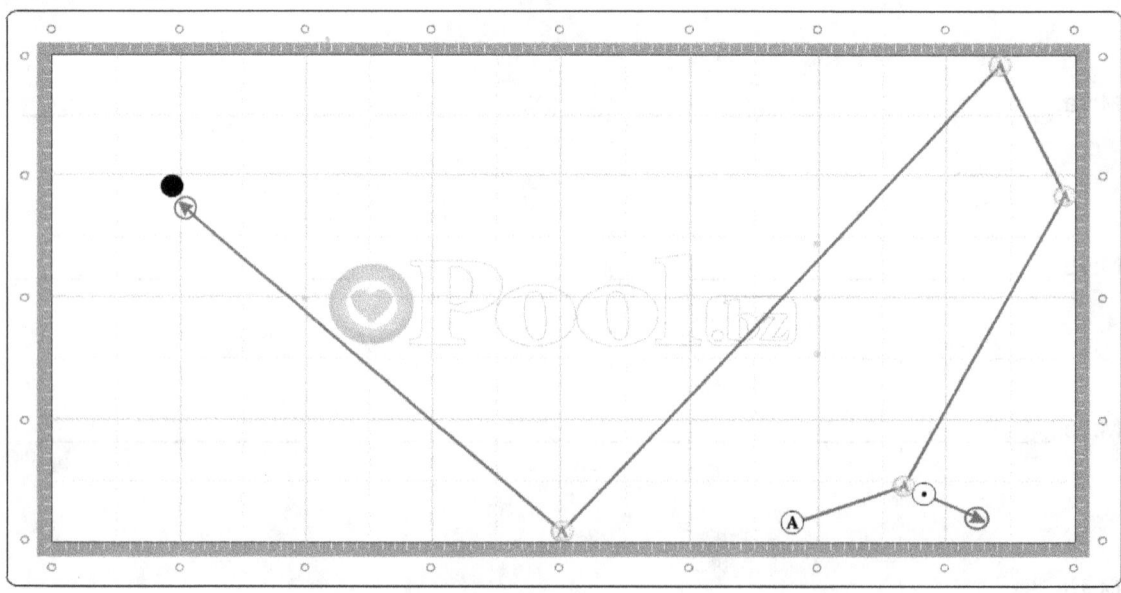

M:1b – Installer

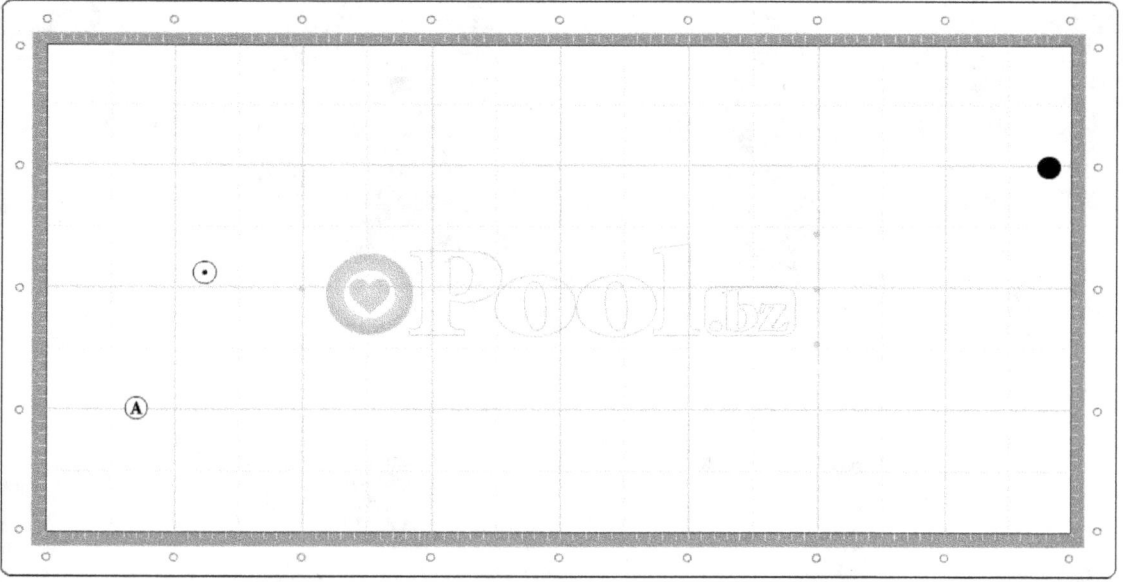

Notes et idées:

Modèle de balle

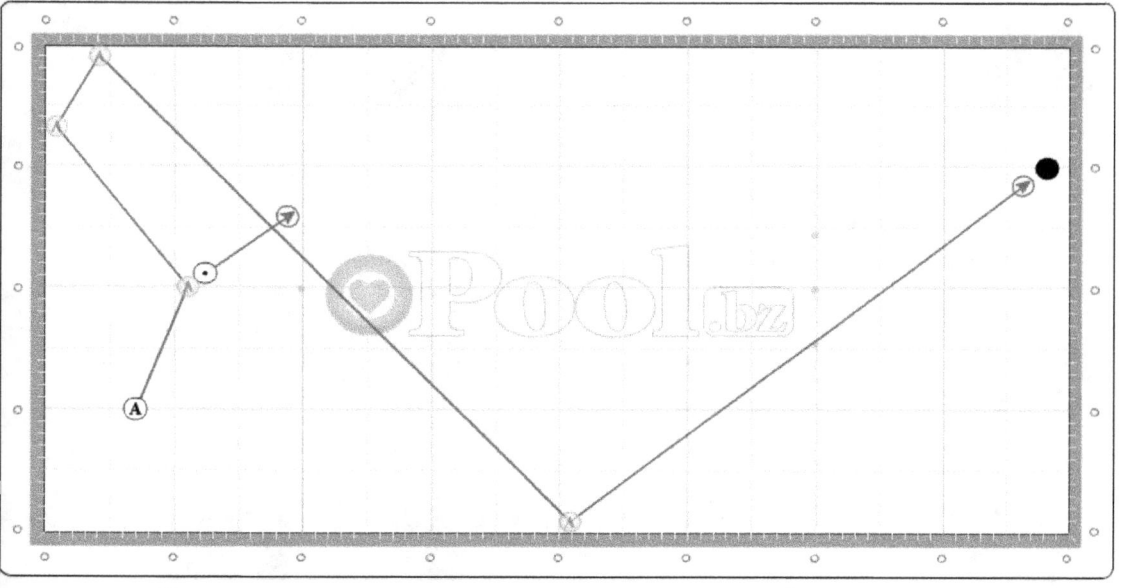

M:1c – Installer

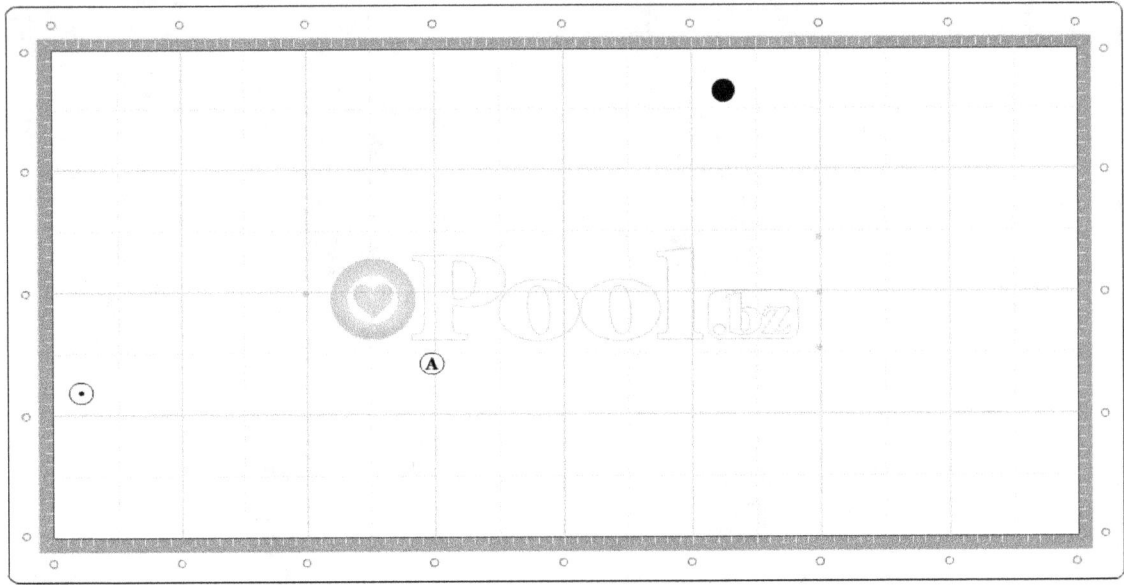

Notes et idées:

Modèle de balle

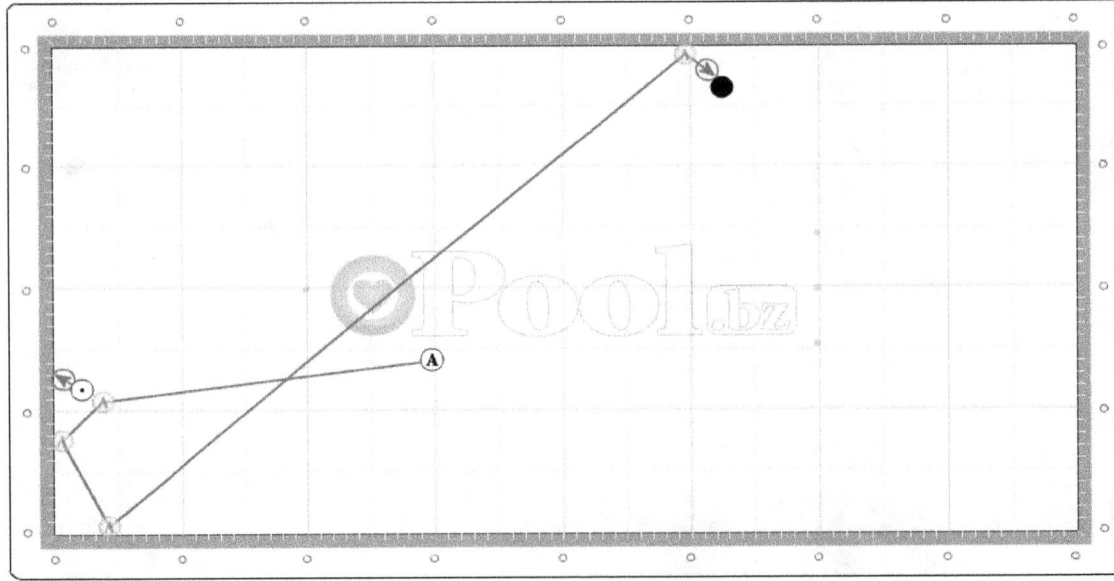

M:1d – Installer

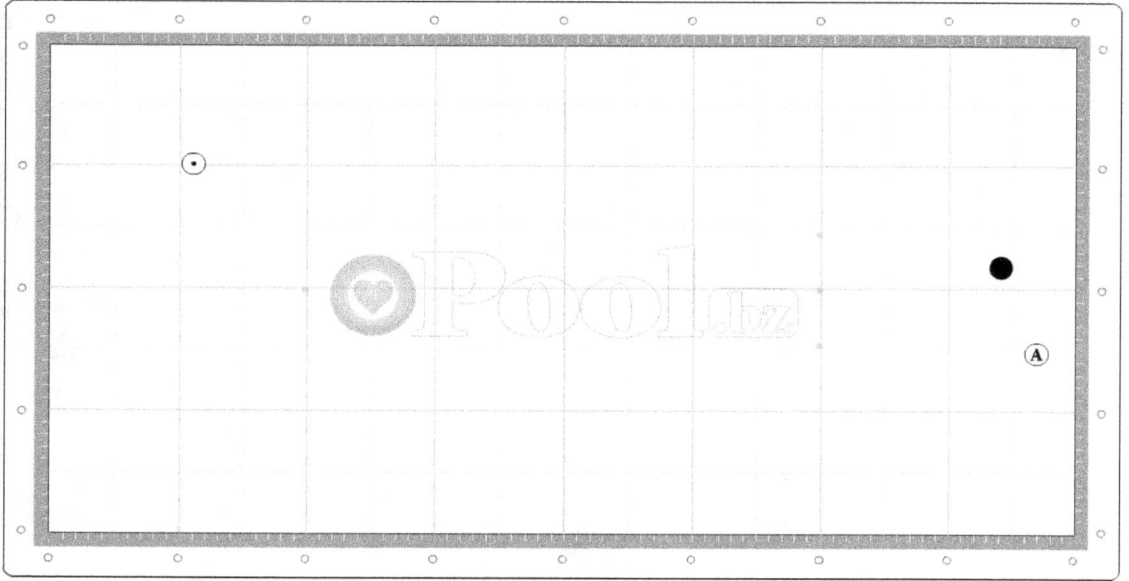

Notes et idées:

Modèle de balle

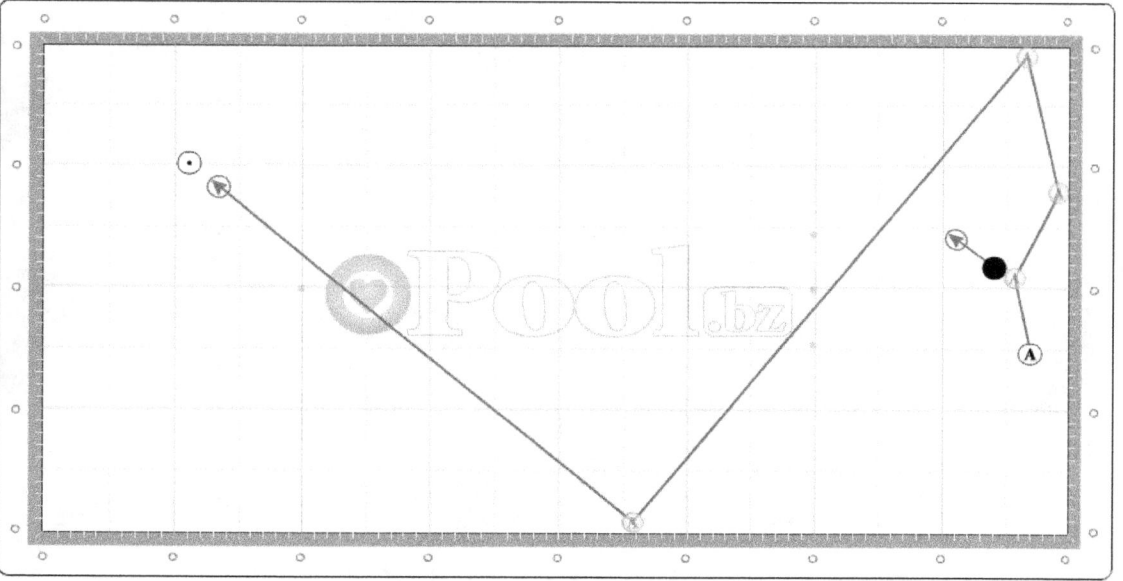

www.ingramcontent.com/pod-product-compliance
Lightning Source LLC
Chambersburg PA
CBHW080337170426
43194CB00014B/2595